LA CHRONIQUE

D'ENGUERRAN

DE MONSTRELET

TYPOGRAPHIE DE CH. LAHURE ET C¹ᵉ
Imprimeurs du Sénat et de la Cour de Cassation
rue de Vaugirard, 9

LA CHRONIQUE
D'ENGUERRAN
DE MONSTRELET

EN DEUX LIVRES

AVEC PIÈCES JUSTIFICATIVES

1400 — 1444

PUBLIÉE

POUR LA SOCIÉTÉ DE L'HISTOIRE DE FRANCE

PAR L. DOUËT-D'ARCQ

TOME DEUXIÈME

A PARIS

CHEZ Mme Ve JULES RENOUARD

LIBRAIRE DE LA SOCIÉTÉ DE L'HISTOIRE DE FRANCE

RUE DE TOURNON, N° 6

M DCCC LVIII

EXTRAIT DU RÈGLEMENT.

Art. 14. Le Conseil désigne les ouvrages à publier, et choisit les personnes les plus capables d'en préparer et d'en suivre la publication.

Il nomme, pour chaque ouvrage à publier, un Commissaire responsable, chargé d'en surveiller l'exécution.

Le nom de l'Éditeur sera placé à la tête de chaque volume.

Aucun volume ne pourra paraître sous le nom de la Société sans l'autorisation du Conseil, et s'il n'est accompagné d'une déclaration du Commissaire responsable, portant que le travail lui a paru mériter d'être publié.

———

Le Commissaire responsable soussigné déclare que l'Édition de la Chronique d'Enguerran de Monstrelet, *préparée par* M. Douët-d'Arcq, *lui a paru digne d'être publiée par la* Société de l'Histoire de France.

Fait à Paris, le 30 mars 1858.

Signé L. BELLAGUET.

Certifié,

Le Secrétaire de la Société de l'Histoire de France,

J. DESNOYERS.

TABLEAU CHRONOLOGIQUE

DES

FAITS COMPRIS DANS CE VOLUME.

ANNÉE 1409.

(Du 7 avril 1409 au 23 avril 1410.)

	Pages.
Maladie du roi. — Départ des princes.	1
Mariage de Philippe, comte de Nevers, avec Isabelle de Couci.	2
Défi envoyé au duc de Bourbon par Amé de Viry.	Ib.
Guerre qui s'en suit.	Ib.
Amé de Viry livré au duc de Bourbon par le comte de Savoie.	Ib.
Le duc lui rend la liberté.	4
Rétablissement de la santé du roi.	Ib.
Retour des princes à Paris.	Ib.
Joutes à Saint-Martin des Champs.	5
Dangers courus par le cardinal de Bar et l'archevêque de Reims, Gui de Roye, à Voltri dans les états de Gênes. Ce dernier est tué.	7
Le maréchal Bouciquaut venge ce meurtre.	8
Concile de Pise.	9
Condamnation des deux papes Grégoire XII et Benoît XIII. — Élection d'Alexandre V.	10
Lettre de l'abbé de St-Maixent à l'évêque de Poitiers, sur la tenue du concile (Pise, 15 mai).	10

	Pages.
Semblables lettres des députés de l'Université............	22
Sentence de la condamnation des deux papes............	25
Acte de l'élection d'Alexandre V.....................	27
Mort de Pierre d'Orgemont, évêque de Paris...........	31
Mariage d'Antoine, duc de Brabant, avec la nièce du roi de Bohême..	32
Mariage de Catherine d'Albert avec Charles de Montaigu (juillet)...	33
Rupture des trêves...................................	Ib.
Mariage de Pierre de Lusignan, roi de Chypre, avec Charlotte de Bourbon.....................................	Ib.
Accord entre Guillaume, comte de Hainaut, et Antoine, duc de Brabant (août).....................................	35
Arrivée du duc de Bourgogne à Paris..................	Ib.
Guerre entre le duc de Bretagne et la comtesse douairière de Penthièvre...	Ib.
Mort d'Isabelle de France, veuve de Richard II et femme de Charles, duc d'Orléans................................	37
Le patriarche d'Alexandrie obtient l'archevêché de Reims.— Mort de Pierre Plaoul, évêque de Senlis. — Louis d'Harcourt, confirmé à l'archevêché de Rouen..............	Ib.
Révolte de Gênes.....................................	Ib.
Poursuite contre les financiers........................	41
Arrestation et supplice du grand-maître Jean de Montaigu..	42
Indignation du duc de Bourbon, et son départ de Paris....	45
Arrivée à Paris de Guillaume, comte de Hainaut..........	Ib.
Arrestation de plusieurs officiers du roi.................	46
Fuite de l'archevêque de Sens, frère du grand-maître......	Ib.
Arrestation de Tignonville.............................	47
Nomination de Réformateurs généraux.................	Ib.
Licenciement des troupes.............................	Ib.
Guichard Dauphin succède à Montaigu dans la charge de grand-maître de l'Hôtel..............................	48
Les princes se justifient auprès de la reine, de l'exécution de Montaigu..	48

DES FAITS COMPRIS DANS CE VOLUME. III

	Pages.
Projet du mariage de Louis de Bavière avec la fille du roi de Navarre	49
Rétablissement de la santé du roi, sa résolution de rappeler les princes	*Ib.*
Guillaume, comte de Hainaut, ménage un accommodement entre la reine et le duc de Bourgogne	50
Mariage de Louis de Bavière avec la fille du roi de Navarre.	51
Combat entre le vicomte de Narbonne et les Sardes	*Ib.*
Grand banquet donné au Palais, où reparaît l'argenterie du roi qui avait été engagée à Montaigu, et où l'on remarque l'absence du duc d'Orléans	*Ib.*
La reine dépose le gouvernement de son fils (décembre)	53
Tenue d'un Lit de justice	54
Munificence du duc de Bourgogne. — Signification supposée à ses présents	57
Entrée du roi de Sicile dans Paris	58
L'éducation du duc d'Aquitaine confiée au duc de Bourgogne	59
Maladie du roi	*Ib.*
Les ducs de Berri et de Bourbon se retirent de la cour	60
Le pape demande des décimes	*Ib.*
Querelle des Ordres Mendiants et de l'Université. — Bientôt apaisée	*Ib.*
Guerre entre le roi de Pologne et le Grand-maître de Prusse.	61

ANNÉE 1410.

(Du 23 mars 1410 au 12 avril 1411.)

Rappel du duc de Berri	63
Il est envoyé avec le roi de Navarre, à Gien, pour accorder le duc de Bretagne avec le comte de Penthièvre	64
Mariage de Louis d'Anjou, fils du roi de Sicile, avec Catherine de Bourgogne, fille du duc Jean	*Ib.*
Conférence des princes à Mehun-le-Châtel. — On y traite le mariage de Charles, duc d'Orléans, avec Bonne d'Armagnac	65

TABLEAU CHRONOLOGIQUE

	Pages.
Le duc de Bourgogne tout puissant à Paris.	66
Départ du roi de Sicile pour la Provence.	Ib.
Le pape Alexandre V meurt de poison à Bologne.	Ib.
Élection de Jean XXIII.	68
Mauvais traitements faits aux Juifs aux fêtes de son couronnement.	71
Entrevue du roi Louis et du pape Jean XXIII, à Bologne.	73
Retour du roi Louis en Provence.	74
Expédition du Grand-maître de Prusse en Lithuanie. — Il est tué à la bataille de Tanneberg (15 juillet).	75
Alliance du duc de Berri avec le duc d'Orléans.	77
Le connétable d'Albret agit mollement contre le duc d'Orléans et les princes.	80
Louis II, duc de Bourbon, meurt à Moulins.	Ib.
Son fils, Jean Ier, continue l'alliance avec les princes.	81
Couches de la duchesse de Bretagne.	Ib.
Armements du Roi.	Ib.
Lettre des princes à la ville d'Amiens (2 décembre).	82
Cette ville favorable au duc de Bourgogne.	86
Les ducs d'Aquitaine et de Bourgogne vont chercher la Reine à Melun, et la ramènent à Vincennes.	87
Le duc de Brabant quitte Paris pour aller faire des levées dans ses États.	Ib.
Le Roi fait saisir sur le duc d'Orléans, les comtés de Boulogne, d'Étampes, de Valois, de Beaumont et de Clermont.	Ib.
Concentration de forces devant Paris.	88
Rixe entre les Brabançons et les gens du comte de St-Pol, à St-Denis.	Ib.
Les Orléanais logés à Montlhéry.	89
Négociations de la reine pour accorder les partis.	91
Arrivée à Paris du comte de Savoie avec des troupes.	94
Le duc d'Orléans et le comte d'Armagnac campés au bourg de St-Marcel.	Ib.

DES FAITS COMPRIS DANS CE VOLUME.   v

	Pages.
Grands préparatifs de défense des Parisiens.	95
Le duc de Richemont fait sa jonction avec les princes.	Ib.
Pillage de St-Cloud par les Orléanais.	Ib.
Ambassade envoyée à Boulogne-sur-Mer.	97
Paix de Bicêtre. — Teneur du traité (2 décembre).	Ib.
Déposition de Pierre des Essarts, prévôt de Paris.	100
Maladie du Roi.	101
Le duc de Bourgogne s'en retourne en Flandre.	Ib.
Origine de la dénomination d'*Armagnacs*.	102
Assemblée de l'Université au sujet des décimes demandés par le pape.	103
Arrestation du seigneur de Croy par les Orléanais.	109
Le duc de Bourgogne montre aux villes de Flandre son fils le comte de Charolais.	111
Le maréchal Bouciquaut porte au Conseil ses plaintes contre les Génois.	112
Il est question de faire le duc d'Aquitaine Régent. — Mécontentement du duc de Berri.	113
Rétablissement de la santé du Roi.	Ib.
Défenses d'armer faites également aux deux partis.	Ib.

ANNÉE 1411.

(Du 12 avril 1411 au 3 avril 1412.)

Lettre du duc d'Orléans au Roi.	116
Autres lettres envoyées par lui au chancelier et au Conseil.	121
Mort de Henri (*lis.* Robert) duc de Bar.	122
Ambassade du Roi au duc de Bourgogne.	Ib.
Mort de maître Jean Petit, docteur en théologie, à Hesdin (15 juillet).	123
Demi-dixième mis sur le clergé de France.	Ib.
Courses de Clugnet de Brabant dans le Vermandois. — Le duc de Bourgogne lui oppose Enguerran de Bournonville et d'autres capitaines.	124
Nouvelle lettre du duc d'Orléans et de ses frères au Roi (14 juillet).	Ib.

Pages.

Défi du duc d'Orléans et de ses frères au duc de Bourgogne (18 juillet).................................... 152

Réponse du duc de Bourgogne (13 août)............... 153

Un simple chevalier de Picardie, nommé Mansart Dubois, défie le duc de Bourgogne........................ 156

Lettre du duc de Bourgogne au duc de Bourbon (23 août), — qui rejette ses avances............................ 158

Lettre du duc de Bourgogne à la ville d'Amiens (14 août)... 159

Maladie du Roi.. 162

Premiers mouvements des Cabochiens.................. Ib.

Le duc de Bourbon et le comte d'Alençon surprennent la ville de Roye et mettent garnisons dans Nesle et Chauny. 164

La guerre s'allume entre les deux partis................ 165

Le roi gardé de près dans Paris par le comte de St-Pol et autres capitaines Bourguignons......................... 166

Tentative de Clugnet de Brabant sur la ville de Rethel, et sur Bapaumes.. Ib.

Trèves conclues avec l'Angleterre..................... 168

Les Cabochiens refusent au duc de Berri l'entrée de Paris. Ib.

Ils saccagent son hôtel de Nesle....................... 169

Ils transfèrent le Roi et le duc d'Aquitaine, de l'hôtel St-Pol au Louvre....................................... Ib.

La reine, effrayée des mouvements de Paris, quitte Corbeil et se réfugie à Melun, accompagnée du duc de Berri....... Ib.

Les Parisiens prennent la ville de Corbeil, — rompent tous les ponts depuis Charenton jusqu'à Melun.............. Ib.

Le duc d'Aquitaine appelle le duc de Bourgogne à Paris... 170

Les communes de Flandre fournissent au duc de Bourgogne une armée de plus de quarante mille hommes........... 171

Composition et indiscipline de cette armée............. 172

La ville d'Athies ouvre ses portes au duc de Bourgogne.... 174

Siége et prise de Ham................................ Ib.

Rixe entre les Picards et les Flamands................. 177

Nesle et Roye se rendent au duc de Bourgogne......... 178

Chauny lui ouvre ses portes........................... 179

DES FAITS COMPRIS DANS CE VOLUME.

	Pages.
Pierre des Essarts envoyé à Paris par le duc de Bourgogne, est rétabli dans son office de prévôt de Paris	179
Le duc de Nevers rassemble des troupes	180
Entrevue du duc d'Orléans et de la Reine, à Melun	Ib.
Le comte de Vertus rejoint son frère le duc d'Orléans	181
Enguerran de Bournonville bat l'arrière-garde des Orléanais	Ib.
Insubordination des Flamands de l'armée du duc de Bourgogne, devant Montdidier	182
Rixe entre les Picards et les Anglais	186
Les Orléanais se logent dans St-Denis	188
Accueil fait par le duc de Bourgogne aux secours venus d'Angleterre	189
De Péronne, par Roye, Breteuil, Beauvais et Gisors, le duc se rend à Pontoise	Ib.
Défenses sévères d'armer pour les Orléanais	190
Binet d'Épineuse, chevalier du duc de Bourbon, est décapité aux Halles, par l'ordre de Pierre des Essarts	191
Le duc d'Orléans campé à St-Ouen	Ib.
Colinet de Puiseux vend aux Orléanais la tour de St-Cloud	192
Tentative d'assassinat contre le duc de Bourgogne, à Pontoise	195
Les Parisiens pillent le château de Bicêtre, appartenant au duc de Berri	196
Sentence de bannissement des princes criée dans Paris	197
Le duc de Bourgogne entre à main armée dans Paris (23 octobre)	198
Escarmouche à La Chapelle entre Enguerran de Bournonville et les Anglais	200
Clugnet de Brabant fait arriver des vivres à St-Denis	201
Positions des Orléanais sur la rive droite de la Seine, et des Bourguignons sur la rive gauche	Ib.
Un parti d'Anglais, venu de Guienne, prend congé du duc d'Orléans	202
Trouillart de Maucruel, bailli de Senlis, bat un parti d'Orléanais	Ib.

	Pages.
Prise de Saint-Cloud par le duc de Bourgogne (9 novembre).	203
Retraite des Orléanais sur Étampes et Orléans.	208
Reprise de St-Denis. — L'abbé fait prisonnier.	209
Supplice de Mansart du Bois.	210
Conseils tenus à Paris, où l'on décide que l'offensive ne sera reprise qu'à l'été contre les Orléanais.	211
La ville de Bonneval se rend au roi. — Étampes résiste.	Ib.
Enlèvement de la duchesse de Bourbon et de ses enfants, au château de Monceaux du comté d'Eu.	212
La cour envoie plusieurs capitaines réduire les terres des Orléanais.	213
Crespy en Valois, Pierrefonds, La Ferté-Milon et Villers-Cotterets se soumettent au roi.	Ib.
Coucy se rend au comte de Saint-Pol. — Le château ne capitule qu'après trois mois de siége.	214
Le comte de Saint-Pol est fait connétable, le seigneur de Rambures, grand-maître des arbalétriers, et le seigneur de Longni, maréchal de France.	216
La ville de Vertus et le château de Moyniers se rendent au bailly de Vitry, Philippe de Cervoles.	217
Le vidame d'Amiens soumet le comté de Clermont, — puis Boulogne-sur-Mer.	218
Grandes sommes levées dans Paris pour payer les Anglais.	219
Arrestation de Pierre Fresnel, évêque de Noyon, et de l'abbé de Faremoutier.	220
Le seigneur de Hangest mené prisonnier au Châtelet.	Ib.
Le comte de Roucy assiégé dans son château de Pontarcy par des paysans du Laonnais, qui s'étaient donné le nom d'*Enfans du Roi*.	221
Prise d'Étampes par le duc d'Aquitaine. — Louis de Bourdon y est fait prisonnier.	222
Seconde mention de la mort de Mansart du Bois.	224
Cruautés exercées contre les Orléanois prisonniers au Châtelet.	Ib.
Pierre de Famechon, chevalier du duc de Bourbon, décapité aux halles.	225
Combat de Villefranche en Beaujolais.	226

Capitaines opposés aux Orléanais en Languedoc, en Guienne et en Poitou.................................... 227
Escarmouche à Linières en Berri...................... 228
Le comte de La Marche fait prisonnier dans une rencontre contre les Orléanais............................ *Ib.*
Arrivée à Paris du roi Louis, qui promet de se tourner contre le parti d'Orléans.................................. 230
Visite de la duchesse de Bourgogne à la Reine, au Bois de Vincennes.. 231
Trêves avec l'Angleterre................................ *Ib.*
Rétablissement de la prévôté des marchands........... *Ib.*
Ambassade envoyée par le duc de Bourgogne en Angleterre. 232
Délivrance du seigneur de Croy........................ 233
Grandes sommes absorbées par le comte de Saint-Pol..... 234
Décimes sur le clergé................................. 235

ANNÉE 1412.

(Du 3 avril 1412 au 23 avril 1413.)

Les princes traitent avec l'Anglais. — Leurs instructions saisies. 236
Plan d'un Religieux pour la réforme du royaume........... 241
Louis de Bavière contraint de quitter Paris dans la crainte des Parisiens. — Ses bagages pillés en Cambrésis............ 244
Le roi d'Angleterre défend d'armer pour l'un ou l'autre parti des Orléanais ou des Bourguignons.................. 247
Le roi Louis est envoyé dans ses pays d'Anjou et du Maine pour les défendre contre les attaques des comtes d'Alençon et de Richemont...................................... 248
Prise de la ville de Domfront pour le Roi................ *Ib.*
Bataille de Saint-Remi du Plain, gagnée sur les Orléanais par le connétable de Saint-Pol............................ 249
Rencontre entre Amé de Viry et les troupes du duc de Bourbon, près de Villefranche en Beaujolais................ 255
Les gens du duc de Berri défaits par Enguerran de Bournonville, près de Montfaucon en Poitou.................... 256
Saint-Fargeau en Nivernais se rend au Roi............... *Ib.*

TABLEAU CHRONOLOGIQUE

	Pages.
Le seigneur de Saint-George porte la guerre dans le comté d'Armagnac.	256
Hélion de Jaqueville inquiète les Orléanais du côté d'Étampes.	Ib.
Les princes traitent avec le roi d'Angleterre, qui leur promet un secours de huit mille hommes sous la conduite de Thomas, duc de Clarence.	257
Départ du Roi pour Bourges (5 mai). — Son arrivée à Melun. — En repart le 24. — Est blessé d'une ruade de cheval à Montereau.	258
La Reine et la duchesse de Bourgogne quittent le roi à Sens	259
Le duc de Bourgogne envoie son fils le comte de Charolais habiter Gand.	Ib.
Prise de la forteresse de Balinghen en Boulonnais par les Anglais.	Ib.
Lettre du roi d'Angleterre aux Flamands, pour les détacher du duc de Bourgogne.	260
Mécontentement de la cour au sujet d'une monnaie que le duc de Berri faisait battre à Bourges.	262
Vervins en Laonnais surprise et pillée par Clugnet de Brabant. — Elle est reprise.	Ib.
Prise du château de Gercy par les gens de Clugnet de Brabant.	265
Le Roi apprend, à Sens, l'alliance des princes avec l'Anglais.	266
La garnison anglaise de Calais brûle Berck-sur-mer.	Ib.
Le connétable de Saint-Pol enlève Guines aux Anglais.	267
Fontenay et Dun-le-Roi assiégées par le Roi en personne, se rendent.	269
Arrivée du Roi devant Bourges (11 juin).	270
Création de cinq cents chevaliers, faite près d'un gibet.	272
Craintes que l'on a dans le camp que les eaux n'aient été empoisonnées.	273
Commencement des attaques.	274
Suspension des hostilités (13 juin).	Ib.
Sortie des assiégés.	275
Pourparlers d'arrangement.	279
Le Roi change son plan d'attaque.	280

DES FAITS COMPRIS DANS CE VOLUME. xi

	Pages.
Le duc d'Aquitaine ordonne à l'artillerie de ménager les monuments de la ville..	282
Il se prononce pour la paix...	283
Entrevue des ducs de Berri et de Bourgogne.............	284
Discours du chancelier d'Aquitaine.......................	286
Maladies régnantes dans le camp..........................	Ib.
Conclusion du traité (15 juillet)...........................	287
Le duc de Berri rend les clefs de sa ville au duc d'Acquitaine (le Roi étant malade)...	288
Arrivée du roi Louis au camp (16 juillet)...............	Ib.
Départ du Roi (20 juillet)...................................	289
Son arrivée à Auxerre, où Gilles de Bretagne et le comte de Mortaing meurent de la dyssenterie...................	290
Dans l'Armagnac, le maréchal Bouciquaut et le seigneur de Saint-Georges congédient leurs troupes................	291
Descente des Anglais à La Hogue.........................	Ib.
Échange des prisonniers que le duc de Bourgogne gardait à Lille, contre le comte de La Marche................	292
Assemblée d'Auxerre pour la ratification de la paix. — Conflit entre les deux connétables, le seigneur d'Albret et le comte de Saint-Pol. — Le premier se retire. — Arrivée du duc d'Orléans. — La paix jurée par les deux partis...	Ib.
Épidémie à Auxerre...	295
Rétablissement de la santé du Roi........................	Ib.
Mandement du roi au bailli d'Amiens, pour la publication de la paix..	296
Armements préparés pour repousser les Anglais.....	299
Réparations honorables faites par le duc d'Acquitaine au fils du grand-maître de Montaigu...............................	300
Descente des comtes de Warwich et de Kent à Calais. — Les Anglais brûlent la ville de Samer-aux-Bois...........	302
Joie des Parisiens à l'entrée du Roi......................	Ib.
La Reine et les ducs de Berri et d'Orléans habitent le Bois de Vincennes..	303
Le Roi rend au duc d'Orléans sa ville de Chauny.....	Ib.

Le duc d'Orléans obtient le départ des Anglais, et leur donne son frère le comte d'Angoulême en otage............ 303

Le duc de Bourgogne fait arrêter et conduire prisonnier à Lille, Bourdin de Saligni (*lis.* Lourdin).............. 304

Émeute à Paris à l'occasion d'un mot dit par le bâtard de Bourbon à un boucher de Paris..................... 305

Le duc de Bourgogne envoyé en Languedoc contre le duc de Clarence.. *Ib.*

Maladie du duc de Berri............................... *Ib.*

Crédit du duc de Bourgogne malgré la paix d'Auxerre..... 306

Le duc de Bourgogne fait faire au Roi une convocation des États pour la réforme du royaume.................... 307

Remontrances de l'Université.......................... 308

Arrestation du trésorier Audry Giffart (2 mars)........... 333

Pierre des Essarts s'enfuit à Cherbourg. — Baudrain de La Heuze fait prévôt de Paris à sa place................ *Ib.*

Maladie du Roi....................................... *Ib.*

Poursuites contre les financiers........................ *Ib.*

Disgrâce de Jean de Neelle, chancelier du Dauphin....... 334

Ambition du Dauphin................................. 335

Don du comté de Ponthieu à Jean, duc de Touraine...... *Ib.*

Les habitans de Soissons démolissent une partie du château de cette ville....................................... 336

Le corps de Mansart du Bois rendu à la sépulture........ *Ib.*

Mort de Henri V, roi d'Angleterre. — Détails curieux..... 337

Teneur du traité de Henri V avec les princes Français, du 8 mai 1412.................................... 339

ANNÉE 1413.

(Du 23 avril 1413 au 8 avril 1414.)

Poursuites contre les officiers du Roi................... 343

Émeute dans Paris.................................... 344

Arrestation de Pierre des Essarts. — Du duc de Bar...... *Ib.*

Les Parisiens écrivent aux bonnes villes du royaume...... 347

DES FAITS COMPRIS DANS CE VOLUME.

	Pages.
Ils prennent des chaperons blancs en signe de ralliement.	349
Liste de proscription présentée au Dauphin (11 mai).	350
Rétablissement de la santé du Roi (18 mai).	Ib.
Émeute du 20 mai, que le Roi est forcé d'approuver par ses lettres patentes du 23.	351
Fuite du comte de Vertus et d'autres grands personnages, de Paris.	361
Actes extorqués au pouvoir royal par les séditieux (6 juin).	362
Prise de Rome par le roi Lancelot.	369
Meurtre de Jacques de La Rivière.	370
Supplices.	371
Déposition d'Arnaud de Corbie. — Eustache de Laitre le remplace dans la charge de chancelier de France.	Ib.
Mariage du comte de Nevers avec la sœur du comte d'Eu.	Ib.
Le Dauphin demande aux princes de l'arracher à la tyrannie des Parisiens.	372
Supplice de Pierre des Essarts.	373
Rétablissement de la santé du Roi.	Ib.
Députation envoyée aux princes.	374
Prise du Tréport par les Anglais.	376
Traité de Pontoise (juillet).	Ib.
Clugnet de Brabant et Louis de Bourbon font des courses en Gâtinais.	391
Trêves avec l'Angleterre.	Ib.
Lettres du Roi sur la paix (12 août).	392
Délivrance des prisonniers (4 sept.). — Rétablissement des officiers royaux.	398
Les principaux Cabochiens se réfugient, les uns en Bourgogne, les autres en Flandre.	399
Fuite du chancelier Eustache de Laitre.	Ib.
Le duc de Bourgogne s'échappe à une partie de chasse avec le Roi.	400
Arrivée des princes dans Paris.	402
L'épée de connétable rendue à Charles d'Albret.	403

	Pages.
Arrivée du duc de Bretagne et du comte de Richemont à Paris.	403
Ambassade anglaise pour traiter du mariage de Catherine de France.	*Ib.*
Arrestation d'un envoyé du comte de Saint-Pol.	405
Publication de mandements royaux relatifs aux troubles.	*Ib.*
Séjour du duc de Bourgogne à Lille. — Il y reçoit une ambassade anglaise.	406
Nouveau refus du comte de Saint-Pol de rendre l'épée de connétable.	407
Publication d'un édit pour le maintien de la paix, et défendant les dénominations de partis.	*Ib.*
Mariage de Louis de Bavière avec la veuve de Pierre de Navarre, comte de Mortain.	*Ib.*
Sentence de bannissement contre les principaux Cabochiens.	408
Querelle de préséance entre les ducs d'Orléans et de Bretagne.	409
Pierre Gencien fait prévôt des marchands.	*Ib.*
Disgrâce de plusieurs grands officiers.	*Ib.*
Le duc d'Orléans rentre en possession des châteaux de Couci et de Pierrefonds.	411
Accueil fait par la cour au comte d'Armagnac et à Clugnet de Brabant.	*Ib.*
Grande fête donnée par le duc de Bourgogne, à Lille.	412
Publication d'édits sur la paix, et sur les monnaies.	413
Le roi Louis renvoie Catherine de Bourgogne à son père.	414
Lettres du duc de Bourgogne au Roi, restées sans réponse.	415
Assemblée de l'Université pour la condamnation de la doctrine régicide de Jean Petit.	415
Grand conseil tenu par le duc de Bourgogne dans la ville d'Amiens.	419
Défense du Roi au comte de Saint-Pol de prendre les armes.	420
La Reine fait arrêter plusieurs officiers du Dauphin.	*Ib.*
Lettres du duc de Bourgogne aux villes de Picardie sur son projet de marcher sur Paris.	421
Lettres du Dauphin au duc de Bourgogne.	425

DES FAITS COMPRIS DANS CE VOLUME.

	Pages.
Le duc de Bourgogne arrive à Saint-Denis avec des forces considérables	428
Le Dauphin et les princes mettent Paris en état de défense	429
Le duc de Bourgogne prend position à Montmartre	433
Escarmouche d'Enguerran de Bournonville, à la porte Saint-Honoré	Ib.
Lettres du duc de Bourgogne aux bonnes villes, pour justifier sa conduite (11 février)	434
Délivrance de Jean de Croy	437
Retraite du duc de Bourgogne	438
Il convoque les Trois États d'Artois	440
Lettres patentes données contre le duc de Bourgogne (10 février)	442
Désarmement des Parisiens	457
Députation de l'Université au duc de Bourgogne au sujet de la doctrine de Jean Petit. — Que le duc n'ose avouer	461
Nouvelle convocation des états d'Artois par le duc de Bourgogne	462
La coqueluche sévit	463
Maladie du Roi	Ib.
Grand conseil tenu à l'hôtel Saint-Pol, où la guerre est résolue contre le duc de Bourgogne	Ib.
Siége de Compiègne	465
La *bande* d'Armagnac portée par le Roi lui-même et le Dauphin	466

CHRONIQUE
D'ENGUERRAN
DE MONSTRELET.

LIVRE PREMIER.
1400-1422.

DE L'AN MCCCCIX.
[Du 7 avril 1409 au 23 mars 1410.]

CHAPITRE LI.

Comment le conte de Nevers se maria à la damoiselle de Coucy. Et de la guerre Amé de Viry.

Au commencement de cest an, Charles, roy de France, fut moult oppressé de sa maladie acoustumée, et pour ce, les roys de Cécile et de Navarre et le duc de Berry, avecques eulx le duc de Bourgongne, après ce qu'ilz eurent pourveu à l'estat et garde du Roy, ilz se départirent de Paris et s'en alèrent chascun en leur pays pour iceulx visiter. Et pareillement icellui duc de Bourgongne, et s'en ala aux nopces de Phelippe, conte de Nevers, son frère. Lequel print à femme la damoiselle de Coucy, fille de sire Enguerran de Coucy, jadis seigneur et conte de Soissons, et niepce de par sa mère, du duc de Lorraine et du conte de Vaudemont[1]. Lesquelles nopces se firent à Soissons, et y estoient, la duchesse de Lorraine et la contesse de Vaudemont, venues de leur pays pour compaigner et honnourer la dame de Coucy et sa fille. Et si fut ce mariage fait et la feste solemnizée moult haultement, par ung jour de Saint George, et dura trois jours ensuivans. Et après iceulx jours passez, le duc de Bourgongne se parti et s'en ala en son pays de Bourgongne, en sa compaignie le conte de Penthièvre son beau filz[2]. Et tost après, ledit conte de Nevers, avecques ladicte duchesse de Lorraine et la comtesse de Vaudemont, emmena sa femme en la conté de Réthel, où elle fut receue moult joieusement.

Durant lequel temps, le duc de Bourbon[3] fut défié de sire Amé de Viry, savoyen, lequel estoit ung povre chevalier au regard dudit duc. Mais ce non obstant, lui fist-il plusieurs dommages par feu et par espée, ou pays de Bresse et de Beaujolois. Pour lesquelz dom-

---

1. Philippe de Bourgogne, comte de Nevers, frère de Jean sans Peur, épousa, le 9 avril 1409, Isabelle de Couci, comtesse de Soissons, fille puînée d'Enguerran VII, baron de Couci, et d'Isabelle de Lorraine.

2. Olivier de Blois, comte de Penthièvre, avait épousé, l'an 1404, Isabelle, quatrième fille de Jean sans Peur.

3. Louis II, dit le Bon, grand oncle maternel de Charles VI.

mages, icellui duc le print en grant indignacion, et assembla très grant nombre de gens d'armes et gens de trait pour le punir et subjuguer. Si envoya devant, le conte de Clermont son filz[1], et assez tost après le suivy. Et en sa compaignie estoient le conte de La Marche et de Vendosme[2], le seigneur de Labreth, connestable de France, Loys de Bavière, frère de la royne de France, Montagu, grant-maistre d'ostel du Roy, le seigneur de La Heuze et plusieurs autres grans seigneurs, qui tous ensemble tirèrent ou pays de Beaujolois, à tout grande puissance. Mais, devant la venue dudit duc de Bourbon, icellui Amé de Viri, son adversaire, fut adverti de ladicte puissance qui venoit contre lui. Si n'osa actendre la venue dudit duc, car il n'avoit point d'espérance de povoir tenir contre lui les chasteaulx qu'il avoit prins. Et pour tant, s'en parti et s'en ala en une ville qu'on appelle Le Bourc en Bresse, appartenant au conte de Savoie, son seigneur. Lequel conte de Savoie ne le voult point garantir contre ledit duc de Bourbon son grant oncle[3], ains en fist présent à icellui duc, par telle condicion que ledit Amé lui amenderoit à son povoir ce qu'il lui avoit mesfait, et se rendroit en ses prisons tant qu'il seroit content de tous les frais et dommages qu'il avoit euz

---

1. Jean, comte de Clermont en Beauvoisis, qui devint duc de Bourbon, à la mort de son père, en 1410.
2. Jacques II de Bourbon, comte de La Marche par son père, et comte de Vendôme par sa mère, oncle du duc de Bourbon.
3. Amédée VIII, dit le Pacifique. Il avait épousé, le 30 octobre 1393, Marie, fille de Philippe le Hardi, duc de Bourgogne. Ce fut en sa faveur que l'empereur Sigismond érigea la Savoie en duché, l'an 1416.

à l'occasion dessusdicte, sauf qu'il ne lui feroit desplaisir en corps ne en membres. Ainsi le receut ledit duc de Bourbon, lequel remercia très grandement sondit nepveu. Et pour ceste cause, une dissencion qui estoit esmeue entre eulx, fut appaisée. Car ledit de Savoie disoit que son grant oncle de Bourbon lui devoit faire hommage à cause de sa terre de Beaujolois, laquelle chose il ne vouloit point faire, mais la question fut mise par eulx deux ensemble en la voulenté et ordonnance du duc de Berry. Après lesquelles besongnes concluses, ledit duc de Bourbon s'en retourna en France et donna congié à toutes ses gens d'armes. Et depuis par certain moien que ledit de Viri eut avecques ledit duc, il fut délivré[1].

CHAPITRE LII.

Comment deux champs de bataille furent promeuz à faire à Paris en la présence du Roy. De l'arcevesque de Reims qui fut occis. Et du concile de Pise.

Item, environ l'Ascension[2], Charles, roy de France, qui avoit esté longue espace malade, revint en santé, et tantost après les ducs de Bourgongne et de Bourbon

---

1. Pour cette expédition, voyez le récit beaucoup plus circonstancié et plus instructif du Religieux de Saint-Denis. (*Chr. de Ch. VI*, t. IV, p. 240.) A la fin de ce chapitre, le ms *Suppl. fr.* 93, fol. 94 v° ajoute : « A laquelle assemblée et pour y aller Waleran, conte de Saint-Pol, mist sus très grosse armée. Mais en passant parmy Paris lui fu ordonné de par le Roy qu'il n'alast plus avant, mais s'en retournast ès frontières de Boulenoys, où il estoit espécialement commis de par le Roy. » Addition qui se trouve aussi dans Vérard et dans l'édit. de 1572.

2. En 1409 l'Ascension tomba le 23 mai.

et plusieurs autres grans seigneurs retournèrent à Paris. Ou quel temps furent faiz deux champs de bataille en la place Saint-Martin des Champs, présent le Roy et les seigneurs dessusdiz. C'estassavoir le premier d'un gentilhomme et chevalier breton, nommé sire Guillaume Bariller contre ung Anglois, nommé messire Jehan Carnicon, et fut pour cause de foy mentie l'un à l'autre. Et après qu'ilz furent mis ensemble et que Montjoye, roy d'armes, eut fait et publié les cris et défenses acoustumées et aussi qu'il eut déclairé qu'ilz feissent leur devoir, ledit messire Guillaume, qui estoit appellant, yssi premier de son paveillon et commença à marcher moult fièrement contre son adversaire, lequel pareillement vint contre lui, et quant ilz eurent gecté leurs lances l'un contre l'autre sans eulx entre actaindre, ilz commencèrent à combatre de leurs espées, et en ce faisant ledit Anglois fut ung petit navré par dessoubz ses lames[1], et tantost le Roy les fist cesser. Et depuis furent remenez très honnourablement à leurs hostelz. Et yssirent du champ aussitost l'un que l'autre.

L'autre champ, si fut du sénéchal de Haynnau à l'encontre de messire Jehan de Cornouaille, Anglois, chevalier de grant renom, lequel avoit lors espousée la seur du roy d'Angleterre. Et estoient lors icelles armes entreprinses à faire par lesdiz deux chevaliers devant le duc de Bourgongne, à Lisle, tant seulement pour monstrer leur proesse, à courir certains cops de lance l'un contre l'autre et aussi à faire aucuns cops de haches et d'espées. Mais quant ledit duc de Bourgongne eut fait préparer le champ où ce se devoit

---

1. Par-dessous les lames de fer qui formaient sa cotte d'armes.

acomplir, les deux champions dessusdiz furent mandez à Paris à aler devers le Roy pour parfurnir leur entreprinse. Et là, après les ordonnances faictes et le jour venu, ledit de Cornouaille entra premier ou champ moult pompeusement, chevauchant sur son destrier jusques à ce qu'il vint devant le Roy, lequel il inclina et salua moult humblement. Et estoient après lui six petis pages sur destriers, desquelz les deux plus prouchains de lui estoient couvers d'ermines, et les quatre ensuivans avoient couvertures de drap d'or, et après qu'il fut entré ès lices, lesdiz pages se partirent du champ. Et tantost après vint ledit séneschal, acompaigné du duc Anthoine de Brabant et de Phelippe, conte de Nevers, frères, estans à pié, et tenoient le frain de son cheval, l'un à dextre et l'autre à senestre, et le conte de Clermont portoit sa hache, et le conte de Pointièvre[1] portoit sa lance. Et après ce qu'il fut entré ou champ et qu'il eut fait la révérence au Roy comme avoit fait ledit de Cornouaille, ilz se préparèrent tous deux pour aler jouster de fers esmoulus l'un contre l'autre. Mais devant qu'ilz s'esmurent à courre, il fut crié de par le Roy qu'ilz cessassent et n'alassent plus avant en faisant icelles armes, et que nul, sur peine capitale, dores en avant en tout son royaume n'appellast aucun en champ sans cause raisonnable. Et depuis, quant le Roy eut grandement festié et honnoré à sa court les deux chevaliers dessusdiz, ilz se départirent et s'en alèrent eulx deux, comme on disoit, en Angleterre, en entencion de parfurnir et acomplir leurs armes.

1. Penthièvre.

En ce temps le cardinal de Bar, filz au duc de Bar, et Guy de Roye, arcevesque de Reims, avec eulx maistre Pierre d'Ailly, évesque de Cambray, et plusieurs autres prélas et autres gens d'église alans au concile général qui lors se tenoit à Pise, furent logez en une ville sur la mer, nommée Voutre[1], séant à quatre lieues de Gênes, en laquelle ville le mareschal dudit arcevesque eut noise et content avec ung autre mareschal de ladicte ville pour le salaire de ferrer ung cheval, et tant multiplia la discorde que ledit mareschal dudit arcevesque tua cellui de la ville, et tout prestement il s'en fuit à l'ostel de son maistre à saulveté. Auquel lieu, ceulx de ladicte ville soudainement, en grant nombre, tous esmeuz vindrent pour venger ledit mareschal occis. Et quant ledit arcevesque oy la noise, lui estant en grant ennoy[2] pour ladicte besongne, descendi de sa chambre appellant iceulx doulcement et promectant que prestement il feroit amender ladicte offense à leur voulenté. Et pour mieulx les appaiser il mist son mareschal en la main du juge de la ville, lequel estoit lieutenant de messire Boucicault, mareschal de France, adonc gouverneur de Gênes de par le Roy. Mais ce riens n'y valu, car ainsi que ledit arcevesque parloit à eulx en dehors de l'uis de son hostel, l'un d'iceulx lui lança une javeline parmy le corps droit au cuer, si doloreusement qu'il chey prestement mort sans depuis parler aucune parole. Dont ce fut très piteuse chose, car il estoit très notable prélat, bien condicionné et de noble lignée. Et après que

1. Voltri, à deux lieues et demie ouest de Gênes.
2. En grand ennui, fort troublé.

ce fut fait, ne leur suffist point encores à tant, ains mirent encores à mort ledit juge de la ville et ledit mareschal. Et avecques ce vouloient efforcer l'ostel du cardinal de Bar, où la plus grant partie des autres s'estoient retrais, pour tout mectre à mort. Toutesfois ilz furent rapaisez aucunement par aucuns des plus notables d'icelle ville, et tant fut traictié qu'enfin ledit cardinal leur bailla pardon de tout ce qu'ilz avoient mespris contre lui. Et fut à ce conseillé par ses gens, afin qu'ilz ne feussent là tous destruis. Et aussi on ne lui dist point la mort dudit arcevesque jusques à ce qu'il fut bien deux lieues arrière d'icelle ville. Pour laquelle mort, quant elle fut venue à sa congnoissance, il en fut tant desplaisant et ennuieux en cuer qu'à grant peine se povoit-il tenir sur sa mule. Néantmoins ses gens le firent haster le plus qu'ilz porent, car ilz estoient en grant doubte de leurs vies pour l'exemple qu'ilz avoient veu, et aussi qu'ilz veoient par les signes qu'ilz ont ou pays acoustumé de faire quant il y a effroy en une ville, par cloches qu'ilz sonnent et autrement, lequel signe estoit jà tout parmy le pays, et veoient de plusieurs lieux descendre paysans des montagnes pour courir après eulx. Mais quant ilz vindrent à une lieue de la cité de Gênes, le mareschal Bouciquault vint audevant dudit cardinal à très belle compaignie. Lequel cardinal lui fist très grant complainte de l'outrage qui avoit esté fait contre ses gens par ceulx de la ville de Voultre, en lui requérant que par justice il y voulsist pourveoir. Lequel Bouciquault fist response qu'il en feroit si bonne justice que tous autres y devroient prendre exemple. Et après, emmena icellui cardinal en ladicte ville de Gênes, où il fut grandement reçeu, tant des gens d'église comme bourgois. Et en ce mesme jour fut apporté le corps dudit arcevesque de Reims audit lieu de Gênes, et là fut enterré très honnorablement et son service fait dedens la grant église d'icelle ville. Et tantost après fut prinse grande punicion par ledit mareschal Bouciquault de tous ceulx qu'on peut prendre et appréhender, et aussi de leurs complices, qui avoient fait ceste cruaulté; et furent mis à mort et justiciez par diverses manières, et avec ce furent leurs maisons abatues et démolies de fons en comble à fin de donner exemple aux autres que jamais ne feissent si cruel ne si horrible murdre.

Et adonc le cardinal de Bar et toutes ses gens, se parti de Gênes et ala par plusieurs journées, jusques à ce qu'ilz vindrent en la ville de Pise. Ouquel lieu estoient assemblez très grant multitude de cardinaulx de l'obédience des deux papes, de maistres en théologie, de graduez, tant en décret comme en autres sciences, les ambaxadeurs de divers royaumes et très grant nombre de prélas de toutes les parties de chrestienté. Lesquelz après qu'ilz eurent tenu plusieurs consaulx sur la division de l'Église universelle, vindrent enfin à une conclusion, et tous ensemble et d'une mesme voulenté, condemnèrent les deux contendans à la papalité comme hérétiques, scismatiques obstinez en mal et troubleurs de la paix de nostre mère saincte Église. Ceste condemnacion fut faicte, présens vingt-quatre cardinaulx, ès portes de la cité de Pise, en la présence de tout le peuple. Et le xve jour de juing oudit an, les cardinaulx dessusnommez, appellans et invoquans la grace de Saint-Esperit, entrèrent en conclave et là furent ensemble par l'espace de xxvi jours, tant qu'ilz vindrent à conclusion et esleurent Pierre de Candie, natif de Grèce, de l'ordre des frères mineurs, docteur en théologie fait à Paris, arcevesque de Milan et cardinal, à vray et souverain évesque catholique de nostre mère saincte Église. Lequel, en consacrant, appellèrent pape Alexandre, V^e de ce nom [1]. O Dieu tout puissant! comme grant joye et grant léesse fut adonques par la grande provision de ta grace. Car adonques n'eust-on peu racompter la grant voix et resjouissance que faisoient ceulx qui estoient et venoient autour de ladicte cité par l'espace d'une lieue ou environ. Mais que pourrons nous dire de la cité de Paris? Certainement quant de ce ilz oyrent les nouvelles, ce fut le viiie jour de juillet, ilz furent remplis de si grant joye qu'ilz ne cessoient de crier, nuit ne jour, par les places et par les rues, à haulte voix : Vive Alexandre V^e nostre pape! buvans et mengans ensemble par manière de grant solemnité. Et après firent les feux, qui estoient moult grant.

Les solennitez, procès et ordonnances dudit concile pevent apparoir par plusieurs lectres cy-après escriptes. Et premièrement, par les lectres de l'abbé de Saint-Maxence envoiées à l'évesque de Poictiers, desquelles la teneur s'ensuit [2] :

« Révérend père et mon redoubté seigneur, humble recommandacion prémise. Moy sachant que vostre

---

1. Élu le 26 juin 1409, et couronné le 7 juillet suivant dans l'église cathédrale de Pise.

2. L'abbé de Saint-Maixent était alors Pierre Baston, et l'évêque de Poitiers, Gérard de Montaigu, chancelier du duc de Berri, et qui succéda dans l'évêché de Paris à Pierre d'Orgemont, mort le 16 juillet de cette année 1409.

révérende paternité désire aucunement estre informé du procès et ordonnance de ce saint concile général, qui pour le présent est tenu en la cité de Pise, et des nouvelles là estans, j'ay pour ce, délibéré notifier par lectres à vostre paternité, les choses qui s'ensuivent : Et premièrement, le xxv° jour de mars, tous les seigneurs cardinaulx de l'un et de l'autre collège et tous les prélas qui pour lors estoient à Pise, s'assemblèrent en l'église Saint-Martin, qui est oultre la rivière vers les parties de Florence et de ladicte abbaye, tous vestus d'aulbes et de chapes et aornez de mitres, firent une procession grande et notable jusques à l'église cathédrale. Lesquelles églises sont autant loing l'une de l'autre qu'est l'église Nostre-Dame de Paris de celle de Saint-Martin des Champs. En laquelle église cathédrale est célébrée messe continuellement durant ledit concile général. Et cedit jour, fut la messe célébrée moult solennellement, et fist le sermon, monseigneur le cardinal de Milan, de l'ordre des Frères Mineurs, qui est ung grant théologien. Et après la solennité faicte, la journée fut continuée lendemain pour commencer ledit concile. Auquel jour furent appellez les deux contendans à la papalité, mais nul ne comparu, jà soit ce qu'ilz feussent appellez aux portes de ladicte église.

Item, en ce jour fut faicte une autre continuacion jusques au xxviii° jour dudit mois. Esquelz jours, de rechef furent appellez les deux contendans à la papalité, et nul ne comparu.

Item, de ce jour fut faicte continuacion jusques au pénultime de mars, et à ce jour furent appellez les deux contendans, comme dessus, et nul ne comparu.

Et pour ce que ledit concile général, les deux contendans légitimement requis, appellez et évoquez en cause de scisme et de la foy, non venans ne comparans par eulx ne par autre oudit concile général, ne faisans satisfaction dedens le terme ordonné et establi, jà soit ce qu'ils feussent actendus après le terme par deux sièges, réputa, juga et déclaira en ladicte cause de scisme et de foy, contumax, et les mist en contumace et défault. Et ordonna ledit concile à procéder en oultre contre iceulx à l'autre siège ensuivant, ordonné le lundi après Quasimodo, xv° jour d'avril. Lequel temps pendant, messeigneurs les cardinaulx célébrèrent ensemble l'office de la sainte semaine Peneuse [1]. Et le jour du Benoist vendredi, monseigneur le cardinal Pénestrin célébra l'office divin en l'église Saint-Martin. Et là prescha ung maistre en théologie séculier, de Boulongne la Crasse, moult notablement.

Item, le jour de Pasques je fus présent à la solennité de messeigneurs les cardinaulx.

Item, en la semaine ensuivant, s'assemblèrent lesdiz cardinaulx en concile, aucunes foiz tous seuls, aucunes foiz appellans les prélas qui là estoient présens, pour délibérer des choses à faire. Et moult agréablement et honnestement se maintenoient entre eulx et entre tous autres prélas.

Item, en celle sepmaine arrivèrent à Pise les ambaxadeurs de Ruper, roy des Roumains [2].

Item, le dimenche de Quasimodo, ung évesque

---

1. La semaine sainte, la semaine de pénitence.
2. Robert, duc de Bavière. L'ambassade se composait d'un archevêque et de deux évêques avec deux clercs.

d'Ytalie célébra la messe devant les cardinaulx. Là, fist le sermon ung cordelier de Languedoc, maistre en théologie, et prescha moult solennellement à la loenge des seigneurs cardinaulx, du roy de France, et des prélas quérans la paix de l'Église, et très durement contre les deux contendans, réputant iceulx scismatiques et hérétiques, traistres et ennemis de Dieu et de l'Église; faisant plusieurs conclusions. Et print son theume *Jhesus dixit pax vobis*, lequel il demena moult bien.

Item, le lundi ensuivant lesdiz cardinaulx, tous les prélas, ambaxadeurs et procureurs là estans présens, jurèrent et promirent tenir ledit concile général, qui est moult solemnellement et continuellement célébré. Car premièrement, la messe est célébrée et chantée, et là sont faictes plusieurs oraisons, et la grande létanie chantée. Ausquelles toudiz sont présens lesdiz cardinaulx et prélas, vestus d'aulbes, de chapes et de mitres, tant comme dure la célébracion dudit concile, laquelle est dévote et honneste à regarder.

Item, ce mesme jour dudit concile, fut donnée audience ausdiz ambaxadeurs dudit Ruper, roy des Roumains, et l'évesque de Verdun, natif de la province de Maience, de par le roy Ruper, favorables à cellui pape Grégoire en tant qu'il peut, en commençant son thème *Pax vobis*, proposa moult de mauvaises choses pour rompre et troubler ledit concile général, à l'entencion de son maistre et dudit faulx pape Grégoire. Et estoient avec ledit évesque, ung arcevesque d'estrange ordre tant qu'à nous, et ung autre évesque, avec plusieurs autres honnestes personnes, comme il apparoit. Après lesquelles choses proposées par ledit évesque, lesdiz ambaxadeurs furent requis qu'ilz baillassent par escript ce qu'ilz avoient proposé, et enseignassent la procuracion de leur maistre, et jour leur seroit assigné à oyr response, par le saint concile, sur ce qu'ilz avoient proposé. Laquelle chose ilz firent. Mais devant ce que le jour feust venu ouquel ilz devoient oyr response, lesdiz ambaxadeurs se partirent, sans prendre congié de leur hoste.

En celle sepmaine de Quasimodo, vindrent à Pise le seigneur de Maleteste en très grant estat. Lequel avoit baillé à icellui Grégoire ung sien chastel nommé Rienville. Et fist certaine requeste aux cardinaulx ensemble, tant de par ledit Grégoire comme de par lui. C'estassavoir qu'il pleust à eulx tous, que le temps dudit concile feust prolongué et le lieu mué, et se ilz vouloient ainsi faire, ledit Grégoire viendroit au concile, pourveu que le lieu feust seur et qu'il eust seureté d'aler et de venir. Après lesquelles requestes, les cardinaulx mandèrent les prélats, ausquels ils notifièrent lesdictes requestes. Les prélas, tous ensemble, respondirent que nullement ne consentiroient que le temps feust prolongué, ne le lieu mué. Laquelle response fu moult plaisante aux cardinaulx. Et en telle manière, ledit seigneur de Maleteste se parti sans riens besongner. Toutesfois il fut assez bien appaisé par aucuns cardinaulx ses amis et de sa congnoissance.

Item, depuis ledit xv° jour d'avril, fut continué l'autre siége[1] jusques au xxiiii° jour dudit moys d'avril. Ouquel siége, après la solennité de la messe et de la létanie, il fut requis par l'advocat fiscal, que le saint

---

1. L'autre session.

sène ou saint concile général voulsist déclairer et discerner l'union et communion faicte des deux collèges des cardinaulx de saincte Église Rommaine avoir esté et estre légitime et canonique; item, qu'il voulsist déclairer que ce saint senne est deuement convoqué par les cardinaulx de l'un et de l'autre; item, que ledit senne est assemblé et convoqué en temps convenable et ydoine; item, qu'il voulsist déclairer que c'est saint senne; item, qu'il voulsist déclairer qu'à ce saint senne représentant l'Église de Dieu universelle, appartient avoir la congnoissance de la cause des deux contendans à la papalité.

Item, en ce mesme jour fut leue toute la narracion du procès du commencement jusques à l'introduction du scisme après la mort de Grégoire, X^e de ce nom, jusques à la convocacion du saint concile général. Ouquel procès furent racomptez tous les maulx, cautelles, refus et décepcions que ont fait ensemble et particulièrement les dessusdiz contendans à la papalité. Après la lecture dudit procès l'advocat fiscal fist plusieurs conclusions contre lesdiz contendans et plusieurs requestes, et finablement qu'ilz feussent déboutez et punis corporelement et qu'on procédast à l'élection d'un vray et seul pape.

Item, l'autre siège fut continué jusques au vendredi XXVIIe jour dudit mois. Ouquel jour les ambassadeurs du roy d'Angleterre entrèrent tous ensemble ou saint concile général, en très grant estat et honneste. Et là, proposa l'évesque de Salsebery [1] de la province de Cantorbie, bien et notablement, en esmouvant tous

---

1. L'évêque de Salisbury.

à la paix et union de l'Église. Et après sa proposicion, l'advocat fiscal fist sa requeste de par le procureur du saint concile général, qu'il pleust au saint concile ordonner certains hommes, preudeshommes, honnestes, et expers en sciences pour examiner tesmoings sur les péchez notoires proposez contre lesdiz deux contendans. Laquelle péticion fut exaulcée.

Item, le second dimanche après Pasques fut célébrée la messe solennellement devant les cardinaulx. Et fist le sermon, l'évesque de Dignen, de la province de Bredane [1], de l'ordre des Frères Mineurs, grant docteur en théologie, qui tous jours avoit esté des principaulx amis de Pierre de La Lune, et qui mieulx sçavoit des cavillacions et des décepcions de l'un et de l'autre. Lequel évesque prescha moult notablement, et fut son theume *Mercenarius fugit*, en déclairant plusieurs décepcions desdiz contendans, en la proposicion de sondit theume.

Item, ce dimanche xxvii° jour de cel autre siège, fut prolongué jusques au second jour de may. Et le dimanche estant en ce temps, fut la messe célébrée devant les cardinaulx moult solennellement. Et fist le sermon, le cardinal Pénestrin, qu'on appelloit communément le cardinal de Poictiers. Si prescha moult notablement, et fut son thème *Libera Deus Israel ex omnibus tribulacionibus suis*. C'est à dire, ô tu Dieu! délivre Israel ton peuple chrestien de toutes ses tribulacions. Et en la déduction dudit sermon fist onze conclusions concluans contre lesdiz deux contendans

---

1. Le ms. *Suppl. fr.* 93 donne : *L'évesque de Dignen, du province de Ebreduncn*, ce qui indique clairement l'évêque de Digne, suffragant d'Embrun.

à la papalité et refusans donner paix à l'Eglise. Et pour ce, actendu leur contumace et obstinacion, le concile devoit procéder contre eulx et pourveoir à l'Eglise d'un pasteur.

Item, le second jour du mois de may fut le siège du concile général, ouquel, après les solennitez acoustumées, ung très renommé docteur en théologie de Bonnongne[1] fist responce à icelle mauvaise proposicion que avoit fait l'évesque de Berdenne[2] de par le dessusdit Ruper, roy des Rommains. Et condemna, ledit excellent docteur de Bonongne, moult notablement oudit concile, par allégacion des drois divins, canoniques et civilz, tout ce que par ledit évesque avoit esté proposé; respondant moult élégamment et clèrement à toutes choses, par raison de droit. Dont ledit concile fut moult reconforté.

Item, le dimenche ensuivant fut célébrée la messe devant les cardinaulx. Et fist le sermon, ung frère général des Augustins, grant docteur en théologie, natif d'Ytalie. Et fut son theume : *Cum venerit ille, arguet mundum de peccato, et de justicia, et de judicio.* C'est-à-dire, quant Dieu Saint-Esperit venra, il arguera le monde de péchié, de justice et de jugement. Moult bien demena ledit theume, en tendant à bonne fin.

Item, du second jour de may fut prolongué l'autre siège jusques au xe jour dudit moys. Et ce temps pendant, fut la messe célébrée devant les cardinaulx par le patriarche d'Alixandre, le jour de la Révélacion Saint-Michel, viiie jour de may. Et fist, icellui mesmes

---

1. De Bologne. Il se nommait Pierre de Anchorano.
2. L'évesque de Bertenne (Ms. *Suppl. fr.* 93).

patriarche, le sermon, et fu son theume : *Congregata est Ecclesia ex filiis Israel, et, omnes qui fugiebant a malis aditi sunt et facti sunt illis ad firmamentum.* Et sont ces paroles escriptes ou premier livre des Machabées, ou second et cinquiesme chapitre, et est autant à dire : Que l'Église est assemblée des filz d'Israel, et tous ceulx qui faisoient (*sic*) mal vindrent avec eulx pour les conforter et aider. Et en démenant ledit theume il fist six conclusions contre lesdiz contendans à la papalité.

Item, le vendredi x⁰ jour de may, fut le siège oudit concile, ouquel, après les solennitez acoustumées, certaines requestes furent faictes par l'advocat et procureur fiscal. C'est assavoir que le saint senne voulsist déclairer, prononcer, discerner, approuver et confermer les requestes autrefois par eulx faictes oudit saint senne, c'estassavoir que l'union et conjonction faicte desdiz colleges des cardinaulx, a esté et est légitime; et autres requestes cy-dessus déclairées. Ausquelles requestes ledit saint siège obtempera, et prononça et discerna estre fait par la manière qu'ilz le requeroient.

Item, en ce mesmes siège, à la requeste du procureur fiscal, furent donnez huit jours d'induce pour prouver et produire tesmoings. Et fut ledit siège prolongué jusques au vendredi xxvii⁰ jour de may.

Item, le dimenche estant oudit temps, fut célébrée la messe devant les cardinaulx par ung évesque nommé Fachinquant[1]. Et fist le sermon, l'évesque de Sistora-

---

1. « Nommé de Fassinquant » (*Suppl. fr.* 93). « Forte Faenza ? » (*Note de Ducange.*) Mais il y avait alors en Italie un capitaine

cense[1], natif d'Aragon, très grant docteur en théologie, qui tous jours avoit tenu le parti de Pierre de La Lune : commençant son theume : *Expugnate vetus fermentum, ut sis nova consparsio.* Ces paroles sont escriptes en l'Epistre monseigneur Saint-Pol leue en saincte Église le jour de Pasques communaulx. Et vault autant à dire en moralité : expurgez le vieil levain, c'est à dire la vieille corrupcion de péché, afin que vous soiez nouvelle consparsion, c'est à dire par bonnes œuvres et bonnes vertus. Lequel theume il démena si parfond que tous les prélas et docteurs s'en esmerveillerent grandement; mectant certaines conclusions, et dist que les deux contendans estoient aussi bien papes que ses vielz soulers, appellans et nommans iceulx que, Annas et Cayphas, et les appella dyables et les compara aux dyables d'enfer.

Ce sont les choses en brief racomptées, qui furent faictes en ce concile, du commencement jusques au xxiiii° jour de ce présent mois de may. Ouquel jour devoient appliquer et venir à Pise, les ambaxadeurs du roy d'Espaigne. Tant qu'est du nombre des prélas là estans, ne peut point estre justement estimé, car tous les jours viennent nouveaux prélas de toutes les parties du monde. Mais au derrenier jour dudit concile, tant de cardinaulx, arcevesques, évesques et abbez, furent nombrez cent et cinquante prélats aournez de chapes et de mitres, sans les autres abbez qui n'estoient point mitrez. Là estoient aussi les ambaxadeurs des roys de France, d'Angleterre, de Jhérusalem

fameux nommé Facino Cane, dont cet évêque *Fachinquant* semble avoir porté le nom.

1. « L'évesque de Fiscariscen. » (*Ibid.*)

et de Cécile, de Cipre et de Poulaine¹; les ambaxadeurs des ducs d'Osteriche², de Brabant, de Saxongne³ et de Bavière, et Guillaume de Bavière; les ambaxadeurs des contes de Clèves, de Blanquemain, de Branbourg⁴ et de Moracte⁵; les ambaxadeurs des arcevesques de Coulongne, de Maience, de Salsebourg, et de l'évesque du Trech; les ambaxadeurs du grant maistre de Pruce, du patriarche d'Aquilée, et de plusieurs grans seigneurs d'Ytalie. Là estoit grant nombre de maistres en théologie, de docteurs en droit canon et civil de France et d'Ytalie, grant nombre de procureurs de diverses parties du monde, qui par la grace de Dieu ont eu et ont bonne conversacion et charitable ensemble du commencement jusques à maintenant. En laquelle cité est grant habundance de vivres, lesquelz sont vendus par pris raisonnable, et encores seroient à meilleur marchié se ne feussent les tribus et gabelles qui sont èsdictes parties. Et selon ma considéracion, la cité de Pise est une des notables villes qui soit en ce monde, qui a ung fleuve courant et descendent en la mer⁶, estant à une lieue de ladicte ville. Par lequel fleuve viennent en ladicte ville, grans navires amenans plusieurs biens. Et à l'environ de ladicte ville, sont vignes, blez et grant habondance de prez. Nous sommes bien honnestement logez, jà soit ce qu'en ladicte ville soit grant multitude de gens

1. De Pologne.
2. D'Autriche.
3. De Saxe.
4. De Brandebourg.
5. De Moravie.
6. L'Arno.

d'armes pour la conservacion de ladicte ville, laquelle ont conquestée les Florentins par force d'armes contre ceulx de Pise. Car lesdiz Florentins ont fait partir lesdiz de Pise hors de ladicte ville, afin qu'ilz ne feissent aucune trahison. Et sont alez à Florence jusques au nombre de deux mille, et se doivent monstrer deux foiz le jour aux gouverneurs de Florence, en certain lieu désigné, sur peine de la teste.

Item, de quatre à cinq mille sont alez devers le roy Lanselot[1] pour avoir secours et aide de luy. Lequel roy, à tout le nombre de quatre mille combatans, tant de pié comme de cheval, est jà venu jusques à deux lieues près de ceste ville de Pise. Mais les Florentins, par la grace de Dieu, pevent bien résister contre lui et sa puissance, en nous gardant. Et est vérité que ledit roy Lanselot doubte à perdre son royaume par le moien de l'union de saincte Eglise. Car, par tirannie il ocupe et empesche en moult grande quantité le patrimoine de ladicte Eglise. Et avec ce, on disoit que certains ambaxadeurs de Pierre de La Lune venoient oudit concile, non mie pour le bien de l'union, mais pour y bailler empeschement à leur povoir. Et est le nombre des cardinaulx estans pour le présent à Pise, tant d'une partie comme d'autre, dix-neuf. Et est assavoir que les serviteurs du cardinal de Chalent sont jà venus oudit concile, et le cardinal venra briefment avecques les ambaxadeurs du conte de Savoie. Messeigneurs les cardinaulx sont malcontens des évesques, abbez et chappelains des églises cathédrales qui n'ont

---

1. Ladislas, ou Lancelot, roi de Naples. Il se fit couronner roi de Hongrie en 1403, mais fut forcé de revenir en Italie, l'an 1404. En 1408 il se rendit maître de Rome.

point envoié leur procureur audit concile général. Autre chose ne vous scay que escripre pour le présent. Escript à Pise, le xv° jour du mois de may [1]. Vostre humble religieux et subject, l'abbé de Saint-Maxence. » Et la superscription estoit : « A révérend père en Jhesucrist et Seigneur, par la grace de Dieu évesque de Poictiers, et grant chancelier de monseigneur le duc de Berry. »

CHAPITRE LIII [2].

Comment les ambaxadeurs de l'Université de Paris envoièrent leurs lectres à leurs seigneurs et maistres, de ce qui avoit esté fait ou dessusdit concile de Pise touchant l'union de l'Eglise.

S'ensuict la teneur des lectres des ambaxadeurs de l'Université de Paris concordans aux lectres dessusdictes, envoiées à ceulx de ladicte Université.

« Révérens pères, seigneurs et maistres très honnorables, humble recommandacion prémise. Plaise vous savoir que nous rescripvons pardevers vous les copies des fais et traictiez fais ou concile général depuis le derrenier jour d'avril jusques à ce présent jour [3]. Pour quoy est à savoir que ledit saint concile général s'est assis par treize foiz, ouquel en effect ont esté faictes les choses qui s'ensuivent : Les deux contendans à la papalité actendans par plusieurs jours, furent déclairez contumax en fait de scisme et de la foy. En leur contumace furent donnez plusieurs articles contre iceulx

---

1. L'an 1409.
2. Ce chapitre est mal coté LX dans l'édition de Vérard, sans date, suivie en cela par l'édition de 1572.
3. 29 mai.

contendans, grandes escriptures et le libelle de contumace. Si furent ordonnez commissaires à examiner les tesmoings contre lesdiz contendans.

Item, par ledit concile général fut approuvée l'union, le collège des cardinaulx, la citacion desdiz contendans et la convocacion dudit concile par les cardinaulx comme en temps et en lieu convenables, seurs et estables, et que ledit concile estoit juge souverain en terre pour congnoistre sur lesdiz articles proposez contre lesdiz contendans.

Il fut aussi prononcé par le saint senne que ce avoit esté chose licite de partir de l'obédience d'iceulx depuis le temps qu'ilz avoient promis de eulx desmettre de la papalité, et que les procès, constitucions et sentences faictes par lesdiz contendans contre ceulx qui se sont soubstrais de leur obéissance, sont de nulle valeur. Après, furent les attestacions publiées, et la sentence interlocutoire fut leue par le saint concile sur les notoires péchez desdiz contendans. Et au jour dui, maistre Pierre Paoul[1], ou saint concile dist très solemnellement vostre opinion. Et print son theume : *Congregabuntur filii Jude et filii Israel et facient sibimet caput unum.* C'est à dire, que les enfans d'Israel et les enfans de Jude s'assembleront et feront à eulx mesme ung chef. Ce sont ceulx proprement assemblez et venus, et aussi ceulx à venir à ce saint concile, qui feront un seul pape. Et paravant avoit aussi parlé très

---

1. Dupuy, dans son histoire du schisme, l'appelle Pierre Plaon, et dit que c'était un docteur fort estimé dans le concile. Il signe Pierre Plaoul, et se qualifie chanoine de Paris dans un acte de l'an 1398 qui contient son adhésion à l'opinion de l'Université, opinion favorable à la soustraction d'obédience.

solemnellement maistre Dominique le Petit en la présence de tous les cardinaulx. Et fut son theume : *Principes populorum congregati sunt cum Deo Abraham.* C'est à dire, les princes des peuples sont assemblez avec le Dieu d'Abraham. Les cardinaulx et prélas de saincte Eglise sont appellez les princes des peuples. Au jour d'ui pareillement, les théologiens ont dit leurs opinions ; qui sont en nombre six vingts et trois, desquelz les vingt quatre sont de vos subjetz et suppos.

Item, au jour dui a esté ordonné que les deux contendans soient citez aux portes des églises, au mercredi cinquiesme jour de juillet, à oyr sentence diffinitive.

Ebron a envoié une bulle aux Anglois en leurs priant qu'ilz vueillent estre de leur parti avec Ruper, roy des Rommains second esleu, pour muer le lieu du concile, et qu'il leur plaise à estre à son povoir. Mais il labeure en vain, car les Anglois, Alemans, Bohémiens, ceulx de Poulaine, de France, de Cipre, de Rodes, d'Ytalie sont si très solemnellement concordables, excepté Ruper, duquel les ambaxadeurs sont départis. Peu de prélats sont venus de Landislay[1] et de celle seigneurie et dominacion. Le roy de Hongrie a escript qu'il a entencion d'estre oudit concile, mais il a eu grande occupacion pour maintenir sa guerre contre les Sarrasins.

Pierre Martin, dit La Lune[2], a envoyé une bulle moult terrible par laquelle il admoneste les cardinaulx de retourner devers lui, et s'ilz ne veulent retourner,

---

1. *Landislay* (*sic* et dans 8345 *Suppl. fr.* 93). Le grand-duché de Lithuanie?
2. Benoît XIII.

il leur défend traicter d'élection, et ou cas qu'ilz n'y obéiront, il les excommenie et prononce moult de choses contre lesdiz cardinaulx et leurs adhérens.

Révérens pères, seigneurs et maistres redoubtez, autre chose pour le présent ne vous escripvons, fors que toutes nacions tendent à la réformacion de l'Eglise, à laquelle réformer, sera tenu et obligé, le nouvel pape qui, à la grace de Dieu, sera esleu. S'il vous plaist aucune chose mander, prestz et appareillez sommes de obéir selon nostre povoir, comme tenus y sommes, en vous suppliant humblement, qu'en toutes noz besongnes, il vous plaise nous avoir pour recommandez. Le Très Souverain vous ait en sa garde. Escript à Pise, le xxix° jour du mois de may[1]. »

Et estoit escript dessoubz : « Dominique le Petit, Pierre Paoul, Jehan le Quesnoy, Pierre Ponce, Vincent et Eustace de Faulquemberge, Ernoul Vibrant, Jehan Bourlet, dit François. Maistre Pierre de Poigny et maistre Guillaume le Charpentier ne sont point cy dessoubz escrips, pour ce qu'ilz sont absens. »

Comment les deux contendans à la papalité furent condempnez par le saint concile de Pise [2].

S'ensuit la condemnacion desdiz contendans à la papalité, dont la teneur s'ensuit :

« Ce présent saint senne général assemblé ou nom de Jhésucrist, se soustrait et départ de Pierre de La Lune, appellé Benoist, XIII° de ce nom, et de Lange

1. L'an 1409.
2. Ce chapitre, dans l'édition de 1572, fait partie du cinquante-troisième chapitre mal coté LX.

Corrarion nommé Grégoire XII°, et descerne ledit saint senne que ainsi doivent faire tous loyaulx catholiques.

« Item, ledit saint senne représentant l'Eglise universelle séant pour juge en ceste ville de Pise, après meure délibéracion et examen de tesmoings sur les horribles péchez desdiz contendans, prononce et discerne par sentence diffinitive iceulx estre privez et indignes de tout honneur et dignité, et mesmement de dignité papale. De rechef, prononce iceulx estre séparez de saincte Eglise de fait et par les sains canons, par icelle sentence en ces escrips, en défendant à iceulx et à chascun d'eulx, que jamais ne soient si hardis de eulx tenir pour pape, en déclairant la saincte Eglise Rommaine vacquant.

« En après, ledit saint senne a déclairé que nulz chrestiens n'obéissent à iceulx ou à l'un d'eulx, ne donnent faveur ou entendent aucunement, non obstant quelque serement de loyaulté ou autres, fais ou promis à iceulx, sur peine d'excommunicacion. Et quiconques ne vouldra obéir à ceste ordonnance ou sentence, il sera condemné, réputé et baillé ès mains de la justice laie, comme favorable aux hérétiques, à punir selon les commandemens divins et disposicion des sains canons.

« En après, ledit saint senne prononce et déclaire que toutes les procuracions des cardinaulx faictes par lesdiz contendans de la papalité, par ledit Ange Corrarion depuis le tiers jour de may, et par ledit Pierre de La Lune depuis le xv° jour de juing en l'an derrenier passé mil quatre cens et huit, avoir esté et estre de nulle valeur, et du tout en tout sont adnullées par ceste sentence diffinitive. Et toutes les sentences et ordonnances faictes par lesdiz contendans ou préjudice de l'union de saincte Eglise contre les seigneurs, roys, princes, patriarches, arcevesques et évesques et autres prélas de l'Eglise et personnes singulières, estre de nulle valeur et de nul effet. Et ledit saint senne a ordonné à procéder en oultre au bien de l'Eglise universelle lundi prouchain venant, qui sera le x° jour de juing. »

« Ces choses dessusdictes ont esté faictes ou saint concile général, à Pise, l'an mil quatre cens et neuf, le cinquiesme jour de juing. »

Comment union fut mise en saincte Église par le saint concile de Pise où fut esleu un seul pape nommé Alixandre [1].

Le xxvi° jour de juing, l'an mil quatre cens et neuf, Pierre de Candie, cordelier, natif de Grèce, docteur en théologie, appellé communément cardinal de Milan, en la cité de Pise fut esleu à pape, en bonne concorde, par les cardinaulx, du consentement et approbacion du concile général, et le appellèrent Alixandre cinquiesme [2]. Duquel s'ensuit la teneur des bulles.

« Alixandre, évesque, le serviteur des serviteurs de Dieu, à l'évesque de Paris, salut et bénédiction apostolique. Loenge et gloire soit à Dieu ou ciel, qui donne aux hommes de bonne voulonté paix en terre, et qui par sa bénigne miséricorde a mis vraie union en son peuple chrestien, jusques à ce troublé par périlleuse

---

1. Ce chapitre comme le précédent (p. 25) fait encore partie, dans l'édition de 1572, de ce cinquante-troisième chapitre mal coté LX.

2. Répétition de ce qui a été dit plus haut, p. 10.

division. Qui sera l'omme qui ne doive avoir grant joye au cuer quant il considère les grans dangers et périlz des âmes qui tousjours se ensuivoient par le détestable et périlleux scisme, divisions et cavillacions de ceulx qui par hardiesse et sacrilège vouloient nourrir et maintenir par leur malice leurdicte tribulacion et division. Et maintenant pevent considérer ceste réconciliacion du peuple chrestien confermée par si grant concorde et une mesme voulenté. Nostre benoist Dieu aiant pitié de son peuple, qui si long temps par ceste division avoit esté en si grant angoisse, a ouvert et enluminé les courages et voulentez de ceulx du saint concile général, qui justement, selon les sains canons, ont condemné les contendans à la papalité comme ennemis de Dieu et de saincte Eglise par leurs énormes et notoires péchez. Et après ce que nos vénérables frères les cardinaulx de saincte Eglise Rommaine, du nombre desquelz adonc nous estions, désirans pourveoir de pasteur ydoine à saincte Eglise, après les journées et solennitez à ce requises et acoustumées, du consentement et approbacion du concile général entrèrent en conclave. Et en la fin, après longs et divers tiltres, regardèrent de commun accord nostre humble personne, pour lors estant prestre-cardinal de l'église des Douze Apostres, et nous esleurent évesque Rommain. Et jà soit ce que nous feussions indigne à si grant charge, considérant nostre fragilité, toutesfoiz, nous confians de l'aide de Dieu, avons reçeu ladicte charge. Vénérable frère, icelle chose nous te notifions comme amant et désirant la paix de saincte Eglise, si comme nous avons bien apperçeu, toy exortant que tu vueilles à Dieu tout-puissant rendre graces et louenges pour si grant don par lui envoyé ça jus en terre. De rechef, nous qui avons grant affection à ta personne, te mandons que nous sommes prestz et appareillez à toy et aux tiens faire plaisir, selon le povoir que Dieu nous a donné. Par ces présentes lectres avons commis et baillé pour à toy envoier à nostre amé si notable homme, Paulin d'Arrac, le maistre de la sale, escuier de honneur et nostre famillier. Donné à Pise le viiie jour de juillet, ou premier an de nostre papalité[1]. »

S'ensuivent aucunes constitucions faictes par l'approbacion du saint concile de Pise, l'an mil quatre cens et neuf.

« Il plaise à nostre très excellent seigneur Alixandre, par la divine Providence pape cinquiesme, que toutes les promocions, translacions, confirmacions, collacions et quelzconques provisions faictes à quelzconques personnes consentans à ce présent concile, de prélacions, dignitez, bénéfices, offices d'église, cures ou non cures, les consécracions des évesques et ordinacions des clercs, par iceulx contendans à la papalité, ou par leur auctorité, en temps et ès lieux à eulx obéissans, soient et demeurent bien faictes, mais que ce ait esté fait devant la sentence diffinitive, et que les choses aient esté faictes selon les reigles du droit canon.

Item. Il plaist audit concile que nostre dit seigneur ordonne sur le fait de l'arcevesque de Gennes.

Item. Et par l'approbacion du saint concile les bé-

---

[1]. Pise, 8 juillet 1409. C'est le lendemain de son couronnement.

néfices de saincte Eglise donnez par les juges ordinaires demourront paisiblement à ceulx à qui ilz sont donnez.

Item. Par l'approbacion du saint concile nous ordonnons et décernons à procéder contre les obéissans obstinéement ou baillans faveur à Pierre de La Lune et à l'Ange Corrarion, naguères contendans à la papalité et de ce saint concile condemnez par sentence diffinitive de scisme et de l'hérésie notoire. Par la manière que les sains canons ont ordonné, contre iceulx est à procéder.

Item. Nous ordonnons que se le cardinal de Flisc[1] veut venir dedens deux mois à nous en propre personne et obéir, qu'il soit receu bénignement et joyra des bénéfices et honneurs entièrement qu'il obtenoit le xv° jour de juing mil quatre cens et huit.

Item. Toutes les dispensacions faictes par les évesques des diocèses ès parties non obéissans ausdiz contendans, sur le défault d'aage pour la cause de obtenir bénéfices et prélacions; *item*, toutes absolucions et habilitacions en fait de pénitences faictes, tant par lesdiz contendans comme par lesdiz ordinaires pendant le scisme sur les [cas] réservez au siège apostolique, de nostre certaine science, par l'approbacion du saint concile, nous les ratifions et approuvons. »

1. Peut-être le cardinal Fieschi.

CHAPITRE LIV[1].

Comment l'évesque de Paris trespassa. — Des mariages, du duc de Brabant à la nièpce du roy de Bohesme, de l'ainsné filz Montagu à la fille du seigneur d'Albret, et du roy de Chipre à Charlotte, fille du duc de Bourbon.

Sachez qu'en ces jours, messire Pierre d'Orgemont[2], évesque de Paris, trespassa en la maison épiscopale, à la fin du mois de juing[3]. A laquelle éveschié succéda messire Simon de Montagu, évesque de Poictiers et chancelier du duc de Berry, frère du Grant-maistre d'ostel du Roy et de l'arcevesque de Sens. Et fut reçeu honnorablement en l'église Nostre-Dame de Paris, le XXII° jour de septembre ensuivant. Et estoient présens, Charles, roy de France, les ducs de Berry, de Bourgongne et de Bourbon, le roy de Navarre et plusieurs autres princes, prélas et autres gens sans nombre. Et fist la feste à l'aide de sondit frère Grant-maistre d'ostel du Roy, si habundamment et tant pompeusement, qu'il n'estoit mémoire que paravant les festes et mengers faiz au temps passé feussent paraulx à cestui, tant en vaisselle d'or et d'argent, en diversitez et quantitez de mez, de vivres et de boires, que chascun en estoit esmerveillé. Pour lequel estat, grant partie des princes là estans, notèrent grandement ledit maistre d'ostel,

---

1. Ce chapitre est encore mal coté (LXIIII) dans l'édition de 1572, qui ne reprend le numérotage régulier qu'à partir du chapitre LV.

2. Le ms. *Suppl. fr.* 93 et les imprimés l'appellent, à tort, Jean d'Orgemont.

3. Le 16 juillet, d'après son épitaphe.

qui à son plaisir gouvernoit les finances du Roy, et le eurent pour ce en soupçon de mal.

Item, le vi° jour de juillet, après la mort dudit Orgemont, évesque de Paris, le duc Anthoine de Brabant espousa en sa ville de Brucelles la nièpce du roy de Boesme, à laquelle appartenoit la duché de Lucembourg par la succession de son père [1]. Le traictié dudit mariage fut fait par le pourchas de l'évesque de Chaalons et de messire Renier Pot [2]. Et estoient venus avec icelle dame, aucuns chevaliers et escuiers, dames et damoiselles de noble estat, qui lui avoient esté baillées dudit roy de Boesme, son oncle. Si furent à la solennité desdictes nopces, les deux frères dudit duc de Brabant, c'est assavoir le duc de Bourgongne et le comte de Nevers, et leur seur, femme au duc Guillaume, conte de Haynau, le conte de Charrolois et la contesse de Clèves, enfans dudit duc de Bourgongne, le marquis du Pont et Jehan, son frère, et leur seur, contesse de Saint Pol, tous trois, enfans du duc de Bar, les contes de Namur et de Conversen et leurs femmes, avec plusieurs grans seigneurs. Et mesmement y fut le conte de Clermont, filz au duc de Bourbon, lequel jousta et fut servi du duc de Bourgongne et du conte de Nevers; le duc porta l'escu, et le conte, la lance, dont plusieurs, là estant, s'en esmerveillèrent, pour la hayne qui naguères avoit esté entre eulx pour

1. Anthoine de Bourgogne, duc de Brabant, épousa à Bruxelles (le 16 juillet, d'après le P. Anselme, et le 6, d'après Monstrelet) Élizabeth, fille unique du marquis de Moravie, duc de Luxembourg, et nièce du roi des Romains, de Bohême et de Hongrie.

2. Seigneur de La Roche, près Nolay, chevalier de la Toison d'or et chambellan du duc de Bourgogne.

la mort du duc d'Orléans trespassé. Néantmoins, ils furent là tous ensemble en grant concorde et amour l'un avec l'autre. Et fut ceste feste très plantureuse et très habundante de tous biens; à la fin de laquelle, les seigneurs se retrayrent en plusieurs lieux.

Item. Le pénultiesme jour dudit mois de juillet, furent faictes à Meleun, très solemnellement, les nopces de la fille du seigneur de Labreth [1], connestable de France, et de l'ainsné fils Montagu grant-maistre d'ostel du Roy [2]. Auxquelles nopces furent présens la royne de France et plusieurs autres grans seigneurs, et furent tous les despens, là, soustenuz et paiez de par le Roy, dont, en continuant, ledit Montagu encouru en grande indignacion et envie de plusieurs princes du sang royal.

Item. En ces mesmes jours furent rompues les trèves d'entre les roys de France et d'Angleterre, et se resmut très forte guerre, par mer tant seulement, dont plusieurs marchans desdiz royaumes soustindrent plusieurs dommages.

Item. Le second jour d'aoust ensuivant, Pierre de Lezignen, roy de Chipre [3] espousa par procureur Charlote de Bourbon, seur germaine au conte de La Marche [4]. Ausquelles nopces, qui furent faictes dedens le chastel de Meleun, estoit la dessusdicte royne de France, le duc d'Acquitaine et autres ses enfans, le roy de Na-

1. Catherine d'Albret.
2. Charles de Montaigu, fils du grand maître Jean de Montaigu.
3. Le roi de Chipre ne s'appelait pas Pierre de Lusignan, mais Jean de Lusignan, connu sous le nom de Jean II ou Janus.
4. Charlotte de Bourbon, fille de Jean II de Bourbon, comte de La Marche, et sœur de Jacques II, qui avait succédé à son père en l'an 1393.

varre, les ducs de Berry et de Bourbon, les contes de La Marche et de Clermont, Loys, duc en Bavière, frère de la royne de France, avec plusieurs dames et damoiselles, qui tous ensemble firent l'un avecques l'autre de très joyeux esbatemens, tant en joustes et dances, comme en sollennitez, boires et mangers et autres consolacions [1]. Si estoit, ladicte Charlote royne de Chipre, une très belle dame bien adrécée de corps, aournée et condicionnée de toutes nobles meurs. Laquelle, après que celle feste fut faicte, s'en ala honorablement acompaignée d'aucuns grans seigneurs et dames du pays de France que lui bailla son frère, avec aucuns que lui avoit baillé et envoié ledit roy de Chipre pour la conduire et mener jusques audit royaume de Chipre, et arriva premièrement au port de Chérines [2], et là, vint quérir le roy son mary, qui de sa venue fut moult resjoy, et la mena avec la plus grant partie de la noblesse de son royaume en la cité de Nichosie [3], ou de rechef il fist faire une moult solennelle feste selon la coustume du pays : Et depuis se conduirent et gouvernèrent l'un avecques l'autre, par grant espace de temps, très honnorablement; et yssi d'eulx moult belle généracion [4]. Desquels sera faicte cy-après plus ample déclaracion.

1. *Sic* dans *Suppl. fr.* 93. *Solacions* ou *soulas*.
2. Aujourd'hui Cérines, ou Kerynia.
3. Nicosie.
4. On trouve dans l'*Histoire de l'île de Chypre sous le règne des princes de la maison de Lusignan* de M. de Mas-Latrie (t. II, p. 494), une décision des Prégadi relative au passage de la reine Charlotte de Bourbon, de Venise en Chypre, datée du 10 janvier 1409. L'embarquement se fit le 6 juin 1411. Le mariage se célébra à Nicosie le 25 août 1411.

CHAPITRE LV.

Comment l'accord fu fait entre le duc Guillaume, conte de Haynnau, et le duc de Brabant. Et du duc de Brabant, et de la vielle contesse de Penthièvre. Et la mort de la duchesse d'Orléans.

Item. Le cinquiesme jour du mois d'aoust et huit jours ensuivans, le duc Jehan de Bourgongne tint grant parlement en la ville de Lisle lès Flandres sur plusieurs ses afaires, et entr'autres pour accorder ses deux frères[1], c'estassavoir le duc Guillaume et le duc de Brabant, pour la cause dont en autre lieu cy-devant est faicte mencion. Avecques lesquelz ducs furent présens leur seur, femme dudit duc Guillaume, l'évesque de Liège, et le conte de Namur. Et, en fin, ledit duc de Bourgongne conferma la paix totalement entre icelles parties, par telle condicion que icellui duc Guillaume devoit faire paiement, pour toutes debtes, audit duc de Brabant, de la somme de soixante dix mille florins d'or du coing de France, à paier à certains termes ensuivans.

Et après ce parlement finé, ledit duc de Bourgongne, environ la my-aoust ala à Paris, au mandement de la Royne et du conseil royal, et mena plusieurs gens de guerre, lesquelz il fist loger ès vilages vers Paris. Et la cause pour quoy il les y avoit menez, si estoit pour ce que le duc de Bretaigne avoit naguères amené d'Angleterre grant nombre d'Anglois, par lesquelz, avec ses Bretons, il faisoit mener forte guerre

---

1. C'est-à-dire Antoine de Bourgogne, duc de Brabant, son frère, et Guillaume de Bavière, comte de Hainaut, son beau-frère.

à la vielle contesse de Penthièvre[1] et à ses pays. Dont la royne de France et le grant conseil du Roy n'estoient point bien contens, pour ce que c'estoit ou préjudice du royaume. Et aussi le duc de Bretaigne avoit batu et injurié sa femme, fille du roy de France[2], pour ce qu'elle lui avoit blasmé les cas dessusdiz. Si avoit intencion que icellui duc de Bourgongne, à tout grant puissance et avec lui autres princes et capitaines, yroient ou pays de Bretaigne pour subjuguer ledit duc et mectre en l'obéissance du Roy. Et avoit, ledit duc de Bourgongne, grant désir de y aler, pour secourir ladicte contesse et son beau-filz le conte de Penthièvre[3]. Mais entretant que lesdictes préparacions se faisoient pour ce faire, par le conseil royal, icellui duc de Bretaigne, sachant par aucunes de ses féables qu'il estoit en l'indignacion de la royne de France, sa belle-mère, et de ceulx qui gouvernoient ledit Roy, envoia par le conseil de ses barons certains ambaxadeurs à Paris devers iceulx, lesquelz offrirent de par lui, que du discord qu'il avoit contre ladicte contesse de Penthièvre, il se vouloit submectre sur le Roy et son conseil. En quoy il fut en fin reçeu, par le roy de Navarre. Et furent icelle contesse et son filz, mandez à venir à Paris. Et depuis, y vint ledit duc de Bretaigne. Si fut lors la besongne pourparlée entre lesdictes parties; laquelle enfin fut conclute; et demourèrent paisibles l'un avecques l'autre.

1. Marguerite de Clisson, veuve de Jean de Blois, comte de Penthièvre.
2. Jeanne de France, fille de Charles VI.
3. Olivier de Blois, qui avait épousé Isabelle de Bourgogne en 1406.

Item, en ce mesme moys¹, Ysabel, ainsnée fille du roy de France, jadis royne d'Angleterre et pour lors femme de Charles duc d'Orléans, gisant d'une fille, trespassa de celle gésine. Pour la mort de laquelle, ledit duc, son mary, eut au cuer très grant douleur; et depuis reprint consolacion pour l'amour de sadicte fille, qui demoura en vie².

Et en ce temps, le patriarche d'Alixandre, évesque de Carcassonne³, succéda, après Guy de Roye dont dessus est faicte mencion, à l'arceveschié de Reims et à l'arceveschié de Bourges. Et en ces propres jours mourut maistre Pierre Paoul⁴, évesque de Senlis, ou lieu duquel fut mis maistre Pierre d'Estaine, aumosnier du Roy. Et Loys de Harecourt, frère du conte de Harcourt, fut confermé arcevesque de Rouen.

CHAPITRE LVI.

Comment messire Bouciquault, mareschal de France et gouverneur de la cité de Gennes, fut débouté de ladicte ville par les citoiens d'icelle, tandis qu'il estoit alé au mandement du duc de Milan.

Item, en cest an, Bouciquault, mareschal de France, qui estoit le gouverneur de Gennes de par le Roy⁵ et

---

1. D'après ce qui précède ce serait le mois d'août. Cela n'est pas exact, Isabelle mourut le 13 septembre 1409.
2. Elle s'appelait Jeanne et fut la première femme de Jean II, duc d'Alençon. Elle mourut, sans enfants, le 19 mai 1432.
3. Simon de Cramaud.
4. Pierre Plaoul. Voy. plus haut, p. 23.
5. Ses lettres de nomination sont du 23 mars 1400. Elles portent que le roi, à la prière de ses oncles, les ducs de Berri, de Bourgogne et de Bourbon, et de son frère le duc d'Orléans, a

là se tenoit, fut révoqué et requis de par le duc de Milan et le conte de Pavie, son frère, pour aider à appaiser une question qui estoit promeue entre eulx ès parties de leurs dominacions¹. A laquelle évocacion il ala, en cuidant faire agréable service au duc de Milan, luy soy non doubtant d'aucun mal engin. Mais durant son voyage, ceulx de la cité de Gennes se mirent du tout en rebellion contre leurdit gouverneur, et mandèrent à estre avec eulx aucuns estrangers, aliez et complices. Et de fait, occirent cruellement le seigneur de Chellecte², chevalier, seigneur de Collectre, natif du pays d'Auvergne lequel estoit lieutenant du mareschal dessusdit. Après laquelle mort, les autres François qui estoient par ladicte ville, pour doubte de la mort s'en fouyrent ès chasteaulx d'icelle, esquelz par ceulx de Gennes ilz furent prestement asségez. Et mandèrent, lesdiz Génevois, en leur aide le marquis de Ferrare³ avec grant puissance de gens d'armes. Lequel y vint, à tout quatre mille combatans, pour ce qu'ilz lui promirent à paier pour ses gaiges chascun an, dix mille ducas; et le firent sans délay duc de

choisi. — « Personam dilecti et fidelis nostri Johannis Le Meingre, « dicti Bouciquaut, marescalli Francie, viri utique generosa stirpe « progeniti, in armis strenui, moribus instructi et ornati, consilii « que pollentis, specialem gubernatorem civitatis Janue. »

1. Un fameux chef de condottieri, que le Religieux de Saint-Denis appelle *Fascinus Canis*, Facino Cane, s'était emparé d'une partie de la Lombardie. En se rendant au secours du duc de Milan, Bouciquaut avait pris les villes de Tortone et de Plaisance. (Voy. *Chr. de Ch. VI*, t. IV, p. 255 et suiv.)

2. Le Religieux de Saint-Denis l'appelle *Dominus de Cholcton* (*ibid.*, p. 260), et dit qu'il fut tué par un nommé Jean Turlet.

3. Nicolas III, marquis de Montferrat.

Gennes. Avec lequel furent faiz et constituez douze conseillers, selon la coustume du pays, pour gouverner la chose publique. Et briefz jours après, Fachinquant[1], capitaine moult renommé en Ytalie, moult amy audit marquis, vint sans délay, à tout ses gens, audit lieu de Gennes, sur l'intencion d'estre en aide audit marquis. Mais lesdiz Génevois ne le vouldrent recevoir, et fut par eulx refusé. Et en s'en retournant, ses gens, qui estoient bien huit mille combatans, prindrent une belle ville nommée Neufville[2], où il avoit François qui se tenoient ou chastel, et tantost furent asségez soudainement. Mais ledit Bouciquault, acompaigné de ses gens et des gens desdiz frères, le duc de Milan et le conte de Pavie, après ce qu'il eut oy les nouvelles de la rebellion desdiz Genevois, vint hastivement ou chastel de Gaaing[3], assis entre Gennes et ladicte ville de Neufville, et se combatit avecques ses gens contre ledit Fachinquant. En laquelle bataille furent occis bien huit cens hommes, dont la plus grant partie estoient audit Fachinquant; et, enfin, pour la nuit qui survint, l'une partie et l'autre laissèrent la bataille. Et Bouciquault, par le conseil de Enguerran de Bournonville qui estoit avecques lui, et de Gadifer de la Sale, tous deux hommes d'armes pleins de proesse, retourna en celle mesme nuit audit chastel

---

1. Facino Cane, comme on vient de le voir. Le Religieux de Saint-Denis ne parle pas de ce refus des Génois de recevoir le condottière. Au reste ce partisan était tellement redouté qu'on l'appelait le fléau de la Lombardie, et l'ennemi de Dieu et des hommes.

2. Noefville, dans *Suppl. fr.* 93, Borgo Novo?

3. Gaing, dans *Suppl. fr.* 93, Gani?

de Gaaing, lequel il garny et pourveu très grossement de vivres et autres choses neccessaires à guerre. Et le dessusdit Fachinquant demoura dedens la ville. Mais dedens briefz jours ensuivans, lui voiant qu'il ne povoit avoir ledit chastel, se départi, à tout ses gens, et retourna en ses fortresses. Et le mareschal Bouciquault commença à mener forte guerre aux Génevois, et eulx à lui. Et avec ce envoia ses messages devers le roy de France pour lui signifier les besongnes dessusdictes, en lui requérant qu'il lui voulsist envoier aide de gens d'armes. Lequel Roy et son grant conseil, quant il sceut les nouvelles, considérant la muableté et desloyaulté des Génevois, disposa à procéder meurement contre iceulx. Et depuis, y envoya à ses despens, les seigneur de Torcy, de Rambures et de La Vielzville, à tout certain nombre de gens d'armes, jusques à la cité d'Astinence[1] appartenant au duc d'Orléans, prouchaine du territoire de Gennes, en espérance de bailler secours à icellui Bouciquault. Mais quant ilz furent venus jusques là, ilz sceurent véritablement que tout le pays estoit tourné en rebellion, réservé aucunes fortresses que tenoient encores lesdiz François dehors de ladicte ville de Gennes; lesquelz ne povoient point faire grans dommages, pour ce qu'ilz n'y povoient tenir grant nombre de gens, pour les vivres, qu'ilz avoient à danger. Et par ainsi lesdiz chevaliers, aians considéracion l'un avec l'autre, et qu'ilz ne povoient faire chose de grant valeur, s'en retournèrent en France. Et adonc, furent quis dedens Paris et ailleurs, tous les marchans et autres gens dudit pays de Gennes, et ce

---

1. Monstrelet se sert ici du mot latin. C'est Ast, ou Asti.

qui en fut trouvé, furent mis prisonniers, et leurs biens arrestez et mis soubz la main du Roy. Si avoient iceulx Génevois esté par longtemps en l'obéissance du roy de France, et l'avoient servy en plusieurs guerres assez diligemment.

CHAPITRE LVII.

Comment les seigneurs du sang royal vouldrent réformer ceulx qui avoient gouverné les finances du Roy. Et de la mort de Montagu, grant-maistre d'ostel.

En ces propres jours, les seigneurs du sang royal estans à Paris, c'estassavoir le roy Loys de Cécile, les ducs de Berry, de Bourgongne et de Bourbon, avec plusieurs autres grans seigneurs, sachans et eulx bien informez que le roy Charles de France estoit tout apovry de ses finances par ses officiers et gouverneurs, et mesment que sa vaisselle et la plus grant partie de ses joyaulx estoient tous engagez, exposèrent à un certain jour à la personne du Roy, l'estat et gouvernement meschant et povre qui estoit en son hostel et en ses officiers, présens la Royne, le duc d'Acquitaine et autres du grant conseil, requérans qu'il feust content que aucuns d'eulx peussent avoir puissance de réformer tous ceulx généralment qui depuis le commencement de son règne avoient eu le gouvernement de ses dictes finances et de ses offices, sans nulz excepter, et qu'ilz peussent iceulx destituer, corriger, punir et condemner selon le cas qu'ilz auroient mesfait. Laquelle requeste leur fut par le Roy accordée [1]. Et pour y

[1] Le Religieux de Saint-Denis met au mois d'octobre cette

mieulx besongner et entendre, grant partie des seigneurs dessusdiz laissèrent leurs propres hostelz et s'en alèrent loger en l'ostel du Roy à Saint-Pol, dedens lequel, par le conseil d'aucuns des seigneurs de Parlement et de l'Université, continuèrent par plusieurs jours à ladicte réformacion. Et firent tant, qu'à brief dire ilz perceurent clèrement que ceulx qui avoient gouverné les finances dudit royaume depuis seize ou vingt ans paravant, s'estoient très mal acquitez, et avoient acquis pour eulx ou pour leurs amis ou prouchains, innumérables finances ou préjudice du Roy et de sa seigneurie, et par espécial Montagu, qui avoit esté ung des principaulx des gouverneurs; qui fut fort questionné, et tellement qu'il fut ordonné qu'on le prinst et meist en prison en Chastellet, avec plusieurs autres. Et pour faire ceste exécucion, fut commis messire Pierre des Essars, prévost de Paris, garny de grant partie de ses sergens. Et pour l'acompaigner, lui furent baillez de par le duc de Bourgongne, le seigneur de Heilli et de Roubaix, et messire Roland de Hutequerque, lesquelz, tous ensemble, par un certain jour trouvèrent ledit Montagu et avecques lui maistre Martin Gouge, évesque de Chartres, tous deux alans au moustier Saint-Victor pour oyr la messe[1]. Lequel prévost, acompaigné des dessusdiz, quant il le rencontra, mist la main à lui et audit évesque, en

---

assemblée pour la réformation des finances. (*Chr. de Ch. VI*, t. IV, p. 271.)

1. Le Religieux de Saint-Denis dit : *Cum ad domum suam de Sancto Victore rediret* (p. 274). Comme il se rendait de l'abbaye de Saint-Victor à sa maison. L'hôtel de Montaigu était situé près de la porte Barbette.

leur disant : « Je mets la main à vous de par l'auctorité royale à moy commise en ceste partie ». Et adonc, icellui Montagu, oyant les paroles dudit prévost, fut fort esmerveillé et eut très grant fraieur. Mais tantost que le cuer lui fut revenu, il dist audit prévost. « Et tu, ribault traistre, comment es tu si hardi de moy oser toucher ! » Lequel prévost lui dist : « Il n'en yra pas ainsi que vous cuidez. Mais durement comparrez les très grans maulx que vous avez commis et perpétrez. » Et lors ledit Montagu, non puissant de résister audit prévost ne aux siens, fut lyé et mené moult destroictement ou Chastellet de Paris, et avecques lui l'évesque de Chartres, qui estoit président en la chambre aux généraulx[1]. Ouquel lieu par plusieurs fois ledit Montagu fut mis en gehainne et tant, que lui doubtant sa fin, demanda à ung sien confesseur moult diligemment quelle chose il avoit à faire, et il respondi : « Je n'y voy autre remède, fors que vous appellez du prévost de Paris ; » et ainsi en fist-il. Pour quoy ledit prévost ala devers lesdiz seigneurs qui avoient ordonné de le prendre et leur compta l'estat de ladicte appellacion, et tantost lesdiz seigneurs à ceste cause convoquèrent le parlement pour discuter et examiner ceste besongne. Et en la fin fut déclairé par les seigneurs dudit parlement, que ladicte appella-

---

1. « Unde civitas mota est et cives arma sumpserunt. Quos tamen Parisiensis prepositus, Petrus de Essartis, vicos circuiens cum armatis et clamans quod proditores regis tenebat, et quod eos sollicite custodiret, eos pacificavit, rogans ut mechanicis artibus et suis negociacionibus vacarent. » (*Chr. de Ch. VI*, t. IV, p. 272.) Montaigu fut arrêté le 7 octobre 1409 et exécuté le 17, comme on le verra dans nos *pièces justificatives*.

cion estoit de nulle valeur. Et pourtant lesdiz seigneurs voians ledit fait estre arresté et adjugié, dirent audit prévost : « Va, et sans demeure, toy bien acompaigné du peuple de Paris bien armé, prens ton prisonnier et expédie la besongne selon justice, et lui fais trencher la teste d'une dolouere, et puis la fais ficher ès hales sur une lance. » Après lesquelles paroles, prestement en acomplissant leur commandement, le xviie jour du mois d'octobre, fist habiller et ordonner le peuple bien armé en la place Maubert et en plusieurs autres quarrefours et lieux, et puis fut mené ledit Montagu, ès hales où estoit moult grant peuple, et là, lui fist-on trencher la teste et la mectre, comme dit est, sur le bout d'une lance, et le corps fut pendu pardessoubz les aisselles au gibet de Montfaucon, droit au plus haut estage [1].

Ceste exécucion fut faicte principalement, comme la renommée couroit, à l'instance et pourchas du duc de Bourgongne, lequel pour la veoir faire manda très grant nombre de nobles hommes de ses pays de Bourgongne, de Flandres et d'Artois [2]. Et ung petit devant

1. Le Religieux de Saint-Denis termine son récit par ces détails lugubres : « Nec silendum existimo quod duces prenominati so-
« lempnes decuriones miserant, ut referrent ejus verba novissima ;
« qui mesti et lacrimosi redierunt, et multis sciscitantibus cur sce-
« lera tanti viri non fuerant publicata, retulerunt eum cunctis
« assistentibus affirmasse quod tormentorum violencia, qua et
« manus delocatas et se ruptum circa pudenda monstrabat, illa
« confessus fuerat, nec in aliquo culpabilem ducem Aurelianensem
« nec se eciam reddebat, nisi in peccuniarum regiarum nimia
« consumpcione. » (*Ibid.*, p. 276.)

2. « Et estoient à ce tamps dedens Paris, le roy de Navarre, les ducqs de Berry, de Bourgoigne et de Bourbon, et autres. » (Chron. *Cord.* 16, fol. 336 v°.)

que ce advenist, le duc de Bourbon et le conte de Clermont, son filz, se partirent de Paris très indignez pour la prinse dudit Montagu. Et pareillement, le duc d'Orléans, son frère, et tous ceulx tenans ceste bende, furent très desplaisans de sa mort[1], mais pour le présent n'en povoient avoir autre chose, car à ce temps n'estoient-ilz point au conseil du Roy. Et lendemain d'icelle exécucion faicte ainsi comme dist est, le duc Guillaume, conte de Haynau, qui paravant avoit esté mandé par le duc de Bourgongne, vint à Paris. A l'encontre duquel alèrent plusieurs grans seigneurs, et fut reçeu très bénignement du Roy et du duc d'Acquitaine et des autres princes. Et à sa venue, lui fut donné et octroié l'ostel dudit Montagu qu'il avoit dedens Paris, comme confisqué, avec tous les biens meubles estans dedens. Et d'autre part, fut mise en la main du Roy la fortresse de Marcoussis, séant à sept lieues de Paris, sur le chemin de Chartres; laquelle ledit Montagu avoit fait fonder et édifier en son temps. Et se loga prestement ledit duc Guillaume oudit hostel. Et toutes les autres terres et biens quelzconques dudit Montagu furent aussi mises en la main du Roy au préjudice de ses enfans. Ledit Montagu estoit natif de Paris et paravant avoit esté secrétaire du roy Charles le Riche[2], derrenier trespassé. Si estoit gentil homme de par sa mère, et avoit marié trois filles légitimes qu'il avoit, dont en avoit l'une, sire Amé de Roüssy, la seconde fut mariée à Jehan de

---

1. « De celle mort fu le duc d'Orléans moult courouchiés, et oisy furent ceulx à son alliance, et par espécial le duc de Berry. » (Chron. Cord. 10, fol. 336 v°.)

2. C'est ainsi que Monstrelet appelle toujours Charles le Sage.

Craon, seigneur de Maubuisson, et la tierce estoit fiancée à Jehan de Meleun, filz au seigneur d'Antoing, mais le mariage ne se parfist point. Et son filz, comme dit est, estoit marié à la fille du seigneur d'Albreth, connestable de France et cousin du Roy.

En après ces besongnes passées, par le dessusdit prévost de Paris furent prins plusieurs gens du Roy, et espécialement ceulx qui estoient ordonnez sur les tribus et revenues, et mesment tous les généraulx, comme les seigneurs de la chambre des généraulx et les présidens et les seigneurs de la chambre des comptes, Perrin Pilot, marchant, et autres, lesquelz furent emprisonnez ou chastel du Louvre et ailleurs. Et quant Le Borgne de Souchal, escuyer du Roy et garde de sa finance, oy dire que le grant maistre d'ostel estoit prins et mis en prison, il fut grandement esmerveillé et moult fut troublé et esmeu, pour quoy il se partit en habit desguisé, secrètement, sur ung moult léger cheval. Dont il fut en grant souspeçon des seigneurs.

En ce temps, l'arcevesque de Sens, frère audit grant maistre d'ostel, Guischard Daulphin et Guillaume, chevaliers, et maistre Gaulthier Col, secrétaire du Roy, par commandement du Roy furent envoiez à Amiens à l'encontre des légaulx du roy d'Angleterre. Lequel arcevesque, assez tost aiant congnoissance de la prinse et emprisonnement de sondit frère, print congié à ses compaignons, si se parti d'Amiens. Et ainsi qu'il s'en aloit légèrement vers Paris, il fut rencontré d'un huissier du Roy venant de Paris, qui prestement le fit prisonnier du Roy, car il avoit lectres et puissance dudit Roy de prendre et emprisonner ledit arcevesque, à Amiens, ou sur le chemin se d'aventure trouver le povoit. Mais ledit arcevesque moult prudentement, lui respondi promptement par fixion, qu'il estoit tout prest d'aler avecques lui en prison et partout ailleurs. Mais en alant ensemble, ilz vindrent au fleuve d'Oise, emprès la praerie de Saint-Leu de Sérens, auquel fleuve il déceut ledit huissier très subtillement. Car quant il fut yssu de la nef avec aucuns de ses gens, il monta sur le plus léger cheval qu'il eust, et s'en fuy tandis que ledit huissier actendoit le retour de la nef qui estoit à l'autre lez dudit fleuve. Dont lui, grandement confus et troublé, retourna à Paris sans son prisonnier[1].

Le seigneur de Tignonville, qui estoit du nombre des seigneurs de la chambre des comptes, fut arresté audit lieu d'Amiens par le bailli d'icelle ville, du commandement des princes dessusdiz, et fut emprisonné en l'ostel d'icellui bailli. Mais après ce, quant aux dessusdiz évesque de Chartres et tous autres prisonniers à Paris, suspens et privez de leurs offices, furent caucionnez et eurent grace d'aler à Paris et ailleurs.

Et pour ce que lesdiz princes et seigneurs ne porent lors entendre au fait de la réformacion dessusdicte, ilz y substituèrent trois contes, c'estassavoir de La Marche, de Vendosme et de Saint-Pol, et aucuns de la chambre de parlement, pour faire ladicte réformacion.

Les gens de guerre qui avoient esté mandez à venir autour de Paris, tant par le duc de Bourgongne comme

---

1. Le Religieux de Saint-Denis consacre un chapitre à cette évasion. (*Chr. de Ch. VI*, t. IV, p. 280.)

par les autres seigneurs, furent licenciez et retournèrent chascun ès lieux dont ilz estoient venus, en mengant le povre peuple selon la coustume de adonc.

Messire Guischard Daulphin dessusnommé, fut par lesdiz princes constitué et ordonné à estre souverain maistre d'ostel du Roy ou lieu du défunct Montagu. Lequel Roy adonc estoit malade de sa maladie acoustumée. Et lors, l'évesque de Paris [1] demanda et requist ausdiz seigneurs que par miséricorde en lui laissast oster le corps de son frère du gibet, suppliant et priant piteusement qu'il le peust ensevelir et enterrer. Mais ceste prière et supplicacion ne lui fut point accordée par lesdiz princes. Lequel évesque, oiant ladicte response, se rempli de grande vergongne pour la honteuse mort de son frère et pour la fuite de son autre frère arcevesque de Sens, assez tost après se parti de son siège épiscopal, avecques lui sa belle seur, femme d'icellui Montagu, et aucuns de ses enfans. Car le duc de Berry avoit jà pourveu d'un autre chevalier en l'office de sa chancelerie. Et ala en la terre de sa belle fille, assise en Savoie. Laquelle estoit fille de sire Estienne de La Granche, jadis président en parlement, et frère au cardinal d'Amiens.

Après, pour ce que Le Borgne Foucault, qui fut appellé aux drois du Roy, ne vint ne comparu, il fut banny par les carrefours de Paris hors du royaume de France, au son de la trompète. Et pareillement fut banny l'arcevesque de Sens, qui s'estoit rendu fugitif; et plusieurs autres. En oultre, le roy de Navarre, les ducs de Berry, de Bourgongne et de Holande, les

---

1. Gérard de Montaigu.

contes de La Marche et de Vendosme, frères, et plusieurs autres grans seigneurs, alèrent vers la royne de France et le duc d'Acquitaine, son filz, et leur remonstrèrent la cause pour quoy Montagu avoit esté exécuté, et aussi quelle chose estoit à faire des inquisicions des arrestz et de la condempnacion des péchans et déclinans, et avec ce, de toute la réformacion du royaume. Laquelle Royne, en fin, fut assez contente que iceulx seigneurs poursuissent ce qu'ilz avoient encommencé, non obstant qu'elle n'estoit pas bien du tout contente de son beau cousin le duc de Bourgongne, lequel avoit si grant gouvernement et puissance ou royaume ; et le doubtoit plus que tous les autres, jà soit qu'elle lui moustrast assez bon semblant par paroles.

Et de rechef fut là traictié le mariage de Loys de Bavière, frère de ladicte Royne, et de la fille du roy de Navarre. Et lui fut donnée la possession du chastel de Marcoussis avec toutes les appartenances nouvellement confisquées au Roy par la mort du dessusdit Montagu. Laquelle besongne ladicte Royne eut moult grandement agréable. Et après ce que lesdiz seigneurs eurent besongné par aucuns jours audit lieu de Meleun, ilz retournèrent à Paris tous ensemble et prindrent avecques eulx messire Pierre Bochet, président en parlement, et aucuns autres de la chambre des comptes, eulx assemblans chascun jour diligemment et enquérans subtillement pour savoir comment et de quelles personnes, ou temps passé, les finances du Roy avoient esté receues et despendues. Durant lequel temps, ledit Roy, qui avoit esté moult fort malade retourna en santé, et tant, que le second jour du mois de décembre ala de l'ostel de Saint-Pol, à cheval, ung haubert vestu soubz sa robe jus à l'église cathédrale de Nostre-Dame, où il fit son oraison ; et portoit derrière lui, ung de ses pages, ung moult belle archigaye[1]. Et quant il ot fait son oraison, il retourna en sondit hostel de Saint-Pol. Et lendemain, en sa propre personne tint conseil royal, où estoient présens le roy de Navarre, les ducs de Berry, de Bretaigne et de Bourbon. Ouquel conseil fut conclud que le dessusdit Roy manderoit à venir devers lui à la feste de Noël ensuivant, les ducs d'Orléans, de Bretaigne, de Brabant, de Bar, de Lorraine, les contes d'Alençon, de Savoye, de Harecourt, d'Armaignac, de Penthièvre et de Namur, et généralement tous les grans seigneurs de son royaume et du Daulphiné avec plusieurs prélas et autres nobles hommes. Et lors, après ledit mandement du Roy, le duc de Bourgongne manda très grant nombre de gens d'armes et de traict en ses pays de Flandres, d'Artois et de Bourgongne, pour la seureté de sa personne.

Ouquel temps, le duc Guillaume, conte de Haynau, ala devers la royne de France, à laquelle il estoit prouchain parent, et qui se tenoit à Meleun, et tant traicta avec elle, qu'elle fut assez contente dudit duc de Bourgongne, lequel elle n'avoit pas bien, paravant, en sa grace; et avoit, paravant, fort soustenu sa partie adverse, c'estassavoir la partie d'Orléans.

1. Archegaye, sorte d'arbalète.

CHAPITRE LVIII[1].

Comment Loys, duc en Bavière, espousa la fille du roy de Navarre. Et des seigneurs qui s'assemblèrent à Paris en grant multitude par le mandement du Roy. Et comment la Royne rendit au Roy le duc d'Acquitaine, leur filz.

Item, Loys de Bavière, frère de la royne de France, espousa en ces jours audit lieu de Meleun, la fille du roy de Navarre dont dessus est faicte mencion. Laquelle paravant avoit eu espouse le roy de Trinacle[2], ainsné filz du roy d'Arragon, lequel naguères avoit esté tué en bataille faicte entre lui d'une part, et le viconte de Narbonne d'autre part, avecques les Sardiniens. Et fut celle bataille faicte en l'isle de Sardaigne. Auxquelles nopces furent faictes moult solemnelles festes de plusieurs seigneurs, dames et damoiselles.

Et environ le Noël ensuivant, grant partie des seigneurs que le Roy avoit mandé, vindrent à Paris. Toutesfois le duc d'Orléans ne ses frères, n'y furent pas. Et la veille dudit jour de Noël le Roy ala tenir son siège au Palais, et demoura ilec jusques au jour Saint-Thomas ensuivant, où il célébra moult solem-

---

1. Mal coté LIX dans l'original, qui n'a pas de cote LVIII.
2. Martin, roi de Sicile, qui avoit effectivement épousé, l'an 1402, Blanche, fille de Charles III, roi de Navarre. Mais Monstrelet se trompe sur le second mariage de cette princesse. Il fut contracté, non pas avec Louis de Bavière, mais avec Jean, fils de Ferdinand Ier, roi d'Aragon, et cela, non pas en 1409, mais en 1419. Quant à Louis de Bavière, il eut deux femmes : 1° Anne de Bourbon; 2° Catherine d'Alençon, veuve de Pierre de Navarre, comte de Mortain, qu'il épousa à l'hôtel Saint-Pol, le 1er octobre 1413.

nellement la feste de la nativité Nostre Seigneur. Et est assavoir que ledit jour séoient à la table du Roy au disner, premièrement, au costé destre, maistre Guillaume Bourratier, évesque de Lengres, qui avoit célébré la messe. Après lui séoit le cardinal de Bar. Et estoit, le dessusdit Roy, assis ou milieu de la table, moult notablement aourné et vestu d'abitz royaulx, et à l'autre costé séoient les ducs de Berry et de Bourgongne. Et servoient, pour ce jour, plusieurs princes à table. Et là furent apportez grant nombre de vaisseaulx d'or et d'argent, en quoy autre foiz on avoit acoustumé de servir le Roy aux haultes festes. Lesquelz vaisseaulx long temps paravant n'avoient esté veuz, pour tant qu'ilz avoient esté engaigez pardevers Montagu, et les avoit en retrouvez après sa mort ou chastel de Marcoussis et ailleurs, où il les avoit fait mectre, et par l'ordonnance des princes du sang royal avoient esté raportez et remis en l'ostel du Roy, comme dit est. Dont plusieurs, tant nobles comme populaires de la ville de Paris, estoient bien joieux de les veoir, principalement pour l'amour du Roy et de sa très noble seigneurie. Si estoient pour ce jour, venus devers le Roy à son mandement, grant quantité de princes, c'estassavoir le roy de Navarre, les ducs de Berry, de Bourgongne et de Bourbon, le duc de Brabant, le duc Guillaume, conte de Haynnau, le duc de Lorraine, Loys, duc en Bavière, frère de la Royne, et bien dix neuf contes; c'estassavoir le conte de Mortaigne, frère du roy de Navarre, le conte de Nevers, le conte de Clermont, le marquis du Pont, filz au duc de Bar, le conte de Vaudemont, le conte d'Alençon, le comte de Harecourt, le conte de La

Marche, le conte de Vendosme, le conte de Penthièvre, le conte de Saint-Pol, le conte de Clèves, le conte de Tancarville, le conte d'Augi[1], le conte de Namur et plusieurs autres. Et si grant chevalerie y avoit avecques lesdiz princes, que par la relacion des héraulx furent là trouvez jusques au nombre de dix huit cens chevaliers ou plus, sans les escuiers. Néantmoins en ceste compaignie ne furent point le duc d'Orléans, ne ses frères, ne le duc de Bretaigne, le seigneur de Labreth, connestable de France, les contes de Foix et d'Armaignac et plusieurs autres grans seigneurs, jà soit ce que par le Roy y eussent esté mandez comme les autres.

Et le jour Saint-Thomas[2] ensuivant, après ce que le Roy eut tenu estat royal oudit palais comme dit est, et festié honnorablement tous les seigneurs dessusdiz, la royne de France, par lui mandée, vint à ce propre jour du Bois de Vinciennes en la ville de Paris. A l'encontre de laquelle et du hault duc d'Acquitaine, son filz, alèrent tous les princes et prélats, acompaignez de très grant chevalerie et grant nombre de bourgois de Paris, qui tous ensemble les conduirent et compaignèrent jusques au Palais. Et là, rendi ladicte Royne, au Roy, son seigneur, en la présence des ducs et autres princes, son filz dessusdit, lequel paravant avoit esté en son gouvernement, afin qu'il l'aprenist et l'instruisist en armes et autres besongnes neccessaires, pour mieulx savoir en temps avenir gouverner sa seigneurie quant besoing lui en seroit[3].

1. Monstrelet se sert encore ici du mot latin. C'est le comte d'Eu.
2. Le 21 décembre.
3. Par ses lettres datées du bois de Vincennes, 27 décembre

CHAPITRE LIX.

Comment le roy Charles de France tint estat royal, devant lequel furent proposées plusieurs choses touchans le fait, le régime et réformacion de son royaume. — Et autres matières [1].

Item, en ensuivant les besongnes cy-dessus touchées, le Roy avecques la Royne sa compaigne et le duc d'Acquitaine leur filz, après qu'il eut tenu plusieurs consaulx sur les afaires et régime de son royaume, fist à ung certain jour ordonner en la sale un siège royal de grande magnificence, et là, par lui mandez et appellez, plusieurs grans seigneurs, prélas, clergiez et autres populaires qui là furent assemblez, le Roy, en habit royal, se sist oudit siège. Et au plus près de lui estoient le roy de Navarre et le cardinal de Bar, et à l'autre costé estoient son filz le duc d'Acquitaine et le duc de Berry, avecques les autres ducs et contes, tous séans par ordonnance ès autres sièges. Et pareillement les prélas, le clergié et la chevalerie, avec grant multitude d'autres gens, estoient chascun séant selon son estat. Et là fu dit et remonstré par la bouche du conte de Tancarville, de belle et notable faconde, par le commandement du Roy, à clère et haulte voix : comment Richard, naguères roy d'Angleterre, gendre du Roy, fut occis frauduleusement par Henry de Lenclastre soy disant roy d'Angleterre, et par les siens et

1409, le roi déclare qu'il n'entend rien changer à l'état de la maison de la Reine, bien qu'elle n'ait plus le gouvernement de son fils.

1. Pour cet important chapitre, on peut conférer le Religieux de Saint-Denis, *Chr. de Ch. VI*, t. IV, p. 282.

favorisans, en temps de trèves données, tant par ledit Henri, lors conte d'Erbi[1], comme par autres gens anglois de la lignée du roy Richard, souffisamment approuvées.

Item, fut dit aussi comment le jeune roy d'Escoce, qui lors venoit en France et lequel estoit alié au Roy, fut prins par les Anglois en temps de trèves à lui baillées par ledit Henry, où il fut long temps prisonnier. Et aussi furent plusieurs Escoçois en la compaignie du prince de Gales, c'estassavoir Yvain Grander[2], acompaignez de ses Galois, aussi aliez au Roy, non obstant lesdictes trèves plusieurs foiz furent traveillez desdiz Anglois par guerre, et tant, que l'ainsné filz dudit prince, semblablement fut prins et emmené en Angleterre devers et en la garde dudit Henry, où il fut détenu longuement. Ces choses ainsi faictes, ledit proposant ainsi concluant dist : qu'il sembloit au Roy et lui apparoit, tout ce veu et considéré, qu'il povoit justement et loyaument porter guerre au dessusdit Henry de Lenclastre et faire contrariété à lui et à ses Anglois, sans lui plus donner ne prendre aucun respit, ne différer. Non obstant ce, dist le proposant, que le Roy, quelque chose qu'il feist, il le vouloit faire pour l'utilité de la chose publique de son royaume, et selon ce qu'il lui loisoit à faire. Pour quoy, chascun là estant mandé de par le Roy, de quelque estat qu'il soit, mande et pense et advise en lui mesmes ce qui sera bon à faire, et puis le révèle au Roy ou à son conseil, ou à l'un d'eulx. Et toute la meilleure voye et plus

1. Comte de Derbi.
2. Owen Glendower.

honnorable et prouffitable qui se pourra trouver, le Roy aura pour agréable.

Et adonc, l'oncle du Roy et l'ainsné des ducs, c'est-assavoir le duc de Berry, se leva tout droit et s'approucha ung peu du Roy devant son siège. Et là, à genoulx ploiez, dist pour lui et pour tous ceulx du sang royal, que toutes les aides que, ilz et chascun d'eulx, en ses terres levoient et avoient annuellement à leurs subgetz, ilz lui quictoient. Et aussi, pour ceste cause, tous les gaiges prouffiz que eulx et chascun d'eulx, pour les afaires du Roy et pour estre à son conseil, ilz prenoient et levoient annuellement, semblablement ilz le quictoient. Ces choses par ledit duc ainsi dictes et proférées, et par le Roy agréablement receues, ledit duc, du commandement du Roy, se rassist.

Après lesquelles choses ainsi faictes et dictes, le conte de Tancarville reprint son propos, disant : que le Roy, qui là estoit présent, révoquoit et rappelloit tous gaiges royaulx baillez et donnez à tous, quelque personne et de quelque condicion qu'il feust, et de fait les adnulloit, et que sur la réformacion et gouvernement des finances de son royaume, le Roy déclairoit son intencion estre telle, que les réformateurs ordonnez de par lui, c'estassavoir le conte de La Marche, qui estoit vefve de sa femme, fille du roy de Navarre, et son frère le conte de Vendosme, le conte de Saint-Pol, avec aucuns seigneurs du parlement adjoins avecques eulx, réformeront tous ceulx qui s'estoient meslez des finances de ce royaume et de l'ostel du Roy, tous les receveurs du royaume, tant du demaine comme des aides, grenetiers, contreroleurs et généralement tous ceulx qui se meslent et s'estoient meslez et entremis des finances de ce royaume, de quelque estat, degré ou condicion qu'ilz soient, soient évesques, arcevesques ou de quelque dignité. En oultre dist ledit proposant, que le Roy vouloit et ordonnoit que en son absence, la Royne, sa compaigne, et avecques elle aucuns du sang royal, gouverneroit et disposeroit de la chose publique de ce royaume, selon ce qu'elle seroit, et verroit bon à faire. Item, dist en après, qu'en l'absence de la Royne, le Roy vouloit et ordonnoit que le duc d'Acquitaine, son filz, là présent, en auroit le gouvernement en leur absence, par telle condicion qu'il feroit et useroit par le conseil des ducs de Berry et de Bourgongne.

Après lesquelles choses par ledit proposant ainsi dictes et faictes, chascun se départi, et le Roy descendi de son siège royal, et, à peu de compaignie, entra en sa chambre pour disner. Et tous les autres seigneurs, princes, chevaliers, clergié et populaires, s'en ralèrent en leurs hostelz. Et le disner finé, la Royne s'en parti et s'en rala, et laissa sondit filz avecques le Roy, ce jour, qui estoit la veille de la Circunsicion, et puis s'en ala au Bois de Vinciennes, elle et ses gens. Et lendemain, qui fut le jour de ladicte Circunsicion, du matin, le duc de Bourgongne, qui tout seul avoit plus de princes, de chevaliers et de gentilz hommes que tous les autres, donna cedit jour largement; et donna plus de joiaulx tout seul que tous les autres princes estans ce jour à Paris. Lesquelz joiaulx on a acoustumé à les donner cedit jour[1]. Et les donna à tous ses che-

---

1. C'est-à-dire le premier jour de l'an. Cet usage est constamment

valiers et les nobles de son hostel. Lesquelz dons et joiaulx, selon l'estimacion de commune voix et renommée, montoient bien à la somme de quatorze mille florins d'or. Et lesdiz dons estoient en certaine significacion, car ilz estoient en semblance de ligne ou d'une rigle qu'on appelle nivel de maçon, tant d'or comme d'argent doré, et à chascun bout de chascun nyvel pendoit à une chaynète d'or ou dorée, la semblance d'un plommet d'or. Laquelle chose estoit en significacion, comme on povoit croire et penser, que ce qui estoit fait par aspre et indirecte voie, seroit aplanyé et mis à son reigle, et le feroit mectre et mectroit à droicte ligne.

Item, et le jour des Roys ensuivant [1], le roy de Cécile, aussi mandé par le Roy, entra en Paris. Lequel venoit de la cité de Pise, de devers le pape Alixandre Quint [2]. Et fist son entrée à grant compaignie de princes et de clergié, qui estoient alez environ et à l'encontre de lui. Et ung peu après y entra le cardinal de Turin, envoyé de par nostre saint père le pape envers le Roy, lequel fut reçeu en grant honneur. Et aussi fut Philbert de Lignac [3], grant-maistre de Rodes, chef de la religion de Saint-Jehan de Jhérusalem, lequel venoit d'Angleterre. Et est vérité qu'en ce temps le Roy donna congié à ceulx qu'il avoit mandez et pareillement le duc de Bourgongne à ses gens, excepté qu'il retint de

---

attesté par les comptes royaux, et même il est à remarquer que ces présents y sont appelés : *Étrennes données au premier jour de l'an.*

1. Le 6 janvier 1410 (N. S.)

2. Alexandre V (Pierre de Candie) avait été élu pape, au concile de Pise, le 26 juin 1409.

3. Philibert de Naillac.

sa chevalerie et compaignie six vingts hommes d'armes avec ceulx de son hostel, pour la seureté et garde de son corps, et les autres renvoya en leurs maisons. Le duc de Bavière aussi et aucuns grans seigneurs avecques leurs gens, yssirent de Paris et s'en retournèrent en leur pays. Mais avant qu'ilz se partissent, par le consentement du Roy et de la Royne, ledit duc d'Acquitaine fut baillé à garder et endoctriner au duc de Bourgongne, lequel ne désiroit autre chose et à ce avoit moult labouré et fait labourer par aucuns du sang et lignage du Roy, et mesmement par son oncle le duc de Berry, lequel s'estoit plusieurs foiz et par moult de manières excusé d'avoir le gouvernement et charge envers ladicte Royne, et avoit tant fait envers elle que le seigneur de Dolhaing, chevalier, et son principal conseiller et advocat, du propre consentement de ladicte Royne fut fait chancelier du duc d'Acquitaine, et le seigneur de Saint-George, premier chambellan. Et les chasteaulx du Crotoy et de Beaurain sur Canche lui furent baillez[1] en garde sa vie durant, moyennant une pension, aux chastelains prédécesseurs acoustumée à paier. Ou lieu desquelz chastellains il y mist et constitua deux de ses chevaliers, c'estassavoir, le seigneur de Croy, au Crotoy, et le seigneur de Humbercourt à Beaurain. Et messire Renier Pot, à sa prière, fut fait gouverneur de Daulphiné.

Et après ces besongnes ainsi faictes, le Roy renchey malade de sa maladie acoustumée et fut mis en bonne garde. Et d'autre part, ceulx qui estoient commis à la réformacion devant dicte besongnoient soigneusement

---

[1]. Au duc de Bourgogne.

chascum jour, et tant y continuèrent que à plusieurs de ceulx qui avoient gouverné les finances furent recouvrez grans deniers. Et adonc les princes et le conseil royal alèrent souvent de Paris au Bois de Vinciennes, devers la Royne qui là se tenoit, sans laquelle nulles grandes besongnes ne se passoient. Durant lequel temps, le duc de Berry et le duc de Bourbon se tindrent aucunement mal contens de ce qu'ilz n'estoient point si souvent appellez au conseil royal qu'ilz avoient acoustumé, et avecques ce, qu'ilz n'avoient point si grande auctorité. Et pour ce, eulx voians ainsi comme exclus, prindrent congié au Roy et à la Royne et autres princes, et s'en alèrent chascun en son pays.

Et lors le cardinal de Turin vint à Paris et fist requerre au Roy et à l'Université, qu'on voulsist faire aide au saint père Alixandre, de deux dixiesmes sur l'Église françoise pour les grans afaires qu'il avoit. Laquelle requeste ne lui fut point accordée, pour ce que ceulx de l'Université se opposèrent à l'encontre pour toute ladicte Église. Et pour y obvier amplement, requirent et obtindrent ung mandement royal par lequel il estoit commandé à tous officiers royaulx, que toutes gens venans ès mectes de leurs offices, faisans telles et pareilles requestes, feussent repulsez et deboutez hors dudit royaume.

Les Mendians pareillement avoient impétré une bulle, laquelle ilz apportèrent à Paris[1], contenans moult de nouvelletez desquelles ils n'avoient point acoustumé de user, et estoit la conclusion telle, que

---

1. Voy. le Religieux de Saint-Denis, *Chr. de Ch. VI*, t. IV, p. 288.

les dismes et autres oblacions leur devoient lors mieulx appartenir que aux curez, pour ce que ceulx qui se confessent à eulx, ne sont tenus de eulx confesser à leursdiz curez. Et ce preschèrent-ilz publiquement parmy Paris, et les autres de ladicte Université preschoient le contraire. Et par ainsi en ladicte cité de Paris, en ung temps de quaresme, y eut grant discord et grande discencion entre ladicte Université et les Mendians, et tant, que lesdiz Mendians furent déboutez et privez de ladicte Université. Mais en assez brief temps après, les Jacobins, comme les plus sages des autres renoncèrent à ladicte bulle[1], et jurèrent et promirent que jamais n'en useroient, ne aussi d'autres privilèges à eulx concedez, et par ainsi furent ilz réconsiliez avec ladicte Université. Et adonques tenoit le pape, sa court, en Bonongne la Grasse[2].

CHAPITRE LX.

Comment grande discension s'esmut entre le roy de Poulaine d'une part, et le grant maistre de Pruce et ses frères, d'autre[3].

En cest an, s'esmeut une grande discorde entre le roy de Poulaine d'une part, et le grant-maistre de Pruce et ses frères, d'autre. Et assembla, ledit Roy, très grant ost de diverses nacions, lesquelz il mena ou pays de Pruce pour icellui destruire. Mais prestement le dessusdit maistre et ses frères alèrent contre lui à

---

1. Le Religieux de Saint-Denis ajoute les Carmes.
2. Bologne.
3. Cf. le Religieux de Saint-Denis, *Chr. de Ch. VI*, t. IV, p. 334.

grant puissance, en monstrant semblant de vouloir à icellui livrer bataille. Et quant ilz furent l'un devant l'autre, par la voulenté de Dieu, le roy de Poulaine avecques tout son ost, se parti, ouquel estoient vingt mille Poulenois, sans les Tartarins et autres chrestiens à lui aliez dont il avoit grant nombre, et retourna en son pays. Et depuis, par l'exortacion dudit roy de Poulaine, le roy de Lituaire et autres Sarrazins sans nombre, entrèrent en Pruce, en la partie vers la mer, laquelle à peu près fut toute destruicte. Et furent prins par ceulx de Pruce bien mille desdiz Sarrazins, et plusieurs occis. Ce roy de Poulaine avoit jadis esté Sarrazin[1], et fut filz du roy de Lictuaire, qui par grant convoitise de régner et ambicion, occist son père, et pour ceste cause, fut-il chassé hors du pays, et s'en ala à refuge devers le roy de Poulaine qui pour lors régnoit, lequel le reçeut honnorablement, et fut grandement privé et familler de lui, et aussi acquist l'amour des princes et du royaume, pour quoy, après la mort dudit roy de Poulaine, les Poulenois esleurent icellui homicide à Roy, et le firent baptizer et estre chrestien, et puis espousa et print à femme la vesve dudit Roy. Laquelle vesve avoit une seur qui estoit femme du roy de Hongrie. Lesdictes deux seurs estoient filles d'un conte d'Alemaigne nommé le conte de Ceilly, de la lignée royale dudit royaume. Et depuis le temps que ledit roy de Poulaine fut baptizé, il obtint ledit royaume assez eureusement, et tant que par son or-

1. Il s'agit ici de Jagellon, duc de Lithuanie, qui prit à son baptême le nom d'Uladislas. Il devint roi de Pologne en 1386 par son mariage avec Hedwige, sa première femme. Il en eut trois autres.

gueil il convoita le royaume de Hongrie, disant qu'il y avoit droit en partie à cause de sa femme. Et pour ce, print occasion de travailler ceulx de Hongrie et de Pruce, en mandant secrètement par ses lectres au roy de Lictuaire, son cousin germain, à lui alié, qu'il entrast en Pruce. Du maistre duquel pays, le roy de Hongrie estoit grant ami. Si manda le roy de Poulaine secrètement par ses lectres au roy de Lictuaire, son cousin germain, à lui alié, qu'il entrast en Pruce vers la mer, et lui, avecques ses Poulenois, viendroit à l'encontre de lui par autres parties, en destruisant tous le pays. Mais son entencion fut descouverte, parce que lesdictes lectres et son messager, furent trouvez et rencontrez du roy de Hongrie. Lequel, quant il fut adverti des besongnes dessusdictes, y mist si bonne provision avec ledit maistre de Pruce, chascun en son pays, que les dessusdiz ne leur portèrent guères de dommages.

DE L'AN M CCCC X.

[Du 23 mars 1410 au 12 avril 1411.]

CHAPITRE LXI.

Comment le duc de Berry retourna à Paris du commandement du Roy. Du mariage du filz du roy Loys de Cécile. Et de l'assemblée qui se fist à Meun le Chastel.

Au commencement de cest an, fut le duc de Berry remandé de par le Roy à venir à Paris, lequel y revint et fut envoyé avecques le roy de Navarre[1] à Gien sur Loire, pour appaiser le discord entre le duc de Bretaigne d'une part, et le conte de Penthièvre et sa mère d'autre part[2]. Pour lesquelles deux parties, jà soit ce qu'ilz eussent promis de y comparoir en personne, si n'y furent-ilz pas, mais envoièrent leurs procureurs pour eux. Lesquelz de Navarre et de Berry, mirent et rendirent grant peine par moult de manières à les mectre d'accord. Mais pour ce qu'ilz n'y porent besongner, mirent la discencion en la main du Roy, par le consentement desdictes parties, de lors jusques à la feste de la Toussaint ensuivant, et après s'en retournèrent à Paris.

En ce temps fut fait et conclud le mariage de l'ainsné filz du roy Loys de Cécile et de Katherine, fille au duc Jehan de Bourgongne[3]. Laquelle, par messire Jehan de Châlon, seigneur de Dorlay[4], et le seigneur de Saint-George[5], messire Jehan de Champdivers et messire Jaques de Courtiamble[6], fut conduicte et menée jusques à Angers, et là délivrée à la Royne[7], femme

1. Charles III, dit Le Noble, fils de Charles le Mauvais.
2. Voy. plus haut, p. 36.
3. Catherine, fille de Jean sans Peur, promise en 1408, à Philippe d'Orléans, comte de Vertus, et en 1410, à Louis d'Anjou, fils aîné de Louis II, duc d'Anjou, mourut sans alliance, à l'âge de trente-deux ans.
4. Sic dans *Suppl. fr.* 93. Il faut lire d'Arlay.
5. Guillaume de Vienne, chevalier, seigneur de Saint-George et de Sainte-Croix.
6. Messire Jacques de Courtiambles, seigneur de Commarien, chevalier, conseiller et chambellan du Roi et du duc de Bourgogne.
7. Isabelle d'Aragon, femme de Louis II, duc d'Anjou et roi de Sicile.

dudit roy Loys, laquelle la receut moult agréablement, et fist grant chère et grant honneur aux chevaliers dessusdiz et à tous ceulx qu'ilz avoient avecques eulx. Et après peu de jours, s'en retournèrent à Paris devers leur seigneur ledit duc de Bourgongne.

Item, en ce mesmes temps, s'assemblèrent en la ville de Meun le Chastel les ducs d'Orléans et de Bourbon, les contes de Clermont, d'Alençon et d'Armaignac, et messire Charles de Labreth, connestable de France, avec plusieurs grans seigneurs de grant puissance et auctorité. Lesquelz eurent par plusieurs journées de grans consaulx l'un avecques l'autre sur les affaires, et par espécial sur la mort du duc d'Orléans défunct, pour savoir principalement, comment ne par quelle manière, on pourroit procéder contre le duc de Bourgongne pour avoir vengence de sa personne, et comment on se y auroit à conduire. Si furent mises avant plusieurs et diverses opinions, et estoient aucuns d'opinion que le duc d'Orléans lui fist guerre mortelle à l'aide de ses seigneurs, parens, amis et aliez et bien veuillans, par toutes les manières que faire se pourroit. Les autres disoient qu'il valoit mieulx tenir autres termes, c'estassavoir de remonstrer au Roy leur souverain seigneur, qu'il feist justice et raison dudit duc de Bourgongne, et qu'à lui appartenoit à ce faire, car il lui touchoit comme à la mort de son propre frère germain. Et en fin, pour ce qu'ilz ne povoient estre tous confermez en une seule opinion, prindrent une autre journée pour estre ensemble. Mais avant qu'ilz se départissent, fut traictié le mariage dudit Charles, duc d'Orléans, à la fille du conte d'Armaignac¹, laquelle estoit niepce du duc de Berry de par sa mère, et aussi, seur du conte de Savoie. Et ce fait, les seigneurs dessusdiz se départirent, et s'en ala chascun en sa seigneurie. Et alors le duc de Bourgongne estant à Paris, gouvernoit plus que tous les autres princes du royaume et se conduisoient les besongnes et afaires par lui et ses favorisans. Dont il n'est point à doubter qu'il n'eust plusieurs envieux.

CHAPITRE LXII.

Comment le roy Loys de Cécile s'en ala à Prouvence et à Boulongne la Grasse contre le roy Lanselot. Item, la mort du pape Alixandre, et l'élection du pape Jehan, XXIIIᵉ de ce nom.

En ce temps le roy Loys se parti de Paris, à tout grant nombre de gens d'armes, et s'en ala en Prouvence, et de là à Bonongue la Crasse, pour aler à l'encontre du roy Lancelot, son adversaire, défendre et garder son pays de Naples, où ledit roy Lancelot faisoit continuellement de grans maulx. Pour quoy, comme dit est, par ledit roy Loys fu faicte très grant assemblée de navire et de gens d'armes pour y résister, et avecques ce, avoient espérance que le pape Alixandre leur feroit aide et assistance en tout ce qui lui seroit possible, tant d'argent comme de gens. Mais en brief terme, la besongne tourna tout autrement qu'il ne pensoit.

Car, lendemain de l'Invencion Saincte Croix, ledit pape fut empoisonné en la ville de Bonongne la Grasse,

---

1. Bonne, fille de Bernard VII, comte d'Armagnac.

comme il fut commune renommée, et mourut très piteusement[1]. Et furent ses entrailles enterrées et ses obsèques fais en l'église des Cordeliers, et célébra la messe le cardinal de Viviers, les dyacre et soubzdiacre furent les cardinaulx d'Espaigne et de Thurin, et estoient tous ceulx de la court vestus de noir, faisans très grand deuil. En après, le vi[e] jour du mois de may, le corps dudit pape qui estoit embasmé de fines espices, fut mis en la sale où il tenoit son audience, vestu de vestemens sacerdotales, la face descouverte et ungs gans en ses mains et nudz piez descouvers, et quiconques le vouloit baiser, faire le povoit. Et furent fais neuf services de mors en ce lieu mesmes, et y avoit vingt cardinaulx, deux patriarches, quatre arcevesques et vingt quatre évesques, avec plusieurs abbez, docteurs et plusieurs autres gens d'église. Ses armes furent mises aux quatre coings du sarcus[2]. Et furent dictes et chantées par neuf jours, messes et services, tout ainsi et par telle manière que le lendemain qu'il fut trespassé; lesdictes messes furent célébrées l'une après l'autre par les cardinaulx, et le ixe jour dudit mois, fut le corps porté aux dessusdiz Cordeliers. Et le portèrent, devant, les cardi-

1. L'*Art de vérifier les dates* met la mort du pape Alexandre V au 3 mai, qui est le jour même de la fête de l'Invention de la Sainte-Croix. Mais d'après notre auteur, ce serait le 4. Ce que corrobore la note suivante, que nous tirons d'un registre du parlement. « Le quart jour de ce mois (mai 1410) ala de vie à trespas monseigneur Alexandre Quint, pape, noble théologien, mais *parum peritus in tanto regimine*; et n'a duré au papat que xi mois. » (Registre xiii du conseil, folio 114 v°.) Raynaldi dit, dix mois et huit jours.
2. Du cercueil.

naulx de Viviers et de Chalant, et derrière, les cardinaulx d'Espaigne et de Thurin. Le cardinal Milet aloit devant, qui portoit une croix devant le corps. Les choristes furent, le cardinal de Bar, non point cellui qui estoit filz au duc de Bar, mais de Bar en Puille[1], et l'autre fut le cardinal des Ursins. Le cardinal de Viviers fist le service, comme il avoit fait à l'enterrement des entrailles. Et ce fait, lesdiz cardinaulx retournèrent chascun en leurs hostelz, tous vestus de noir[2]. Et après disner se rassemblèrent ou palais où ilz furent en conclave depuis le mercredi jusques au samedi ensuivant. Et fut là nommé, Balthazar, cardinal de Boulongne, lequel plusieurs desdiz cardinaulx ians sur lui leur regard ensemble, le eslevèrent à souverain pasteur de toute l'universelle Église. Les autres qui n'estoient point bien d'accord de ladicte élection, quant ilz virent qu'ilz estoient en trop petit nombre, se consentirent avecques tous les autres. Et puis le prindrent et le menèrent en l'église cathédrale de Saint-Pierre, et là en l'y mectant prindrent le sacrement de lui, et après le menèrent en l'ostel de son prédécesseur, c'estassavoir au palais, et tantost toute sa maison fut fustée et cerchée, et emporta l'en tout ce qu'on y trouva, et mesmement n'y demoura huys ne fenestre, que tout ne feust osté. Et lendemain l'appellèrent Jehan, de ce nom pape XXIII[e][3]. Et là, cedit jour, furent faictes tant de noblesses et de joieusetez

---

1. De Bari, archevêché du royaume de Naples.
2. Ordinairement les cardinaux portaient le deuil en violet.
3. Jean XXIII fut élu le 17 mai 1410, ordonné prêtre le 24, et couronné le lendemain.

qu'il seroit fort à les estimer. Et furent à la proucession vingt-quatre cardinaulx, deux patriarches, trois arcevesques et vingt-sept abbez, tant mitrez comme non mitrez, sans les autres gens d'église qui estoient en très grant nombre. Et porta ledit pape, pour ce jour, une mitre vermeille bordée de blanc. Et le samedi ensuivant xxiii° jour de may, icellui pape receut en la chappelle de son prédécesseur les sainctes ordres des prestres. Et célébra la messe le cardinal de Viviers, et fut dyacre le cardinal de Chalant. Auquel service furent tous les cardinaulx dessusnommez et les prélas. Et lendemain, qui fut dimenche, ledit pape célébra la messe en l'église de Saint-Pierre, et avoit ledit cardinal de Viviers auprès de lui qui lui monstroit son service[1]. Et là estoient le marquis de Ferrare et messire Charles Malateste, qui tenoient le bacin où ledit pape lavoit ses mains. Lequel de Ferrare avoit mené avecques lui en sa compaignie cinquante quatre chevaliers, tous vestus de vermeil et d'asur, et avoit six trompètes et trois paires de ménestrelz, tous jouans chascun de son instrument. Et oultre, la dessusdicte messe célébrée par ledit pape Jehan, il fut porté hors de ladicte église, et là sur ung eschafault bien et notablement ordonné ou parois d'icelle église, fut assis et posé, et là couronné, présens tous ceulx qui là estoient, dont il y avoit vingt six cardinaulx, deux patriarches, cinq arcevesques, vingt six évesques, vingt huit abbez mitrez, et vingt deux non mitrez, avec grant multitude de docteurs et autres gens d'église. Et lui estant en ladicte

---

1. En effet on vient de voir qu'il disait alors sa première messe.

chaière, qui estoit toute couverte de drap d'or, estoient entour et environ de lui les cardinaulx de Viviers, de Chalant, de Milet, d'Espaigne, de Thurin et de Bar dessusnommez, à tout des estoupes et du feu, lesquelz en mectant le feu èsdictes estoupes, dirent au pape : *Pater sancte, sic transit gloria mundi.* C'est à dire, Père Saint, ainsi se passe la gloire du monde. Et ce firent et dirent ainsi par trois foiz, et à chascune fois estaignoient le feu et ralumoient. En après, le cardinal de Viviers dist sur lui et sur sa couronne aucunes oroisons, lesquelles finées mirent ladicte couronne sur son chef. Et estoit icelle couronne double de trois couronnes. C'est assavoir la première d'or, qui environnoit le front par dedens la mitre. La seconde d'or et d'argent, et estoit ainsi que ou milieu d'icelle mitre, et la tierce estoit d'or très pur et précieux, et surmontoit ladicte mitre[1]. Et après qu'il eust esté couronné et qu'il fut descendu dudit eschafault, fut mis sur un cheval qui estoit tout couvert de vermeil; et les chevaulx des cardinaulx, patriarches, arcevesques et évesques estoient tous couvers de blanc. Et chevaucha en cest estat de rue en rue par toute la cité, faisant le signe de la croix, jusques en la rue où demeurent les Juifz, lesquelz lui offrirent par escript leur loy, laquelle de sa propre main il print et receut et garda, et tantost la gecta derrière lui, en disant : « Vostre loy est bonne, mais la nostre vault mieulx. » Et lui parti de là, les Juifs le suivoient, le cuidans actaindre, et fut toute la couverture de son cheval deschirée. Et le pape

---

1. Cette mention de la tiare est à noter, comme aussi plus bas, la manière dont les Juifs furent traités à cette cérémonie.

gectoit par toutes les rues où il passoit, monnoie, c'estassavoir deniers que on appelle quatrins et mailles de Florence, et autre monnoye; et avoit devant lui et derrière luy deux cens hommes d'armes, et chascun en sa main une mace de cuir dont ilz frapoient les Juifz, telement que c'estoit grant joie à veoir. Et puis s'en retourna en son palais.

Lendemain, le pape, avec les dessusdiz cardinaulx vestus de rouge, trois patriarches vestus ainsi, dix arcevesques et trente évesques, ainsi semblablement vestus et mitrez de blanches mitres, et quarante abbez, tant mitrez comme non mitrez, le marquis de Ferrare, le seigneur de Maleteste, le seigneur de Gaucourt [1], et des autres, quarante quatre, tant ducs comme chevaliers de la terre d'Ytalie, tous vestus des paremens de leurs livrées, et en chascune rue deux à deux alans à pié, menans le pape par le frain de son cheval, l'un à dextre et l'autre à senestre. Et là estoient trente six buisines ou trompètes, dix paires de ménestrelz sonnans instrumens de musique, et en chascune couple avoit trois ménestrelz. Et si y avoit chantres, par espécial les chantres de la chappelle de son prédécesseur, et aussi les chanoines des cardinaulx et plusieurs d'Ytalie, qui tous chevauchoient devant le pape et chantoient motetz et virelais, moult hault. Et il donna sa paix à tous les cardinaulx, lesquelz par ordre et de degré en degré lui baisèrent le pié et la main et la face. Et commença le cardinal de Viviers, et en après les patriarches, arcevesques, évesques et

---

1. Il se trouvait alors en Italie pour conduire un secours au maréchal Bouciquaut.

abbez, et conséquemment les autres gens d'église. Et par les quatre élémens donna sa bénéicion à tous estans en estat de grace, et à ceulx qui n'y estoient pas, il les dispensa jusques à quatre mois après ensuivans, afin que pendant ce temps ilz se y meissent, en priant que pour son prédécesseur le pape Alixandre chascun deist trois fois *Pater noster* et *Ave Maria*. Et de là, s'en ala au disner, et estoit environ douze heures, et quant ledit mistère fut commencé[1], il estoit entre quatre et six heures du matin. Pour ladicte solennité de lui, chascun faisoit feste par toute la cité de Bounongne, par l'espace de huit jours. Et à chascun jour le collège de l'église cathédrale de Saint-Pierre fist procession entour ladicte église, et estoit tout ledit collège vestu de chapes vermeilles. Et pareillement furent les Chartreux du mont Saint-Michel estans en dehors des murs de Bonongne. Et lendemain, c'estassavoir xxv° jour du mois de may, ledit pape Jehan XXIII° conferma sa court. Et aux cardinaulx, patriarches, arcevesques et évesques, au marquis de Ferrare et aux héraulx d'Ytalie donna plusieurs dons et deniers. Et furent faictes grandes festes et dances, en sonnant plusieurs et divers instrumens de musique. Et le xxvi° jour ensuivant, révoqua tous ce que le pape Alixandre avoit fait, excepté ce qu'il avoit confermé et ce qui estoit accepté, dont on avoit prins possession corporelle ou espirituelle.

Item, le vendredi après le couronnement dudit

---

1. C'est-à-dire le repas. Mistère (*ministerium*), tout ce qui se fait par des *ministri*, des officiers, des gens d'office. De là le sens donné au mot *mestier*. On disait les six mestiers de l'hôtel. Isolé, ce mot devint synonyme de besoin : avoir *mestier* d'une chose.

pape, le roy Loys de Cécile vint en ladicte cité de Bonongne, à l'encontre duquel alèrent hors de la ville vingt deux cardinaulx, six arcevesques, dix patriarches, vingt évesques et dix huit abbez. Et lui, entré dans la cité, ala tout droit devers le pape. Si estoit vestu de vermeil, et son cheval estoit couvert de campanes dorées[1]; et avoit en sa compaignie environ cinquante chevaliers, vestus de telz pareures. Et le derrenier jour de may, que ledit roy arriva, fut très noblement receu dudit pape. Et lendemain les Florentins vindrent devers lui et lui firent révérence papale, et estoient environ trois cens chevaulx, entre lesquelz avoit dix-huit chevaliers vestus de vermeil, à beaulx plumaulx pailletez d'or, et avoient six trompètes, deux héraulx, et dix hommes jouans d'instrumens de musique. Et après ce qu'ilz eurent faicte ladicte révérence au pape, retournèrent en leurs hostelz, et lendemain revindrent à court. Et pour ce qu'ilz estoient aliez au roy Loys, supplièrent au pape qu'il voulsist audit roy bailler confort et aide contre son adversaire le roy Lanselot, lui disant qu'ilz lui bailleroient et feroient toute l'aide et assistance qu'ilz pourroient, tant d'argent que de hommes d'armes. Et estoient iceulx Florentins moult troublez et courroucez du dommage que les Génevois avoient naguères fait audit roy Loys sur la mer, à passer devant le port de Gennes. Car il est vérité que icellui roy Loys passant devant la cité de Gennes, venant de Marseille à tout cinq galées, lesdiz Génevoiz, qui estoient aliez au roy Lancelot, furent desplaisans de ce qu'il passoit ainsi

---

1. Clochettes, grelots.

sans avoir nul empeschement, et pour ce, en la faveur de son adversaire, mirent sus bien en haste quinze galées ou environ, lesquelles ilz furnirent d'arbalestriers et de gens d'armes, qu'ilz envoièrent à l'encontre de son autre navire qui le suivoit, lesquelz ilz rencontrèrent et ruèrent jus. Si les emmenèrent prisonniers et prindrent toutes leurs bagues, et tout firent mener en ladicte cité de Gennes, excepté une nave, laquelle par force de vent recula tant, qu'elle eschapa toute seule et retourna à Marseille dont elle estoit partie. Néantmoins ledit pape, oyes les requestes desdiz Florentins, print une dilacion à leur respondre. Et pour ce que bonnement ne povoit faire ce qu'ilz lui requéroient, parce que paravant les Génevoiz estoient aliez avecques lui, et aussi qu'il avoit fait aucunes promesses à icellui roy Lancelot, fut la besongne lors prolonguée. Et ce non obstant, comme dit est, fut lors le roy très agréablement et honnorablement festyé dudit pape et de ses cardinaulx, et depuis se partit assez content de toute la court, et retourna en Prouvence. Et le premier jour de juing ensuivant, la court dudit pape fut ouverte. Et signa plusieurs supplicacions et bénéfices et de graces expectatives. Et tout ce qu'on lui requéroit raisonnablement, il signoit. Et dès lors commença à tenir audience publique et fist tout ce qu'à son office de papalité appartenoit.

CHAPITRE LXIII.

Comment le grant maistre de Pruce ala, à grande compaignie et puissance de chrestiens, ou royaume de Lituaire, pour le destruire et dépopuler.

Le xviᵉ jour de juing de cest an mil cccc et x, le Grant maistre de Pruce, acompaigné de plusieurs ses chevaliers frères et autres de diverses nacions, jusques au nombre de trois cens mille chrestiens, descendirent ou royaume de Lictuaire[1] pour le destruire et dépopuler. Au devant desquelz vint tantost à l'encontre le Roy d'icellui royaume, et avecques lui le roy de Sarmac; et estoient bien quatre cens mille Sarrasins. Si s'assemblèrent l'un contre l'autre à bataille, et eulx assemblez, lesdiz chrestiens eurent la victoire. Et y demourèrent bien vingt-six mille mors desdiz Sarrasins, entre lesquels furent les principaulx, l'admiral de Lictuaire et le connestable de Sarmach. Et les autres princes et parens, avecques le remenant, s'en fuirent. Et des chrestiens, n'en demoura mors sur la place, que environ deux cens hommes, mais il y en eut moult de navrez. Et assez tost après, le roy de Poulane[2], qui estoit grant ennemy au Grant maistre de Pruce, lequel roy s'estoit naguères fait faintement chrestien pour parvenir à ce royaume, vint avec ses Poulenois en l'aide desdiz Sarrasins, ausquelz il exhorta moult de recommencer la guerre à l'encontre des Pruciens, et tant que, huit jours après ladicte

---

1. Au grand duché de Lithuanie.
2. Jagellon, dit Vladislas V.

desconfiture se rassemblèrent l'un contre l'autre, c'estassavoir ledit roy de Poulane et les deux roys dessusnommez, d'une part, qui bien avoient six cens mille combatans, contre ledit maistre de Pruce et plusieurs autres grans seigneurs chrestiens. Lesquelz par lesdiz Sarrasins furent desconfis, et en y de mors en la place soixante mille ou plus. Entre lesquelz furent mors le grant maistre de Pruce[1] et ung gentil chevalier de Normandie, nommé sire Jean de Ferrières, filz au seigneur de Vieuville. Et de Picardie, y mourut le filz du seigneur du Bois d'Annequin. Et, comme il fut commune renommée, la bataille fut perdue par la coulpe du grant connestable de Hongrye, lequel estoit en la seconde bataille des chrestiens, et se parti, lui et ses Hongrois, sans cop férir. Néantmoins lesdiz Sarrasins n'emportèrent point la gloire, ne la victoire, sans perte. Car, sans les Poulenois, dont il en mourut bien dix mille, moururent bien aussi le nombre de six vingt mil Sarrasins, comme tout ce fut rapporté par héraulx, et aussi par le bastard d'Escoce, qui se appelloit conte de Hembe. Si y estoient aussi le seigneur de Quievrain et Jehan de Gros, hennuiers, et avecques eulx bien vingt quatre gentilz hommes de leur pays. Laquelle bataille ainsi finée, lesdiz Sarrasins entrèrent en Pruce. Si la destruisirent et la dépopulèrent en moult de lieux, et tant, qu'en peu de temps prindrent douze villes fermées et les dégastèrent, et encores eussent persévéré

---

1. Il se nommait Ulrich de Jungingem. La bataille se donna près de Tanneberg, le 15 juillet 1410. Ulrich eut pour successeur Henri Reuss, comte de Plawen, qui fit sa paix avec le roi de Pologne l'an 1411.

de mal en pis, se ce n'eust esté ung vaillant chevalier, nommé Charles de Maroufle, de l'Ordre de Pruce, lequel de rechef assembla grant nombre de chrestiens, à l'aide desquelz il print force et vigueur, et par son bon gouvernement recouvra plusieurs desdictes bonnes villes, et en fin, expulsa hors dudit pays lesdiz Sarrasins.

CHAPITRE LXIV.

Comment le duc de Berry s'en ala en son pays, et depuis à Angers, où il se alia avecques le duc d'Orléans et autres princes de son sang.

Il est vérité qu'en ces propres jours, le duc de Berry, pour ce qu'il n'avoit plus si grande audience et gouvernement autour du Roy et du duc d'Acquitaine qu'il avoit acoustumé, print très grande desplaisance, et s'en retourna en son pays, non content de ceulx qui avoient le gouvernement, et par spécial de son nepveu et filleul le duc de Bourgongne. Et tantost après, s'en ala à Angers, où furent assemblez avecques lui les ducs d'Orléans et de Bourbon et tous les grans seigneurs de ceste aliance, lesquelz tous ensemble, en l'église cathédrale, jurèrent et promirent moult solemnellement par leurs seremens, de garder doresenavant l'onneur et prouffit l'un de l'autre, en promectant que tous ceulx qui vouldroient porter dommage ou contraire contre aucun d'eulx, excepté le Roy, ilz le feroient sçavoir, et se entretenroient tous ensemble en bonne union et fraternité, sans jamais aler au contraire par quelque manière que ce feust. Desquelles aliances, aucuns grans seigneurs de France firent peu de joye. Et dedens briefz jours les nouvelles d'icelles vindrent à Paris devers le Roy et son grant conseil, qui fut moult esmerveillé et n'en fut point content. Et pour ce, par l'ennort du duc Jehan de Bourgongne ou d'aucuns autres, ledit Roy yssi de Paris, acompaigné du duc de Brabant et du conte de Mortaigne¹ avecques grant chevalerie, et s'en ala à Senlis et de là en la ville de Creil, pour reprendre et remetre et sa main le chastel dudit lieu, que tenoit de par lui le duc de Bourbon, qui pour sa garde y avoit commis de ses gens, lesquelz le tindrent le plus longuement qu'ilz peurent, et tant que par leur atargement le Roy et ceulx qui estoient avecques lui, ne le prindrent point bien en gré. Et pour ce que de prime face n'avoient voulu obéir, furent prins prisonniers et menez très destroictement liez, ou Chastellet de Paris. Et depuis, à la requeste de la contesse de Clermont, cousine germaine du Roy², furent délivrez. Et lendemain le Roy y commist autres gardes, et puis s'en retourna à Paris. Pour lequel voiage, les Orléanois furent très mal contens, et continuèrent chascun jour d'assembler gens en très grant puissance. Laquelle chose ne fut point agréable audit duc de Bourgongne, doubtant que ledit duc d'Orléans et ses frères n'eussent voulenté d'enfraindre la paix naguères faicte par le Roy en la cité de Chartres, ou que lui et ses aliez ne voulussent venir à main armée en la ville de Paris pour avoir le gouvernement du Roy et du duc d'Acquitaine. Et pour à ce obvier, fist, en plusieurs par-

---

1. Pierre de Navarre, comte de Mortain, frère de Charles III, roi de Navarre.
2. C'était Marie de Berri, femme de Jean Ier, duc de Bourbon, et fille de Jean, duc de Berri, oncle de Charles VI.

ties du royaume, certains mandemens royaulx à fin d'assembler gens d'armes à venir à Paris ou ès villages d'entour, pour résister contre tous ceulx qui mal lui vouldroient. Et se conclud et ferma avecques ses frères et aucuns autres, comme le roy de Navarre, l'un de ses aliez, qu'il se défendroit contre tous ceulx de sa partie adverse. Et avec tout ce, fut publié de par le Roy en divers lieux que nul n'alast en armes en la compaignie desdiz ducs de Berry et d'Orléans, ne de leurs aliez, sur confiscacion de corps et de biens. Lesquelz seigneurs, non obstant lesdictes défenses, continuèrent de faire leurs assemblées en très grant nombre. Si fut pour ce temps faicte très grant assemblée ou royaume de France, tant d'un parti comme d'autre, ou préjudice du povre peuple. Et se tindrent à Paris, tous les seigneurs qui vindrent servir le Roy, et leurs gens se logèrent ou plat pays en l'Isle de France. Et l'autre partie fist son assemblée en la cité de Chartres et ou pays à l'environ. Et povoient bien estre, comme il estoit estimé par gens à ce congnoissant, six mille harnois de jambes [1], quatre mille arbalestriers et onze cens archers, sans les gros varletz dont il y avoit très grant nombre. Et quant à la compaignie qui estoit venue au mandement du Roy et du duc de Bourgongne, on l'estimoit oultre le nombre de seize mille combatans, tous gens de fait.

Durant lequel temps, à la requeste du duc de Bourgongne, le roy de Navarre et le comte de Mortaigne, son frère, traictèrent de la paix du duc de Bretaigne, leur nepveu, et du conte de Penthièvre, gendre dudit

---

1. C'est-à-dire des gens pesamment armés, de la cavalerie.

duc. Et ce fut fait sur l'espérance que ledit duc de Bretaigne venroit servir le Roy avec ses Bretons et delerroit les Orléanois, auxquelz ilz n'avoient promis de les servir. Et pour le bien agréér et exhorter à ce que ladicte paix feust accordée entre les parties dessusdictes, lui furent envoiez vingt mille escuz d'or pour paier ses gens d'armes. Et aussi fut baillé grant nombre de finance au sire de Labreth, connestable de France, afin qu'il assemblast gens d'armes pour amener à Paris ou service du Roy. De laquelle chose faire il n'avoit pas grant voulenté, mais estoit du tout affecté et alié au duc d'Orléans et à sa partie, comme en brief temps après fut assez notoire.

CHAPITRE LXV [1].

Comment le duc de Bourbon mourut. Et du mandement du Roy. Et des lectres que envoya le duc d'Orléans à ses aliez, aux bonnes villes de France.

En après, ces tribulacions durans, Loys, duc de Bourbon, oncle du roy de France de par sa mère, lequel avoit bien soixante dix ans d'aage, pour ce qu'il se senti moult agravé de maladie se fist mener à Molins en Bourbonnois, en son hostel, ouquel lieu il trespassa [2]; et fut enterré en l'église des chanoines, laquelle il avoit fondée de son temps. Auquel succéda son seul filz, le conte de Clermont [3], lequel, après

1. Mal coté LXVI dans l'édition de 1572, erreur qui ne se trouve pas dans Vérard.
2. Le 19 août 1410. Il avait soixante-treize ans, étant né en 1337.
3. Jean I*er*, duc de Bourbon.

aucun peu de jours que le service de son feu père fut fait et qu'il eut ordonné ses besongnes, s'en retourna devers le duc d'Orléans et les autres seigneurs, à Chartres. Et là, de rechef se alia du tout avecques iceulx, en ensuivant la promesse et la trace du duc de Bourbon, son père. Lequel duc avoit long temps tenu et tenoit encores à sa mort, de par le Roy, l'office de grant chambellan de France. Lequel office, à la requeste du roy de Navarre et du duc de Bourgongne, fut depuis par ledit Roy donné au conte de Nevers[1], à en user selon la forme et manière acoustumée.

Ouquel temps aussi, la duchesse de Bretaigne, fille du Roy, s'accoucha d'un filz, pour lequel lever elle envoia prier son frère le duc d'Acquitaine. Mais pour ce faire, fut envoié en son lieu messire David de Brimeu, chevalier, seigneur de Humbercourt, à tout certains nobles joiaux que lui fist donner et présenter ledit duc d'Acquitaine.

Et ce pendant, le Roy et son grant conseil renvoièrent encores une foiz aucuns mandemens par tous les bailliages et séneschaucies du royaume, que sans délay tous ceulx qui se avoient acoustumé d'armer, tant fieffez comme arrière fieffez, venissent à Paris devers le Roy pour le servir contre les ducs de Berry, d'Orléans et de Bourbon, le conte d'Alençon et autres à eulx aliez. Lesquelz, contre ses défenses et commandemens, s'estoient esforcez et esforçoient chascun jour de faire assemblées de gens d'armes, en dégastant son royaume et ses subgetz. Et pareillement, les dessusdiz ducs et contes escripvèrent devers le Roy, l'Université

---

1. Philippe, comte de Nevers, frère de Jean sans Peur.

de Paris et plusieurs autres bonnes villes et citez, lectres contenans leur intencion et la cause pour quoy ilz faisoient ces assemblées. Entre lesquelles ilz envoièrent unes lectres en la cité d'Amiens, signée de leurs seings manuelz, desquelles la teneur s'ensuit :

« Les ducs de Berry, d'Orléans et de Bourbon, les contes d'Alençon et d'Armaignac, à nos très chers et bien amez citoiens, bourgois et habitans de la ville d'Amiens, salut et dilection. Nous escripvons à nostre redoubté et souverain seigneur, monseigneur le roy de France, en la forme qui s'ensuit :

« Nous, ducs de Berry, d'Orléans et de Bourbon, les contes d'Alençon et d'Armaignac, vos humbles oncles, parens et subgetz, pour nous et tous autres adhérens et bien veuillans à vous. Comme il soit ainsi que les drois de vostre couronne, dominacion et majesté royale soient si noblement instituez, vous en eulx et iceulx en vous, fondez en justice, puissance et vraie obéissance de voz subgetz, qu'en tous les royaumes et seigneuries du monde, vostre dominacion, estat et auctorité resplendent. Et tant estes dignement consacré et exoinct, que du saint siège apostolique et aussi de toutes autres nacions des royaumes des chrestiens, estes tenu et appellé roy souverain et singulier, réputé administrateur de justice, exerçant icelle puissamment, tant au povre comme au riche, comme empereur en vostre royaume, sans avoir autre recongnoissance d'aucun seigneur que de Dieu et de sa divine majesté, par laquelle ce vous est singulièrement donné et octroyé. Soit aussi le corps de ceulx de vostre sang, par vraie obédience et vérité franche, ung, par l'auctorité de vostre dominacion et majesté royale, à vous servir, soustenir, garder et défendre comme membre et subject de vous, et à proprement parler comme membre et partie de vostre propre corps, en exemple de tous voz autres subjectz, tant pour ce qu'ilz sont plus tenus et obligez à la démonstrance de vostre révérence et vraie obéissance, que nulz autres de voz subgetz. Et en oultre, observer et garder l'estat et auctorité de vostre dicte dominacion, tellement que sur tous autres, à vos subgetz vous avez telle puissance et dominacion, et telle liberté, auctorité, faculté et exercice, comme à roy et à empereur appartient envers ses subgetz, en telle manière que par puissance de vostre royale majesté vous acceptez et révérez les bons, et au contraire vous corrigiez et punissiez les mauvais, en rendant et contribuant à chascun ce qui est sien, et afin que à ung chascun vous administrez et tenez justice judiciaire par telle manière que vous tenez vostre royaume en paix. Premier, à la loenge de Dieu, et en après à l'onneur de vous et à l'exemple de voz bons amis et subgetz, et en ensuivant les voies et les sentiers de voz prédécesseurs roys de France, qui par ceste manière ce noble royaume ont tousjours tenu et gouverné en paix et en tranquilité, et tellement que toutes les nacions chrestiennes, voisines et loingtaines, voire aussi les mescréans, en leurs afaires et débats, à vous et à vostre noble conseil comme fontaine de justice et de toute loiaulté, moult de foiz ont eu recours.

« Et comme il soit ainsi, très redoubté et souverain seigneur, que vostre honneur, justice, et l'estat de vostre dominacion, à présent soit reboutée et blécée, et qu'à vous sur vostre royaume n'est point permis ne souffert le gouvernement, ne aussi de la chose publique, au moins en telle liberté que raison donne, comme il appert assez à tous ceulx de bon et sain entendement. Pour quoy, très redoubté et souverain seigneur, Nous, les dessusnommez [sommes assemblez], tous ensemble pour aler devers vous humblement informer et selon vérité vous démonstrer l'estat de vostre personne et aussi de monseigneur d'Acquitaine, vostre ainsnez filz, et comment vous estes détenu et traictié de vostre dominacion, de vostre gouvernement, justice et règne et de la chose publique d'icellui, comme vous parcevrez, nous oyz à plain en ceste matière. Et se aucuns sont qui vueillent dire au contraire, faictes que par le conseil et délibéracion et advis de ceulx de vostre lignée et sang, loyaulx et preudommes et autres de vostre conseil, lesquelz qu'il vous plaira mander, et réalment vous pourvoiez à la seureté et franchise de vostre personne et de monseigneur d'Acquitaine, vostre ainsné filz, et aussi de vostre estat, dominacion et justice et du bon règne et gouvernement du royaume et de la chose publique, et que la dominacion de ce royaume, l'auctorité, exercice et puissance de régner, libéralement soient et demeurent en vous comme raison est, et non en autres quelzconques. Et à ces fins et conclusions obtenir et exercer réalment et de fait, imposer et exaulcer, Nous, les dessusnommez, voulons exposer en vostre service, nous, noz biens et amis, noz subgetz et tout quanque Dieu nous a donné et presté en ce monde, pour résister aussi et debeller tous ceulx qui vouldroient le contraire, s'il en est aucun. Et en oultre, très redoubté et souverain seigneur, nous n'entendons point à nous desjoindre jusques à ce que vous nous aiez oyz, et pourveu aux inconvéniens devant diz, et que nous le aions veu, et qu'il nous apperra clèrement vous estre réparé et remis en l'onneur et obéissance de vostre royale majesté, en l'auctorité et puissance de vostre dominacion. Et a ce, très redoubté et souverain seigneur, sommes contrains, tenus et obligez, tant pour les causes dessusdictes comme pour la crainte, honneur et révérence de nostre Créateur duquel premièrement vient et procède la naissance de vostre dominacion, et aussi à satisfaire à justice, et après à vous qui estes souverain roy en terre et nostre seul seigneur, auquel pour ceste cause et aussi pour la prouchaine consanguinéité sommes tant tenus et obligez que plus ne povons. Et en vérité, très redoubté et souverain seigneur, il n'est riens en ce monde que tant doubtons, avoir Dieu offensé et courroucé, et nous conséquemment et nostre honneur avoir blécé, que si longuement les dessusdiz inconvéniens avoir laissé passer soubz dissimulacion. Et à ce que toutes ces choses soient notoires et manifestes à ung chascun, tout ainsi que nous vous signifions les choses dessusdictes, nous les signifions en effect aux prélas, seigneurs, universitez, citez et bonnes villes, et à tous les bien vueillans de vostre royaume. Très redoubté seigneur, en oultre nous vous supplions tant humblement comme nous povons, qu'il vous plaise à nous oyr, considérer et advertir à nostre entencion et propos et aux fins où nous contendons, qui précisément, comme dit est, touchent l'onneur et réparacion de vous et de vostre estat, et que vous vueillez de tout vostre povoir tellement disposer, que réaument et de fait pourvéez à la réparacion, conservacion, liberté et franchise de vous, de vostre dominacion et bon gouvernement de vostre peuple, de vostre justice, de tout vostre royaume et de toute la chose publique. Aussi à l'onneur et loenge de Dieu premier, et en après de vous, et à l'exemple de tous voz bons subjectz qui désirent vostre bien et singulier prouffit. Et ce vous escripvons nous afin que vous congnoissiez nostre entencion et propos, qui sont tant seulement à l'estat et réparacion de monseigneur le Roy, à la conservacion de sa franchise, de sa personne et seigneurie, au bon gouvernement du peuple de son royaume et de la chose publique. Et avecques ce avons entencion avec aucuns preudommes, par les meilleures manières et voies que Dieu nous enseignera et advisera, pourveoir au bon gouvernement de tout le peuple. Et avons aussi empris de tant faire envers monseigneur le Roy, que Dieu et le monde en seront contens. Et pour ce, très acertes vous prions que à ceste œuvre et aux fins dessusdictes, en vous adhérant avec nous, vueillez adviser. Jà soit ce, à proprement parler, non mie à nous, mais à vostre roy et le nostre souverain seigneur comme par foy estes et sommes tenus, sachans que en ce faisant vous serez recommandez de preudommie et de loyaulté. Donné à Chartres, le second jour de décembre mil quatre cens et dix. »

Lesquelles lettres receues par ceulx de ladicte cité d'Amiens furent veues et visitées en la chambre du conseil, mais pour le contenu d'icelles, peu ou néant se meurent de voulenté; car tous, ou la plus grant partie estoient favorables au duc de Bourgongne. Et d'autre part, icelles lectres ou les pareilles, veues et visitées de par le Roy et le conseil, furent mie petitement veues ne mises à effect, et ne furent aucunement conclud que iceulx seigneurs venissent devers le Roy. Mais leur manda que tantost et sans délay donnassent congié à toutes leurs gens d'armes sur peine d'encourir en son indignacion. A quoy ne vouldrent obéir, mais dirent pleinement au message qu'ilz ne cesseroient pas jusques à ce qu'ilz auroient eu audience devers le Roy et qu'ilz seroient oyz.

Et adonc, en ces propres jours, les ducs d'Acquitaine et de Bourgongne alèrent visiter la royne de France ou chastel de Meleun où elle estoit, et y laissèrent garnison de gens d'armes, et amenèrent ladicte Royne, ses enfans et sa famille demourer au Bois de Vinciennes.

Ouquel temps se parti le duc de Brabant de Paris pour aler en son pays assembler ses Brabançons pour venir servir le Roy. Et lors furent envoiez plusieurs ambaxadeurs de par le Roy devers lesdiz seigneurs, entre lesquelz estoit le grant-maistre de Rhodes[1], en la cité de Chartres, pour leur signifier comme dessus, qu'ilz rompissent leur armée et venissent devers le Roy, s'il leur plaisoit, en leur simple estat. Laquelle chose ilz ne vouldrent point faire, et désobéirent du tout. Et pour tant, fist le Roy mectre en sa main les contez de Boulongne, d'Estampes, de Valois, de Beaumont, de Clermont et autres terres desdiz ducs et contes et de tous leurs serviteurs, de quelque estat qu'ilz feussent, et ses officiers et ses sergens fist mectre en garnison ès places fortes et fortresses des dessusdiz ; lesquelz il ordonna gouverneurs d'iceulx héritages

---

1. Philibert de Naillac, alors en mission de par le pape Alexandre V, vers les rois de France et d'Angleterre, pour demander des secours contre les Turcs.

aux despens d'icelles seigneuries. Et est vérité que lors vint si grant nombre de gens d'armes au mandement du Roy, environ Paris, et du duc de Bourgongne, qu'il n'estoit mémoire que de long temps paravant eust esté veue si grant armée. Et entre les autres y estoit le duc de Brabant, à très grant compaignie. Lesquelz furent logez dedens la ville de Saint-Denis en France, et là se gouvernoient, la plus grant partie, aux despens des habitans comme s'ilz eussent esté logez ès villages du plat pays. Et y avoit aussi grant nombre de Bretons, avec le conte de Penthièvre, gendre du duc de Bourgongne[1]. Et d'autre part, les gens du conte de Saint-Pol[2], qui estoient bien deux mil combatans, furent logez au Mesnil au Bois[3] et ès vilages à l'environ. Et pour ce que ledit conte se tenoit de sa personne en Paris, fist ung certain jour assembler toutes ses gens sur la conduicte et gouvernement du seigneur de Chin, lequel les mena audit lieu de Paris pour faire leurs monstres et passer à gaiges. Mais il advint qu'en passant leur chemin par emprès Saint-Denis, s'esmut aucun discord entre les Brabançons et celle compaignie, à l'occasion d'aucune entreprinse que lesdiz Brabançons avoient faicte contre le seigneur de Carquand[4], chevalier, natif de Boulenois, et tant que les deux parties se mirent en armes

---

1. Olivier de Blois, marié en 1404 à Isabelle, quatrième fille de Jean sans Peur.
2. Waleran de Luxembourg.
3. Il n'y a pas de village de ce nom dans les environs de Paris. Ce doit être Mesnil-Aubry (*Mesnilium Alberici*), village situé entre Écouen et Lusarches.
4. « Carkan » (*Suppl. fr.* 93.)

pour combatre l'un contre l'autre. Durant lequel temps, en fut adverti le duc de Brabant qui estoit à Paris, et pour ceste cause vint hastivement devers ses gens et aussi devers l'autre partie, et fist tant que la besongne fut mise jus. Si fut très mal content de ceulx qui avoient esmeu ceste ruine[1]. Car il avoit espousée la fille et héritière dudit conte de Saint-Pol[2]. Et après, iceulx, passans parmy ladicte ville de Saint-Denis, alèrent à Paris devers leur seigneur et conte, lequel les ramena au giste ès villages dont ilz estoient venus. Et adonc, pour paier les gaiges et soldées d'iceulx gens d'armes qui estoient venus au mandement du Roy et du duc de Bourgongne comme dit est, qui furent trouvez en monstres par les papiers des monstres, quinze mille bacinets et dix sept mille, que archers que arbalestriers, furent levées par tout le royaume grandes pécunes, tant par emprunts et tailles, comme autrement, et par espécial sur la ville de Paris. Et quant est à parler des maulx qui se faisoient par icelles gens de guerre, tant d'un parti comme d'autre, ilz ne se pourroient au long escripre. Mais pour vérité les églises et les personnes d'église, avec le povre peuple, furent pour ce temps fort oppressez.

En après, lesdiz Orléanois vindrent à tout leur puissance en gastant fort le pays, dudit lieu de Chartres jusques à Montlehéry, à sept lieues de Paris, et là, et ès villes de là environ, se logèrent. Si portèrent, tous les princes de leur aliance et aussi toutes leurs gens de

---

1. « Ceste rigueur » (*Suppl. fr.* 93.)
2. Antoine de Bourgogne, duc de Brabant, frère de Jean sans Peur, avait épousé en 1402, Jeanne, fille unique de Waleran de Luxembourg, comte de Saint-Pol.

quelque estat qu'ilz feussent tant d'église comme séculières, pour enseigne, bendes estroites qui estoient de linge, sur leurs espaules, pendans au senestre bras, de travers, ainsi que porte ung diacre une étole, en faisant le service de l'église. Et quant le Roy et son conseil oyrent nouvelles qu'ilz estoient si approuchez, tantost et hastivement furent envoiez devers eulx, le conte de La Marche [1], l'arcevesque de Reims, l'évesque de Beauvais et le grant-maistre de Rhodes [2] et plusieurs autres, pour traictier avecques eulx. C'estassavoir, qu'ilz dissipassent et renvoiassent leur exercite, et qu'ilz venissent devers le Roy à son mandement, à Paris, et sans armeures, comme vassaulx doivent et sont tenus de faire et venir devers leur souverain seigneur, et qu'il leur feroit raison et justice sans doubtance, et que, se ce ne faisoient, il leur feroit guerre prouchainement. Lesquelz dirent et respondirent qu'ilz n'en feroient autre chose que ce que naguères par leurs lectres patentes lui en avoient intimé et signifié. Et par ainsi, lesdiz ambaxadeurs, vacans et vuides de responce, s'en retournèrent à Paris devers le Roy. Pareillement l'Université de Paris envoya devers eulx ses ambaxadeurs et gens de grant solennité et moult sages et enseignez, c'estassavoir Amé, l'abbé de Poigny [3], docteur en théologie, qui solennellement et notablement, de par ladicte Université proposa devant eulx. Et furent très grandement et honnorablement receuz d'iceulx seigneurs, par espécial du duc de Berry. Du-

1. Jacques de Bourbon, gendre du roi de Navarre.
2. Philibert de Naillac, dont il a été question plus haut.
3. Il n'y a pas d'abbaye de Poigny. Il faut lire Foigny, abbaye de diocèse de Laon.

quel, entre les autres, leur fut dit qu'il leur desplaisoit moult que le Roy, son nepveu, estoit tellement et ainsi gouverné de telz vilains comme estoit le prévost de Paris[1] et plusieurs autres qui avoient tous le gouvernement du royaume, qui estoit vilainement gouverné, que c'estoit pitié à veoir, ainsi, dist-il, que nous le dirons et monstrerons d'article en article quant nous serons devers lui. Et autre response ne rapportèrent, sinon que, au plaisir de Dieu, ilz acompliront à leur povoir le contenu èsdictes lectres patentes naguères par eulx envoiées à ladicte Université. Après, le Roy, et son conseil mis ensemble, envoya la Royne, le cardinal de Bar et le conte Walerant de Saint-Pol avecques elle, et plusieurs autres, pour la cause dessusdicte, avec les dessusdiz. Et est vérité que le conte de Saint-Pol avoit accepté l'office de grant boutiller de France, du consentement du Roy, lequel ocupoit le prévost de Paris qui l'avoit tenu et eu du conte de Tancarville par le don du Roy. Et jà soit ce que la Royne, par les devant ditz ducs et contes feust honnorablement receue, toutesfoiz elle ne demoura pas en leur exercice et assemblée, ains s'en ala au chastel de Marcoussis[2], qui n'est guères loing de Montlehéry, où elle fut avecques ses gens par moult de jours, à traicter avecques eulx. Et venoient chascun jour les dessusdiz princes, ou aucuns d'eulx, devers elle. Et jà soit ce que diligemment, pour les mener à conclusion de paix avecques le Roy son seigneur, elle tendoit, néantmoins elle n'en peut venir à son entencion.

1. Pierre des Essarts.
2. On se rappelle qu'à la mort de Montaigu, le château de Marcoussis avait été donné à Louis de Bavière, frère de la reine.

Car iceulx seigneurs estoient fermez et délibérez d'aler devers le Roy à puissance, pour lui remonstrer et requerre qu'il feist justice et prinst autre gouvernement. Et pour ce que ladicte Royne se parçeut qu'elle traveilloit en vain, retourna à Paris avec sa compaignie, et racompta ce qu'elle avoit trouvé. Dont le Roy fut moult courroucé et troublé. Et lendemain, xxiiiie jour de septembre, fist évoquer et assembler toutes les gens de guerre qui estoient venus pour le servir, et fist charger chariots et charètes en intencion de yssir hors de Paris, à tous ses princes et chevaliers, pour combatre lesdiz seigneurs. Et après, quant tout fut prest, ainsi qu'il oioit sa messe pour après monter à cheval, vint devers lui le Recteur de l'Université grandement acompaigné des maistres et suppos d'icelle, lequel lui dist et remonstra comment sa fille l'Université estoit disposée de partir de Paris par faulte de vivres, lesquelz, à l'occasion des gens d'armes tant d'une partie comme d'autre, ne povoient venir en la ville de Paris qu'ilz ne feussent robez ou destroussez; et avecques ce, que tous les biens estoient dissipez et dégastez par tout le plat pays par la multitude desdiz gens d'armes. Pour quoy très humblement supplioient que sur ce leur pleust pourveoir de remède, et respondre ce que bon lui sembleroit. Et tantost, maistre Regnault de Corbie, chancelier, print les paroles et dist : « Le Roy appellera son conseil, et après disner nous vous ferons response. » Et après, le roy de Navarre, là estant, supplia au Roy qu'il leur assignast heure et que après disner les voulsist oyr. Et le Roy, inclinant à sa requeste, bailla aucune heure au Recteur à venir devers lui. Et après disner le Roy et ses princes, c'estassavoir les ducs d'Acquitaine, de Bourgongne et de Brabant, le marquis du Pont, le duc de Lorraine, les comtes de Mortaigne, de Nevers et de Vaudemont, avec plusieurs autres grans seigneurs, tant de gens d'église comme de séculiers, vindrent au Palais, en la Chambre Verte. Et le roy de Navarre fist quatre supplicacions en françois. La première fut, que les seigneurs du sang roial, tant d'un costé comme d'autre, s'en retournassent chascun en sa seigneurie et que plus ne s'entremeissent du gouvernement du Roy; et aussi que doresenavant ne receussent autres prouffiz ne pensions, tant de subsides qu'ilz ont acoustumez de prendre sur leurs terres, comme des autres exactions, mais vivent de leur propre jusques à tant que le Roy et son royaume feussent en meilleur estat qu'ilz ne sont maintenant. Toutesfoiz se le Roy veult à aucun aucune chose donner et le appeller à lui, ilz seront tousjours prestz et appareillez de le servir. La seconde supplicacion fut que aucune diminucion feust mise sur les subsides qui couroient sur le peuple. La tierce, que à aucuns bourgois de Paris feust faicte assignacion de plusieurs grosses sommes de deniers qu'ilz ont prestez au Roy et que l'on leur avoit promis à rendre. La quarte, que les besongnes et afaires du Roy feussent ordonnées, disposées et gouvernées par sages gens et preudommes de tous estas de son royaume.

Après lesquelles requestes et remonstrances, le Roy de sa propre bouche respondit au roy de Navarre que sur icelles il auroit conseil, et après en respondroit tellement que lui et tous les autres devroient estre contens.

En après ces choses faictes, le Roy eut conseil, comme proposé avoit esté, de yssir de Paris à l'encontre des seigneurs et de leurs aliez, dont dessus est faicte mencion. Mais, en fin, fut conclud que de rechef envoieroit la Royne, sa compaigne, et ses solennelz ambaxadeurs envers eulx pour traicter de paix. Laquelle, quant elle fut là venue, se y emploia très bien et loiaument, jà soit ce qu'il feust lors commune renommée qu'elle estoit fort affectée à ladicte partie d'Orléans.

Durant laquelle ambaxade, Amé, conte de Savoie, qui avoit esté mandé de par le Roy, vint à Paris, à tout six cens bacinets. A l'encontre duquel alèrent jusques à la porte Saint-Anthoine les trois frères, c'estassavoir les ducs de Bourgongne et de Brabant et le conte de Nevers, son serourge, avec moult d'autres seigneurs, et de là le menèrent au Palais devers le Roy, lequel le reçeut moult honnorablement. Et aucuns jours après, ladicte Royne, qui ne peut riens besongner en ladicte ambaxade où elle estoit alée, retourna devers le Roy son seigneur, et raporta comment elle ne povoit rompre iceulx seigneurs de leurs propos, car en icellui estoient du tout obstinez. Et de là s'en ala ladicte Royne au Bois de Vinciennes, le plus tost qu'elle peut. Et lendemain au matin lesdiz seigneurs se partirent de Montlehéry et vindrent, le duc de Berry en son hostel de Vicestre qu'il avoit aucunement réédifié, et le duc d'Orléans se loga à Gentilli en l'ostel de l'évesque[1], le conte d'Armignac à Vitry, et les autres en autres lieux, au plus près qu'ilz porent; et au vespre vindrent loger à Saint-Marcel et jusques à la porte de Bordelles. Pour lequel logis, le Roy et le duc de Bourgongne et tous les

---

1. De l'évêque de Paris.

au..es princes avoient grant merveille. Et incontinent les Parisiens, à leurs propres despens, mirent sus mille bacinetz ceste nuit pour faire le guet, et firent par toute la ville de Paris très grans feux. Et afin qu'ilz ne passassent la rivière par ung lieu assez près de Charenton, y envoyèrent deux cens hommes d'armes pour garder le passage.

Et le deuxiesme jour ensuivant, Artur, conte de Richemont et frère au duc de Bretaigne, vint en la compaignie des ducs de Berry et d'Orléans, à tout bien six mille chevaulx. Ce qui moult despleut au Roy et par espécial au duc de Bourgongne, pour ce que le duc de Bretaigne qui naguères avoit esté mandé de par le Roy avec ses Bretons pour le servir, avoit receu dudit roy finances, et pour ceste cause, ledit duc, pour ce qu'il estoit ocupé en aucunes autres besongnes, avoit envoié son frère en son lieu pour servir le Roy, et non autre. Ouquel exercite, le seigneur d'Albreth, connestable de France, lesdictes finances qu'on disoit qu'il avoit receues du Roy comme on disoit, il les avoit jà exposées et despendues en son service, c'estassavoir du duc de Berry.

Après, alèrent plusieurs de ladicte assemblée à Saint-Cloud et autres villes à l'environ, lesquelles ilz pillèrent et prindrent ce que bon leur sembloit. Et avecques ce, aucuns mauvais garnemens violèrent et ravirent plusieurs femmes et les amenèrent en leur ost, dont aucuns desdictes villes, hommes et femmes, vindrent à Paris eulx complaindre, faisans grans clameurs desdiz ravissemens et requérans au Roy vengence d'iceulx et aussi estre restituez de leurs biens se faire se povoit. Lors le Roy, pour leur infortune, et aussi meu de pitié, lesdiz princes et tous ceulx qui estoient en leur compaignie et aide, les adjuga par son décret et sentence estre exemptez de leurs biens et tous confisquez[1]. Et pendant que les lectres s'escripvoient, le duc de Berry, oncle du Roy, envoia bien en haste ses ambaxadeurs dedens Paris devers le Roy afin que la sentence ne sortesist son effect pour ceste fois. Lesquelz ambaxadeurs requirent instamment de par leur seigneur que la besongne feust atargée, et que au plaisir de Dieu, aucun bon moien se trouveroit. A la requeste desquelz ceste besongne fut prolongée, et commença l'en à traicter entre les parties. Et non obstant toutes les advenues dessusdictes, estoit le Roy moult desplaisant de ce qu'il veoit que ceulx de son sang estoient ainsi en discension l'un contre l'autre, et qu'il convenoit qu'il procédast contre eulx par si grant rigueur. Et afin que sans l'effusion du sang humain la chose se passast, requist à son chancelier et à aucuns de son privé conseil qu'ilz se voussissent employer diligemment à ce que ledit traictié se feist. Et pareillement on parla bien acertes au duc de Bourgongne, au conte de Saint-Pol et aucuns autres princes, lesquelz promirent, chascun endroit soy, de eulx y emploier.

Durant lequel temps, le seigneur de Dampierre, l'évesque de Noyon, le seigneur de Tignonville, maistre Gontier Carl[2] et aucuns autres ambaxadeurs du Roy

---

1. *Sic* dans le n° 8345. Cette phrase qui n'a pas de sens ici, en a un, qui est clair, dans le ms. *Suppl. fr.* 93 : « Estre exécutez et leurs biens confixquiés. »

2. Le ms. *Suppl. fr.* 93 donne le vrai nom « Gontier Col ». C'était un secrétaire du roi, qu'on trouve très-employé.

furent envoiez de Paris à Boulongne à l'encontre de l'ambaxade du roy d'Angleterre, c'estassavoir le seigneur de Beaumont, l'évesque de Saint-David et aucuns autres qui estoient venus à Calais pour traicter les trèves, lesquelles furent ralonguées du jour de la Toussaint qu'elles devoient faillir, jusques au jour de Pasques ensuivans.

CHAPITRE LXVI.

Comment la paix fut faicte entre les princes et seigneurs de France et du sang royal, laquelle paix on nomma La paix de Vicestre; qui fut la seconde.

Item, après ce que les ambaxadeurs des deux parties, c'est assavoir ceulx du Roy et du duc de Bourgongne d'une part, et ceulx du duc de Berry, d'Orléans et de Bourbon, d'autre part, eurent par plusieurs et diverses foiz communiqué l'un avec l'autre sur les traictiez d'entre icelles parties, finablement, le deuxiesme jour de novembre, vinrent à conclusion. Et fut le traictié fait, promis et confermé, par la manière qui s'ensuit :

« C'estassavoir, que les seigneurs du sang royal, d'un costé et d'autre, excepté le conte de Mortaigne, retourneront en leurs terres et seigneuries, et remenront les gens d'armes en faisant le moins de dommage qu'ilz pourront sur le plat pays, sans fraude ou décepcion. Et pourra le duc de Berry, s'il lui plaist, aler demourer à Gien sur Loire, et le conte d'Armignac avec lui, l'espace de quinze jours. Le roy de Navarre pourra aler en sa duché de Nemoux. Le duc de Brabant pourra aler, s'il veut, en Bourgongne, veoir la duchesse sa seur[1].

Item. Les seigneurs de costé et d'autre, eulx ne leurs gens, ne passeront point, ne yront par les pays l'un de l'autre, ne soufreront aler, afin que par ce aucuns inconvéniens ou dommages ne viengnent, dont aucun mal n'en sourde, ne viengne.

Item. En toutes garnisons où il y a plus de gens d'armes que le nombre qui y souloit estre, n'y demourront pas, sinon ceulx qui y seront neccessaires à garder pour la seureté desdiz lieux, sans fraulde ou aucune décepcion. Et afin que ces choses demeurent plus fermes, lesdiz seigneurs jureront et bailleront lectres, serement, et promesses, à aucuns commis de par le Roy. Semblablement jureront les capitaines qui seront esleuz de chascune partie.

Item. S'il est besoing et qu'il plaise au Roy, il quictera à aucuns de ses chevaliers qu'ilz voisent avec lesdiz capitaines à les conduire et mener, afin que eulx, ne leurs gens d'armes ne facent longue demeure, et qu'ilz facent le moins de dommage que faire se pourra.

Item. Lesdiz seigneurs, ne aucuns d'eulx ne retourneront point devers le Roy, si non qu'il les mande par lectres patentes seellées de son grant seel, confermées par son grant conseil, et pour cause neccessaire. Et aussi ne pourchaceront lesdiz seigneurs ne aucun d'eulx, de revenir devers le Roy, et ce jureront et prometront aussi en la main d'icellui espécialment à ce

---

1. C'est-à-dire sa belle-sœur, Marguerite de Bavière, femme de Jean sans Peur, son frère.

commis, et de ce baillera, le Roy, ses lectres comment ilz auront juré et promis et ainsi l'aura ordonné. Et s'il advenoit que le Roy mandast le duc de Berry, semblablement il manderoit le duc de Bourgongne, et semblablement s'il mandoit le duc de Bourgongne, il manderoit le duc de Berry, et ainsi les manderoit afin qu'ilz feussent tous deux ensemble au jour assigné jusques au jour de Pasques prouchainement venant.

Item. Jureront lesdiz seigneurs, que de cy jusques au jour de Pasques prouchain venant, qui sera l'an mil quatre cens et onze, nul d'eulx ne aucun d'eulx ne procéderont de voie de fait ne de rigueur l'un contre l'autre, soit en paroles ou autrement. Et de ce, seront lectres faictes de par le Roy contenans lesdiz seremens et promesses par l'ordonnance de son conseil royal, contenans aussi certaines peines s'ilz les enfraignent.

Item. Le Roy eslira certains nobles et ydoines, non suspects et non pensionnaires d'aucuns d'eulx, mais seulement aiant serment au Roy, afin qu'ilz soient au conseil du Roy. Desquelz ainsi esleuz les noms seront monstrez aux seigneurs d'un costé et d'autre.

Item. Les ducs de Berry et de Bourgongne aians le gouvernement du duc d'Acquitaine, commectront d'un commun consentement aucuns qui pendant leur absence auront le gouvernement dudit duc d'Aquitaine au lieu d'eulx. Et pour ce, seront lectres faictes et escriptes au duc de Berry, qui ne les a pas encores.

Item. Le prévost de Paris sera osté de tous offices

royaulx [1], et le Roy y pourverra d'un autre selon qu'il lui semblera estre expédient.

Item. Que nulz chevaliers ou autres, de quelconque condicion, degré ou estat qu'ilz soient, eulx, leurs hoirs ne leurs biens, ne aient aucun empeschement maintenant, ne ou temps avenir pour la cause et raison se ilz venoient ou non venoient au mandement de l'une partie ou de l'autre, dont aucun empeschement leur feust fait d'aucune desdictes parties la main du Roy seroit ostée et levée de eulx et de leurs biens ou hoirs. Et de ce seront baillées lectres de tous ceulx qui les vouldront avoir du Roy ou desdiz seigneurs. »

Lequel traictié fut fait le dimenche, jour des âmes [2], et le lundi ensuivant fut confermé, et en quatre jours fut de tous poins acomply. Et est vérité que messire Jehan de Neele, chancelier du duc d'Acquitaine, fut commis de par le Roy à recevoir les seremens et promesses des seigneurs, tant d'un costé que d'autre, et lectres bailler de par le Roy à tous ceulx qui les vouldrent avoir. Le Roy déposa son prévost de Paris, c'estassavoir messire Pierre des Essars, chevalier, et le démist de tous offices royaulx, et en son lieu establi en ladicte prévosté messire Brunel de Saint-Cler, chevalier et ung de ses maistres d'ostel. Et envoia au duc de Berry lectres du gouvernement de son filz le duc d'Acquitaine, seellées et garnies de son grant seel, et conséquemment, à douze chevaliers, quatre évesques et quatre seigneurs de parlement. Au

1. Cet article s'appliquait à Pierre des Essarts, tout dévoué au duc de Bourgogne.
2. Le dimanche 2 novembre 1410, qui tombait cette année là le jour des Morts.

gouvernement du Roy, de la Royne et du royaume, furent prins, c'estassavoir l'arcevesque de Reims, l'évesque de Noion, l'évesque de Saint-Flour et maistre Jehan de Charsi[1], naguères seigneur en parlement, pour lors évesque de Tournay, le grant maistre d'ostel du Roy, c'estassavoir messire Guichard Daulphin, le Grant-maistre de Rodes, les seigneurs de Montenay et de Torsi, de Rambures, d'Offemont, de Louvroy et de Reumancourt, Saquet, seigneur de Beau Ru et vidame d'Amiens, messire Jehan de Torsi, chevalier du duc de Berry et son grant maistre d'ostel. Le seigneur de Saint-George, lesdiz seigneurs de Berry et de Bourgongne, chascun d'eulx et ou nom d'eulx, commirent au gouvernement du duc d'Acquitaine. Lesquelles deux parties se partirent de Paris et des chasteaulx et fortresses d'entour.

Le samedi après ensuivant, le Roy fut griefment malade de sa maladie acoustumée, et fut en son hostel de Saint-Pol enfermé. Mais la Royne, avec son filz le duc d'Acquitaine, vint du Bois de Vinciennes oudit hostel de Saint-Pol, demourer emprès son seigneur. Et le duc de Bourgongne s'en ala à Meaulx en Brie, auquel lieu le roy de Navarre vint. Et de là s'en ala ledit duc de Bourgongne à Arras et en Flandres, et avecques lui messire Pierre des Essars, chevalier, naguères prévost de Paris, son espécial conseiller; et tousjours ainsi que devant le nommoit prévost de Paris.

Après lequel traictié, toutes gens de guerre, tant d'un costé comme d'autre, s'en retournèrent chascun

---

1. *Charsi* ou *Tharsi*. Le ms. 8345 écrit *Jehan de Torssy*.

ès lieux dont ilz estoient venus, en mengant le povre peuple. En oultre, estoient venus au mandement du duc d'Orléans, en ceste armée, grant quantité de Lombars et Gascons, lesquelz avoient chevaulx terribles et acoustumez de tourner en courant, ce que n'avoient point acoustumé François, Picars, Flamens, ne Brebançons à veoir, et pour ce leur sembloit ce estre grant merveille[1]. Et d'autre part, pour tant que le conte d'Armaignac estoit venu à grant compaignie au mandement des princes dessusdiz, et qu'on appeloit ses gens Armignas, furent tous ceulx tenans le parti du duc d'Orléans, de là en avant appellez en commun langaige *Armignas*. Et combien que depuis iceulx feussent en la compaignie du Roy et du duc d'Acquitaine, et aussi de plusieurs autres grans seigneurs du sang royal, sans comparaison plus grans que n'estoit ledit conte d'Armignac, non obstans que les seigneurs dessusdiz en feussent très mal contens, si ne les nommoit-on autrement, et dura ce nom, par trèsgrant espace de temps, à tous ceulx tenans ce parti. Et pour tant que les traictiez dessusdiz furent en partie faiz et communiquez en l'ostel de Vicestre[2], où se tenoit adonc le duc de Berry, le duc d'Orléans et les autres princes, fut icelle paix nommée de plusieurs La paix de Vicestre. Ainsi et par ceste manière se départirent les grosses assemblées qui pour ce temps estoient venues entour Paris. Et demourèrent aucune espace de temps les seigneurs qui estoient commis au gouvernement dont dessus est faicte mencion, de-

1. Ce que dit ici Monstrelet des qualités des chevaux de Lombardie et de la Gascogne, est à noter.
2. Le château de Bicêtre.

vers le Roy et le duc d'Acquitain'. Si entendoit le povre peuple que par ce moien doresenavant deust demourer paisible. Mais tout le contraire advint en assez brief terme ensuivant, comme cy-après sera déclairé.

CHAPITRE LXVII.

Comment une congrégacion fut faicte et assemblée par l'Université de Paris à cause des requestes et demandes faictes par les légats du pape pour aucuns dixiesmes qu'il demandoit.

Après toutes les choses dessusdictes, le xxIII° jour[1] du moys de novembre, à Saint-Bernard à Paris, fut faicte une congrégacion générale de par l'Université, en laquelle furent appellez et évoquez l'arcevesque de Reims, l'évesque du Puy en Auvergne et plusieurs autres prélas et gens d'église, et généralement tous les maistres, bacheliers et licenciez tant en droit canon comme civil, jà soit ce que autrefois n'estoi point acoustumé de appeller les licenciez, ne les bacheliers, mais tant seulement les maistres. Et fu faicte ladicte congrégacion sur les demandes et requestes faictes par l'arcevesque de Pise et autres légaulx de nostre saint père le pape, qui furent pareillement sur le dixiesme et vacant et sur les procuracions et despoulles des trespassez. Mais premièrement en ladicte congrégacion fut leue une ordonnance solennelle autrefois faicte du temps maistre Pierre de La Lune[2], par le conseil de l'Église de France, sur les libertez et franchises de ladicte Église, de par le Roy et son grant conseil, et

1. Le ms. *Suppl. fr.* 93 et les imprimés portent : le xxIII° jour.
2. Benoît XIII.

par parlement roborée et confermée, l'an mil quatre cens et six : c'estassavoir que ladicte Église soit maintenue et conservée en ses anciennes franchises et par ainsi quicte de tous dixiesmes, procuracions et toutes exactions de subsides quelzconques. Et pour ce que lesdiz légaulx, en demandant vindrent contre lesdictes constitucions et arrest, fu conclud que ladicte ordonnance seroit gardée sans enfraindre. Et pour meilleure observance, l'Université mist et ordonna solemnelz hommes devers le Roy et son conseil et devers ledit parlement, ausquelz appartient ledit arrest à défendre, et eschever les inconvéniens qui s'en pourroient ensuir par l'infraction de ladicte ordonnance et constitucion.

Item, fut conclud que se le pape ou les légaulx veulent aucun compeller ou contraindre par censure ecclésiastique ou autrement à paier lesdiz tribus, que on appelle de eulx au concile général de ladicte Église.

Item, s'il y a aucuns collecteurs ou subcollecteurs voulans avoir ou exiger lesdiz succides (*sic*), qu'ilz soient punis par prinse de leur temporel s'ilz en ont, et si non, qu'ilz soient mis en prison.

En oultre fut conclud qu'à poursuivir ledit fait, soit requis en aide le procureur du Roy et des autres seigneurs qui se veulent adjoindre avec ladicte Université.

Finablement fut conclud que ou cas que le pape allegueroit neccessité évidente en l'Église, que le conseil de l'Église française seroit évoqué, et là seroit advisée une manière de subvencion, non mie par manière de deu, mais par manière de subside charitable, et seront levées et recueillies lesdictes pécunes par certains bons preudommes esleuz par ledit conseil, qui les distribueront à ceulx qui seront ordonnez par ledit conseil.

Item. Le lundi ensuivant fut fait un conseil royal, où fut présent le duc d'Acquitaine, l'arcevesque de Pise et autres légaulx du pape, aussi le Recteur de l'Université et plusieurs autres de ladicte Université. Et oudit concile, proposa ledit arcevesque de Pise que ce qu'il demandoit estoit deu à la chambre apostolique, et que quiconques le denyoit à paier, il n'estoit pas chrestien. Desquelles paroles, l'Université mal contente dist que lesdictes paroles estoient proférées au deshonneur du Roy et obprobre de l'Université et par conséquent de tout le royaume. Pour lesquelles choses fut de rechef, le dimenche ensuivant xxix° jour dudit moys de novembre, faicte une congrégacion générale où elle avoit esté faicte le dimenche devant, où il fut conclud que l'Université envoieroit certains légaulx pour lui exposer les paroles dictes et proposées par lesdiz légaulx du pape, en lui requérant que publiquement soient révoquées et par eulx rappellées, et en cas qu'ilz ne les vouldroient révoquer et rappeller, la faculté de théologie escripra contre eulx sur les articles de foy, et seront punis selon l'exigence du cas. Item, fut conclud que ladicte Université de Paris escriproit à toutes autres Universitez, prelats et chappellains qu'ilz se adjoingnissent à l'Université de Paris en la poursuite dudit fait.

Maintes autres choses furent touchées oudit parlement, lesquelles pour cause de briefté sont laissées à escripre en ce présent livre. Toutesfoiz la conclusion fut telle pour bailler response, que le pape n'auroit point de subside, si non par la manière dessus déclairée. Item, fut conclud que l'Université de Paris requerroit à l'arcevesque de Reims et aux autres du grant conseil du Roy qui ont fait serment à l'Université, qu'ilz se adjoingnent à icelle de la poursuicte devant dicte, ou ilz en seront privez. Et est assavoir que après toutes ces choses, les légaulx, eulx doubtans, s'en alèrent et se partirent de Paris sans dire adieu. Comme on disoit communément à Paris, nostre saint père le pape envoya ses ambaxadeurs devers le Roy pour le paiement du dixiesme imposé sur l'Église françoise, et en comptant de leur légacion direut au conseil du Roy, présent le duc d'Acquitaine, que non mie seulement l'Église françoise estoit obligée et tenue à ladicte solucion dudit subside, mais toutes églises quelzconques estoient de prime face à la voulenté du pape par le droit divin *Levitici* 9°, où il dit en la sentence : Les dyacres paioient au souverain prestre le dixiesme. Secondement de droit naturel et positif. Et quant ces choses se faisoient, l'Université vint à eulx. Et lendemain, fut faicte une congrégacion ou college des Bernardins. Et là fut délibéré que la manière de demander ce subside est à réprouver, inique et contraire à loy et à décret par le Roy et son conseil fait l'an mil quatre cens et six, et voult l'Université que ceste loy feust conservée sans estre corrompue. Et fut dit que là ou le pape ou ses légaulx vouldroient ce demander et contraindre aucun à le paier par censure d'église, que ladicte Université appelleroit au concile général de l'Eglise. Et là où les nouveaulx gouverneurs du Roy et du royaume vouldroient ou présumeroient aucunement actempter contre la loy dessusdicte, icelle Université appelleroit devant le Roy et les seigneurs du conseil. Et où il auroit aucuns de l'Université qui laboureroient pour la solucion du dixiesme, ilz en seroient privez. Et s'il en advenoit d'aucuns labourans à ce, qui eussent temporel, l'Université requeroit au Roy que leur temporel feust mis en sa main, et ou cas qu'ilz n'en auroient point, ilz feussent emprisonnez. Et se par manière de voie caritative, nostre saint père le pape eslevoit subside, il pleust à l'Université supplier au Roy que les prélas feussent évoquez par le royaume pour deux choses : Premièrement, pour adviser quelles choses sont traictées au conseil général de l'universelle Église ; secondement, à délibérer de ce et sur le contenu ès requestes desdiz ambaxadeurs sur ledit dixiesme. Et se il estoit délibéré que nostre saint père ait ledit subside, l'Université veult que soient députez aucuns prélas preudommes de ce royaume qui recevront l'argent pour la paix des Grecs et des Latins et pour l'union du royaume d'Angleterre, pour la queste de la Saincte Terre et prédicacion de l'Evangile et de toute créature, car ce sont les fins pour lesquelz le saint père eslieve cedit subside, comme dient ses légaulx. L'Université requist sur ce aux seigneurs de parlement qu'ilz se adjoingnissent avecques eulx, car ce est leur arrest et aussi le fait des procureurs du Roy et autres seigneurs à la prosécucion desquelz ladicte loy fut faicte. Item, fut député maistre Ursin à proposer devant les seigneurs, et à respondre aux raisons desdiz ambaxadeurs. Et en fin, ledit arcevesque de Pise, considérant que nullement ne pourroit venir à son entencion, se humilia devant ladicte Université et parla particulièrement à aucuns des principaulx afin qu'ilz tenissent la main à sa besongne. Néantmoins, le xxviii° jour du moys de janvier ensuivant, fut par eulx conclud que de leur consentement ne seroit baillé au pape nul subside sans avoir premier l'accord, le conseil et octroy de l'Église françoise. Et sur ce furent prinses nouvelles journées. Et le xi° jour de février, plusieurs prélas furent évoquez pour avoir leur advis sur ceste matière. Mais finablement, par la diligence et solicitude de l'Université, ilz ne porent venir à conclusion que nulles pécunes feussent données et octroiées au pape par quelconques manière que ce feust. Non obstant que la plus grant partie des seigneurs et par espécial les princes, en estoient assez contens. Et pendant que les choses dessusdictes se traictoient, ledit pape envoia ses lectres devers le roy de France contenans que les Florentins ne vouloient plus estre de sa partie, pour la doubte qu'ilz avoient du roy Lanselot. Lequel roy Lanselot assembloit de jour en jour grant puissance de gens d'armes, comme rescripvoit ledit pape, pour envayr et prendre la cité de Romme et toutes les régions d'autour, pour en fin avoir la dominacion et obéissance de la chaise Saint-Pierre et du siège apostolique, et y metre ung pape qui feust du tout à sa poste[1]. Laquelle chose, se ainsi advenoit, pourroit estre plus grant erreur que devant. Et pour tant, de rechef requéroit au Roy, à ses princes et à ladicte Université, que pour obvier à telz inconvéniens il eust aide et confort de eulx. Laquelle aide, par la diligence et longue poursuite dudit arcevesque de Pise, lui fut

---

1. En son pouvoir, *potestas*.

depuis accordé, ainsi et par la manière que cy-après sera déclairé.

CHAPITRE LXVIII.

Comment le seigneur de Crouy fut prins de ceulx tenans le parti d'Orléans en alant en ambaxade devers le duc de Berry de par le duc de Bourgongne.

Item, après toutes ces besongnes, le duc de Bourgongne envoia trois de ses conseillers ambaxadeurs, c'estassavoir les seigneurs de Crouy et de Dours, chevaliers, et maistre Raoul le Maistre, chanoine de Tournay et d'Amiens, licencié en lois, à Paris, devers le Roy et son conseil pour aucuns ses afaires, et de là devers le duc de Berry, son oncle et son parrain, à Bourges. Mais quant ilz furent entre Orléans et ladicte ville de Bourges, ledit seigneur de Crouy fut prins et retenu des gens du duc d'Orléans tout seul, le vendredi pénultime jour de janvier. Et ne fut baillé nul empeschement à nul de aultres, ne à leurs serviteurs. Et de là fut mené en ung chastel à trois lieues près de la ville de Blois. Et lendemain, fut fort examiné et interrogué très rigoreusement sur la mort du duc d'Orléans défunct, et de fait fut gehayné pour savoir s'il en avoit esté complice ou consentant. Mais onques pour chose qu'on lui feist, ne congneut riens qui lui tournast à préjudice. Et le dimenche ensuivant fut mené à Blois et mis en une prison moult destroitement. Et les autres ambaxadeurs dessusnommez s'en alèrent devers le duc de Berry, et lui dirent et exposèrent leur légacion et ce qu'ilz avoient de charge de par ledit duc de Bourgongne. Et après lui prièrent humblement qu'il voulsist tant faire au duc d'Orléans que icellui seigneur de Crouy feust délivré hors de ses mains, et lui racomptèrent premier la manière de sa prinse. Lequel duc de Berry, tantost rempli de grant fureur et courroux, envoya ses lectres signées de sa main devers ledit duc d'Orléans, contenans que tantost et sans délay il lui envoiast ledit prisonnier, lequel alant devers lui avoit esté prins desraisonnablement, et se ainsi ne le faisoit, il le tenoit pour son ennemi. Ausquelles lectres ledit duc d'Orléans rescripvi à son oncle assez courtoisement, en soy excusant de ladicte prinse et aussi en prolonguant la besongne. Et peu de jours après, le Roy et le duc d'Acquitaine, auxquelz ladicte prinse estoit jà apparue pareillement, escripvirent et mandèrent au duc d'Orléans que incontinent délivrast ledit de Crouy, sur autant qu'il les doubtoit à courroucer. Néantmoins, pour quelques lectres ou mandemens qui lui feussent envoiez ne le vouloit délivrer, mais qui plus est, fut détenu prisonnier destroictement et en grant rigueur comme dit est, et par plusieurs fois diversement examiné et questionné. Et ce pendant, les autres ambaxadeurs envoièrent leurs messages devers le duc de Bourgongne et lui notifièrent la prinse dessusdicte et les diligences qu'ilz avoient faictes pour sa délivrance. Lequel duc ne le print point bien en gré, mais en fut moult troublé, car moult amoit ledit seigneur de Croy. Et pour ce, lui considérant ceste entreprinse et aucunes autres qui s'estoient faictes sur ses gens et autres ses favorables, afin de y résister et pourveoir se besoing lui estoit, se disposa de tout son povoir à assembler finances, et tant, que aux Gantois vendi ses confisca-

cions, et à aucuns autres Flamens rendi leurs libertez
pour argent. Et mena son filz, le conte de Charrolois[1],
en plusieurs villes de Flandres pour leur monstrer
leur seigneur à venir, et à ceste occasion en receut
plusieurs dons, et après tint ung grant conseil sur ses
afaires en la cité de Tournay avecques ses deux serourges, c'estassavoir le duc Guillaume, conte de
Haynnau, et l'évesque de Liège; et si y estoit le conte
de Namur et plusieurs autres grans seigneurs des
marches de l'empire, auxquelz il requist leur service
et aide se besoing lui estoit, contre tous ses adversaires, et par espécial contre le duc d'Orléans, ses
frères, et leurs aliez. Lequel service ilz lui promirent à
faire libéralment en tout ce qui leur seroit possible.
Et de là, après lesdictes promesses, vint à Lisle. Ouquel lieu vint devers lui le mareschal Bouciquault,
naguères gouverneur de Gennes, lequel il reçeut très
agréablement et le mena avecques lui en sa ville
d'Arras. Et là évoqua tous les seigneurs et autres
nobles hommes de son pays d'Artois et des dépendences, lesquelz assemblez en la sale de son hostel,
tant par sa bouche comme par maistre Guillaume
Bouvier, chevalier, licencié en lois, exposa et fist
exposer comment tous les jours ses adversaires s'esforçoient de prendre et emprisonner ses gens et de fait
avoient prins et emprisonné le seigneur de Crouy.
Pour quoy, à tous ceulx qui là estoient venus à son
mandement, il leur prioit qu'ilz lui feussent loiaulx,
et que se besoing lui estoit, que pour souldées avoir
ilz le voulsissent servir; et que ilz sceussent certaine-

---

1. Plus tard Philippe le Bon, duc de Bourgogne.

ment que c'estoit pour la seureté de lui et aussi du Roy et de son filz le duc d'Acquitaine, du ceptre royal, et à la conservacion de la couronne de ce noble royaume, ce qu'il avoit fait contre le duc d'Orléans père du duc présent. De laquelle mort, naguères la paix fut faicte par le Roy en la cité de Chartres et escripte en lectres royaulx. Et se il y a aucunes condicions contenues èsdictes lectres qui restent encores à acomplir de par moy, je suis tout prest et appareillé par fait et par œuvre à paracomplir si avant et oultre que raison donra, jusques à pleine satisfaction. Ces choses ainsi dictes, tous les chevaliers et nobles respondirent tous à une voix que de tout leur povoir ilz le serviroient. Et de là, chascun s'en retourna en son pays et lieu dont il estoit.

Ledit mareschal Bouciquault vint à Paris, et là, en plein conseil royal où le duc d'Acquitaine estoit présent ou lieu de son père le Roy, accusa les Génevois en moult de manières, et se excusa moult fort devers le duc d'Acquitaine et le grant conseil, en priant moult fort que pour les combatre et subjuguer, finances et gens d'armes lui feussent baillez. A laquelle requeste on différa de lui respondre et lui fut jour assigné. Pendant lequel jour s'en ala devers les autres seigneurs du sang royal, lesquelz il pria moult d'estre ses moiens envers le Roy et son conseil afin qu'il feust expédié. Et adonc ledit conseil et les Trois Estas ordonnèrent que dedens le jour de Pasques lesdiz Génevois seroient évoqués et appellez à comparoir pardevant eulx à Paris, où lors devoient estre plusieurs nobles et gens d'église pour autres afaires, c'estassavoir pour avoir leur consentement que ledit duc d'Acquitaine soit constitué et establi régent du royaume de France, car ceulx de Paris le veulent et désirent sur toutes autres choses. Laquelle besongne venue à la congnoissance du duc de Berry, n'en fut point content. Et pour y obvier escripvi moult notablement au duc d'Acquitaine, à la Royne sa mère, et au grant conseil du sang royal, en remonstrant plusieurs causes raisonnables pour quoy ce ne se povoit faire actendu la jeunesse d'icellui, disant et affermant en oultre que de tout son povoir et selon ce que pieçà avecques son frère de bonne mémoire, Phelippe, duc de Bourgongne, il avoit promis et juré sur le saint précieux corps de Nostre-Seigneur Jhésucrist que son seigneur et nepveu il garderoit et défendroit envers et contre tous jusques à la mort.

Et pendant que ces besongnes se traictoient, le Roy, qui estoit malade, retourna en santé, et par ainsi le duc d'Acquitaine ne fut point régent; dont ledit duc de Berry fut moult joieux et en son cuer appaisié.

En après, pour le grant débat qui estoit apparent entre les ducs d'Orléans et de Bourgongne, fut défendu de par le Roy par ses lectres royaulx seellées de son grant seel, par ses bailliages, seneschaulcies, viscontez et prévostez de tout son royaume, et publiées par tous lesdiz lieux, que nulz nobles, de quelque noblesse qu'ilz feussent ou de quelque prééminence, n'alassent au mandement de l'une partie ne de l'autre, ne que à l'un ne à l'autre nul ne présumast de les servir en armes, sur la confiscacion de tous ses biens. Et tantost, le mercredi de la sepmaine peneuse, le duc de Bourbon et le conte de Vertus, frère au duc d'Orléans, à tout cinq cens bacinets, vindrent à Clermont en Beauvoisis et descendirent par la Normandie. Mais le conte de Vertus ne demoura mie longuement là, ains print une partie de ses gens d'armes et se parti dudit duc de Bourbon, et s'en ala ès parties de Soissonnois et de Valois et en la baronnie de Coucy, qui estoient à son frère le duc d'Orléans, et là mist lesdictes gens d'armes en garnison.

Et est vérité que quant le duc de Bourgongne, qui estoit adonc à Arras, oy ces nouvelles, il en fut moult troublé, et le plus brief qu'il pot manda de toutes pars gens de guerre, et qu'ilz feussent tous ou chastel en Cambrésis le pénultime jour d'avril. Mais quant ce vint à la congnoissance du Roy et de son conseil, il envoya tantost devers lesdiz ducs, notables et solennelz ambaxadeurs, et leur manda et fist faire défense sur peine de confiscacion de tous leurs biens et de leurs seigneuries, et avecques ce d'estre tenus et réputez ennemis à lui et à tout son royaume, qu'ilz se gardassent de faire nulles entreprises l'un contre l'autre, mais feissent retraire leurs gens d'armes. Auquel commandement ilz obéirent pour ceste fois tous deux assez humblement, et se abstindrent par certain espace de temps.

DE L'AN MCCCCXI.

[Du 12 avril 1411 au 3 avril 1412.]

CHAPITRE LXIX.

Comment le duc d'Orléans envoia ses ambaxadeurs devers le Roy et lui escripvi ses lectres, lesquelles grandement chargoient le duc de Bourgongne et ceulx de sa partie.

Au commencement de cest an, le duc d'Orléans, non content de ce que les gouverneurs du Roy, c'est-assavoir ceulx qui y estoient de par le duc de Bourgongne, avoient plus grande audience que les autres, et avecques ce, que chascun jour en déboutoit et eslongnoit dudit gouvernement et de leurs offices ceulx qui avoient esté à son feu père et qui estoient à lui, envoia devers le Roy ses ambaxadeurs, et lui fist remonstrer les besongnes dessusdictes, et aussi, requerre que les homicides qui avoient murdri sondit père feussent punis selon les traictiez paravant passez; lesquels homicides se tenoient chascun jour ou royaume. Ausquelz ambaxadeurs fut respondu et promis de par le Roy et son conseil, qu'on pourvoieroit à tout, ainsi qu'il appartiendroit. Et après leur département le Roy envoya à Bourges devers le duc de Berry, son oncle, et lui fist requerre bien acertes, que pour le bien de son royaume il se voulsist entremectre d'entretenir en paix ses deux nepveux, c'est-assavoir les ducs d'Orléans et de Bourgongne; laquelle chose il promist faire. Et pour y besongner envoia l'arcevesque de Bourges[1] à Paris, instruit de par ledit duc de ce qu'il avoit à remonstrer et qui estoit à faire touchant ceste matière. Et tantost après, fut ledit chancelier[2] envoyé avecques le mareschal Bouciquault et aucuns autres, devers ledit duc de Bourgongne, qui estoit à Saint-Omer. Lequel, après qu'il eut oy les poins et les articles de ladicte ambaxade, fist response qu'à lui ne tenoit pas, ne tenroit, que tous les traictiez paravant passez ne feussent entretenus, et que du tout il vouloit obéir au Roy; et de ce firent leur rapport. Et pour ce que, selon la voulenté du duc d'Orléans et de son conseil, on ne procédoit point assez asprement contre lesdiz homicides, et aussi pour plusieurs autres choses, rescripvi ses lectres, signées de sa main, devers le Roy. Desquelles la teneur s'ensuit :

« Mon trèsredoubté seigneur, humble recommandacion prémise. Naguères, mon trèsredoubté seigneur, vindrent à moy deux de vos conseillers, c'estassavoir messire Colart de Charleville, chevalier, et maistre Simon de Nanterre, président en vostre parlement, lesquelz il vous a pleu à moy envoier pour moy exposer et signifier aucune chose de vostre voulenté et bon plaisir, si comme ilz me ont affermé, et ce me ont-ilz bien sagement et discrètement déclairé ès termes de leur légacion, sur trois poins : Premièrement, requirent et prièrent à moy de par vous, qui me povez et devez commander comme à vostre humble et loyal subject et serviteur, que je me submecte du discort

---

[1]. Guillaume de Boisratier.
[2]. Eustache de Laistre, qui avait remplacé Jean de Montaigu, archevêque de Sens, par lettres du 6 décembre 1409.

qui est entre moy et le duc de Bourgongne pour la cause et raison de la cruelle et inhumaine mort de mon trèsredoubté seigneur et père, vostre frère germain, duquel Dieu ait merci, et madame la Royne en a aussi prié de par vous par lesdiz conseillers et ambaxadeurs, afin que on labourast diligemment sur ce pour le bien de paix et de vostre royaume; et que semblablement vous avez prié le duc de Bourgongne. Et disoient, que pour ce acomplir et mener à bonne fin, je envoiasse querre de mes hommes, lesquelz vous avez en propos d'envoier devers mon devantdit oncle sur ceste matière; qui aussi, semblablement y envoieroit quatre des siens. Le second point estoit, que me priez que je cessasse de mander et assembler gens d'armes. Le tiers estoit, que je receusse les lectres que me envoiez sur la requeste par moy à vous autrefois faicte pour prendre les homicides, consentans, occiseurs et coulpables de la mort de mondit seigneur et père, et vostre frère. En après, trèsredoubté seigneur, actendu diligemment les poins devantditz et eue délibéracion sur les choses devantdictes, je leur respondi que je vous regracioie, et regracie à présent tant humblement comme je puis, de ce qu'il vous a pleu envoier à moy. Car plus grant joye avoir ne puis que quant je oy souvent nouvelles de vous et de vostre noble estat, et que je estoie et suis cellui qui en vostre service et obédience, comme je doy, vueil exposer mon corps et quanque j'ay de ma puissance et de mes subjetz. Mais pour ce qui m'estoit lors exposé de par vous, qui estoient grans choses et nouvelles quant à moy, je ne leur peuz lors bailler responce, excepté que je leur dis que je vous envoieroie response le plus tost que je pourroie. Laquelle response j'ay différé jusques à présent, car je scay, entour vous et en vostre conseil et service, plusieurs de mes ennemis, lesquelz vous devez tenir dès maintenant vos ennemis, ausquelz madicte response, mes amers propos, mes entencions et mes faiz je ne vueil mie estre communiquez, ne congneuz. Ne aussi, raisonnablement ne devroient point estre ne assister à quelque chose regardant moy, ne mon fait, ne estre entour vous en conseil, ne service. Et à vous informer et certifier plus plainement sur ce, trèsredoubté seigneur, je, qui suis vostre humble filz et nepveu, obligié et appareillié à vous servir et obéir comme à mon souverain et droicturier seigneur, désirant de tout mon cuer observer, honnourer et exaulcer selon mon povoir vostre seigneurie et l'estat de madame la Royne, de monseigneur d'Acquitaine et de tous voz autres enfans et de tout vostre royaume, et à vous adviser et conseiller vrayement et loyaument sans ce que je me taise ou vueille céler vérité pour le bien et honneur de vous et de toute la chose publique, j'ay délibéré de vous nommer et déclairer aucuns de voz ennemis et des miens, qui vous assistent et sont en vostre conseil et service. C'estassavoir : l'évesque de Tournay[1], le visdame d'Amiens, Jehan de Neelle, le seigneur de Heilly, Charles de Savoisis, Anthoine de Craon, Anthoine des Essars, Jehan de Courcelles, Pierre de Fontenay et Maurice de Ruilly[2]. Tous ceulx, par force et par violence, par faulx et mauvais moiens, militent

---

[1]. Jean de Thoisy.
[2]. « Morisse de Railly » (*Suppl. fr.* 93), Meurice de Railly ms. 8345).

et tiennent le lieu des bons preudhommes et expulsent et boutent dehors les bons et loyaulx serviteurs et leur ont fait et fait faire plusieurs griefz et irréparables dommages à l'encontre de tous termes de raison, et vous donnent à entendre faulses et iniques mençonges pour eslongner et éviter de vostre courage et dilection[1], moy et plusieurs de vos parens et loiaulx serviteurs et subjetz. Pour quoy par ces moiens et par autres voies et diverses manières iniques et désordonnées, lesquelles ilz tiennent et ont jà longuement tenues, les devant nommez, avecques leurs adhérens et complices, ont empesché et troublé le bien commun et la paix de tout ce royaume. Et n'est mie vray semblable, que tant longuement qu'ilz soient et demeurent avecques vous en vostre service, ou qu'ilz aient aucune auctorité devers vous, bonne paix ne bon régime puist estre en vostre royaume. Car tousjours empeschent et empescheront que vous ne faciez le bien de justice, à moy ne à autre, ce que vous devez faire à ung chascun indifféremment, tant au petit comme au grant. Et ce font et feront, pour ce qu'ilz se sentent chargez et souvent coulpables de plusieurs crimes et maléfices, dont aucuns d'eulx, c'estassavoir Jehan de Neelle et le sire de Heilli, qui sont coulpables de la cruelle et énorme mort de mondit seigneur, pour ce qu'ilz sont tous serviteurs jurez ou pensionnaires et aliez audit duc de Bourgongne, dont ilz pevent estre par raison tenus et réputez facteurs et complices dudit crime et désordonnée faveur, lequel

---

1. En d'autres termes : pour écarter de votre cœur et de vos affections.

ilz portent tous les jours envers vous, trèsredoubté seigneur, auquel actient l'offense dudit crime, premier comme il fait à moy. Et afin que je die tout, je sçay que se ne feussent les empeschemens fais et mis par les devantdiz et leurs complices, jà feust la réparacion faicte souffisamment de la mort de mondit seigneur et père, vostre frère, par vous et vostre bonne justice et par l'aide de vos bons et loyaulx subjetz, comme à ce avez eu et aiez bonne voulenté et estes enclin à bon propos, ainsi que sçay certainement, pour quoy je vous regracie humblement, tant comme je puis. Et pour ce, je vous requiers et supplie cordialement tant comme je puis, que pour le bien et honneur de vous, de madame la Royne et de monseigneur d'Acquitaine et généralement de tout vostre royaume, qu'ilz soient prins et que de eulx et chascun d'eulx soit faicte bonne justice comme de voz ennemis et des miens. Et vueillez aussi débouter hors et eslongner de vous, les complices, facteurs et favorisans dudit duc de Bourgongne, vostre ennemy, et convoquer à vostre conseil et service les bons et loyaulx conseillers et autres bons preudommes, lesquelz souffisans trouverez en vostre royaume. Lesquelles choses, se ainsi vous les faictes, je vous bailleray, au plaisir de Dieu, telle response et vous envoieray si clèrement mes propos et intencions, que par raison en serez content. Et pour l'amour de Dieu, trèsredoubté seigneur, en ce ne vueillez faillir, car autre fois, comme clèrement je apperçois tousjours, seroient empeschées mes requestes et supplicacions que je feroye dedens les termes de raison et de justice, et ne pourriez gouverner en respondant aux choses qui m'ont esté dictes par voz ambaxadeurs, ne aussi à ce qu'ilz me ont requis de par vous. Et pour ce, mon trèsredoubté seigneur, ne me faillez point, car je ne vous requiers fors tant seulement ce qui est juste et raisonnable, comme il vous peut et à chascun clèrement apparoir. Mon trèsredoubté seigneur, plaise vous me mander et commander vostre bon plaisir, et au plaisir de Dieu je l'acompliray [1]. »

Avecques lesquelles lectres envoiées par le dessusdit duc d'Orléans devers le Roy, en escripvi aucunes autres assez pareilles au chancellier de France et autres du grant conseil, lesquelz il sçavoit estre à lui favorables [2], en leur requérant très instamment qu'ilz se voulsissent emploier devers le Roy, la Royne et le duc d'Acquitaine, afin que ceulx qui gouvernoient de par le duc de Bourgongne, dont dessus est faicte mencion, feussent déboutez et eslongnez du conseil royal, et qu'il eut audience pour avoir justice de la mort de feu son père. Néantmoins, quelque chose qu'il escripvist, ne envoiast pour ce temps, ne peut obtenir, ne avoir quelque response qui lui feust agréable, par les empeschemens que tousjours y mectoient les dessusdiz.

1. Cette lettre du duc d'Orléans au roi, qui est fort importante et qui présente tous les caractères de l'authenticité, ne se trouve, ni dans Juvénal des Ursins, ni dans le Religieux de Saint-Denis.
2. Il écrivit aussi au parlement. On y reçut ses lettres le 29 mai 1411.

CHAPITRE LXX.

Comment le duc de Bar trespassa. Et de l'ambaxade que le Roy envoya devers le duc de Bourgongne.

En ce temps, Henry, duc de Bar[1], preudomme, sage et discret, trespassa de ce siècle. Auquel son filz ainsné, c'estassavoir le marquis du Pont, nommé Edouard[2], succéda en la duché de Bar et en la chastellenie de Cassel, excepté aucune partie laquelle il avoit donnée héréditablement à Robert de Bar, fils de feu Henry de Bar, son premier filz, et de la dame de Coucy. C'estassavoir : Warnechon, Bourbourc, Dunnequerque et Rodest[3]. Après laquelle mort ledit Edouart fut nommé duc de Bar, et commença à régner assez honnorablement.

En ce temps aussi furent envoiez devers le duc de Bourgongne de par le Roy, certains ambaxadeurs, lesquelz avecques autres choses qu'ilz lui dirent de bouche, lui portèrent la copie des lectres que le duc d'Orléans avoit envoiées contre lui et les siens devers le Roy. Lequel duc de Bourgongne, du contenu en icelles ne fut pas bien content. Et par iceulx ambaxadeurs fist savoir que le duc d'Orléans ne disoit point vérité par sesdictes lectres. Et après qu'il eut receu iceulx ambassadeurs bien révéremment, print congié

1. *Sic* dans *Suppl. fr.* 93 et dans Vérard. Il se nommait Robert, et non Henri.
2. Édouard III, duc de Bar, à la mort du duc Robert, son père.
3. « Warneston, Bourbourc, D.. querque et Rodes » (*Suppl. fr.* 93). Warnet.. n, Bourbourg, Dunkerke, et peut-être Roubaix ?

de eulx et s'en ala en son pays de Flandres. Et ilz, s'en retournèrent à Paris sans emporter response qui feust de nulle valeur. Et tost après ledit duc de Bourgongne fist grant mandement de gens d'armes, et les envoya en Cambrésis et vers Saint-Quentin. Mais assez tost après, par l'ordonnance du Roy et son conseil, les fist départir et retourner ès lieux dont ils estoient venus.

En oultre, le mercredi xv° jour de juillet, maistre Jehan Petit, docteur en théologie, lequel le duc d'Orléans avoit en propos de poursuyr et faire accuser de hérésie pardevant l'Université de Paris, mourut en la ville de Hesdin, dedens l'ostel de l'ospital que lui avoit donné le duc de Bourgongne avecques autres grandes pensions, et fut enterré en l'église des Frères Mineurs, oudit lieu de Hesdin.

Et en ce mesme temps, sur le clergié du royaume de France et du Daulphiné fut mis sus ung subside caritatif en la valeur d'un demy dixiesme, imposé par le pape du consentement du Roy, des princes, de l'Université de Paris et de la plus grant partie des prélas et citez, à paier à deux termes, c'estassavoir, le premier à la Magdeleine, et le second à la Penthecouste ensuivant. Si se cueillit assez rigoreusement, et tant que le povre clergié commun s'en plaignoit moult piteusement[1].

Et pendant que ces besongnes se faisoient, le duc de Bourgongne estant en la ville de Bruges le samedi x° jour de juillet, messire Amé de Salebrusse[2], messire

---

1. Cf. le Relig. de Saint-Denis, *Chr. de Ch. VI*, t. IV, p. 414.
2. *Amé de Sabbrusse* dans *Suppl. fr.* 93. C'est Amé de Sarrebruck.

Clugnet de Brabant et aucuns autres capitaines de la partie du duc d'Orléans, s'en vindrent à tout grant nombre de gens d'armes, devers Coucy, ou pays de Vermendois, et à Hem sur Somme [1]. Si en furent tantost portées les nouvelles audit duc de Bourgongne, lequel doubtant qu'ilz ne voulsissent entrer en son pays et lui faire guerre, pareillement fist mectre sus plusieurs de ses capitaines, c'estassavoir le seigneur de Heilly, Enguerran de Bournonville, le seigneur de Ronq et aucuns autres, et à tout grant nombre de gens les fist tirer devers Bapaumes et ladicte ville de Hem, afin de résister contre les dessusdiz s'ilz faisoient aucune envaye.

Durant laquelle tribulacion, le duc d'Orléans et ses frères, en poursuivant leur querelle, de rechef envoièrent leurs lectres devers le Roy et son grant conseil et aussi à plusieurs princes, prélas et citez, afin que plus amplement feust veu et sceu la requeste qu'ilz faisoient.

CHAPITRE LXXI.

Comment le duc d'Orléans et ses frères envoièrent lectres au Roy [2], contraires au duc de Bourgongne.

« Nostre trèsredoubté seigneur, Nous Charles, duc d'Orléans, Phelippe, conte de Vertus, et Jehan, conte d'Angoulesme, frères, voz très humbles filz et nep-

---

1. Ham, en Vermandois.
2. Le ms. *Suppl. fr.* 93 et les imprimés ajoutent : « Et aussi à plusieurs bonnes villes contraires au duc de Bourgongne. » Cette lettre du duc d'Orléans se trouve dans Juvénal des Ursins, mais très-abrégée. Voy. le Ch. VI de Godefroi, p. 209 et suiv.

veux, en toute humble recommandacion, subjection et obéissance, avons délibéré à vous exposer et signifier conjoinctement et chascun seul à par lui, ce qui s'ensuit. Jà soit ce, trèsredoubté et souverain seigneur, que le cas de la douloureuse, lamentable et inhumaine mort de nostre trèsredoubté seigneur et père, vostre seul frère germain quant il vivoit, soit en vostre mémoire infiché et nous sommes certains qu'aussi est elle et qu'elle n'en est pas évadée, ains est en vostre cuer ou très parfont des secrets de vostre recordacion et mémoire enraciné, néantmoins, nostre trèsredoubté et souverain seigneur, l'office de pitié, les drois de sang, les devoirs de nature, les drois divins, canons et civilz, et vérité nous contraignans, nous ramentoivent et exhortent à vous ramentevoir et ramener à mémoire mesmement les fins par cy dedens eslevées et déclairées.

« Il est vérité, trèsredoubté et souverain seigneur, que Jehan, qui se dit et afferme estre duc de Bourgongne, jadis, par une très grande hayne couverte, laquelle il avoit longuement gardée en son cuer, par une faulse et mauvaise envie de dominer, et afin qu'il eust l'auctorité de régenter et dominer en vostre royaume, si comme clèrement il a monstré, en l'an mil quatre cens et sept, le XXIIIe jour de novembre[1], vostre dit frère et nostre trèsredoubté et souverain seigneur et père fist traistreusement occire en vostre bonne ville de Paris, de nuit, par longs agais, de fait appensé et de courage délibéré, par faulx et mauvais trahistres murdriers à ce habilitez et aussi convenables,

---

1. C'est le jour de la Saint-Clément.

sans ce que paravant lui eust monstré aucun signe de male voulenté, si comme à vous et à tout le monde est notoire, et aussi vérifié et confessé par le faulx traistre murdrier; qui est homicide doloreux, desloial, traistre, cruel et inhumain plus que dire et penser on ne pourroit. Et nous semble que on ne pourroit trouver par escript que onques, pour quelque trahison qui peust estre, tel ne si pervers fait feust fait ne pensé par quelconque manière.

« Premièrement, pour cause de ce qu'ilz estoient si prouchains, tant conjoincts ensemble par sang de lignage ainsi que cousins germains enfans de deux frères, et par ainsi a commis très horrible crime, c'estassavoir crime paternel, auquel les drois ne scevent mectre ne imposer trop grans peines pour la très cruelle, horrible et détestable cruauté d'icellui fait, et aussi que tous deux estoient aliez et avoient confédéracion ensemble par deux ou trois paire de confédéracions et aliances, de leurs propres seaulx et propres mains séellées et signées. Par lesquelles aliances ilz avoient juré et promis l'un à l'autre sur les sainctes et sains, à ce corporellement par eulx touchez, en la présence d'aucuns prélas et autres gens de grant estat du conseil d'une partie et d'autre, qu'ilz seroient bons, vrays et loyaulx amis et qu'ilz ne pourchasseroient l'un à l'autre nul dommage ne vitupère, en appert ne en secret, ne ne souffreroient estre fait ne procuré par quelconque moien que ce feust, selon son povoir. En oultre plusieurs grandes et solennelles promesses en tel cas acoustumées, et plus, car en signe de démonstrance de toute parfaicte amour, de une vraie unité, et que se ilz voulsissent ou peussent avoir ung cuer, ung courage et une pensée, jurèrent et solennellement promirent vraie fraternité et compaignie d'armes et société ensemble par espéciales convenances sur ce faictes. Lesquelles choses d'elles mesmes doivent emporter telle et si grande loyaulté et amour mutuelle telle comme scevent tous nobles. Et de rechef, pour plus grande confirmacion de ladicte fraternité et société d'armes, portèrent les armes et coliers l'un de l'autre, comme il est tout notoire.

« Secondement, par les manières dudit traistre quant au regard dudit homicide commis : car lui, feignant avoir bonne et loiale amour avecques vostredit frère par ce que dit est dessus, il conversoit souvent avecques lui, et par espécial en une maladie qu'il eut ung peu devant ledit homicide commis en sa personne, il l'ala veoir et visiter, tant à l'ostel de Beauté sur Marne[1] comme à Paris, et lui monstroit tous signes d'amour que frères, cousins et amis povoient faire et devoient monstrer, jà soit ce que jà avoit traicté et ordonné sa mort et jà avoit mandé les homicides, et estoit la maison louée à eulx esconser et musser[2], qui moult clèrement appreuve et démonstre que c'est moult cruelle trahison. Et qui plus est, le jour devant l'acomplissement dudit homicide, vostredit frère et lui, après le conseil tenu par vous à Saint-Pol en vostre présence et les seigneurs de vostre sang qui

1. Maison de plaisance bâtie par Charles V, qui y mourut. Agnès Sorel, à qui elle fut donnée par Charles VII, en a pris son nom de Dame de Beauté. On trouve quelques détails sur ce château dans la *Revue archéologique* (XIe année, p. 455).
2. Termes synonymes, cacher. Le vieux mot *esconce*, signifie une lanterne ; qui cache la lumière.

là estoient et plusieurs autres, prindrent le vin et mengèrent et burent ensemble, et vostredit frère le pria et invita au disner avecques lui le dimenche ensuivant, laquelle chose il lui octroya, jà soit ce qu'il lui gardast telle faulse pensée de le faire ainsi si honteusement et villainement murdrir; laquelle chose est trop abhominable et horrible à le oyr seulement réciter. Et lendemain, non obstant toutes choses promises et devant dictes, il, comme obstiné en son desloial propos et en mectant son conseil et corrompu vouloir à exécucion, il le fist tuer plus cruellement et plus inhumainement qu'onques ne fut veu homme de quelqu'estat qu'il feust par ses murdriers affectez et locatifz, comme dit est, et lesquelz jà par longtemps l'avoient espié et agaictié. Car ilz lui coppèrent une main, laquelle fut trouvée lendemain en la boe, et après lui coppèrent le bras au dessus du coubte tellement qu'il ne tenoit qu'à la pel. En oultre lui effondrèrent et acraventèrent la teste, tellement que la cervelle en chey presque toute ou ruissel et en la boe. Ouquel ruissel ilz le navrèrent et trainèrent jusques à ce qu'ilz le virent tout roide mort. Qui est et seroit une grande pitié, douleur et horreur à le oyr réciter d'un plus bas homme et du plus petit estat du monde. Et onques sang de vostre noble maison de France ne fut tant cruellement ne tant honteusement espandu, dont vous, ne tous cevlx de vostre sang, de vos subjectz et bien vueillans ne devez telle lamentable desplaisance estre demourée sans punicion et réparacion quelconques, comme ce fait cy est jusques à présent, qui est la plus grande vergongne et chose plus honteuse qui onques advint ne peust advenir de si noble maison, et encores plus seroit se la chose demouroit longuement en tel estat. Tiercement, par faulses feintes et dampnables manières par ledit traistre tenues et eues après l'acomplissement de l'orrible et détestable homicide. Car il vint au corps avecques les autres seigneurs de vostre sang, et se vesti de noir, et fut à son enterrement, soy feignant de pleurer et gémir et avoir desplaisance de sa mort, cuidant par ce couvrir et céler la grande mauvaistié de son péchié.

« Plusieurs autres feintes et très dampnables manières tint, qui seroient à vous et aux autres seigneurs de ce royaume trop longues à racompter. Et en ce feint propos demoura jusques à ce qu'il congnut et perceut que son péchié venoit à clarté et lumière. Et jà par diligence de justice estoit congneu et descouvert, et adonc au roy de Cécile, et à son oncle le duc de Berry confessa en appert, avoir commis et perpétré, au moins avoir fait commectre et perpétrer ledit homicide, et dist que le dyable l'avoit tempté et surprins qui ainsi lui avoit fait faire, sans autre cause ou raison quelconques assigner; et aussi c'est vérité. Lequel, non content d'avoir une foiz iniquement et dampnablement tué son cousin germain, vostre seul frère, comme dit est, mais en persévérant en son desloial et pervers courage, de rechef l'a fait occire et tuer et dampner et tout entièrement sa fame et renommée, par faulses mençonges et accusacions trouvées, comme par la grace de Dieu il est à vous et à tous le monde notoirement sceu.

« A l'occasion duquel faulx et traistre homicide, nostre très redoubtée dame et mère, à laquelle Dieu soit miséricors, fut tant désolée et desconfortée que dame ne créature quelconque povoit estre, pour la miséracion pitéable de son seigneur et mary, et mesmement que par manière si dampnable lui fust osté et plus tost qu'elle n'eust voulu. Après laquelle aventure elle se tira vers vous et, je Jehan[1], en sa compaignie, comme à son roy et seigneur souverain et comme à son singulier recours et refuge, suppliant le plus humblement qu'elle peut et sceut, que de vostre bénigne grace vous la voulsissiez, et nous aussi ses enfans, en compassion et miséracion dudit homicide regarder, et lui faire administrer raison et justice telle, si grande et si prompte comme au cas appartenoit et appartient, considéré l'omicide de lui, et comme vous estiez et estes obligié et contraint, tant par ce que c'est le droit de quelconques roy de administrer justice, et de cela est vraye debteur à ses subgetz, laquelle, de son office, sans requeste de partie, il doit administrer à ung chascun, tant au povre comme au riche. Et plust tost et promptement se doit exciter contre le riche et puissant, que contre le povre et diseteux, car il est nécessaire. Et aussi, à proprement parler, justice exerce sa vraye opéracion et lors se doit appeller vertu. Et à ce et pour ce principalement et directement furent les roys ordonnez et establis, et fut force, puissance et seigneurie mise en leurs mains à les exerciter puissamment et vertueusement, et mesmement quant les cas se y offrent et requièrent, ainsi que fait le cas présent. Et aussi que la chose vous touche grandement en vostre chef et en vostre nom, comme chascun scet. Car son mary et nostre trèsredoubté seigneur et

---

[1]. Jean, comte d'Angoulême.

père, ainsi mauvaisement occis, estoit vostre seul frère germain. Laquelle justice vous lui avez deuement octroiée estre faicte et administrée, et sur ce lui assignastes jour dedens lequel vous lui deviez faire. Pour laquelle obtenir, continuellement elle eut ses gens devers vous afin qu'ilz le vous accordassent, ramenteussent et sollicitassent. Laquelle justice jusques au jour préfix et encores longtemps après, elle a actendu. Et pour ce, quelque diligence qu'elle ait fait ou fait faire, pour les empeschemens qui y ont esté mis par ledit traistre et ses serviteurs et officiers estans entour vous, comme par cy-devant a esté dit, elle n'en a peu riens obtenir. Combien trèsredoubté et souverain seigneur, que je sçay bien pour certain que vous avez tous jours eu et encores avez grande et bonne voulenté de l'administrer, nostre trèsredoubtée dame et mère devers vous retournée en propre personne, et moy Charles en sa compaignie, en poursuivant la requeste et en requérant instamment que vous lui administrissiez justice, et devant nostre trèsredoubté seigneur monseigneur d'Acquitaine vostre ainsné filz, et quant à ce vostre lieutenant tant par raison comme par certaine commission et puissance par vous sur ce donnée, madame la Royne et lui, et chascun d'eulx à par lui, fist faire certaine proposicion contenant au long et diffusement la manière dudit homicide et les causes pour lesquelles il fut fait et perpétré, et aussi contenant les responses et la justification par faulses mauvaises et desloiales accusacions devant mises par ledit traistre et homicide, en certaine proposicion par lui faicte devant mon trèsredoubté seigneur monseigneur d'Acquitaine, pour torcionnèrement et par force vouloir palier et couvrir son mauvais homicide. Et après ladicte proposicion faicte par nostre trèsredoubtée dame et mère[1], elle fist faire et prendre ses conclusions selon l'usage, coustume et stile de vostre règne, et requist que vostre procureur feust avec elle adjoinct à faire ses conclusions criminelles au cas appartenant par intérêt de justice. Lesquelles choses ainsi faictes, après ce nostre trèsredoubté seigneur monseigneur le duc d'Acquitaine, par le conseil des seigneurs de vostre sang et autres de vostre conseil estant avecques lui en vostre chastel du Louvre, fist respondre à nostredicte dame que il, comme vostre lieutenant en ceste partie représentant vostre personne, et les seigneurs de vostre sang et ceulx de vostre conseil, estoient bien contens et avoient bien agréables ses justificacions proposées par nostre dame et mère pour vostre frère, nostre trèsredoubté père et qu'ilz le tenoient pour bien excusé et deschargé, et que en oultre lui seroit faicte si bonne provision de justice par elle requise sur les choses dessusdictes, qu'elle en devroit estre bien contente. Et jà soit ce que nostredicte mère et dame eust poursuivy et eust fait poursuir très diligemment et très instamment ladicte response, et de rechef eust fait faire une supplicacion et narracion de toutes les choses dessusdictes, faisant, concluant et tendant aux fins devantdictes, afin qu'elle peust obtenir aucune provision de justice, laquelle vous fut baillée en vostre main, et aussi qu'elle fist en vostre matière plusieurs grandes et notables diligences à vous et aux vostres de vostre sang et gens de vostre

1. Valentine de Milan.

conseil notoires et bien manifestes, lesquelles seroient trop longues à réciter ; et ledit traistre voiant et sachant vostre inclinacion et vostre grande et bonne voulenté que vous aviez à faire administrer justice, sachant aussi que son forfait par quelconque manière ne po oit justifier, se disposa ou exposa à la destourber et bailler par tout empeschement oultre les défenses par vous à lui faictes si solemnellement et notablement, que par voz lectres patentes et par voz solemnelz messages à lui à ces fins envoiez, vint à Paris à grant puissance de gens d'armes, desquelz plusieurs estoient estrangers et bannis, lesquelz firent en vostre royaume moult de grans et irréparables dommages, comme il est tout notoire. Et vous convint, devant qu'il y venist, partir de Paris, et nostre trèsredoubtée dame madame la Royne et aussi mon trèsredoubté seigneur monseigneur le duc d'Acquitaine et autres seigneurs de vostre sang et de vostre conseil. Et il demoura tout seul avecques sa puissance en vostre ville de Paris, où il tint mauvaises et estranges manières contre vous et à l'encontre de vostre dominacion et de vostre peuple ; tant, que pour éviter grans inconvéniens et oppressions qui par lui et ses gens d'armes estoient fais à vos gens, il convint que vous, nostre trèsredoubtée dame et mondit trèsredoubté seigneur monseigneur d'Acquitaine, et autres de vostre sang, venissent à Chartres, à lui faire accorder, octroier et passer ce qu'il vouloit et avoit advisé de faire pour soy cuider descharger et expédier perpetuellement dudit faulx, traistre et mauvais homicide, et tout par sa force, violence, tyrannie et puissance, par laquelle notoirement il a tenu et tient dessoubs ses piez vostre justice et ne souffrit aucunement que vous, ne voz officiers, eussent ne aient encores de présent aucune congnoissance sur son péchié et sur son forfait, et ne s'est daigné aucunement humilier devers vous, lequel il a tant troublé et offensé par ce que dit est, ne aussi devers vostre justice, ne soy mectre en quelconque terme de raison. Mais à vous et à toutes autres choses a esté inobédient, et qui plus est, l'a efforcée et violée. Par lesquelles choses et par ce que cy-après sera dit, selon tous les drois et raisons escriptes est tout cler que tout ce qui oudit jour fut fait, est et doit estre dit nul et de nulle valeur. Ouquel lieu, à Chartres, en vostre présence à un certain jour, en l'église cathédrale dudit lieu, ledit traistre vint, et par l'un de ses conseillers vous fist dire et exposer comment pour le bien de vous et de vostre royaume il avoit fait mourir vostre frère, et pour ce vous prioit que, se aucune indignacion aviez conceue contre lui, qu'il la vous pleust oster de vostre cuer. Et si maintenoit et mectoit avant, que par vous lui fut dit que de la mort de vostredit frère n'aviez prins aucune desplaisance et que vous lui remectiez et pardonniez tout. Pour quoy, nostre trèsredoubté seigneur, plaise vous considérer et bien peser la forme et manière de ceste requeste et supplicacion, et les manières lesquelles ledit traistre et homicide a en ce tenu. Et premièrement, au regard de vous son souverain roy et seigneur, car il vous avoit tant troublé et offensé qu'on n'en pourroit plus dire, et que selon droit et raison n'est mie capable de rémission, ne de quelque grace. Et encores, qui plus est, n'est mie digne, ne lui est licite de venir en vostre présence ne d'avoir aucun accès d'y venir, ne autre pour lui. Et se aucunement de vostre bénigne grace lui estoit permis, il devoit venir en toute humilité, en grande et singulière congnoissance de son maléfice. Mais par ce que dit est, forméement il a fait le contraire. Car en persévérant en orgueil, en obstinacion de son mauvais et faulx courage, il a bien osé dire notoirement à vous devant tout le monde et en lieu si notoire, qu'il avoit fait mourir vostredit frère pour le bien de vous et de vostre royaume. Et veult maintenir qu'il lui fut dit de par vous que de ce vous n'aviez eu aucune desplaisance ; qui est si grant douleur et horreur à tous bons cuers à le oyr réciter seulement, que plus grant ne pourroit estre, et sera encores plus grant à ceulx qui venront après vous et qui le liront et trouveront en escript, que de la bouche du roy de France, qui est le plus grant de tous les chrestiens, soit yssu que de la mort de son seul frère germain, tant cruelle, tant traistre et tant inhumaine, il n'y ait prins aucune desplaisance. Lesquelles choses à ma trèsredoubtée dame sont faictes et redondent clèrement en tant grande lésion et vitupère de vostre honneur et de vostre couronne et de vostre conseil et majesté royale, qui sont de ce blécées en grande vilipendence que c'est chose à peine irréparable et là où ordre de droit et de justice sont grandement condemnez et subvertis que onques tant ne furent ne pourroient plus estre, et mesmement du subject au regard de son maistre et souverain seigneur, contre le bien commun et contre la paix de ce royaume, qui jusques à cy à tousjours si grandement et si notablement en justice esté si bien gouverné que la gloire et loenge d'icellui a esté singulièrement renommée et famée sur tous les royaumes du monde. En après; que ladicte requeste fut causée de faulses et notoires mençonges. Car il a faulsement et traitreusement fait occire vostre seul frère germain par mauvaise hayne couverte de longue main, appensée par convoitise de dominer et avoir le gouvernement de vostre royaume comme dit est dessus. Lequel aussi, en la présence de ses serviteurs et officiers a dit en appert, qu'onques en ce royaume ne fut fait si mauvais, ne si traistre homicide commis et perpétré. Et toutesfois il dist en la requeste, qu'il l'avoit fait pour le bien de vous et de vostre royaume. Par quoy la chose est moult clère selon tous drois et raisons escripz, que tout ce qui fut fait à Chartres ledit jour, est nul et de nulle valeur. Et qui plus est, la chose est plus digne de grant peine et de grant punicion au regard de lui. Car onques il ne vous daigna tant révérer ne honnorer, que de si grant grief et détestable forfait dont il estoit et est si notoirement chargé, vous requeist pardon, rémission, grace ou misericorde quelconques. Et toutesfois veult il maintenir que sans confession de son forfait et sans demander grace vous lui avez remis; qui est contre tout droit et raison, une chose délusoire et à proprement parler une vraie derrision de justice, c'estassavoir pardonner et délaisser à ung pécheur sans congnoissance de son forfait, sans contricion, sans pénitence et sans de ce faire requeste ne quelconque supplicacion. Et qui pis est, en persévérant notoirement, et mesmement en la présence de son seigneur, en l'ostinacion de son péchié, oultre ce qui fait est ledit jour, il contient erreur manifeste, deshonneur, détriment, clèrement et évidemment de vous et de

vostre royaume et de toute la chose publique, et aussi
apperte contradiction. Car il se dit bien avoir fait, et
conséquemment il requiert mérite et rémuneracion,
et toutesfoiz veult il dire que vous lui avez donné
grace et rémission. Laquelle chose ne cheit mie en bien
fait, mais en péchié et non en mérite. Et encores plus,
car il ne fut onques advisé, ordonné ne parlé pour le
salut de l'âme du défunct, pour quelconque satisfaction faire à la partie blécée. Laquelle chose vous ne
povez ne devez par quelque manière pardonner ne
remettre. Et par ce appert plus clèrement que ce que
dit est, qui fut fait audit lieu de Chartres, fut contre
tous principes de droit, contre tout ordre et principe
de raison et de justice, en violant icelles en toutes
choses et en tous défaulx si notoirement en tous ses
principes. Pour quoy et pour toutes autres choses qui
seroient trop longues à escripre, appert notoirement
comme dit est, que tout ce qui fut fait audit lieu de
Chartres ne vault riens et n'est point chose digne de
récitation. Et se aucuns vouloient dire qu'il voulsist
aucunement et se deust tenir, si est la chose moult
clère par ce que cy sera dit, que le devantdit traistre
vient directement contre ledit traictié, et par plusieurs
et diverses manières icellui a efforcié et violé. Premièrement : car quelque chose que vous lui deissiez ou
commandissiez et que doresenavant il ne vous forfeist
ou procurast chose qui feust à nostre préjudice, dommage ou deshonneur, et que ainsi l'eust promis et
juré, néantmoins a fait tout le contraire. Et pour
cuider dampner la bonne mémoire de nostre trèsredoubté seigneur et père, et pour nous cuider perpétuellement destruire et deshériter, il a fait prendre

vostre bon et loial serviteur le grant maistre d'ostel[1], à qui Dieu pardoint, et l'a fait emprisonner et tourmenter et tellement que ses membres par force de question firent rompre par force de violence et de martire qu'il lui fist souffrir. Et s'esforça de lui faire confesser contre vostredit frère, nostre trèsredoubté seigneur et père, qui Dieu pardoint à l'âme, aucunement de ses charges, lesquelles autrefoiz faulsement et mauvaisement il lui avoit imposé, pour vouloir couvrir son très mauvais péchié. Et par ce, volt de rechef estaindre, effacer et dampner la bonne mémoire de vostredit frère, et tendre à nostre destruction. Et ledit maistre d'ostel fist mener au lieu de sa mort. Lequel, voiant sa mort devant ses yeulx, afferma publiquement et sur la dampnacion de son âme prinse, que onques en toute sa vie ne sceut ne perceut que nostredit trèsredoubté seigneur et père feist mal, ne trahison, ne autre chose qui feust contre le bien de vostre personne, et aussi pareillement [n'a] il fait, mais vous avoit bien servi tous les jours de sa vie. Et se il avoit dit aucune chose au contraire ou se il l'avoit confessé, si avoit ce esté par force de très inhumaine question et tourmens qui lui avoient esté fais, dont, comme dit est, il avoit tous les membres desrompus. Et ainsi, sur le péril de son âme et sur la mort que prestement il actendoit, il le prenoit. Et en celle affirmacion ainsi persévéra jusques à la mort, présens chevaliers et autres plusieurs notables personnes. Et par ce appert trop clèrement qu'il vient de fait et directement contre ce qu'il a promis et juré audit lieu de Chartres. En

---

1. Jean de Montaigu.

après, car il a recepté, recueilli et nourry, et de jour en jour nourrit les homicides et murdriers qui à son commandement occirent vostredit frère. Et toutesfoiz ilz furent exceptez et hors mis de ce qui fut fait oudit lieu de Chartres. Et plus, car il, par toutes les manières qu'il peut, comme la chose est toute notoire, il a vexé, troublé, empesché et poursuy les officiers et serviteurs de vostredit frère et les nostres et fait oster et destituer de leurs estas, services et offices qu'ilz avoient entour vous et en vostre règne, sans occasion ou cause quelconques, mais seulement en hayne et contempt desdiz serviteurs de vostre frère et des nostres. Et aucuns d'eulx a voulu destruire en corps et en biens et s'est efforcé de eulx faire mourir. Et aussi par plusieurs autres manières et moiens qui seroient trop longs à réciter, vient encontre ledit accord, comme la chose est toute notoire.

« Après toutes ces choses, ledit traistre voiant et sachant clèrement l'orreur et cruaulté de son meffait et que par quelconque manière couvrir ne palier ne le pourroit, afin que vous et vos officiers n'eussiez aucune congnoissance sur son mal fait à mectre à exécucion, aussi la vraye cause pour quoy il fist occire vostre frère, c'estassavoir pour dominer et estre craint, de fait a usurpé et usurpe l'auctorité et le régime de vostre dominacion et gouvernement, desquelz comme de sa propre chose il use pleinement; qui doit estre plus que lamentable à tout voz subjetz et bien vueillans. Car il a détenu et détient vostre personne, celle aussi de nostre trèsredoubté seigneur, monseigneur le duc d'Acquitaine, vostre ainsné filz, en telle et si grande subjection, qu'il n'est personne, de quelconque estat qu'il soit de ce royaume ne autre, qui puist avoir accès à vous pour quelque cause que ce soit, si non par la licence et congié de ceulx qu'il a à ce commis et ordonnez devers vous. A celle fin, a débouté et gecté hors de vous et de vostre famille les anciens et vaillans hommes et serviteurs qui loyaument vous ont servy, et leurs lieux a rempli de ses propres famillezs et serviteurs, et d'autres telz qu'il lui a pleu, et en grant partie de gens estranges et à vous non congneuz. Et semblablement fist de nostre trèsredoubté seigneur, monseigneur d'Acquitaine. Ainsi despointa et demist voz officiers et par espécial en tous les services et offices de vostre royaume, et vos biens ou finances a laissié où bon lui a semblé, et à son singulier prouffit les a appliquez. Non point qu'il les ait aucunement despendus au bien de vous, ne en aucun relièvement de voz subgetz. Les autres, sur aucunes feintes et couleurs il a vexez, traveillez et desrobez, et à proprement parler les a despoullez de leurs finances, lesquelles en ses propres usages et privées utilitez il a appliquées et converties, comme ce est tout cler et tout notoire, à Paris et ailleurs, à son propre prouffit. Briefment, il a ouvert et introduit en ce royaume les voies de faire et commectre tous crimes et maléfices indifféremment, sans ce que punicion ou correction quelconques en actende estre faicte. Et tant que soubz umbre de défaulte et négligence d'avoir exercé et fait justice dudit fait très énorme et détestable homicide, plusieurs autres homicides, crimes et maléfices sont commis en plusieurs et diverses parties de vostre royaume depuis ledit cas advenu, disans, par lesdiz mesdisans et malfaicteurs, que aussi bien passeroit sans estre puny comme a fait cellui qui a occis le frere du Roy; qui est ouverture d'une tres grande plaie. Et pour ce, trèsredoubté et souverain seigneur monseigneur le duc de Berry, vostre oncle, le duc de Bourbon, le conte d'Alençon et les contes de Clermont et d'Armaignac, et moy Charles, en leur compaignie, en voulant acquiter envers vous nostre foy et loiauté, par lesquelles nous sommes obligez et contrains comme voz très humbles parens et subjects, nous ensemble, avons mis, l'an passé, intencion et propos de venir à vous pour vous démonstrer les choses devantdictes, le dampnable régime de vostre royaume et la prouchaine et évidente desrision et destruction totale, se longuement la chose demeure en tel estat.

« Afin que nous oys, et ceulx aussi qui y seront qui vueillent riens dire au contraire, vous, trèsredoubté et souverain seigneur, par l'advis, délibéracion et conseil de ceulx de vostre sang, des gens de vostre conseil, seigneurs, barons et preudommes de vostre royaume, telz et en tel nombre qu'il vous plaira estre fait, meissiez remède aux inconvéniens qui adviennent et qui autrement neccessairement estoient et sont en brief en aventure de advenir, pourveant premièrement, à la franchise et seureté de vostre personne et de nostre trèsredoubté seigneur, monseigneur le duc d'Acquitaine, vostre ainsné filz. En après, au bien de vous et au régime et gouvernement de vostre royaume, de vostre justice, et de toute la chose publique d'icellui, à vostre prouffit et de tous vos autres subgetz, ainsi que toutes ces choses estoient plus à plein contenues en noz lectres patentes, lesquelles adonc nous vous envoiasmes, nous venismes emprès Paris où vous estiez. Et jà soit ce que pour la seureté de noz personnes nous feussions acompaignez de noz parens, amis et vassaulx, tous à vous subgetz, et tous venissions en vostre service, seulement pour le bien de vous et de vostre royaume, comme dit est, néantmoins nous feussions nous offers de venir à vous à compaignie modérée. Toutesfois ne peusmes nous onques avoir ung seul accès ne une seule audience à vous, obstans les empeschemens et perturbacions qui par ledit traistre y furent mis, qui tous jours estoit encosté et emprès vous, empeschant si grant bien que nous avions en propos et intencion de faire, tousjours persévérant en l'obstinacion de son courage et en ambicion et concupiscence qu'il a tousjours eu de dominer et d'avoir l'auctorité et le gouvernement de vous et de vostre royaume. Nous, par certain accord par vous et vostre conseil prins, nous convint retourner en nostre pays, et pour eschever la destruction de vostre peuple, faire en r'aler noz gens. Lequel appoinctement, de nostre partie, royaument et de fait nous acomplismes. Mais tantost après, un moment le rompy et viola. Car, entre les autres choses fut appoincté que ceulx qui adonc entour vous et vostre conseil demoureroient, seroient hommes non suspetz, non favorables, non serviteurs, non pensionnaires d'une partie ne d'autre. Et il a laissé ses serviteurs et officiers, voire les principaulx, par le moien desquelz il a tousjours l'auctorité, le régime et le gouvernement de vous et de vostre royaume, mieulx et plus seurement que s'il y estoit en personne. Et ainsi n'est aucunement pourveu ausdiz inconvéniens, mais tousjours croissent et encores plus croistront et augmenterout, se Dieu et vous, n'y mectez remède. Et après, jà soit ce que Pierre des Essars, adonc prévost de Paris vostre bonne ville, et vostre gouverneur de vos finances, deust estre déposé de toutes offices royaulx et de tous les estas qu'il avoit entour vous par ledit appoinctement, néantmoins il lui fist avoir secrètement voz lectres patentes seellées de vostre grant seel pour ravoir ladicte prévosté et office d'icelle. Soubz l'ombre desquelles ledit Pierre est retourné à Paris et s'est esforcé de retourner et rentrer en l'office de ladicte prévosté. Et de fait vint en Chastelet à Paris et fist ou siège tribunal, et print possession dudit office, et tout par l'ordonnance, sceu et voulenté dudit duc de Bourgongne, et ne demoura par lui que la chose sorteist son effect. Par quoy appert clèrement ledit appoinctement par lui et son pourchas estre violé. Et qui pis est, en faisant ledit appoinctement, secrètement procuroit le contraire, et en lui le rompoit et efforçoit. Car en consentant la déposicion dudit des Essars il procuroit qu'il feust restitué comme dit est. Par quoy la chose est bien manifeste qu'il n'eust onques en toute sa vie intencion ne propos de tenir ledit appoinctement. Et oultre, combien que par ledit traictié et appoinctement fist que tous ceulx qui avoient esté déposez de leurs estas et offices soubz umbre d'avoir esté en la compaignie de moy Charles, et autres desdiz seigneurs, feussent remis et restituez en leurs offices et que par l'ordonnance de vous et de vostre grant conseil messire Jehan de Carencières[1], en l'office de capitainerie de vostre ville et chastel de

---

1. *Lis.* Jehan de Garencières.

Caen eust esté remis et restitué, néantmoins, en venant directement contre ladicte ordonnance, ledit de Bourgongne le fist depuis déposer dudit office et ledit office impétra pour lui mesme, ou contempt et en la haine dudit Carencières, et de fait ledit office ocupa, tient et ocupe. Par quoy il appert clèrement que par plusieurs et diverses manières ledit traistre a rompu et violé ledit appoinctement. Et jà soit ce, trèsredoubté et souverain seigneur, que par nostre trèsredoubtée dame et mère, qui Dieu pardoint, feussent faictes les diligences devant dictes à ce que justice lui feust administrée dudit mauvais et dampnable homicide, et que jà près de quatre ans sont passez que le cas advint, toutesfois sans ce que, elle ne nous, peussions obtenir une seule provision de justice en ensuivant les voies acceptées, je Charles, naguères suppliay à vous très humblement qu'il vous pleust à moy octroier vos lectres enterinées de justice contre les consentans et complices dudit homicide, c'estassavoir voz lectres à tous voz justiciers adréçans, que ceulx qui par informacion deue trouveroient chargez et coulpables des choses dessusdictes preinssent et emprisonnassent et feissent telle raison et justice comme au cas appartiendroit. Et ce n'estoit fors que pour exciter et resveiller justice, car de son office, sans ma requeste ne autre quelconques, elle doit ce faire et à ce faire elle est obligée. Et ne croy point qu'il soit homme en vostre royaume, de quelque estat ou condicion qu'il soit, tant soit povre ne de bas estat, auquel en vostre chancellerie lui feussent refusées en pareil, ne en mendre cas. Trop bien sçay que on ne lui devroit point refuser. Et toutesfoiz, pour quelque diligence que je aye peu ne sceu faire, lesdictes lectres de justice n'ay peu obtenir. Et tieng que c'est pour ce que aucuns sont en vostre conseil, qui des choses devant dictes se sentent chargez, et pour ce ne conseilleront ilz point l'exaulcement ne l'acomplissement de madicte supplicacion et requeste. Pour quoy, trèsredoubté et souverain seigneur, naguères je vous suppliay tant comme je peuz, que pour le bien de vous et de vostre royaume vous pleust rappeller et mectre hors de vous et de voz offices certaines personnes, lesquelles par mes lectres je vous nommay et déclaray, qui notoirement empeschent le bien de justice, le bon régime de vous, et la paix commune de vostre royaume, et empescheront tant qu'ilz seront entour de vous. Et ce fait, j'estoie prest pour l'amour et révérence de Dieu premièrement, et après de vous, et aussi pour le bien de vostre royaume, sur les choses naguères par vous dictes par voz ambaxadeurs, lesquelz il vous a pleu moy envoier, à vous donner et faire telle response et descouvrir aussi tellement et si clèrement mes intencions et propos, que Dieu, vous et tout le monde par raison devriés estre contens. De quoy, tant de la response précédente comme de semblable cause, je ne peuz quelque chose obtenir. Nous vous supplions trèsredoubté et souverain seigneur, tant comme nous povons humblement, que actendu les choses devant dictes et considérées, c'estassavoir l'énormité dudit homicide, lequel ne peut estre trop détesté, ne la cruaulté d'icellui trop diffamée, tant de droit comme de fait, par la confession de partie qui notoirement l'a confessé tant en jugement, devant nostre trèsredoubté seigneur monseigneur le duc d'Acquitaine vostre ainsné filz, et plusieurs seigneurs de vostre sang, ceulx aussi de vostre conseil et grant planté de clergié et peuple à ce assemblez et à sa requeste, en vostre hostel de Saint-Pol, et nostre trèsredoubté devantdit monseigneur d'Acquitaine là estant et séant en son siège tribunal, vostre personne représentant qui estes son roy et son souverain seigneur et le nostre. Et par ainsi ne peut dire qu'il ne l'ait confessé en jugement et devant le juge compétent, et hors jugement, et aussi devant telz et si notables tesmoings comme le roy de Cécile et monseigneur de Berry vostre oncle, par devant lesquelz il a confessé privéément, simplement et absoluement, sans cause ne raison quelconques dire ne enseigner, fors tant seulement qu'il l'avoit fait par temptacion de l'ennemi ; et après ce aussi l'a confessé en plusieurs lieux, tant pardevant vous comme pardevant notables personnes. Laquelle confession ainsi faicte selon toute raison escripte et selon droit constitué et selon usage et stile notoirement observez, vault et doit valoir en son préjudice, et doresenavant ne doit estre receu à dire contre sa confession ne le coulourer et justifier autrement que premier a fait, laquelle confession de lui-mesmes le a condempné et de sa propre bouche a gecté la sentence. Et ce est moult cler, que après ladicte confession ne convenoit ne convient faire autre solennité de procès, et ne gisoit la chose ne gist aussi en autre examen ne congnoissance de cause, et par ainsi ne restoit ne reste encores fors tant seulement prompte et preste punicion et exécucion de justice, et n'y affiert ne appartient dilacion. Et toutesfoiz par ce que dit est, nostre trèsredoubtée dame et mère, à l'âme de laquelle Dieu face mercy, et nous, ensuivans ceste matière, feismes toutes les diligences à nous possibles, et par grandes instances soustenismes et attendismes trèslonguement et par longues dilacions. Car jà sont passez trois ans et demy et plus, que ceste prosécucion est commencée, sans ce, comme devant est dit, qu'onques peussions obtenir une seule provision de justice, ne parcevoir par quelles manières justice se voulsist aucunement de ce entremetre. Laquelle chose est et sera doloreuse et misérable, seulement à le oyr réciter, actendu aussi et considerez les grans maulx, dommages et inconvéniens par ce venus en vostre royaume, qui neccessairement adviennent et adviendront encores plus grans, si non que ce cas cy n'y soit réparé. Car ainsi que vous povez veoir clèrement, depuis ledit cas et homicide advenu, ce royaume, de inconvénient plus grant en plus grant est passé. Et aussi est-ce le propre droit de faulte de justice, engendrer et nourrir ou multiplier inconvéniens.

« Pour ce, plaise vous de vostre grace, en faisant vostre loial devoir de vostre office, en obéissant à Dieu vostre créateur duquel l'estat de justice procède et directement dépend, et dont aussi vous tenez icelle, et aussi eu regard en pitié au bon maintenement de vostre seigneurie et de vostre règne, vueillez vous exerciter et esveiller et promptement toutes grandes dilacions derrière mises vous exposer à ladicte exécucion de justice. Et de ce en telle et si grande humilité que nous plus povons, vous supplions et resupplions, sommons et requérons très instamment, et par nous et par toutes voies voulons procurer et poursuyr, tant de fait comme autrement, la réparacion dudit homicide et le déshonneur de nostre trèsredoubté seigneur et père, duquel Dieu ait mercy, auquel de fait ainsi blécié et contempné nous sommes obligez et contrains par droit et sur très grosses et grandes peines y obvier et résister, c'estassavoir sur peine d'encourir nom de diffame, de non estre réputez ses enfans ne à lui appartenir en aucune manière, estre aussi réputez indignes de sa succession, de son nom, de ses armes et de sa seigneurie. Lesquelles peines nous ne voulons ne devons encourir; nous aurions plus cher à soustenir et souffrir mort, comme devroit faire tout cuer noble de quelque estat qu'il soit. Nous vous supplions tant humblement comme plus povons, que à ce et aussi à résister et rebouter sa maligne intencion, laquelle il a contre nous par toutes voies à nostre destruction tendant, vous plaise de vostre grace, vous auxquelz Dieu a fait si grande grace qu'il nous fist naistre en ce monde vos parens et tant prouchains de vostre généracion et comme nepveux vrais de vostre seul frère germain, aider, secourir et conforter vostredit frère de vostre puissance, et à proprement parler vous plaise aider, secourir et conforter vostredit frère, auquel en ceste partie nous déduisons et entendons à déduire la cause. Las! nostre trèsredoubté et souverain seigneur, il n'est si povre homme ne de si bas estat en ce monde ne quelconques autre, à qui si cruellement et tant traitreusement père ne frère feust occis, que lui ou ses parens et amis ne se feissent partie jusques à la mort et qu'ilz ne poursuissent contre ledit homicide qui de plus en plus en l'obstinacion de son cruel faulx et mauvais courage persévère notoirement, et tant que ledit traistre puis naguères vous a osé escripre, et en plusieurs autres lieux notables dire, qu'il a fait mourir vostre frère, nostre trèsredoubté seigneur et père, que Dieux absoille, bien et deuement. Esquelz lieux à ceste occasion, moy Charles afferme lui avoir menti. Auquel de plus avant respondre je me déporte pour le présent. Car, comme dit est devant, il appert clèrement qu'il est menteur, faulx traistre et desléal, et moy par la grace de Dieu j'ay tousjours esté, suis et seray net, sans reprouche et voir disant. Et pour ce, nostre trèsredoubté seigneur, que les choses dessusdictes furent et ont esté faictes ou grant vitupère et préjudice de vostre personne, de toute vostre royaume et de toute la chose publique, vous supplions tant et si humblement que nous povons, qu'il vous plaise à vous exposer ainsi que de raison faire le devez, à la réparacion de ceste besongne, et nous aider, secourir et conforter par toutes manières à vous possibles, afin que la réparacion de ce cruel homicide puist estre puny ainsi que de raison faire se doit. Et en ce faisant vous vous acquiterez principalement envers Dieu nostre créateur, et exécuterés justice, de laquelle vous estes chef et souverain, auquel après Dieu nous devons avoir recours. Et afin, nostre trèsredoubté et souverain seigneur, que vous sachiez que le contenu en ces présentes procède de nostre certaine science et voulenté, Nous Charles, Phelippe et Jehan, vos très humbles filz et nepveux, y avons chascun de nous mis nostre seing manuel. Escript à Jargeau, le ixe jour de juillet mil quatre cens et unze.[1] »

1. Le 9 juillet 1411. Le ms. *Suppl. fr.* 93 et Vérard, datent cette lettre du 10, et le Religieux de Saint-Denis, du 14. Ce dernier, qui la traduit en latin, l'abrége et la tronque considérablement. Il termine par cette réflexion : « J'ai entendu dire à quelques

Lesquelles lectres furent envoiées par ung hérault du duc d'Orléans, à Paris, devers le Roy[1]. Auquel lieu elles furent visitées en plein conseil, et au long et sur le contenu en icelles furent mises avant plusieurs et diverses opinions et voulentez. Et vouloient les aucuns que les frères dessusdiz fussent oyz en leurs raisons, et que le duc de Bourgongne feust évoqué et contraint de respondre à ce qu'ilz vouldroient dire et proposer contre lui. Mais finablement les besongnes furent prolonguées, et ne purent les dessusdiz avoir aucune response qui leur feust agréable, pour ce que la plus grant partie de ceulx qui gouvernoient le Roy et le duc d'Aquitaine estoient plus favorables au duc de Bourgongne qu'à la partie d'Orléans. Et mesmement lui fut tost après envoiée la copie desdictes lectres, lesquelles par lui veues, apperçeut assez qu'il estoit apparant que iceulx frères d'Orléans lui feroient guerre dedens brief temps. Dont, pour y résister, se pourveut de gens et de habillemens de guerre le plus hastivement que faire le peut, par tous ses pays.

Et tout en la manière que lesdiz d'Orléans avoient escript au Roy, escripvirent à plusieurs princes et bonnes villes du royaume de France, en eulx complai-

personnes de savoir et d'expérience, qui lurent ce message d'un bout à l'autre avec la plus extrême attention, qu'il ne contenait que de justes demandes. Seulement elles regardaient comme attentatoire aux lois divines et humaines, et comme du plus mauvais exemple, que le duc d'Orléans demandât justice, non par d'humbles prières, mais les armes à la main, à la tête de son parti et avec l'assistance des ennemis mortels du royaume. » (*Chr. de Ch. VI*, t. IV, p. 435. Traduction de M. Bellaguet.)

1. La réponse du roi ne se fit pas attendre. Elle est du 20 juillet 1411. Il lui ordonne de désarmer.

gnant, et requérant aide contre ledit duc de Bourgongne. Et pour ce que selon leur entencion, le Roy leur oncle, et son grant conseil, ne leur baillèrent point response aux lectres qu'ilz avoient envoiées telle qu'ilz désiroient, de rechef envoyèrent autres assez semblables, contenans en substance manière de sommacions, donnans à entendre que, si provision ne leur estoit baillée, il convenroit et ne se pourroient déporter de la quérir par autre manière. Et adonc fut par le Roy ordonné, tant à la Royne, au duc de Berry comme autres de grant auctorité et du sang royal, comme du conseil, à quérir moien entre ces deux parties, c'estassavoir d'Orléans et de Bourgongne. Et furent envoiez plusieurs et divers ambaxadeurs de costé et d'autre. Mais finablement on ne les peut accorder, pour ce principalement que le duc de Bourgongne ne vouloit point descendre à faire quelque réparacion, si non ainsi qu'il avoit esté traicté à la paix de Chartres; et se tenoit fier, pour ce qu'il avoit le Roy et le duc d'Acquitaine de sa partie. Les autres, c'estassavoir les enfans d'Orléans, n'estoient point de ce contens. Lesquelz sentoient qu'ilz avoient plusieurs grans seigneurs de leur partie et qui déjà leur avoient promis à donner confort et aide de toute leur puissance contre ledit duc de Bourgongne. Et par ainsi, la Royne et ceulx qui estoient ordonnez de par le Roy à poursuivir les traictiez dessusdiz, voians qu'ilz n'en povoient venir à chef et qu'il leur estoit impossible, selon les demandes et responses des deux parties, de les accorder, délaissèrent ceste matière et firent un certain jour leur relacion au Roy, des devoirs qu'ilz en avoient fais et des responses qu'ilz en avoient eues de chascune partie.

Et dedens briefz jours après lesdiz frères d'Orléans se conclurent de faire guerre mortelle audit duc de Bourgongne et à tous ses aliez, et leur envoièrent leurs lectres de défiance par ung hérault.

CHAPITRE LXXII.

Comment le duc d'Orléans et ses frères envoièrent leurs lectres de défiance au duc Jehan de Bourgongne pour la première foiz, et la teneur d'icelles.

« Charles, duc d'Orléans et de Valois, conte de Blois et de Beaumont, seigneur de Coucy, Phelippe, conte de Vertus, et Jehan, conte d'Angoulesme, à toy Jehan qui te dis duc de Bourgongne. Pour le très horrible meurtre par toy fait en grande trahison, d'aguet appensé, par murdriers affectez, en la personne de nostre trèsredoubté seigneur et père, monseigneur Loys, duc d'Orléans, seul frère germain de monseigneur le Roy, nostre souverain seigneur et le tien, non obstant plusieurs seremens, aliances et compaignies d'armes que tu avoies à lui, et pour les grans trahisons, desloyaultez, deshonneurs et mauvaisetiez que tu as perpétré contre nostredit souverain seigneur le Roy et contre nous en plusieurs manières, te faisons savoir que de ceste heure en avant nous te nuirons de toute nostre puissance et par toutes les manières que nous pourrons; encontre toy et ta desloiaulté et trahison appellons Dieu et raison en nostre aide, et tous les preudommes de ce monde. En tesmoing de vérité, nous avons fait séeller ces présentes lectres du séel de moy Charles, duc d'Orléans dessusnommé. Données à Jargueau¹ le xviii° jour de juillet. »

Lesquelles lectres receues par ledit duc de Bourgongne et à lui présentées par ung hérault des dessusdiz frères en la ville de Douay², prestement après ce qu'il eut eu conseil sur icelles, rescripvit aux dessusdiz en faisant response telle que cy-après sera déclairée, et les envoya par ung sien officier d'armes devers ledit duc d'Orléans et ses frères.

CHAPITRE LXXIII.

Comment le duc Jehan de Bourgongne rescripvy aux enfans d'Orléans sur les défiances qu'ilz lui avoient envoiées.

« Jehan, duc de Bourgongne, conte d'Artois, de Flandres et de Bourgongne, seigneur de Salins et de Maslignes³, à toy Charles, qui te dis duc d'Orléans, à toy Phelippe, qui te dis conte de Vertus, à toy Jehan, qui te dis conte d'Angoulesme, qui naguères nous avez escript voz lectres de défiances. Faisons savoir, et voulons que chascun sache, que pour abatre les très horribles traysons par très grandes mauvaisetiez et agaiz apensez conspirées, machinées et faictes félonneusement à l'encontre de monseigneur le Roy, nostre trèsredoubté et souverain seigneur et le vostre, et contre sa très noble généracion, par feu Loys, vostre père, en plusieurs et diverses manières, et pour garder vostre père, faulx et desloial traistre, de parvenir

1. *Lis.* Jargeau.
2. Le 10 août, suivant le Religieux de Saint-Denis.
3. Malines.

à la finale exécucion détestable à laquelle il a contendu à l'encontre de nostre trèsredoubté et souverain seigneur et le sien, et aussi contre sadicte génération, si faulcement et si notoirement que nul preudomme ne le devoit laisser vivre, et mesmement, Nous, qui sommes cousins germains de mondit seigneur, doyen des pers et deux foiz per, et plus astraint à lui et à sadicte génération que autres quelconques de leurs parens et subgects, ne devons ungs si faulx et desléal, cruel et félon traistre laisser sur terre plus longuement, que ce ne feust à nostre très grant charge, avons, pour nous acquiter loyaument et faire nostre devoir envers nostre très grant, redoubté et souverain seigneur, et sadicte génération, fait mourir, ainsi que devoit, le faulx et desloial traistre. Et ainsi avons fait plaisir à Dieu, service loyal à nostre trèsredoubté et souverain seigneur, et exécuté raison. Et pour ce que, toy et tes diz frères voulez ensuivir et ensuivez la faulse trace et desloiale félonnie de vostredit feu père, cuidans venir aux dampnables et desloiaulx fais à quoy il contendoit, avons très grande léesse au cuer desdictes défiances. Mais du surplus contenu en icelles, toy et tesdiz frères, avez menti et mentez faulsement, mauvaisement et desloiaument, comme faulx, mauvais et desloiaulx traistres que vous estes. Et donc, à l'aide de Dieu, qui scet et congnoist la très entière et parfaicte loyaulté, amour et vraie entencion que tousjours avons, et aurons tant que nous vivrons, à nostredit seigneur le Roy et sadicte génération, au bien de son peuple et de tout son royaume, vous ferons venir à la fin et punicion telle que telz faulx, mauvais et desloiaulx traistres, rebelles, désobéissans et félons comme toy et tes diz frères estes, doivent venir par raison. En tesmoing de ce, nous avons fait séeller ces présentes lectres de nostre séel. Donné en nostre ville de Douay, le xiiie jour d'aoust l'an mil quatre cens et unze[1]. »

Lesquelles lectres ledit duc de Bourgongne envoya, comme dit est dessus par ung officier d'armes, devers ledit duc d'Orléans et ses frères. Lequel duc fut trouvé à Blois, et eut grand desdaing et desplaisir de la responce que lui faisoit ledit duc de Bourgongne. Néantmoins il fist faire assez bonne chère[2], et après que sur icelles il eut eu délibéracion de conseil, il s'esforça en toutes les manières qu'il peut, d'assembler gens d'armes pour mener guerre audit duc de Bourgongne.

CHAPITRE LXXIV.

Comment le duc de Bourgongne se prépara pour soy défendre contre le duc d'Orléans et ses frères, et des lectres qu'il envoia au duc de Bourbon pour avoir son aide.

En après, le duc Jehan de Bourgongne, quant il ot congnoissance qu'il auroit la guerre au duc d'Orléans et ses frères et leurs aliez, et que les aucuns le eurent défié par lectres et paroles, il se prépara de toute sa puissance pour acquérir amis et aliez pour résister

---

1. Cette lettre se trouve aussi dans Juvénal des Ursins, qui donne, de plus que Monstrelet, une lettre du duc d'Orléans à la Reine, de la même date. Voy. le *Ch. VI de Godefroi*, p. 222.
2. Notre texte omet ici les mots : « à celluy qui les avoit portées. » nécessaires au sens et qu'on lit dans le ms. *Suppl. fr.* 93 L'omission se trouve aussi dans le ms. 8345.

contre tous ceulx qui mal lui vouloient. Et entre les autres qui le défièrent et dont il fut plus mal content que de nul autre, le défia ung chevalier de Picardie, nommé messire Mansart du Bos[1], duquel et de sa fin sera plus à plain déclairé cy-après quant temps sera. Si escripvit icellui duc de Bourgongne au duc de Bourbon unes lectres, lesquelles il envoya par son roy-d'armes de Flandres. Dont, du contenu en icelle la copie s'ensuit :

« Très cher et bien amé cousin, duc de Bourbon et conte de Clermont[2], Jehan, duc de Bourgongne, conte de Flandres, d'Artois et de Bourgongne. Tiengs bien en vostre mémoire comment l'an mil quatre cens et deux, vous et moy feismes et eusmes certaines aliances ensemble, lesquelles furent et ont esté à vostre prière et requeste renouvelées et de rechef jurées et promises en la présence de plusieurs chevaliers et autres gens dignes de foy, et devions demourer vrays, bons et loyaulx et parfaiz amis et aliez durant le cours de nos vies. Et deviez procurer à vostre loyal povoir le bien et honneur de moy, et eschever mon mal et dommage, ainsi que bon parent loyal, à moy alié, est tenu de faire. Et avecques ce, que toutes et quantes fois que je aurai à faire chose qui touche l'onneur et estat de ma personne et de mes seigneurs et amis, vous devez et estes tenu moy aider, conseiller et conforter loyaument, se requis en estes, de corps, d'amis, de conseil de gens et de chevance, envers tous et contre tous, excepté tant seulement la personne de

1. Mansart du Bois.
2. Jean Ier, duc de Bourbon. Il était comte de Clermont par sa mère.

monseigneur le Roy, monseigneur le duc d'Acquitaine et ceulx qui succèderont au royaume de France, et feu beau cousin le duc de Bourbon, vostre père[1]. Et encores, s'il feust advenu que entre moy et aucuns autres eust eu guerre ou débat et ledit beau cousin, vostre père se feust mis en sa personne avecques mon adversaire, vous, en ce cas, vous eussiez peu mectre avec vostredit père tous le cours de sa vie tant seulement, sans par ceste condicion ou excepcion estre préjudicié ou derrogué aucunement ausdictes aliances. Et comme je, aussi vous, estes assez recors, vous avez juré tenir, garder, faire et acomplir les choses dessusdictes et déclairées toutes et quantes foiz que le cas s'y offrera, sur la dampnacion de vostre âme, par la foy et serement de vostre corps sur les sainctes évangiles de Dieu et sur les sainctes reliques par vous touchées. Or est vérité, très cher et très amé cousin, que Charles, qui se dit duc d'Orléans, Phelippe et Jehan, ses frères, me ont nouvellement envoyé lectres de défyance et ont entencion et propos de me grever de toute leur puissance. A quoy, au plaisir de Dieu, j'ay entencion et propos de résister par le bon conseil, confort et aide de noz parens, amis et aliez, et de mes subgetz et bien vueillans, et garder mon honneur encontre eulx. Et pour ce, très cher et très amé, que vous estes à moy alié par la manière dessusdicte, et tenu de moy aider, conseiller et conforter loyaument, je vous requiers et somme, par la vertu desdictes aliances et les seremens que fais avez, comme dit est, qu'en vostre personne, le mieulx que vous pourrez, acom-

---

[1]. Louis II, dit Le Bon, qui était mort le 19 août 1410.

paigné d'amis et de gens d'armes, me vueillez venir aider, conseiller et conforter loyaument contre les dessusdiz nommez Charles, Phelippe et Jehan, en acquitant vous et vosdiz honneur et serement. Sachant qu'en pareil cas je vouldroie garder pareillement mon honneur, ma foy et serement sans les aucunement frauder; et ainsi je espère que vous ferez. Si me vueillez briefment par le porteur de ces présentes lectres rescripre et faire savoir sur ce vostre plaisir et voulenté, ainsi que le cas le requiert. Donné en ma ville de Douay, soubz mon grant séel placqué à ces présentes, le XXIIIIe jour d'aoust, l'an mil quatre cens et unze. »

Lesquelles lectres présentées par icellui roy-d'armes au duc de Bourbon, après qu'il les eut veues et visitées bien au long, fist response au dessusdit roy-d'armes que dedens briefz jours il envoieroit devers son maistre le duc de Bourgongne. Laquelle chose il fist. Car, assez tost après lui renvoya les devantdictes lectres de confédéracion et d'aliances qu'il avoit du duc de Bourgongne, en faisant les convenances nulles, et s'alia du tout avec les Orléanois [1]. Dont ledit duc de Bourgongne fut très mal content de lui, jà soit ce que pour lors ne le peut il avoir autre [2].

---

1. Il avait toujours penché de ce côté-là, et la mort funeste du grand maître Jean de Montaigu n'avait pas peu contribué à lui rendre le duc de Bourgogne haïssable.

2. Ni Juvénal des Ursins, ni le Religieux de Saint-Denis ne parlent de ce fait important du refus opposé par le duc de Bourbon aux avances du duc de Bourgogne.

CHAPITRE LXXV.

Comment le duc de Bourgongne escripvi et envoia ses lectres au bailli d'Amiens et à ceulx de la loy de ladicte ville, et la teneur d'icelles.

Or est vérité que le duc Jehan de Bourgongne, doubtant que ses amis, aliez et subgetz ne délaiassent aucunement à le servir en ses afaires par le moien et crainte du mandement royal qui avoit esté publié par tous les bailliages du royaume de France, contenant, comme il peut plus plenement apparoir par la copie d'icellui cy-devant escripte, que nul dudit royaume ne feust si hardi de soy mectre sus en armes pour servir les ducs d'Orléans et de Bourgongne, ne nul d'iceulx, pour mener guerre l'un contre l'autre, si escripvi lectres au bailli d'Amiens ou à son lieutenant, au maieur et eschevins dudit lieu et à chascun d'eulx. Desquelles la copie s'ensuit :

« Très chers et bien aymez. Nous avons entendu de plusieurs, que par le mandement de monseigneur le Roy vous avez défendu généralement à tous subgetz et autres, que nul à nostre instance, ne de noz adversaires, ne se arme. Lesquelles défenses sont faictes de par ledit monseigneur le Roy pour ce qu'il avoit entencion, propos et voulenté de mettre paix et concorde entre nous et noz adversaires. Pour quoy il a plusieurs foiz envoié ses ambaxadeurs et messages espéciaulx, tant devers nous comme devers nosdiz ennemis ; auxquelz nous avons tousjours respondu comme féables, vrais et loyaulx subgetz et serviteurs dudit monseigneur le Roy, et tant que Dieu mercy toutes les responses qui ont esté faictes ont esté tendans à bonne paix et union, et lui ont esté plaisans et agréables. Mais noz adversaires et ennemis, en continuant leur mauvais, dampnable et desloyal propos et voulenté, laquelle ilz ont tousjours eue et ont encores vers monseigneur le Roy et sa noble génération et le bien de son royaume, ont fait tout le contraire et ont tousjours respondu en dissimulant et prolonguant le temps soubz feintes, faulses et mauvaises couleurs, durant le temps que ma trèsredoubtée dame madame la Loyne, nostre trèscher oncle et seigneur monseigneur le duc de Berry, et nostre trèscher frère monseigneur le duc de Bretaigne, qui se sont mis ensemble par l'ordonnance et bon plaisir de monseigneur le Roy à trouver et quérir aucun bon moien de bonne paix entre nous et noz adversaires, ces faulx et desloiaulx traistres, rebelles et inobédiens, Charles, qui se dit duc d'Orléans, et ses frères, qui nous ont envoyé leurs défiances et qui, devant icelles, se sont plusieurs foiz efforcez desloialement et traistreusement contre leur serement, nous ont diffamé, dommagé et deshonnouré, et, ce tant de fait comme autrement, pourchacié. Laquelle chose, au plaisir de Dieu, n'est point en sa puissance, ne ne sera se Dieu plaist, qui scet et congnoist l'entière et parfaite loyaulté que nous avons et aurons tant que nous vivrons à nostredit seigneur le Roy, à sa génération et au bien de son royaume, pour lequel nous avons et voulons tousjours mectre cuer, corps, finances, puissance et tout ce généralement que Dieu nous a donné, et pour lequel nous feismes et commandasmes estre fait tout ce généralement que nous feismes, sans avoir autre regard. Et ne sommes diffamez, ne dommagez en corps ne en biens, en honneur ou autrement amendris par si faulx, mauvais et desloyaulx traistres, rebelles et inobédiens à nostredit seigneur le Roy, ainsi que sont les devantdiz Charles et ses frères, qui sont venus et yssus de si faulx, mauvais et desloial traistre comme a esté leur père, ainsi qu'il est tout notoire et commun par tout le royaume. Et vraiment nous tenons que onques ne fut l'entencion de nostre seigneur le Roy de vouloir empescher que tous noz bons parens, amis, aliez, subgetz, serviteurs et bien vueillans loisiblement et raisonnablement ne puissent venir à nous acompaigner et servir contre nosdiz adversaires à garder nostre honneur et icelle maintenir et défendre avecques nosdiz subgetz. Pour ce, nous vous prions et requérons tant et si affectueusement comme nous povons, qu'il vous plaise, noz bien vueillans et amis quelzconques demourans en vostre bailliage et tous autres alans et passans parmy, laisser franchement venir à nous et en nostre service sans à eulx donner ne souffrir estre donné par quelque manière que ce soit aucun empeschement, en corps ou en biens. Et vous povez tenir seurs et acertenez que tout ce que nous avons en entencion et propos de faire, est et sera pour le bien et seureté de monseigneur le Roy, de sa génération et de tous son royaume, et à la confusion et destruction de ceulx qui sont et ont esté envers lui faulx, mauvais, desléaulx, traistres rebelles et inobédiens. Et s'il est chose qui vous plaise que puissions faire, signifiez le nous et nous le ferons de très bon cuer. Très chers et bons amis, le Saint-Esperit vous ait en sa saincte garde. Escript en nostre ville de Douay, le XIIII° jour d'aoust. »

Auxquelles lectres, Ferry de Hangest, qui lors estoit bailli d'Amiens, et tous autres qui avoient le gouvernement de la justice, furent très contens de favoriser et eulx encliner à la requeste dudit duc de Bourgongne.

CHAPITRE LXXVI.

Comment les Parisiens se mirent en armes contre ceulx de la partie d'Orléans, et comment la guerre se commença à esmouvoir en plusieurs parties du royaume de France.

En ce temps, le roy de France, qui par longtemps avoit esté en bonne santé, renchey en sa maladie. Pour laquelle cause, pour les afaires et pour les discors des besongnes et régime du royaume qu'on traictoit à Meleun, les bouchers de Paris, qui devant les autres, de quelque métier qu'ilz soient, sont plus privilégiez et plus fors, doubtans que par le grant labeur de la Royne et de Charles Cudoë, prévost des marchans, les ducs de Berry et de Bretaingne ne feussent mis du tout au gouvernement du royaume; par le moien d'un de leurs maistres, nommé Thomas Legois[1], homme de grant aage, se mirent en armes[2], convinrent et déterminèrent ensemble que les deux ducs dessusdiz n'aroient point le gouvernement du royaume,

---

1. Notre texte et le ms. 8345 portent *Thomas Legris*. Mais c'est Legois qu'il faut lire, comme au *Suppl. fr.* 93.
2. Juvénal dit que ce fut à l'instigation du comte de Saint-Pol. « Le comte de Sainct-Paul, en faveur du duc de Bourgongne, sousleva et mit sus les bouchers de Paris, c'est à sçavoir les Gois, les Sainctyons, et les Tybers. » (Voy. le *Ch. VI de Godefroi*, p. 224).

mais seroit baillé au duc d'Acquitaine, auquel ilz conseillèrent et exhortèrent que, pour le bien du Roy son père et de tout le royaume, il preist le gouvernement, et en tous ses afaires quelzconques lui promirent faire confort, aide et service loyaument jusques à la mort[1]. Lequel duc d'Acquitaine s'enclina tantost à leur requeste et leur octroya ce qu'ilz vouloient. Et ce fait, ledit prévost des marchans et les autres de Paris en très grant nombre, lesquelz ilz souspeçonnoient estre favorables au duc d'Orléans, de Berry, de Bretaigne et de Bourbon, et autres de ceste aliance, firent sommer au son de la trompète, par les carrefours de Paris, qu'ilz se partissent dedens certains jours ensuivans d'icelle ville, sur peine capitale. Après lequel cry et publicacion, vuidèrent lors de ladicte ville, sans les familles des dessusdiz seigneurs, jusques au nombre de douze cens personnes, tant hommes comme femmes. Et peu de temps après, le duc de Bretaigne, oiant les commocions dessusdictes, print congié à la Royne qui estoit à Meleun, et s'en retourna en son pays de Bretaigne. Et alors, les bouchers, le quartier des hales et la plus grant partie des Parisiens, estoient du tout affectez au duc Jehan de Bourgongne, et ne désiroient que nul eust le gouvernement du Roy et de son royaume si non lui, et ceulx qu'ilz scavoient estre ses amis et favorables. Et pour vray, il faisoit en ce temps très périlleux en icelle ville pour nobles hommes de quelque partie qu'ilz feussent, par ce que le peuple et

---

1. Selon Juvénal, les séditieux allèrent beaucoup plus loin. « Et faisoient entendre au peuple, et de faict escrivoient aux bonnes villes, qu'ils vouloient faire un nouveau Roy et priver ses enfans de la couronne. » (*Ibid.*, p. 225.)

commun dessusdit avoient grant partie de la dominacion dedens icelle[1].

Et, ce pendant, le duc d'Orléans et ses aliez et subgectz s'efforçoient chascun jour de assembler le plus grant nombre de gens de guerre qu'ilz povoient avoir de tout leur pays. Et mesmement le duc de Bourbon et le conte d'Alençon vindrent en ces jours en grant compaignie en la ville de Roye en Vermendois, laquelle ville est au roy de France, et entrèrent ens à heure de midi, plus par fraulde et subtilité que par force d'armes, car les habitans d'icelle ne se doubtoient point pour lors de nulle guerre. Et quant ilz eurent là disné, ilz mandèrent les gouverneurs de ladicte ville et leur ordonnèrent, bon gré mal gré, à recevoir par eulx garnison de gens d'armes. Et puis chevauchèrent oultre et alèrent à Neelle en Vermendois, appartenant au conte de Dampmartin, où ilz mirent pareillement garnison. Et de là, envoyèrent sire Clugnet de Brabant, qui estoit avecques eulx, messire Manecier Quarré et aucuns autres capitaines, très bien acompaignez, en la ville de Hem en Vermendois, qui estoit au duc d'Orléans. Et depuis retournèrent à Chauny sur Oise, où ilz laissèrent aussi garnison. Et en plusieurs autres lieux, tant de leurs seigneuries comme de ceulx tenans leur party, mirent gens de guerre. Et qui plus est, le duc de Bourbon retourna eu sa ville

1. « En ce temps, prindrent ceulx de Paris chapperons de drap pers et la croix Saint-Andrieu, un J. au milieu de la croix, ung escu à la fleur de lis; et en maint de quinze jours avoit à Paris cent milliers que hommes que enfans, signez de ladite croix; car nul n'yssoit de Paris qui ne l'avoit. » (*Journal d'un Bourgeois de Paris*, dans La Barre, p. 5.)

de Clermont[1], du voyage dessusdit, garnit sadicte ville et ses fortresses, et avecques ce toutes les autres places de sadicte conté de Clermont.

Après lesquelles garnisons ainsi assises, comme dit est, se commença la guerre tout à cop entre icelles parties; c'estassavoir entre le duc d'Orléans, ses frères, aliez, subjetz et bien vueillans, d'une part, contre le duc Jehan de Bourgongne et les siens. Lequel duc de Bourgongne, actendant du tout la guerre, fist pareillement mectre garnison en plusieurs de ses villes et fortresses, et de ses amis et aliez, pour resister contre ses adversaires. Et de sa personne se tenoit en ses pays de Flandres, où il se préparoit en toute diligence et puissance pour venir à ost, en grande multitude, asséger, combatre et rebouter sesdiz adversaires. Lesquelz de prime face coururent en plusieurs et divers lieux de son pays d'Artois, tant de ses subgetz comme de ceulx tenans son parti, et y firent plusieurs grans dommages, tant de prendre prisonniers avec tous leurs biens, comme de emmener grans proies en leurs garnisons. Et d'autre part les Bourguignons ne se faignoient point de faire le cas pareil sur ceulx qu'ilz sçavoient estre leurs adversaires, et coururent très souvent jusques en la conté de Clermont et autres lieux. Et quant d'aventure ilz rencontroient l'un l'autre, les ungs crioient Orléans! et les autres Bourgongne! Et par ainsi, à cause de ceste mauldite guerre, plusieurs et divers pays estoient pour ce temps en grans tribulacions. Néantmoins ledit duc de Bourgongne avoit le Roy de son parti. Car ceulx qui gouvernoient ledit

1. Clermont en Beauvoisis.

Roy, qui pour lors se tenoit en la cité de Paris en son hostel de Saint-Pol, estoient tous ou la plus grant partie tenans le parti dudit duc de Bourgongne, comme dit est dessus. Et pour ce temps estoit capitaine de ladicte ville de Paris le conte Waleran de Saint-Pol et avecques lui Jehan de Luxembourg, son nepveu, qui estoit moult jeune, Enguerran de Bournonville et aucuns autres capitaines très bien acompaignez de grand nombre de gens d'armes et de chefz de guerre, lesquelz sailloient et résistoient très souvent contre lesdiz Orléanois, qui aucunes foiz venoient jusques auprès d'icelle ville de Paris[1]. Et principalement y estoient ordonnez pour garder la personne du Roy, afin que par aucuns moiens de ceulx tenans ladicte partie d'Orléans ne feust séduit et emmené hors de ladicte ville de Paris.

CHAPITRE LXXVII.

Comment messire Clugnet de Brabant cuida prendre la ville de Rethel, et depuis courut ès pays du duc de Bourgongne. Et de plusieurs autres grandes tribulacions.

En après, messire Clugnet de Brabant, soy disant tousjours admiral de France, ung certain jour assembla jusques à deux mille combatans ou environ, des garnisons dont dessus est faicte mencion, lesquelz il conduisi le plus secrètement qu'il peut jusques au pays de Rhéthelois; et avoit plusieurs eschèles et autres habillemens de guerre, à tout lesquelz il se tira jus-

---

1. Il y avoit un parti d'Orléanois campé à Montlhéry. Voy. le *Journal d'un Bourgeois de Paris*.

ques auprès des fossez de la ville de Réthel. Et environ l'heure de soleil levant soudainement assailli très roidement ladicte ville, voulant icelle prendre et piller du tout. Mais les habitans avoient esté du tout avertis de la venue d'iceulx, et pour eulx défendre s'estoient préparez le plus diligemment qu'ilz avoient peu. Néantmoins l'assault dura par très longue espace fort dur et merveilleux, et tant que d'un parti que d'autre y eut plusieurs hommes mors et navrez. Lors ledit messire Clugnet de Brabant, voiant la défense d'iceulx, lui sembla impossible d'entrer dedens. Si fist sonner la retraite et se tira avecques tous les siens aux champs, en reportant ou traynant avec eulx les mors et navrez. Et là départi ses gens en deux compaignies, dont les ungs s'en alèrent devers le pays de Laonnois, à Coucy et Chauny, en prenant et menant avecques eulx tous ceulx qu'ilz pourroient actaindre, tant prisonniers comme autres biens; et l'autre compaignie s'en retourna par l'Empire et par la conté de Guise, en passant parmy Cambrésis, et amenant devant eulx comme les autres, tout ce qu'ilz povoient trouver. Et par espécial amenèrent grant multitude de bestail, à tout lequel ilz retournèrent à la ville de Hem sur Somme et en leurs autres garnisons.

Après, quant ilz furent retournez et qu'ils se furent reposez environ huit jours, de rechef se mirent sus, bien six mille combatans, lesquelz prindrent leur chemin pour entrer ou pays d'Artois, et de fait alèrent jusques devant la ville de Bapaumes, appartenant au duc de Bourgongne, et de première venue prindrent les barrières et alèrent, jusques près de la porte, où ilz livrèrent une très dure escarmouche. Mais le seigneur de Heilly, messire Hue de Bossut, le seigneur d'Anceulles et autres vaillans hommes d'armes qui estoient dedens ladicte ville de par le duc de Bourgongne, saillirent à l'encontre d'iceulx et les reboutèrent hors desdictes barrières. Et là y furent faictes très grandes apertises d'armes, et moult y eut de mors et de navrez de chascune partie. Mais en la fin convint que les Bourguignons se rentrassent dedens, pour ce que les Orléanois estoient très puissans et en trop grant nombre. Après laquelle besongne lesdiz Orléanois se retrairent et acueillirent grans proies sur le pays, à tout lesquelles s'en retournèrent en ladicte ville de Hem.

Durant lequel temps, les ambaxadeurs du roy de France, c'estassavoir messire Jaques de Chastillon, admiral, et autres, qui traictèrent à Loliguen¹, ou pays de Boulenois, les trèves avec les légaulx du roy d'Angleterre durans un an entre les deux royaumes, par mer et par terre.

Et pendant que ces besongnes se faisoient, le duc de Berry vint un certain jour de Meleun à Corbueil avecques la royne de France. Duquel lieu de Corbueil il envoya Loys de Bavière à Paris, devers le duc d'Acquitaine et ceulx qui gouvernoient le Roy, et aussi aux bouchers, eulx prier qu'il leur pleust estre content qu'il peust venir avecques la Royne audit lieu de Paris, en son hostel de Neelle, emprès le Roy son nepveu, actendu qu'il ne se vouloit entremectre de la guerre de costé ne d'autre d'entre les deux ducs

---

1. Lelinghen, entre Boulogne et Calais. On a déjà vu que c'était le lieu habituel des conférences.

d'Orléans et de Bourgongne. Laquelle requeste ne lui fut point accordée, principalement par les bouchers de Paris et autres de la communaulté qui avoient grant audience. Mais tout au contraire, afin qu'il n'eust espérance de y plus venir, rompirent tous les huis et fenestres de sondit hostel de Neelle et y firent plusieurs desroys. Et après renvoièrent vers ladicte Royne, son frère dessusdit, et lui mandèrent qu'elle venist sans targer demourer à Paris avec le Roy son seigneur, et que elle n'amenast pas avec elle le duc de Berry[1].

En oultre, iceulx Parisiens, afin que le Roy et le duc d'Acquitaine ne feussent envoiez hors de ladicte ville de Paris, les firent partir dudit hostel de Saint-Pol et aler demourer au Louvre. Et là avoient continuellement, jour et nuit, plusieurs, grans doubtes que par aucuns de la partie d'Orléans ne feussent soubstraiz et emmenez. Et adonques, la Royne, oiant par son frère le commandement que lui faisoient les dessusdiz, doubtant leurs commocions, se parti dudit lieu de Corbueil et s'en retourna audit lieu de Meleun, avec ledit duc de Berry, et son frère en sa compaignie. Et tantost après les Parisiens se mirent en armes à grant puissance et alèrent à Corbueil; si prindrent la ville et y mirent garnison. Et après rompirent tous les pons qui estoient sur Seine, depuis Charenton jusques à Meleun, afin que les Orléannois ne passassent la rivière pour venir en l'Isle de France. Et lors ladicte Royne et le duc de Berry, estans oudit lieu de Meleun

1. Le 19 août 1411, le duc de Berri se plaint au parlement de la mauvaise volonté des Parisiens à son égard. Nouvelles plaintes le 13 octobre. Voy. nos Pièces justificatives.

et avecques eulx le conte Waleran de Saint-Pol qui y avoit esté envoyé, le mareschal de Bouciquault, le maistre des arbalestriers et le Grant maistre d'hostel, vindrent devers eulx à peu de mesgnée le duc de Bourbon et le conte d'Alençon, qui venoient de Vermendois et de Beauvoisis pour aler au duc d'Orléans qui faisoit son assemblée de gens d'armes en Gastinois. Lesquelz deux requirent à ladicte Royne et au duc de Berry aide contre le duc de Bourgongne. Laquelle requeste ne leur fut point adonc accordée, pour ce que le Roy avoit de nouvel fait ung édict à Paris, en plein conseil ouquel présidoit le duc d'Acquitaine, avec lui plusieurs autres. Et est assavoir qu'il fut ordonné que on envoieroit par tous les bailliages et seneschaulciés du royaume certains mandemens royaulx par lesquelz fut signifié à tous nobles et autres, de quelque estat qu'ilz feussent, qui avoient acoustumé de eulx armer, se meissent sus pour aler servir le Roy en la compaignie du duc Jehan de Bourgongne et lui aider à combatre et bouter hors les ennemis et inobédiens du Roy, en commandant que à lui comme au Roy obéissent en tous ses afaires; et aussi que toutes bonnes villes, citez et passages lui soient ouvers et lui facent confort et aide de vivres, habillemens de guerre et autres ses neccessitez, pareillement comme si le Roy y estoit en propre personne. Après lesquelz mandemens publiez et proclamez comme dit est, très grant nombre de gens se prestèrent en toute diligence pour aler servir ledit duc. Et d'autre part ledit duc d'Acquitaine lui escripvi ses lectres signées de sa main, par lesquelles il lui mandoit que à tout la plus grant partie de gens qu'il pourroit finer, le vint servir en propre personne contre son cousin germain, le duc d'Orléans et ses aliez, lesquelz, comme il lui escripvoit, dégastoient le royaume en plusieurs et divers lieux, et qu'il se tirast le plus brief qu'il pourroit devers Senlis et en l'Isle de France.

CHAPITRE LXXVIII.

Comment le duc Jehan de Bourgongne fist grant assemblée de gens d'armes et ala asséger la ville de Hem en Vermendois.

Item, après ce que le duc Jehan de Bourgongne fut véritablement acertené comment le duc d'Orléans et ses aliez se mectoient sus à grant puissance pour lui venir courir sus en ses pays, et que déjà avoit assis ses garnisons en plusieurs lieux, villes et fortresses appartenans à lui et aux siens, et aussi que icelles garnisons avoient couru et fait grant dommage en ses pays et de ceulx qui tenoient son party, il ne fut de ce point bien content. Et pour à ce résister, manda en tous ses pays, tant en Bourgongne, Flandres et Artois, comme ailleurs, tous les nobles et autres qui se avoient acoustumé d'armer, à venir devers lui le plus hastivement que faire se pourroit, très bien armez et habillez, prestz pour aler en sa compaignie au mandement du Roy pour rebouter ses ennemis et adversaires. Et d'autre part, fist requeste à ses bonnes villes du pays de Flandres qu'ilz le voulsissent servir à puissance en icelle exercite. Lesquelles villes lui accordèrent assez libéralement, et se mirent sus bien jusques au nombre de quarante à cinquante mille hommes, très bien armez, et embastonnez selon la coustume du pays. Et

si avoient pour porter leurs harnois, vivres et habillemens de guerre, environ douze mille, que chariotz
que charètes, et très grant nombre de ribaudequins,
ausquelz pour les mectre faloit à chascun ung cheval;
et estoient iceulx ribaudequins, habillemens qui se
portoient sur deux roes, et y avoit manteaux de ais, et
sur le derrière longues broches de fer pour clorre une
bataille, se besoing estoit, et sur chascun d'iceulx
estoit assis ung gros vulgloire[1] ou deux. En oultre
ledit duc de Bourgongne manda pareillement à le
venir servir, le duc Anthoine de Brabant, son frère,
à tout sa puissance. Lequel y vint à très belle compaignie. Et si y vint aussi ung chevalier anglois,
nommé messire Guillaume Baldach, lieutenant du
capitaine de Calais[2], à tout environ trois cens combatans anglois. Et se firent toutes ces assemblées entour la ville de Douay et d'Arras.

En après, ledit duc de Bourgongne, partant de la
ville de Douay, avec lui son frère le duc de Brabant
et très grande multitude de nobles hommes, s'en vint
loger en la ville de Lescluse, appartenant au conte de
La Marche. Et lendemain, premier jour de septembre,
se desloga assez matin et s'en ala loger en une plaine
aux champs emprés Marquion, et là fist tendre ses
tentes et paveillons, et actendi tous son ost par deux
jours, et par espécial les communes de Flandres, qui
y vindrent en très grant appareil et se logèrent par
très belle ordonnance. Si sembloit, à veoir de leurs
tentes, pour le très grant nombre qu'il en y avoit,

1. Veuglaire (var. du ms. 8345), pièce de canon.
2. « Messire Guillaume Baldoc, lieutenant de Callais. » (*Suppl. fr.* 93.)

que ce feussent grandes bonnes villes. Et pour vray, quant tout fut assemblé en ung seul ost, ilz se trouvèrent de cinquante à soixante mille hommes, à compter lesdictes communes, sans les varlets et pages, dont il y avoit sans nombre. Et retentissoit tous le pays du bruit qu'ilz faisoient. Et quant aux dessusdiz Flamens, il leur sembloit que nulles bonnes villes, ne fortresses, ne se tenroient contre eulx. Et avoit convenu que ledit duc de Bourgongne, à leur département, leur eust habandonné tout ce qu'ilz pourroient conquerre. Et quant ilz aloient de logis à autre, ilz estoient communément tous armez de plein harnois, à pié, tous en ordre par compaignies selon les bonnes villes et usages de leur pays de Flandres. Et mesmement, jà soit ce qu'ilz alassent de pié comme dit est, toutesfoiz il y en avoit grant partie armez de harnois de jambes. Et quant est à leur gouvernement en passant le pays, tout ce qu'ilz povoient actaindre estoit par eulx prins et ravy, et mis sur leur charroy, puis que c'estoient choses portatives. Et avecques ce, pour la grant multitude de peuple qu'ilz estoient, estoient tant orguilleux qu'ilz ne faisoient compte de nuls nobles hommes, de quelque estat qu'il feust. Et quant ce venoit au loger ou à prendre vivres, ilz chassoient hors les autres gens de guerre, moult souvent trop rudement, et par espécial ceulx qui n'estoient pas de leur pays, et avec ce leur toloient tout ce qu'ilz avoient pourveu de vivres et autres besongnes; pour quoy souvent s'esmouvoient de grans débas et hutins entre les parties, et par espécial entre les Picars et eulx, lesquelz ne souffroient point bien paciemment leurs rudesses. Et avoit, le duc de Bourgongne et aucuns de ses capitaines, assez à besongner pour les tenir en paix et concorde l'un avecques l'autre.

En oultre, quant ledit duc de Bourgongne eut par aucuns jours actendu ses gens audit lieu de Marquion, comme dit est, et qu'ilz furent assemblez, il se partit de là, à grant triumphe et appareil, et ala loger sur la rivière de l'Escault, emprès une ville nommée Marcoing. Et lendemain au matin, partant de là, vint loger à Moucy la Gasche[1]; auquel lieu il y eut ung Flameng pendu pour ce qu'il avoit desrobé ung calice dedens une église, avec autres biens. Et de là, se tira à Hem sur Somme[2], où estoient ses adversaires. Et en approchant de la ville d'Athies, appartenant au conte de Dampmartin, qui estoit à lui contraire, furent ceulx de dedens si esbahis, que tantost, à tout les clefz de leur ville, vindrent à l'encontre dudit duc, auquel eulx, leur ville et leurs clefz lui présentèrent, par convenant qu'il les garderoit de dommage. Lequel duc, pour ce que de leur gré s'estoient venus humilier et rendre à lui, leur octroya libéralement leur requeste, et leur bailla provision de ses gens pour les garder qu'on ne leur feist aucune vilenie. Si chevaucha oultre, à tout son ost, jusques assez près de ladicte ville de Hem[3],

---

1. Mouchy-la-Gache.
2. Ham, en Vermandois.
3. Une chronique de xv° siècle, conservée à la Bibliothèque impériale, porte le chiffre de ses forces à 66 000 hommes. « Et partant, s'en ala à toute celle puissance devant la ville de Hem, et là se loga son oost, pour la première nuittié, sans le avironner tout entour. Et fu son oost nombrée à LXVI mille combactans, XXIIII^x charios, sans nombre de varlès et charetons. » (Bibl. imp. *Cord.* 16, fol. 340 v°.)

devant laquelle il envoia plusieurs coureurs des plus expers de sa compaignie, pour veoir le gouvernement d'iceulx. A l'encontre desquelz saillirent hors les Orléanois, et y eut très grant escarmouche, tant d'un costé comme d'autre. Mais, enfin, pour la grande multitude des Bourguignons, ilz furent reboutez dedens. Et lendemain, ledit duc, qui chevauchoit en moult belle ordonnance aiant avantgarde, bataille et arrièregarde, se loga devant ladicte ville et fist tendre ses tentes en une plaine au devant de la porte, environ le get d'un canon près. Et pareillement se logèrent les Flamens et toutes autres manières de gens, par ordre, ès lieux propices et convenables, ainsi qu'il leur estoit mandé par les mareschaulx et conducteurs de l'ost. Durant lequel temps, ceulx de dedens firent aucunes saillies. Mais à chascune fois furent reboutez par force, nonobstant qu'ilz se y maintindrent très vaillamment; et en y eut de mors et de navrez de costé et d'autre. En après, le duc de Bourgongne, qui asséga celle ville tant seulement d'un costé, fist asseoir contre la porte et murailles plusieurs engins et habillemens de guerre, pour icelle démolir et abatre. Et d'autre part, les Flamens arrangèrent grant planté de leurs ribaudequins, desquelz ilz gectèrent jour et nuit dedens ladicte ville; dont moult traveillèrent leurs adversaires. Et en oultre, en assez briefz jours, les engins dérompirent la porte et muraille contre qui ilz gectoient. Mais ceulx de dedens, en grande diligence le rédifioient de bois et de fieus, au mieulx que faire le porent. Toutesfoiz, à ung certain jour, les asségans se armèrent en très grant nombre et alèrent assaillir vigoreusement à la porte, en entencion d'entrer dedens. Et dura ledit assault bien trois heures, très aspre et cruel. Mais à vérité dire, ceulx de dedens se défendirent très chevalereusement et navrèrent plusieurs d'iceulx assaillans et avecques ce en occirent aucuns, pour quoy il convint qu'ilz se tirassent ailleurs. Et fu par un jeudi. Et lendemain, qui fut le venredi, le duc de Bourgongne, ne sçay à quelle cause, fist crier que nul, de quelque estat qu'il feust, ne assaillist ceulx de dedens, mais fist labourer à faire pons et passages sur la rivière de Somme afin de passer et avironner et asséger ladicte ville tout entour et enclorre de tous costez. Mais il en advint tout autrement et au plus loing de sa pensée. Car, quant ce vint lendemain au matin qu'il avoit ordonné ledit assault, ainsi qu'à huit heures, fut sceu que ceulx de la garnison et la plus grant partie des plus notables bourgois s'en estoient fouys et avoient emporté grant partie de leurs biens, et n'estoit demouré dedens ladicte ville si non gens de commun et des vilages qui se estoient là retrais. Lesquelz, comme demi vaincus, quant ilz virent partir ladicte garnison, ne eurent point grande puissance ne voulenté de eulx défendre, et par ainsi, sans grant péril, entrèrent ens les gens du duc de Bourgongne, et premièrement les Piquars. Et adonc, les Flamens, voyans la besongne dessusdicte, y alèrent à si grant nombre et puissance pour y entrer, que les aucuns pour la grant presse furent mors et estains. Et quant ilz furent dedens, si commencèrent à piller et rober tout ce qu'ilz trouvèrent, en usant du droit que leur avoit donné leur seigneur le duc de Bourgongne. Car il convint, à leur département comme dit est dessus, qu'il leur habandonnast tout ce qu'ilz pourroient conquerre sur les ennemis.

Et y en eut une partie qui se mirent d'une part et d'autre de la rue vers la porte par où les Picars devoient retourner à leur ost. Lesquelz Piquars et tous ceulx qui point n'estoient de leur langue destroussoient de tout ce qu'ilz avoient gaigné quant ilz les povoient actaindre et n'espargnoient homme de quelque estat qu'il feust, noble ne autre. En ceste tribulacion en y eut plusieurs mors et navrez. Après entrèrent dedens l'abbaye qui estoit en la ville. Si prindrent et ravirent tout ce qu'ilz y trouvèrent, et après emmenèrent dehors plusieurs hommes et femmes et petis enfans et les mirent en leurs tentes. Et au derrenier, quant ilz eurent vuidié et osté tout ce qu'ilz en povoient porter, ilz boutèrent le feu en plusieurs et divers lieux d'icelle ville, et finablement, pour briefve conclusion, toutes les églises et édifices d'icelle furent consumées et arses à grant destruction, et mesmement plusieurs hommes et femmes et petis enfans, avec grant foison de bestail qu'on avoit retrait ès boues et ès celiers, furent péris piteusement. Mais nonobstant les cruaultez dessusdictes, en eschapèrent à l'aide d'aucuns nobles hommes six ou sept des religieux de ladicte abbaye, desquelz l'un, c'est assavoir le premier, tenoit en ses mains moult révéremment une croix, et furent conduis jusques à la tente du duc de Bourgongne, où ilz furent à saulveté.

Et pour ce qu'en plusieurs villes oultre la rivière de Somme, appartenans au duc d'Orléans, on avoit oy nouvelles de ce que lesdiz Bourguignons et Flamens avoient fait en la ville de Hem, ne fault point doubter qu'ilz furent merveilleusement crains, et avoit peu de gens qui voulsissent conclurre de les actendre pour estre asségez, en quelque bonne ville ou fortresse que ce feust. Car desjà messire Clugnet de Brabant et messire Manecier Queret avoient, comme dit est, habandonné la ville de Hem qui estoit assez forte et bien garnie de plusieurs vivres, et s'estoient retrais à Chauny et à Coucy.

Et adonc ceulx de la ville de Neelle, qui estoient au conte de Dampmartin, quant ilz virent la fumée et les feux de celle ville de Hem, furent en grant doubte, car leur garnison se départi incontinent. Et pour ce, les bonnes gens de la ville, à l'exemple de ceulx d'Athies, vindrent envers le duc de Bourgongne, et tout en pleurant lui présentèrent les clefz de la ville en leur offrant du tout mectre en sa subjection et mercy. Lequel duc les receut ou nom du Roy et de lui, par telle convenance qu'ilz n'auroient plus de garnison, et jureroient que dores en avant ilz seroient vrais subgetz et obéissans au Roy leur souverain seigneur; lequel serement ilz firent très voulentiers. Et après qu'ilz orent regracié le duc, ilz retournèrent en leur ville, et par son ordonnance abatirent et démolirent en plusieurs lieux leurs portes et murailles. Et de rechief firent jurer tous les bourgois et autres qui avoient le gouvernement en icelle, de entretenir ce qu'ilz avoient traictié, et par ainsi demourèrent paisibles pour ceste fois.

Et pareillement ceulx de la ville de Roye, qui estoient nuement subjectz du Roy, envoièrent devers ledit duc à son logis à Hem, remonstrer comment les Orléanois frauduleusement estoient entrez dedens la ville et leur avoient fait plusieurs violences, et depuis s'en estoient partis quant ilz avoient sceu sa venue, en lui requérant qu'il feust content d'eulx et ilz estoient prestz de le recevoir. Ausquelz ledit duc fist response que d'eulx il estoit assez content, moiennant qu'ilz promectroient et feroient serement solennel de non plus recevoir son adverse partie, c'estassavoir les gens du duc d'Orléans ne ses aliez. Après laquelle remonstrance et requeste et que ledit duc fut content d'eulx, ilz se départirent très joieux de la response et retournèrent en leur ville.

Et, ce fait, ledit duc de Bourgongne fist son ost passer la rivière de Somme, tant par Hem que par autres lieux. Laquelle ville de Hem il laissa du tout désolée et print son chemin pour aler à Chauny sur Oise, appartenant au duc d'Orléans. Mais ceulx de la garnison sachans les nouvelles se départirent hastivement, et pour ce, les bourgois actains de paour envoièrent sans délay devers ledit duc de Bourgongne lui présenter les clefz de la ville, en lui humblement suppliant en lermes et en pleurs qu'il eust pitié d'eulx, disans comment les gens d'armes de leur seigneur s'en estoient fouys pour doubte qu'ilz avoient eue de lui et de sa venue. Lequel duc les receut à mercy et print leur serement, par tel convenant qu'ilz obéiroient du tout au Roy, leur souverain seigneur, et à lui.

Après lequel traictié ainsi fait, ledit duc print son chemin vers Roye en Vermendois et se loga dedens la ville et tout son est ou pays à l'environ. Duquel lieu de Roye il envoya messire Pierre des Essars, chevalier et son conseiller, naguères prévost de Paris, par devers le Roy et le duc d'Acquitaine, son gendre, et aussi devers les bourgois et habitans de celle ville de Paris;

et portoit nouvelles de la puissance et armée que avoit ledit duc de Bourgongne. Lequel des Essars venu audit lieu de Paris fut dudit duc d'Acquitaine et des Parisiens moult honorablement reçeu, et en faveur dudit duc de Bourgongne fut prestement restably et remis en l'office de ladicte prévosté, ou lieu de messire Brunel de Saint-Cler[1]. Lequel messire Brunel fut commis par auctorité royale à estre bailli de Senlis, en déboutant dudit bailliage messire Gascelin du Bois, pour ce qu'il fut mescreu de tenir la partie d'Orléans. Et après que icellui messire Pierre des Essars eut besongné et fait à Paris ce pour quoy il y avoit esté envoyé, se parti de Paris et se tira vers Rhetel pour dire au conte de Nevers, qui desjà avoit assemblé grant nombre de gens d'armes, qu'il se tirast devers son frère le duc de Bourgongne vers Montdidier, et que là, orroit certaines nouvelles de lui. Lequel conte de Nevers, sachant les nouvelles de sondit frère, fist de rechef grant diligence d'assembler gens d'armes et se mist à chemin.

Et pendant, le duc d'Orléans, le conte d'Armignac, le connestable de France et le maistre des arbalestriers, avecques eulx grant compaignie de gens d'armes et de combatans, vindrent à Meleun où estoient la royne de France et le duc de Berry, avecques lesquelz ilz eurent aucun parlement. Et de là, s'en alèrent à la Ferté sur Joirre, qui estoit à messire Robert de Bar à cause de sa femme, vicontesse de Meaulx, et passèrent

---

1. Le samedi 12 septembre 1411. On lit, à la marge du registre du parlement, qui nous donne cette date précise, ces mots significatifs : *Unde orta sunt infinita dampna et mala.* Voy. nos Pièces justificatives.

la rivière de Marne, et puis vindrent à Arsy en Mussien[1] en la conté de Valois, appartenant audit duc d'Orléans. Et là vint devers lui son frère le conte de Vertus, lequel avoit en sa compaignie grant quantité de combatans, c'estassavoir le duc de Bourbon, le conte d'Alençon, Jehan, filz au duc de Bar, messire Guillaume de Conchy, Amé de Salebrusse, messire Hue de Hufalite[2] et aucuns Ardenois, Lorrains et Alemans. Lesquelz tous ensemble mis en ung seul ost estoient bien six mille hommes de cheval, chevaliers et escuiers, sans les varletz, archers et gens de traict. Lesquelz de ce jour en avant furent appellez par les populaires et ceulx de Paris en commun langaige *Armignacs*, comme dit est dessus. Lesquelz tous et chascun d'eulx portoient sur leurs harnois et vestemens pour enseignes, bendes, comme autrefoiz avoient fait devant Paris.

Si se parti ledit duc d'Orléans avecques tout son exercite de son pays de Valois, et s'en ala passer pardevant Senlis, et puis print son chemin à Beaumont, sa conté[3]. Mais Enguerrand de Bournonville, qui estoit venu audit lieu de Senlis, à tout foison de gens de guerre, pour icelle garder, se féry en ceulx de derrière. Si en print et destroussa plusieurs avec ung chariot tout chargé de bonnes bagues, mais en ce faisant il y perdy aucuns de ses gens qui y furent mors et prins. Si s'en retourna audit lieu de Senlis. Et ledit

1. Acy en Multien.
2. Mieux dans le ms. *Suppl. fr.* 93, Hue de Hufalize.
3. Le comté de Beaumont sur Oise était devenu un apanage de la maison d'Orléans, à partir de Philippe, duc d'Orléans, frère du roi Jean (1353).

duc d'Orléans se loga en son chastel de Beaumont[1], et ses gens, avecques les autres princes, tous assez près de lui ou pays environ.

Et pendant que ces besongnes se faisoient, le conte de Nevers dessusdit, qui cuidoit venir devers son frère le duc de Bourgongne, fut en partie contraint par lesdiz Orléanois à aler à Paris avec toute sa compaignie. Et alors ledit duc de Bourgongne estoit jà venu, à tout son ost, de la ville de Roye loger devant la ville de Mondidier et y avoit séjourné par aucuns jours. Quant il oy nouvelles de l'assemblée que avoient fait ses adversaires, et comment ilz estoient à grande puissance entour Beaumont et Clermont, si fist diligemment préparer son ost et mectre en ordonnance toutes manières de gens, afin de les recevoir et combatre ou cas qu'ilz venroient pour lui courir sus, ou aussi pour les aler envahir où ilz estoient, se bon lui sembloit. Mais à celle heure ses communes de Flandres, qui desjà se commençoient à tenner et désiroient de retourner en leur pays, lui demandèrent congié de eulx en raler, en disant qu'ilz l'avoient servy le temps et espace qu'il leur avoit requis à leur département du pays de Flandres. De laquelle requeste ledit duc fut moult esmerveillé et ne leur volt point accorder ledit congié, mais leur requist bien instamment qu'ilz le voulsissent servir encores huit jours tant seulement, disant qu'il avoit oy certaines nouvelles que ses ennemis estoient ensemble en grande puissance assez près de lui, prestz de le venir com-

---

1. Bâti par Ives Ier, comte de Beaumont, au commencement du xie siècle.

batre, et que jamais à plus grant besoing ne le povoient servir. Et estoient à celle heure venus devers lui la plus grant partie des capitaines et gouverneurs d'icelles communes, pour prendre congié comme dit est. Lesquelz quant ilz oyrent la requeste que le duc, leur seigneur, leur faisoit si doulcement et pour si peu d'espace, furent contens de retourner devers leurs gens, et promirent de faire leur devoir envers eulx et les instruire à ce qu'ilz voulsissent accorder la requeste dessusdicte. Et quant ilz furent retournez en la tente de Gand où leurs consaulx se tenoient, là furent assemblez très grant nombre de connestables et dixiniers d'icelles communes, ausquelz, quant ilz furent assemblez, dirent la response et aussi la requeste que faisoit ledit duc leur seigneur, c'estassavoir qu'ilz voulsissent demourer huit jours, comme dit est, pour estre avecques lui et le acompaigner, et combatre ses adversaires qu'il sçavoit estre au plus près de lui en grant nombre pour ce faire. Et adonques, quant ilz eurent oye ladicte requeste, furent mises par iceulx plusieurs et diverses opinions avant, et vouloient les ungs demourer et les autres n'en estoient point contens, et disoient qu'ilz avoient servi le temps, terme et espace que leur seigneur leur avoit requis, et avec ce, que le temps d'iver approuchoit fort, pour quoy bonnement ne leur estoit point possible de tenir les champs en si grant nombre qu'ilz estoient, que ce ne feust à grant danger. Et pour ce qu'ilz estoient, comme dit est, de diverses opinions, ne se peurent accorder ne prendre conclusion sur quoy les chefz et capitaines peussent rendre response audit duc de Bourgongne. Et fut cellui conseil tenu le xxvie jour de septembre après disner. Et quant ce vint après jour failli, ilz firent en plusieurs et divers lieux grans feux pour leurs logis du bois des maisons des faulxbourgs de Montdidier qu'ilz avoient démolies et abatues, et commencèrent à charger toutes leurs bagues sur leur charroy, et avec ce, se armèrent communément. Et quant ce vint droit à myenuit, tous ensemble commencèrent à crier à haulte voix par leurs logis : *Wap! wap!* qui est à dire en françois, *à l'arme! à l'arme!* Pour lequel cry tout l'ost fut fort esmeu, et par espécial le duc de Bourgongne en eut grant merveille quelle chose ilz vouloient faire. Si envoya aucuns seigneurs de leur langue devers eulx, pour sçavoir aucune chose de leur entencion. Mais à tous ceulx qui y aloient, n'en vouloient riens descouvrir, et leur respondirent tout au contraire de leurs demandes. Et cependant la nuit se passa, et au plus tost qu'ilz porent parcevoir le jour, firent atheler leur charroy et boutèrent le feu par tous leurs logis, et en criant de rechef : *Gauwe! gauwe*[1]*!* se départirent et prindrent leur chemin devers leur pays. Lequel cry et clameur oys par les gens du duc de Bourgongne, qui estoit en ses tentes, lui alèrent tantost noncier. Et adonc tous esmerveillez, montèrent à cheval le duc de Brabant, son frère en sa compaignie, et ala devers eulx. Et là, le chaperon osté jus de sa teste devant eulx, leur pria à mains joinctes très humblement qu'ilz voulsissent demourer avecques lui jusques à quatre jours, en les appellant frères et disant frères, compaignons et amis

---

1. C'est une autre forme du mot *wap* (à l'arme) qu'on a vu plus haut.

les plus féables qu'il eust ou monde, et en leur promectant grans drois, et par espécial de leur donner et quicter perpétuellement tout le coletage de la conté de Flandres se ilz lui vouloient accorder sa requeste. Ausquelz aussi le duc de Brabant pria moult humblement que pour l'amour de leur seigneur, qui les prioit si acertes pour si peu de chose, ilz y voulsissent entendre. Mais ce riens n'y valu, car tous ensemble faisoient la sourde oreille. Si passèrent oultre et n'en vouldrent riens faire, ainçois, qui plus est, lui monstrèrent les lectres des convenances que ledit duc leur avoit octroiées, lesquelles ilz avoient apportées avecques eulx, en lui disant qu'il acompleist le contenu en icelles qui estoient séellées de son seel, et qu'il les conduisist ou feist conduire oultre la rivière de Somme jusques en lieu seur, ou se ce non, ilz lui rendroient son seul filz, conte de Charrolois, taillé en pièces. Lequel filz ilz avoient à Gand. Et alors, ledit duc de Bourgongne, voiant leur sote et rude manière, et que ce qu'il leur disoit riens ne lui prouffitoit, les commença à rapaiser par belles et doulces paroles, et en faisant sonner ses trompètes commanda à desloger avecques eulx. Mais ce ne fut point sans grant perte. Car ledit duc, contendant à rompre la voulenté desdiz Flamens, n'avoit point fait destendre ses tentes ne charger ses chariots. Pour quoy grant partie desdictes tentes et autres bagues furent arses par les feux que les dessusdiz Flamens avoient bouté en leur logis. Lequel feu sailli de lieu à autre jusques au propre lieu où ledit duc estoit logé. Lequel duc estoit tant troublé, triste et ennuieux en cuer que plus ne povoit. Car, comme dit est dessus, il sçavoit ses ennemis en grant triumphe et puissance à une seule journée près de lui, et avoit grant désir de les aler combatre. Si veoit que par le moien du deslogement dessusdit il ne povoit venir à son entencion. Et qui pis estoit, il sçavoit certainement que tantost en seroient advertis, et diroient qu'il s'en estoit fuy sans les oser actendre. Néantmoins il lui convint souffrir et endurer et prendre en pacience les choses dessusdictes par ce qu'il ne les povoit avoir autres. Car quant noz maistres Flamens furent mis à voie et qu'ilz eurent retournées leurs chères vers leurs pays, ilz s'en alèrent autant en ung jour qu'ilz estoient venus en trois et tout ce qu'ilz povoient prendre, ne actaindre, estoit par eulx ravy et mis sur leur charroy, comme dit est dessus. Et avec ce, durant ce voiage eurent plusieurs rigueurs et débas contre les Picars et Anglois. Et advenoit souvent que quant murmure se y boutoit, il y en avoit tousjours de mors ou de navrez, et pareillement, quant ilz estoient les plus fors, ne se feignoient point de faire le cas pareil. Et n'est point à oublier que ce voiage se fist en mois de septembre, que les vendanges sont en point. Si se boutoient asprement parmy les vignes et en prenoient tant dedens leur ventre, que plusieurs en furent trouvez mors et crevez dedens les vignes. Et d'autre part, par trop largement et oultrageusement donner des biens qu'ilz trouvoient à leurs bestes, chascun jour en mouroit grant plante de leurs chevaulx et jumens. En oultre, quant ledit duc de Bourgongne et ses gens d'armes furent retournez jusques à Péronne, et que lesdiz Flamens furent logez assez près de la rivière, lui en personne ala devers eulx et les remercia très humblement de leur service, et puis, par son frère le duc de Brabant les fist conduire jusques en Flandres, et de là s'en retourna chascun en son propre lieu. Mais les gouverneurs des bonnes villes dudit pays de Flandres, quant ilz sceurent la manière de leur retour, n'en furent point bien contens, jà soit ce qu'ilz n'en firent pas lors grant semblant, pour ce qu'ilz estoient en armes et en trop grant nombre.

Ainsi et par ceste manière se départirent lesdiz Flamens, oultre la voulenté du duc Jehan de Bourgongne leur seigneur, de devant Mondidier où il les avoit assemblez. Et en ce propre jour qu'ilz se deslogèrent, environ quatre heures après, vint ung chevalier appellé messire Pierre des Quesnez, seigneur de Gannes, tenant la partie du duc d'Orléans, à tout deux cens combatans, fraper dedens lesdiz logis, où il trouva encore grant nombre de gens, par espécial de marchans et gens de paix, desquelz il print et occist très grant nombre, et y gaigna, lui et ses gens, grant butin, et puis s'en retourna devers Clermont en Beauvoisis, où pour lors estoient assemblez les Orléanois, qui tous ensemble estoient revenus de poursuivir le conte de Nevers, comme dit est ailleurs. Et quant ilz sceurent le soudain département dudit duc de Bourgongne et des Flamens, si furent à conseil pour savoir s'ilz les poursuivroient en leur pays. Mais, en fin, fut concluud par l'opinion de plusieurs sages qu'ilz s'en retourneroient vers Paris, en entencion d'entrer dedens par certains moyens qu'ilz y entendoient avoir, afin principalement qu'ilz peussent avoir le Roy de leur partie. Car c'estoit tout leur désir. Si se mirent à chemin et alèrent passer par ung pont neuf qu'ilz firent faire ès prez lez Beauvais, et de là se tirèrent devers Paris. Mais ceulx qui avoient le Roy en gouvernement, et les Parisiens, ne furent point contens de leur venue, ainçois leur firent résistence par toutes les manières que faire leur povoient, en leur faisant guerre ouverte, très cruelle. Et pour ce, iceulx voians que pour lors leur estoit chose impossible d'entrer en ladicte ville de Paris, firent tant par leur subtil engin, que ceulx de Saint-Denis furent contens de les recevoir. Et se logèrent les princes dedens icelle ville, et leurs gens d'armes ès vilages à l'environ. Et deslors commencèrent à faire forte guerre, tant à la ville de Paris, comme à tous autres tenans le parti du duc de Bourgongne. Et couroient continuellement chascun jour par plusieurs et divers lieux jusques auprès des portes de Paris, desquelles ceulx de dedens sailloient moult souvent, et par espécial Enguerran de Bournonville, qui estoit ung des chefz de la garnison soubz le conte Waleran de Saint-Pol, qui adonques estoit capitaine de Paris. Et y avoit souvent de très dures escarmouches et de très grandes apertises d'armes faictes, tant d'un costé que d'autre.

CHAPITRE LXXIX.

Comment le duc Jehan de Bourgongne rassembla gens d'armes pour aler à Paris. Et des besongnes qui advinrent en ce temps.

Or convient retourner au gouvernement du duc de Bourgongne, lequel, comme dit est dessus, quant il ot donné congié à ses Flamens et iceulx fait conduire en leur pays par son frère le duc de Brabant, s'en ala de Péronne à Arras, et là trouva le conte de Pennebruch [1], le conte d'Arondel et messire Guillaume Valdo [2], qui ou voiage dessusdit avoient esté avecques lui. Ausquelz contes anglois qui nouvellement estoient venus, fist très grande récepcion pour l'onneur du roy d'Angleterre qui les y avoit envoiez. Et povoient avoir en leur compaignie bien douze cens combatans, tant de cheval comme de pié, toutes gens de bonne estoffe. Si estoit lors grant parole entre ledit roy d'Angleterre d'une part, et ledit duc de Bourgongne d'autre, pour l'alliance de Henri premier, filz d'icellui roy, à l'une des filles dudit duc [3]. Et après qu'il eut grandement festié lesdiz capitaines anglois en sa ville d'Arras et à iceulx donné plusieurs dons, leur ordonna à tirer vers Péronne, et puis hastivement manda de tous costez ses gens d'armes à venir devers lui, et en sa personne ala audit lieu de Péronne, et là fist très grande assemblé des nobles de tous ses pays. Toutesfoiz, son frère le duc de Brabant, ne retourna point avecques lui, pour certaines afaires qu'il avoit alors en la duchié de Luxembourc, à cause de sa femme. Et après, ledit duc de Bourgongne partant de Péronne s'en ala à Roye, et de là par Breteuil à Beauvais; et par Gisors s'en ala à Pontoise, ouquel lieu il séjourna grant espace de temps, jusques au terme de trois sepmaines ou environ. Durant lequel temps vindrent à lui de plu-

---

1. « Pennebrec » (*Suppl. fr.* 93). Le comte de Pembroke.
2. « Guillaume Baldo » (*ibid.*). Guillaume Baldoc, lieutenant de Calais.
3. Ce mariage ne se fit pas, et Henri (VI) dont il est ici question, épousa Marguerite d'Anjou, fille du roi René.

sieurs pays très grant nombre de gens d'armes pour le servir.

Et pendant que ces besongnes se faisoient, fut ordonné par le conseil royal où estoit présent le duc d'Acquitaine, le conte de Mortaigne, messire Gilles de Bretaigne, le conte Waleran de Saint-Pol, capitaine de Paris, le chancelier de France, messire Charles de Savoisy et plusieurs autres grans seigneurs qui envoièrent par tous les bailliages et seneschaucies du royaume de France certains mandemens, contenans comment à l'occasion des congrégacions et assemblées de gens d'armes que avoient fait de long temps et faisoient encores chascun jour contre les ordonnances et défenses du Roy, le duc d'Orléans et ses frères, le duc de Bourbon, les contes d'Alençon et d'Armaignac et autres de leur partie, à la très grant charge et préjudice dudit royaume et aussi à la desplaisance du Roy et de sa seigneurie, n'avoient voulu, ne vouloient cesser de faire telles assemblées, ains s'estoient efforcez et efforçoient chascun jour de persévérer en leur mauvais propos. Et pour ce, contenoit ledit mandement que nul, de quelconque estat qu'il feust, ne feust si hardi de servir, ne estre en la compaignie du duc d'Orléans, de ses frères, ne ses aliez, sur peine d'estre tenus et réputez rebelles et adversaires du Roy et de son royaume, et que ceulx qui y estoient alez s'en départissent sans délay et retournassent en leur pays sans plus tenir les champs, ne vivre sur le povre peuple. Et ceulx qui ainsi le feroient, le Roy et son conseil les tenroit pour excusez, et ne souffreroient point que pour ce leur feust donné quelque empeschement. Mais ceulx qui persévéreroient, en faisant le contraire, on procéderoit contre eulx par rigueur en toutes les manières que faire se pourroit, sans, de ce jour en avant, à eulx faire ou donner aucune grace ou rémission. Lesquelz mandemens publiez ès lieux acoustumez, en y eut aucuns qui se départirent secrètement de la compaignie desdiz seigneurs, non pas en grant nombre, et alèrent devers le Roy. Les autres, qui de ce faire estoient désobéissans, quant ilz estoient prins des officiers royaux, ilz estoient en grant danger, et en y eut en ces jours aucuns exécutez et mis à mort. Entre lesquelz le fut, en la ville de Paris, ung chevalier nommé messire Binet d'Espineuse, qui estoit au duc de Bourbon et natif de sa conté de Clermont. Et fut la cause de sa mort pour ce qu'il avoit prins de force aucuns des chevaulx du duc d'Acquitaine que le duc de Bourgongne lui faisoit venir de son pays de Flandres. Et après qu'il fut décapité ès hales de Paris, le corps fut pendu par les aisselles au gibet de Montfaulcon. Et fist faire ceste exécucion messire Pierre des Essars, qui nouvellement, comme dit est, avoit esté remis en l'office de la prévosté de Paris ou lieu de messire Brunel de Saint-Cler. Pour la mort duquel chevalier, et aussi de la publicacion des mandemens royaulx dessusdiz, le duc d'Orléans et ses frères, et tous les autres seigneurs de son aliance, le prindrent en mal gré, et par espécial moult despleut au duc de Bourbon pour la honteuse mort de son chevalier. Et par ainsi se continuèrent les besongnes en icelles parties de mal en pis.

Et ung certain jour le duc d'Orléans se loga en l'ostel de Saint-Oyn, qui est maison royale, à très grande puissance. Et couroient chascun jour ceulx de son parti jusques aux portes de Paris, et tellement se y conduisoient, que les Parisiens furent en ces jours en très grande neccessité de vivres. Car encores n'estoient ilz point acoustumez de guerre, ne pourveuz ainsi que besoing leur estoit, et si n'avoient point dedens icelle ville puissance en laquelle ilz se osassent fier pour yssir aux champs et combatre leurs adversaires.

Et estoit avecques la partie d'Orléans l'arcevesque de Sens, frère de feu Montagu, non point en estat pontifical, car en lieu de mitre il portoit ung bacinet en sa teste, pour dalmatique portoit le haubert dont il estoit vestu, pour chasuble plates d'acier, et en lieu de croce il portoit une hache.

En ces mesmes jours le duc d'Orléans envoia ses héraulx, à tout certaines lectres, vers le Roy et le duc d'Acquitaine, contenans comment ledit duc de Bourgongne s'en estoit fuy de devant Montdidier et ne l'avoit osé actendre, et pareillement le rescripvi à aucuns de Paris qu'il tenoit pour ses amis, sur la fiance qu'il peust trouver aucun moien d'entrer dedens. Mais finablement il perdoit son temps. Car ceulx qui gouvernoient de par ledit duc de Bourgongne estoient assez soigneux pour l'entretenement de leur partie.

Durant lequel temps, par certains moiens qui se firent entre aucuns des gens du duc d'Orléans et ung nommé Colinet le Puiseur[1], qui estoit capitaine de par le Roy de la tour de Saint-Cloud, fut icelle livrée et mise entre les mains d'icellui duc d'Orléans, lequel y

---

1. Mieux dans *Suppl. fr.* 93, Colinet de Puiseux.

mist tantost garnison de ses gens. Dont ceulx de Paris furent moult troublez, pour ce que les Orléanois passoient souvent la rivière de Seine en grant nombre et couroient de l'autre costé de leur ville, et par ainsi lesdiz Parisiens estoient fort oppressez desdiz Orléanois de tous costez. Pour laquelle cause fut encores ordonné par le conseil royal à envoier par tout le royaume ès lieux acoustumez, de publier autres mandemens de par le Roy, contenans les oppressions[1], cruaultez et dommages que faisoient chascun jour les devantdiz seigneurs et leurs aliez en plusieurs parties de son royaume et à ses subgetz, nonobstant que par avant leur eust esté par plusieurs foiz défendu de par le Roy, à quoy ilz n'avoient voulu obéir, mais, qui plus est, avoient continué et continuoient à faire de jour en jour, en plusieurs lieux du royaume, grandes assemblées de gens d'armes et de traict, de diverses nacions et pays, tant de ses subgetz comme autres estrangers, qui avoient desrobé et dégasté, et prenoient et dégastoient ses bons loiaulx subgetz, et prenoient leurs villes, chasteaulx et fortresses, et s'efforçoient de jour en jour de tuer gens, les mectoient à raençon, boutoient feux, violoient filles à marier, efforçoient femmes à marier et mariées, despouilloient et desroboient églises et monastères, et faisoient toutes les inhumanitez que ennemis povoient faire, à lui et à son royaume et encores s'efforçoient faire, dont grans

---

[1]. Monstrelet ne donne qu'en abrégé ces lettres du 3 octobre 1411, qui ne sont rien moins qu'une déclaration de guerre au parti d'Orléans, faite sous le couvert de la royauté. Ces lettres sont imprimées en entier dans le *Recueil des Ordonnances* (t. XI, p. 635). L'original se trouve aux Archives de l'Empire.

clameurs, complaintes et moult de douleurs lui estoient
souvent venus et de jour en jour venoient incessamment, et encores pourroient plus faire, se sur ce n'estoit pourveu de bon et brief et convenable remède.
Pour quoy faisoit savoir à tous qu'il vouloit et de tout
son cuer désiroit, en toutes ces choses son honneur et
seigneurie et de tous ses subgetz garder et préserver
de cy en avant des grans oppressions et dommages, et
eulx en paix et transquillité garder et maintenir de
tout son povoir, et les dessusdiz inobédiens et rebelles
chasser et destruire, actendu que autre foiz les avoit
habandonnez, et ce nonobstant ilz n'avoient point
laissé à procéder en leur mauvaise voulenté, mais ont
persévéré de tout leur povoir et continué de mal en
pis, et encores font. Et les autres causes et considéracions qui le mouvoient à ce, eue sur icelle besongne
grande et meure délibéracion de conseil avec plusieurs
de son sang et aucuns autres en grant nombre, a déclairé et déclaire par ses lectres, de sa pleine puissance,
lesdiz Orléanois et tous leurs aliez et complices, pour
ses ennemis, rebelles et inobédiens à lui et à la couronne de France, à sesdictes ordonnances, commandemens et défenses, et avoir forfait corps et biens. Et
afin que de ce jour en avant nul ne voise avec eulx ne
leur tiengne compaignie, le Roy a pleinement habandonné par ses lectres devantdictes leurs corps et leurs
biens, et de toutes les gens d'armes dessusdiz qui se
sont renduz et démonstrez de leur partie et qui ont
délinqué et délinquent par la forme et manière que
dit est. En oultre a le Roy, par sa pleine puissance et
par sesdictes lectres, octroyé et donné auctorité et
puissance à tous ses bons, loyaulx et vrays subjectz

et vassaulx, justiciers et officiers et à chascun d'eulx, de envayr les devantdiz et tous les autres de leur partie, et par toutes les voies et manières qu'ilz pourront, les prendre et déchacer de son royaume, et aussi de les emprisonner et tous leurs biens prendre et appréhender en quelque lieu qu'ilz soient, sans ce que, pour les choses devantdictes, sesdiz subjetz ou aucuns d'eulx soient envers lui ne sa justice aucunement empeschez ne molestez. Donné à Paris le IIIe jour d'octobre l'an mil quatre cens et onze, et de nostre règne le XXIIe.

A l'occasion desquelz mandemens, quant ilz furent publiez comme dit est, y eut plusieurs seigneurs et autres vaillans gens de guerre qui se refroidèrent et targèrent d'aler ou service du duc d'Orléans et des seigneurs qui estoient avecques lui. Et au contraire, de doubte qu'ilz ne cheussent en l'indignacion du Roy, se tirèrent devers lui ou devers ceulx qui tenoient son parti, et trouvèrent les moiens d'eulx excuser au mieulx qu'ilz peurent. Et entretant que ces besongnes se faisoient, le duc de Bourgongne estant à Pontoise comme dit est, où il fut environ quinze jours, venoient à lui en très grant nombre gens de diverses nacions, tant des pays du Roy comme de ses vassaulx et subgetz. Duquel lieu de Pontoise vint un certain jour devers ledit duc ung homme assez puissant de corpulence, lequel entra dedens sa chambre, en entencion de murdrir ledit duc, et avoit en sa manche ung coustel dont il avoit voulenté d'acomplir son maléfice, et de fait s'avança pour parler à lui. Mais ledit duc, non aiant congnoissance d'icellui, et aussi tousjours doubtant telles besongnes, mist ung banc entre lui et ledit homme. Et tantost aucuns de ses privez qui là estoient, apperceurent la mauvaistié d'icellui, par quoy il fut prins sans délay, et après qu'il eut congneu son fait, fut décapité en la ville de Pontoise.

Et de rechef, pour plus vitupérer et abaisser les entreprinses du duc d'Orléans et ses aliez, le Roy, par délibéracion de conseil, envoia encores en plusieurs parties de son royaume autres mandemens royaulx, lesquelz furent publiez à la très grant charge et deshonneur d'iceulx, desquelz réciter et escripre je me déporte à présent pour cause de briefté[1]. Lequel mandement fut publié par tous les lieux acoustumez du royaume de France, comme dit est, dont moult de vassaulx et autres féables du Roy, tant des bonnes villes comme d'ailleurs, s'efforçèrent d'aler servir le Roy. Et d'autre part, en plusieurs et divers lieux furent prins et arrestez très grant nombre de ceulx qui tenoient la partie d'Orléans, dont aucuns furent exécutez, et les autres mis prisonniers et raençonnez comme ennemis du royaume. Si estoit alors piteuse chose d'oyr raconter les griefves persécucions qui chascun jour se faisoient entre icelles parties, et par espécial environ la ville de Paris et le pays d'entour l'Isle de France.

Et entre les autres choses qui ne sont point à oublier, yssirent ung certain jour bien trois mille combatans, tant de la garnison comme des Parisiens, qui s'en alèrent à Vicestre, moult belle maison à une lieue de Paris, appartenant au duc de Berry. En laquelle de

---

1. Le ms. *Suppl. fr.* 93 donne ici ces lettres, qui sont du 14 novembre 1411. Elles sont imprimées dans le *Recueil des Ordonnances* (t. IX, p. 654).

première venue, en la hayne et contempt dudit duc, prindrent et robèrent tous les biens qu'ilz trouvèrent en icelle, et puis le destruisirent et desmolirent totalement excepté les murs. Et après, en faisant plusieurs autres maulx, vindrent encor abatre et destruire une autre maison sur la rivière de Seine, où icellui duc tenoit ses chevaulx, et n'estoit pas loing de l'ostel de Neelle, au dehors de la porte. Pour laquelle offense, quant elle fut venue à la congnoissance dudit duc de Berry, il fut fors esprins de courroux et dist hault et cler, devant plusieurs de ses gens, que une foiz lesdiz Parisiens et ceulx qui les soustenoient ces maléfices[1], lui amenderoient le dommage et le desplaisir qu'ilz lui avoient fait.

En oultre en poursuivant de mal en pis, par ung autre jour, le duc de Berry, le duc d'Orléans et ses frères, le duc de Bourbon, le conte d'Alençon et le conte Bernard d'Armaignac, Charles, seigneur d'Albreth, tous nommez par leurs propres noms et autres leurs adhérens, aliez et complices de quelque estat qu'ilz fussent, furent par les quarrefours de Paris, à son de trompe, de par le Roy, bannis de son royaume à tousjours jusques à son rapel; et non point tant seulement bannis, mais par vertu d'une bulle de eurese et bonne recordacion pape, Urbain quint de ce nom, trouvée ou trésor des registres de chartres des priviléges du Roy estans en la Saincte Chapelle à Paris, furent les dessusdiz par toutes les églises d'icelle cité de Paris, à cloches sonnées et chandelles alu-

---

1. Il faut lire : En faisant ces maléfices, comme porte le ms. *Suppl. fr.* 93.

mées, excommeniez et publiquement anathématizez. Pour quoy plusieurs tenans leur parti, quant ilz sceurent ladicte sentence ainsi gectée sur eulx, furent grandement troublez et courroucez. Mais pour tant ne laissèrent à continuer de jour en jour en leur propos, et firent guerre mortelle plus aspre et diverse que paravant n'avoient fait.

CHAPITRE LXXX.

Comment le duc de Bourgongne ala à puissance de Pontoise à Paris. Et de l'estat et gouvernement du duc d'Orléans.

En après, le duc Jehan de Bourgongne estant à Pontoise, comme dit est dessus, venoient devers lui gens de guerre de diverses nacions. Et y vint le conte de Penthièvre, son gendre [1], à noble compaignie. Et quant il eut là séjourné environ quinze jours, et enquis suffisamment de l'estat de ses adversaires, le xxiie jour d'octobre se parti dudit lieu de Pontoise avec toute son exercite, ainsi que à deux heures après midi, et délaissa la voie royale qui d'icelle ville va à Paris, laquelle occupoient sesdiz adversaires, et print son chemin à Meulent sur Seine, où il passa la rivière, à tout bien quinze mille chevaulx, et chevaucha toute nuit, et lendemain par la porte S. Jaques entra en Paris [2]. A l'encontre duquel vindrent et yssirent d'icelle

---

1. Olivier de Blois, comte de Penthièvre, avait épousé Isabelle de Bourgogne, fille de Jean sans Peur, en juillet 1406.
2. Le lendemain, c'est-à-dire le 23. Juvénal met l'entrée du duc de Bourgogne à Paris au 30 octobre, et dit qu'il était accompagné du comte d'Arundel. C'est ce que dit aussi le Religieux de

ville grant multitude de gens armez, entre lesquelz estoient en belle ordonnance et bien armez les bouchers de Paris, lesquelz conduisoient le prévost de Chastellet[1], et des marchans, soubz le conte de Nevers, frère dudit duc de Bourgongne. Lequel acompaigné de plusieurs princes et grans seigneurs et capitaines, et aussi ceulx du grant conseil du Roy, vindrent bien honnorablement une lieue et demie, ou plus au devant dudit duc, et par espécial y vint son frère. Et tous les autres seigneurs lui firent aussi grant honneur et révérence qu'ilz eussent deu et peu faire à la propre personne du roy de France s'il feust venu d'aucun loingtain voiage. Et quant au peuple de Paris, ilz faisoient très grant joye et crioient Noël! pour sa venue à tous les quarrefours qu'il passoit. Et pour ce que son entrée se fist si tard que le jour estoit failly, furent alumées par toutes les rues de Paris grant quantité de torches, falos et lanternes. Et quant vint que icellui duc de Bourgongne approucha le Louvre, le duc d'Acquitaine, qui avoit espousée sa fille[2], yssist au-devant de lui et le receut à grant joye et moult révéremment; et tantost le mena au chastel du Louvre devers le Roy et la Royne, qui lui firent très grant joye. Et après qu'il les eut humblement saluez, se ala loger en l'ostel de Bourbon. Et le conte d'Arondel, avec tout son estat, se ala loger ou prieuré de S. Martin des Champs et ses Anglois auprès de lui, ès mai-

Saint-Denis, qui met le départ de Pontoise au 23 octobre au lieu du 22 comme Monstrelet.

1. Le prévôt de Paris, le Châtelet étant le siége de sa juridiction.

2. Marguerite de Bourgogne, en 1404.

sons de costé. Et tous les autres se logèrent dedens ladicte ville de Paris, où ilz porent le mieulx. Et lendemain, qui fut dimenche, Enguerran de Bournonville, avecques lui plusieurs vaillans hommes d'armes et de trait, yssi hors de Paris et ala jusques à la Chapelle, laquelle les Orléanois avoient fortifiée de lices et de barrières, et estoient logez dedens. Mais quant ilz virent venir leurs adversaires, ilz montèrent à cheval et vindrent l'un contre l'autre, de bonnes lances dont ilz s'entredonnèrent de rudes cops en renversant l'un contre l'autre à terre. Et entre les autres, ledit Enguerrant se y porta moult vaillamment; auprès duquel estoit Jehan de Luxembourg, nepveu au conte de Saint-Pol, qui estoit moult jeune. Et en y eut plusieurs navrez et peu de mors. Les Anglois aussi, à tous leurs arcs et leurs saiètes[1], ne s'espargnoient point à la besongne. Et ce pendant que ladicte escarmouche duroit, les autres Orléanois, qui estoient logez à Saint-Denis, Montmartre et autres villes, qui oyrent le cry de ceste assemblée, montèrent à cheval et vindrent à grant puissance pour coper le chemin audit Enguerrand et à ses gens, afin qu'il ne peust rentrer dedens Paris. Mais lui, de ce adverti, les rassembla en bonne ordonnance et les reconduist audit lieu de Paris. Néantmoins, iceulx Orléanois qui estoient en très grant nombre, les suivirent de si près qu'ilz en prindrent et occirent aucuns. Et pour ce que le duc d'Orléans et les princes estans avecques lui, furent advertis de la venue et puissance que le duc de Bourgongne avoient amenée, firent toutes leurs gens qui

---

1. *Saiètes*, flèches (*sagitta*).

estoient ès vilages, loger ensemble audit lieu de Saint-Denis. Et pour avoir vivres, messire Clugnet de Brabant, à tout grant compaignie de gens d'armes, fut envoyé ès pays de Valois et de Soixonnois, où il y en avoit grant habondance. Lequel messire Clugnet, en acomplissant le commandement qui lui avoit esté fait, en fist venir en ladicte ville de Saint-Denis très grant planté et largement. Et aussi, pour ce temps, le pays de France[1] estoit en très bon estat, par quoy les Orléanois avoient largement ce dont ilz avoient besoing, car de ce costé estoient les plus fors. Et couroient chascun jour par diverses compaignies jusques sur les rivières d'Oise et de Marne, et par toutes les parties de l'Isle de France. Et pareillement, les gens du Roy et du duc de Bourgongne couroient à l'autre costé de la rivière de Seine jusques à Montlehéry, Meulenc et Corbueil. Et par ainsi ce noble pays de France estoit de toutes pars durement oppressé et violé. Et quant aux gens d'armes, les ungs contre les autres il y avoit souvent de durs rencontres, et par espécial chascun jour se tenoit l'escarmouche entre Paris et Saint-Denis, esquelles arrivoit souvent que l'une avoit l'onneur pour ung jour, et lendemain se faisoit le contraire. Et entre les autres places où les besongnes se faisoient et continuoient, y avoit ung fort molin sur une haulte mote assez avantageuse, sur laquelle aucunes foiz se logoient deux ou trois cens desdiz Orléanois, et là par les Bourguignons et François estoient fort envays et combatus, souvent jusques à tant que le vespre

1. C'est-à-dire l'Ile de France; toute la rive droite de la Seine, comprise entre la Marne et l'Oise, depuis Charenton jusqu'à Pontoise.

venoit que toutes les deux parties se retraioient en leurs places. Et en aucuns autres jours, ceulx de Paris prenoient ladicte mote et molin, où ilz se tenoient en actendant les assaulx et envayssemens d'iceulx Orléanois.

Et alors, avec ledit duc [1], y avoit ung chevalier anglois, nommé le seigneur de Cliffort, lequel jà pieçà estoit venu, à tout cent hommes d'armes et deux cens archers, du pays de Bourdelois. Et quant il oy les nouvelles que le roy d'Angleterre avoit envoyé en la compaignie du duc de Bourgongne le conte d'Arondel et autres grans seigneurs, tantost vint devers ledit duc d'Orléans et lui requist qu'il lui donnast congié de s'en raler, car il doubtoit que le Roy, son souverain seigneur, ne feust mal content de lui se plus y demouroit. Lequel duc d'Orléans, considérant ce qu'il lui avoit dit, lui octroia le congié, par telle condicion que, ceste guerre durant, ne s'armeroient lui ne les siens contre lui. Laquelle chose ledit chevalier lui promist et puis s'en retourna en Angleterre.

En oultre, le vi^e jour de novembre, Troullart de Maucruel, capitaine et bailli de Senlis, à tous six vingts combatans ou environ de sa garnison, estoit alé courre en la conté de Valois. Lequel, en son chemin, rencontra environ sept vingts Orléanois, lesquelz vigoreusement envayrent lui et les siens. Mais après qu'il y eut eu plusieurs apertises d'armes faictes tant d'un costé comme d'autre, ledit Troullart demoura victorieu sur les champs, et y eut, que mors que prins, desdiz Orléanois, de soixante à quatre-

---

1. Le duc d'Orléans.

vingts, entre lesquelz fut prisonnier messire Guillaume de Saveuse, lequel tenoit la partie d'Orléans. Et ses deux frères, c'estassavoir Hector et Phelippe, estoient en armes avecq ledit duc de Bourgongne. Et par ainsi, en celle guerre, frères germains estoient l'un contre l'autre, et le filz contre le père. Après laquelle destrousse, ledit Troullart de Maucruel et avecques lui Pierre Quieret, s'en retournèrent, à tout leurs proies et prisonniers, audit lieu de Senlis. Et depuis, en la faveur du viel seigneur de Saveuse et des dessusdiz Hector et Phelippe, fut ledit messire Guillaume mis à délivrance.

CHAPITRE LXXXI.

Comment le duc de Bourgongne conquist la ville de Saint-Cloud sur les Orléanois qui la gardoient, et comment le duc d'Orléans et tous les siens, qui se tenoient à Saint-Denis et ailleurs à l'environ, s'en retournèrent en leur pays; et autres matières servans.

Item, après ce que ledit duc Jehan de Bourgongne eut, à tout son exercite, séjourné une espace de temps dedens Paris, et tenu plusieurs consaulx avec les princes et capitaines là estans, le ix° jour de novembre yssi de Paris, environ l'eure de mynuit, par la porte Saint-Jaques, et avecques lui grande et notable compaignie, tant de gens d'armes comme de Parisiens. Entre lesquelz estoient les contes de Nevers, de la Marche, de Vaudémont, de Pointièvre[1], de Saint-Pol et d'Arondel, Bouciquault, mareschal de France, le seigneur de Vergi, mareschal de Bourgongne, le sei-

---

1. Penthièvre

gneur de Heilly, qui naguères avoit esté fait mareschal d'Acquitaine, le seigneur de Saint-George, messire Jehan de Croy, Enguerran de Bournonville, le seigneur de Fosseux, le gouverneur du Daulphiné nommé messire Renier Pot, le seneschal de Haynnau, messire Jehan de Guistelle, messire Jehan de Brimeu, le conte de Quint[1], anglois, et plusieurs autres nobles tant du pays de Bourgongne comme de Picardie et autres lieux et pays. Et furent estimez par gens à ce congnoissans, au nombre de six mille combatans toutes gens de guerre, et de trois à quatre mille piétons de la ville de Paris. Et quant ilz furent aux champs, si cheminèrent par bonne ordonnance aians plusieurs guides, jusques à demie lieue de la ville de Saint-Cloud, où estoient logez les Orléannois, et povoit estre huit heures du matin quant ilz y vindrent, et si faisoit moult divers temps de froit et de gelée. Et eulx là venus et arrivez sans ce que leurs adversaires en feussent advertis, ledit duc envoya le mareschal de Bourgongne, messire Gautier de Rupes, messire Gui de La Tremoille et le Veau de Bar, à tout huit cens hommes d'armes et trois cens archers, tout oultre sur la rivière de Seine, devant Saint-Denis, pour empescher leurs adversaires qu'ilz ne passassent par ung neuf pont qu'ilz avoient fait sur ladicte rivière. Lesquelz seigneurs dessusdiz en firent grandement leur devoir. Si rompirent une partie du pont et si bien le gardèrent, que iceulx leurs adversaires ne porent passer. Et après, ledit duc estant en la montaigne en bataille, où il a

---

1. « Le conte de Kin » (*Suppl. fr.* 93). C'est le comte de Kent.

trois chemins, mist en l'un le seneschal de Haynnau, messire Jehan de Guistelle, le seigneur de Brimeul[1], Jehan Phelippe et Jehan Potier, capitaines anglois, et avoient tous ensemble quatre cens chevaliers et escuiers et autant d'archers. En l'autre chemin furent mis les seigneurs de Heilli et de Ronq, Enguerran de Bournonville et Amé de Viri, à tout autant de gens que ceulx devant nommez. Et en la tierce partie furent ordonnez Orsonville, le conte de Quin[2], avec aucuns autres capitaines Picars. Et au dessus de la ville, par les vignes, furent ordonnez tous les Parisiens et autres piétons en très grant nombre. Lesquelles compaignies dessus ordonnées vindrent tout à une foiz assaillir ladicte ville, laquelle iceulx Orléannois avoient fortifiée, tant de trenchis et fossez comme de barrières, au mieulx qu'ilz avoient peu. Ausquelles barrières et autres lieux défensables, eulx qui desjà estoient advertis de la venue de leurs ennemis, se mirent à défense très vaillamment par l'ordonnance de leurs capitaines qui estoient avecques, c'estassavoir, en chef, messire Jaques de Plachel[3], gouverneur d'Angoulesme, le seigneur de Tambour[4], Guillaume Batillier et messire Mansart du Bois, le Bourg Jacob[5], chevalier, avec trois autres chevaliers de Gascongne, et se défendirent aucune espace. Mais par le grant nombre de leurs adversaires, qui de toutes pars les assailloient vigoreusement, convint en assez brief

1. C'est Jean de Brimeu, comme plus haut.
2. Le comte de Kent, comme plus haut.
3. « Jaques de Plachiel » (*Suppl. fr.* 93).
4. « Le seigneur de Cambour » (*ibid.*).
5. « Le Bourc Jacob » (*ibid.*).

terme qu'ilz perdissent leurs premières barrières, et de rechef furent poursuys très rudement, et perdirent la seconde barrière. Et adonc en combatant et défendant, se retrahirent en la tour du pont et dedens l'église, qui estoit aucunement fortifiée. Et alors, toute la puissance de ceulx qui estoient commis à faire ledit assault vindrent devant icelle église, réservé aucuns qui gardoient l'entrée du pont, et là, plus que devant, s'efforça ledit assault. Et combien que ceulx de dedens se défendissent par grant vigueur, toutesfoiz si furent ilz prins par force et en y eut plusieurs mors, tant ausdictes barrières et défenses, que dedens l'église. Et aussi, à rentrer dedens ladicte tour, pour la presse et grant haste qu'ilz avoient, rompy le pont dessoubz eulx, pour quoy il en y eut grant planté de noiez. Et fut trouvé et par nombre raporté par gens à ce congnoissans, que desdiz Orléanois furent mors pour ce jour neuf cens ou plus, et de trois à quatre cens prisonniers, entre lesquelz furent les principaulx ledit seigneur de Tambour, Guillaume Batillier et messire Mansart du Bois, et avec ce furent trouvez, prins et raviz dedens icelle ville de Saint-Cloud, de douze cens à seize cens chevaulx, avec autres bagues à grant foison. Et pendant que ces besongnes se faisoient ledit duc de Bourgongne estoit en bataille en une plaine au dessus de la ville, avec la plus grant partie de ses princes, et avoit ses espies et coureurs en divers lieux pour avoir regard que ses adversaires ne venissent par aucun lieu pour combatre ou envayr lui et ses gens. Et tousjours se continuoit l'assault pour prendre la tour du pont. Mais pour vray c'estoit peine perdue, car ceulx de dedens le défendoient très diligemment.

Et ce pendant aucuns yssirent de l'autre costé et alèrent à Saint-Denis au duc d'Orléans, noncer la male aventure de ses gens. Lequel, de ce très desplaisant, incontinant monta à cheval, en sa compaignie le duc de Bourbon, les contes d'Alençon et d'Armaignac, le connestable de France, le maistre des arbalestriers et le petit Bouciquault, et à tout environ deux mille combatans, vindrent de l'autre costé de la rivière de Seine eulx mectre en bataille droit à l'opposite où estoit le duc de Bourgongne, et là descendirent à pié et se mirent en ordonnance, comme se prestement ilz eussent deu ou peu aborder à leurs ennemis. Et semblablement, descendi ledit duc de Bourgongne et toutes ses gens, et fist desploier sa bannière qui estoit moult riche et resplendissant. Toutesfoiz quelque manière que iceulx princes monstrassent l'un contre l'autre, estoit la rivière de Seine entre deux, par quoy ne povoit pas faire grant dommage chascun à son adverse partie, si non tant seulement de tirer d'arbalestres et de arcs à main. Et après que lesdiz Orléanois orent là esté une espace, voians que bonnement ne povoient faire chose qui leur feust de grant value, remontèrent à cheval et s'en retournèrent audit lieu de Saint-Denis, délaissans dedens ladicte tour certain nombre de gens pour la garder. Après laquelle départie, ledit duc de Bourgongne eut conseil de retourner, à tout son armée, dedens Paris. Et pour ce jour, de toutes ses gens n'y ot mors sur la place que environ seize à vingt hommes, mais il y en ot plusieurs blécez et navrez. Entre lesquelz, le furent Enguerran de Bournonville et Amé de Viri, et soustindrent merveilleusement de terribles cops et importables. Et quant au seigneur de Heilli, il se y porta très vaillamment, et pareillement le firent le conte de Arondel et autres de ses gens, desquelz l'un eut la foy de messire Mansart du Bois, et depuis, pour certaine somme de pécune qu'il en eut, le délivra ès mains des officiers du Roy. Lequel duc de Bourgongne, quant il retourna dedens Paris, fut receu de toute la commune généralement à très grant honneur, pour ce principalement qu'ilz estoient du tout advertis de ce qu'il avoit subjugué, et leur sembloit que par son moien ilz seroient en brief délivrés de leurs ennemis, lesquelz leur faisoient moult d'oppressions. Et quant au Roy, au duc d'Acquitaine et à plusieurs autres du grant conseil, tant prélats comme séculiers, il n'est point à estimer la réception qu'ilz firent audit duc, aux princes et capitaines estans avecques lui [1].

En après icellui duc de Bourgongne et son armée retournez à Paris comme dit est, le duc d'Orléans et les autres estans avecques lui en furent advertis, et pour ce prindrent ung brief conseil l'un avec l'autre sur ce qu'ilz avoient à faire. Ouquel en la fin fut délibéré, que veu la perte qu'ilz avoient faicte de la plus grant partie des plus expers de leurs gens, et aussi considéré la puissance du Roy et dudit duc de Bourgongne, qui estoit moult grande et contre laquelle ilz ne povoient résister, sans délay se départissent de là et retournassent en leur pays, pour de rechef assembler

---

1. On lit, à ce sujet, dans le registre du conseil du parlement, coté XIII, au fol. 174 v°, *ad calcem*, ce qui suit : « Lundi ix° jour (de novembre), fu la besoigne à Saint-Cloud lez Paris, où moururent plus de vi à viii c. des gens d'armes qui estoient venu contre la bonne ville de Paris, et po ou nulx y moururent de par deçà. »

plus grant puissance à résister contre tous ceulx qui nuire leur vouldroient. Et ainsi qu'ilz le conclurent, le firent. Car prestement firent trousser leurs bagues et montèrent à cheval, et par le pont dont est faicte mencion, qu'ilz avoient fait faire sur Seine, lequel pont ilz rédifièrent, et aussi par le pont de Saint-Cloud, passèrent assez hastivement et s'en alèrent toute nuit en tirant vers Estampes et de là à Orléans et autres villes et fortresses de leur obéissance.

Ainsi donques ledit duc d'Orléans, quérant venger la mort de son père, acquist en ce temps grant dommage et perte de ses gens, lesquelz avoient esté mors en la ville de Saint-Cloud. Et pour ce qu'on les tenoit pour excommeniez, furent pour la plus grant partie laissez aux champs sans sépulture, et là les mengoient les chiens et autres bestes très inhumainement. Et aucuns autres seigneurs de ce parti, c'estassavoir messire Clugnet de Brabant, messire Amé de Salebruce, le seigneur de Hutfalise et plusieurs autres, s'en ralèrent par la conté de Valois en leurs propres lieux. Après lequel département, lendemain très matin furent apportées les nouvelles à Paris devers le duc de Bourgongne et autres seigneurs et cappitaines, desquelz les aucuns montèrent à cheval et alèrent audit lieu de Saint-Denis, et ce que les Orléanois avoient laissé fut par eulx prins, robé et pillé, et mesmement prindrent et emmenèrent l'abbé dudit lieu prisonnier de par le Roy, comme recepteur de ses ennemis, et aussi furent prins plusieurs des bourgois d'icelle ville qui là furent trouvez, et là furent mis à finance non obstans leurs excusacions. Et pareillement alèrent aucuns autres à la tour de Saint-Cloud, laquelle ilz trouvèrent habandonnée. Si entrèrent dedens. Si couroient, pour ce jour, ceulx de ce party par divers lieux en plusieurs compaignies, pour sçavoir se ilz trouveroient aucuns desdiz Orléanois. Mais c'estoit peine perdue. Car ilz avoient chevauché et estoient desjà bien loing. Et pour ce retournèrent audit lieu de Paris.

En oultre, aucun peu de temps après, par le pourchas et solicitude dudit duc de Bourgongne, le Roy paia les raençons de grant partie des prisonniers qui furent prins à Saint-Cloud au duc d'Orléans et à ses gens. Et fut décapité et escartelé ès halles de Paris, le xiie jour de novembre, messire Mansart du Bois[1], et si y eut avecques lui cinq de ses complices, lesquelz eurent les testes copées et après furent leurs corps pendus par les aisselles au gibet de Montfaulcon[2].

Et le xiiie jour de novembre furent preschez ou parvis Nostre-Dame de Paris pour ung frère mineur, où estoit présent le duc de Bourgongne et plusieurs autres grans seigneurs et grant multitude de peuple, disant comment les bulles données par Urbain, pape quint, estoient de grant valeur contre les rebelles, inobédiens, dissipeurs du Roy et de son royaume. Et là publiquement déclaira et dénonça la partie adverse, c'estassavoir le duc d'Orléans et ses complices, pour excommeniez. Et aussi en plusieurs autres sermons et

---

1. « Ung des beaux chevaliers que on peust voir, lequel ot la teste couppée ès halles de Paris, et de sa force de ses espaules, depuis qu'il ot la teste couppée, bouta le tranchet si fort, qu'à peu tint qu'il ne s'abbaty, dont le bourreau ot tel fréour; car il en mourut à tantost après six jours. » (*Journal d'un bourgeois de Paris*, p. 7.)

2. Voy. plus bas, p. 224.

prédicacions furent dénoncez pareillement. Et lendemain le Roy fut en l'église Nostre-Dame de Paris, et la messe oye, retourna au Louvre, et là print son disner, auquel il receut et fist asseoir à sa table honorablement le conte d'Arondel auprès du duc de Bourgongne. Et là, en icelle ville de Paris, par plusieurs jours, furent tenues de grandes congrégacions pour le fait de la guerre qui estoit encommencée, pour savoir comment le Roy se y avoit à conduire et gouverner. En la fin desquelz fut advisé pour le mieulx, que le Roy, ne ses princes, pour cause de l'iver, ne se mectroient point sus à tout leur puissance, jusques à l'esté ensuivant, mais tant seulement seroient mis sur les frontières des ennemis, aucuns capitaines pour iceulx poursuivir et envayr. Entre lesquelz y furent commis le mareschal de France, nommé Boussiquault, le seigneur de Heilly, mareschal d'Acquitaine, Enguerran de Bournonville, Amé de Viri, le seigneur de Miraumont et plusieurs autres, avec très grant nombre de combatans, lesquelz ilz conduirent et menèrent à Estampes, à Bonneval et ès marches d'environ, avec lesquelz aussi estoit le seigneur de Ronq. Laquelle ville de Bonneval se rendi tantost en l'obéissance du Roy, à la requeste des dessusdiz capitaines, lesquelz, ou la plus grant partie, se logèrent en celle ville. Mais ceulx de la ville d'Estampes ne furent point prestement conseillez d'obéir au Roy, car il y avoit garnison de par le duc de Berry. Lesquelz commencerent à résister et à faire guerre contre les gens du Roy et du duc de Bourgongne, par l'exortacion et ordonnance de messire Loys Bourdon, qui se tenoit à Dourdan, et en estoit capitaine.

En ces mesmes jours, par le consentement dudit duc de Bourgongne, messire Jehan de Croy, filz premier né du seigneur de Croy, qui estoit encores prisonnier[1] au duc d'Orléans, se parti de Paris, à tout huit cens combatans, et s'en ala au chastel de Moncheaulx en la conté d'Eu, dedens lequel estoient les enfans au duc de Bourbon et de la duchesse sa femme, c'estassavoir ung filz de trois ans ou environ, et une fille de son premier mary, aagé de neuf ans, avecques leurs nourrices et autres leurs serviteurs, et si y estoit le filz messire Mansart du Bois et le seigneur de Foulleuse, chevalier. Lesquelz, tous ensemble, furent prins dedens ledit chastel par ledit messire Jehan de Croy, lequel, avecques tous leurs biens, les amena ou chastel de Renti[2], et là les tint prisonniers jusques à ce que le seigneur de Crouy, son père, lui fut rendu. Laquelle prinse venue à la congnoissance dudit duc de Bourbon et la duchesse sa femme, en eurent au cuer très grant tristesse, et par espécial ladicte duchesse en fut si troublée qu'à peu près qu'elle ne mourut de dueil.

CHAPITRE LXXXII.

Comment le conte Waleran de Saint-Pol fut de par le Roy envoyé en la conté de Valois et à Coussi; lequel conte mist plusieurs villes et fortresses en l'obéissance du Roy.

Item, en ensuivant les besongnes dessusdictes, Waleran, conte de Saint-Pol, fut envoyé de par le Roy aux villes et fortresses de toute la conté de Valois,

1. Le père.
2. Renty-Assonval (Pas-de-Calais).

pour les subjuguer et réduire en l'obéissance du Roy, et pareillement, à Coucy, avec grant planté de gens d'armes, d'archers et d'arbalestriers. Et en la conté de Vertus fut envoyé messire Philippe de Cervoles, bailli de Vitri en Pertois, à tout grant quantité de combatans, pour tous mètre en l'obéissance du Roy. Et en la conté de Clermont fut envoyé le vidame d'Amiens. Et en la conté de Boulongne, d'Eu et de Gamaches, fut envoyé Ferry de Hangest, bailli d'Amiens, pour pareille cause que les devantdits. Mais ceulx de Crespy en Valois, qui estoit la maistresse ville de tout le pays, quant ilz sceurent la venue dudit conte de Saint-Pol, se submirent en l'obéissance du Roy, et il les reçeut humblement. Et après s'en ala au chastel de Pierrefons, qui moult estoit fort et défensable, et bien garni et rempli de toutes garnisons appartenans à guerre. Et lui, là venu, print à parlement avec le seigneur de Bosqueaulx, qui en estoit capitaine, et en fin fut le traictié fait, parmy ce que ledit conte lui fist donner pour ses fraiz deux mil escuz d'or, et avecques ce, lui et ses gens demourèrent tous en leurs biens. Et moiennant ce, il rendi ledit chastel en la main dudit conte, pour et ou nom du Roy, lequel y mist garnison de ses gens. Et la dame de Gaucourt, qui estoit dedens, s'en ala ou chastel de Coucy, où elle fut honorablement reçeue de messire Robert d'Esne qui en estoit capitaine. Et après, dudit lieu de Pierrefons ledit conte de Saint-Pol s'en ala à la Ferté-Milon, très fort chastel, et à Villiers Cauderès[1], appartenans au duc d'Orléans. Lesquelz, non pas tant

---

1. Villers-Cotterets, anciennement Villiers-Col-de-Rets.

seulement iceulx, mais toutes les fortresses de ladicte terre, quant ilz eurent oy la nouvelle de la reddicion de Pierrefons, tant fort chastel, se rendirent sans faire résistance audit conte, ou nom du Roy, lequel mist partout garnison de ses gens. Et puis, par Soissonnois s'en ala vers Coucy, ouquel lieu, comme dessus est dit, estoit messire Robert d'Esne et Rigault de Fontaines, et plusieurs autres gentilz hommes tenans le parti du duc d'Orléans. Et dedens la ville dudit lieu de Coucy estoit capitaine messire Enguerran de Fontaines, et avecques lui estoient plusieurs autres nobles hommes. Lesquelz, quant ilz eurent eu conseil l'un avecques l'autre, de prime face rendirent la ville et s'en alèrent avecques leurs biens. Et ledit conte, avecques ses gens, se loga dedens icelle ville et en aucunes maisons au dehors. Si fist sommer ledit messire Robert qu'il lui rendeist la fortresse pour et ou nom du Roy, ce que pas ne voult faire, mais respondi que le duc d'Orléans, son seigneur, lui avoit baillé en garde et fait faire serement de le non rendre sans son sceu ou son commandement. Et aussi estoit elle très habondamment pourveue de vivres et habillemens de guerre et autres besongnes neccessaires, pour quoy il ne doubtoit nullement estre prins de force, et avoit espérance que ou temps qu'il le tiendroit, aucuns moiens se trouveroient par lesquelz sondit seigneur et maistre rentreroit en la grace du Roy. Néantmoins, sa response oye, le dessusdit conte Walerand fist environner la fortresse et loger ses gens assez près, et icelle très fort combatre et traveiller de canons et autres habillemens de guerre. Et entre les autres choses, fist emploier mineurs à grant foison pour miner la porte de la bastille, nommée la Porte maistre Odon, qui estoit pour autant de chose ung aussi beau fort et aussi notable édifice qui feust à vingt lieues à la ronde d'icelle. Et avecques ce minèrent au dessoubz d'autres grosses tours, et tant continuèrent en ceste oeuvre que la besongne fut preste pour bouter le feu dedens. Et en fin, après ce que icellui messire Robert de rechef eut esté sommé de lui rendre et que point n'y vouloit entendre, fut par ledit conte ordonné par ung certain jour que toutes ses gens se meissent en armes, prestz pour assaillir se besoing estoit. Après laquelle ordonnance et que tout fut prest, fist bouter les feux dedens. Lequel feu, par le moien des aprestemens qui subtilement estoient faiz dedens, icelle mine tant continua, que finablement la plus grant partie de ladicte porte fut confondue et chey tout à plat[1]. Mais tant de bien y eut pour les asségez, que le mur qui estoit vers eulx demoura entier, et par ainsi lesdiz gens d'armes ne eurent guères d'avantage pour les envayr. Si y furent aucuns, tant de l'une partie comme de l'autre, à ceste besongne mors et navrez. Et pareillement fut partie une tour cornière[2], qui estoit assez puissant, et ne peut cheoir tous jus, pour le mur de la ville auquel elle se apuya. Si demoura, sur ladicte partie ainsi cheue, ung homme de guerre qui estoit sus pour la défendre contre les asségans, lequel fut en très grant péril de sa vie, mais en fin, par la diligence

1. A cette époque l'art du mineur se bornait à pratiquer des excavations soutenues par des piliers de bois auxquels on mettait le feu, lequel ne pouvait gagner promptement. Par conséquent il n'y avait ni explosion ni résultat instantané.
2. Faisant le coin.

de ceulx de dedens fut mis à saulveté. Finablement, après que ledit conte Walerant eut esté trois mois ou environ devant ledit chastel de Coucy, fut traictié fait entre ledit messire Robert et lui, par telle manière qu'il s'en yroit lui et toutes ses gens, avecques tous leurs biens portatifz, à saulveté, là où bon leur sembleroit, soubz bon sauf conduit, et avecques ce auroit pour ses frais douze cens escuz. Si s'en parti, à tout cinquante combatans ou environ, desquelz estoient les principaulx, son filz, le Baudrain d'Esne, chevalier, Rigault de Fontaines dessusdit, et Gaucher de Bessu. Et si y estoit la dame de Gaucourt dont dessus est faicte mencion. Et s'en ala icellui Robert et la plus grant partie de ses gens demourer à Crevecuer et ou Chastel-en-Cambrésis[1].

Après la reddicion dudit chastel de Coucy, ledit conte de Saint-Pol y mist garnison de ses gens, et y commist capitaine messire Girard de Herbannes. Et estoit avecques lui en cel exercite Jehan de Luxembourg, son nepveu[2], le vidame d'Amiens, le seigneur de Honcourt et plusieurs autres nobles chevaliers et escuiers de Picardie, et par espécial de ses seigneuries[3]. Et là tantost après, comme chevalier sage et de grant prudence et digne de rémunéracion, fut par le Roy et son conseil, esleu et commis connestable de France, et là lui fut baillé l'espée, en faisant par ledit conte le serment de bien et loyaument exercer ledit office; duquel fut déposé et jugé comme indigne messire Charles de Labreth. Et pareillement le sei-

1. Cateau-Cambrésis.
2. C'est-à-dire du comte de Saint-Pol.
3. Des seigneuries du comte de Saint-Pol.

gneur de Rambures, chevalier, fut mis en l'office de maistre des arbalestriers de France ou lieu du seigneur de Hangest, lequel fut déposé par le Roy. Et le seigneur de Longvi, de la nacion de Bretaigne, fut fait mareschal ; et en fut desmis le seigneur de Rieux, pour ce qu'il estoit trop ancien : et ce, fut fait de son consentement.

CHAPITRE LXXXIII.

Comment la ville de Moyniers et autres seigneuries furent mises en la main du Roy par ses capitaines et officiers.

En après, ceulx de la conté de Vertus, quant le bailli de Vitry, c'estassavoir messire Phelippe de Cervoles, fut venu lui et ses gens devant la ville de Vertus, tantost se rendirent à lui ou nom du Roy. Et aussi toutes les autres garnisons d'icelle conté donnèrent obéissance, excepté ceulx du chastel de Moyniers[1], dedens lequel estoient messire Clugnet de Brabant et Jehan de Brabant son frère, et messire Thomas de Hersis et plusieurs autres, lesquelz, pour riens ne vouloient obéir aux commandemens du Roy. Et pour ce, ledit bailli et ceulx qui avecques lui estoient y mirent le siège et se préparèrent pour les assaillir.

---

1. *Chastel de Moyniers* ou *Moymers*. A une demi-lieue de Vertus en Champagne, se trouve une montagne nommée Mont-Aimé ou Mont-Amy, qui est l'emplacement du château dont parle ici Monstrelet. Voy. Baugier, qui rapporte le fait, mais qui se trompe sur la date, qu'il met en 1407, et sur le nom du bailli de Vitry, qu'il appelle Courcelle. (*Mémoires historiques de la province de Champagne*, t. I, p. 289.)

Mais ce fut peine perdue, car icellui chastel estoit moult fort et bien garni de tous vivres et aussi d'artillerie, pour quoy lesdiz asségez doubtoient moult peu ceulx qui estoient devant eulx, et leur faisoient souvent des envayes. Néantmoins la besongne se continua par l'espace de trois ou quatre moys, au bout duquel temps messire Clugnet de Brabant et avecques lui ledit messire Thomas de Hersis, eulx deux montez sur deux fors chevaulx roides et légers, à tous deux pages chevauchans derrière eulx, se partirent dudit chastel et passèrent tout parmy l'ost et le siège qui estoit devant eulx. Et avoient chascun une lance en leur poing, et couroient quanque chevaulx les povoient porter, et tant firent qu'ilz eschapèrent et s'en alèrent pour avoir secours devers messire Amé de Salebruce. Mais ilz ne revindrent pas à tout ledit secours, car tantost après Jehan de Brabant, frère dudit messire Clugnet, fut prins, ainsi qu'il estoit yssu dudit chastel de Moyniers. Lequel, par l'ordonnance du Roy et de son grant conseil, fut décapité en la ville de Vitry. Et tantost après, ceulx qui estoient dedens ledit chastel de Moyniers le rendirent audit bailli de Vitry, ou nom du Roy, et s'en alèrent, sauf leur corp (*sic*) et leurs biens; et y mist garnison. Et par ainsi toute la marche de là environ fut mise en l'obéissance du Roy.

Semblablement ceulx de la conté de Clermont se rendirent du tout, sans avoir violence, au vidame d'Amiens, qui de par le Roy y avoit esté envoié comme dit est. Et ceulx des garnisons qui avoient fait moult de maulx sur le plat pays, s'en alèrent soubz sauf conduit, à tout leurs bagues, ou pays de Bourbonnois. Et, comme ès autres lieux, furent mis gens de par le Roy par toutes les fortresses.

En oultre le bailli d'Amiens ala à Boulongne sur la mer, et lui firent ceulx de la ville et des fortresses bonne obéissance, réservé le chastel dudit lieu de Boulongne, lequel le séneschal de Boulongne, c'estassavoir messire Loys de Corail, chevalier, natif d'Auvergne, ne voult point rendre sans le consentement du duc de Berry son seigneur, qui lui avoit baillé en garde. Et pour tant, ledit bailli d'Amiens et les Boulenois avecques lui, tantost démolirent le pont-levis dudit chastel devers les champs et leur tolèrent l'issue et l'estoupèrent de grans fossez, tellement que par là nul homme ne povoit entrer ne yssir. Et depuis fut tant pourparlé entre ledit bailli d'Amiens et icellui séneschal, qu'il eut jour d'envoier devers son seigneur le duc de Berry, pour sçavoir s'il le tiendroit deschargé dudit chastel de Boulongne et se il seroit content qu'il feust mist en la main du Roy. Lequel duc lui manda qu'il le délivrast, pour et ou nom du Roy, au dessusdit bailli d'Amiens, et s'en retournast à Bourges devers lui; et ainsi en fut-il fait. Et semblablement furent mises en la main du Roy toutes les seigneuries et appartenances de la conté d'Eu et de la terre de Gamaches, et en furent desmis et boutez hors tous ceulx qui y estoient de par les seigneurs ausquelz lesdictes seigneuries appartenoient, et en leurs lieux y furent mis de par le Roy aultres souldoiers.

Durant lequel temps furent cueillies grans sommes en la ville de Paris et ailleurs, pour paier les Anglois qui estoient venus servir le duc de Bourgongne par la licence et auctorité du roy d'Angleterre. Et après qu'ilz eurent reçeu ledit payement, le conte d'Arondel, à tout ses gens, s'en r'ala par Calais en Angleterre. Mais le conte de Kent, à tout sa compaignie, demoura pour servir ledit duc de Bourgongne. Et pour ce temps, tous ceulx tenans la partie du duc d'Orléans estoient fort reboutez, et à peine se sçavoient ilz où saulver, car tantost en sçavoit aucuns, feussent séculiers ou ecclésiastiques, ilz estoient prins ou emprisonnez, dont les aucuns estoient exécutez, et les autres mis à grant finance. Et mesmement en celle saison furent prins deux maistres moynes, c'estassavoir maistre Pierre Fresnel, évesque de Noion, lequel fut prins par messire Anthoine de Craon et mené au chastel de Crotoy. L'autre fut l'abbé de Forestmoustier, et fut prisonnier au seigneur de Dampierre, admiral de France. Mais depuis, en paiant grans finances furent délivrez, et s'en r'alèrent chascun en son bénéfice.

Durant lequel temps le seigneur de Hangest, soy disant encores maistre des arbalestriers de France, tenant le parti d'Orléans, s'estoit retrait secrètement, après le département de Saint-Denis dont dessus est faicte mencion, ou chastel de Soissons. Et pour ce qu'il avoit voulenté et entencion de trouver ses moiens devers le Roy, envoya par ung poursuivant quérir un sauf conduit à Senlis, à Troullart de Maucruel, qui en estoit capitaine et bailly, pour aler audit lieu de Senlis et là séjourner. Lequel sauf conduit lui fut envoyé, et sur ce s'en ala en ladicte ville de Senlis. Mais pour tant que oudit sauf conduit n'estoit point faicte mencion du retour dudit de Hangest, ledit Troullart le fist prisonnier, lui seiziesme de gentilz hommes, et tantost après, lui et ses gens, furent menez à Paris et mis en Chastellet, dont grandement leur despleut, mais il n'en pot avoir autre chose.

En outre, pareillement le conte de Roussy[1], qui s'estoit retrait en son chastel de Pontarcy sur Esne[2], après son retour de Saint-Denis, fut incontinent environné et ségé des paysans de Laonnois et de la marche d'environ, et se assemblèrent bien quinze cens ou plus, autour de ladicte fortresse, et l'assaillirent terriblement par plusieurs journées, et tant continuèrent, que nonobstant qu'elle feust moult forte d'eaue et de muraille, l'endommagèrent-ilz grandement. Et s'appeloient lesdiz paysans : *Les enfans du Roy*. Si vint en leur aide et pour les conforter, le bailli de Vermendois, c'estassavoir Le Brun de Baris, chevalier, et le prévost de Laon. Et lors ledit conte voiant la force et violence d'iceulx, doubtant estre prins d'iceulx, se rendi audit bailli de Vermendois, et son chastel et ceulx qui estoient avec lui. Lequel bailli les receut ainsi. Et après qu'il eut mis garnison dedens ledit chastel de par le Roy, envoya ledit conte de Roussy et ses gens, prisonniers en la ville de Laon, où ilz furent bonne espace, et depuis en paiant grans finances furent délivrés. Et pareillement fut prins l'archidiacre de Brie, dedens la tour d'Andely[3], par les paysans dessusdiz. Lequel archidiacre estoit filz naturel du roy d'Ermenie[4]. Et messire Guillaume de Coucy,

1. Roucy, l'un des sept anciens comtés-pairies de Champagne.
2. Pontarcy-sur-Aisne.
3. Le-Chateau-Gaillard.
4. Du roi d'Arménie.

qui tenoit le parti d'Orléans, se retrahit en Lorraine devers son frère, qui estoit évesque de Metz[1].

CHAPITRE LXXXIV.

Comment les ducs d'Acquitaine et de Bourgongne conquirent Estampes et Dourdan. Et la mort messire Mansart du Bois et autres prisonniers.

Or est vérité que durant les tribulacions dessusdictes, le Roy et ses princes, estans à Paris, eurent plusieurs complaintes des maulx et violences que faisoient par le pays ceulx de la garnison d'Estampes et de Dourdan; et que pour ce, nonobstant qu'il eut esté pieçà conclud que le Roy, ne le duc d'Acquitaine, ne se mectroient point sus à puissance devant ce que l'iver seroit passé, néantmoins pour résister aux entreprinses des dessusdiz, fut ce propos rompu. Et le XXIII° jour de novembre, ledit duc d'Acquitaine, acompaigné du duc de Bourgongne, des contes de Nevers, de La Marche, de Penthièvre et de Vaudémon, du mareschal Bouciquault et d'autres grans seigneurs, avec très grant nombre de piétons, tant de la communaulté de Paris comme d'ailleurs, se parti de ladicte ville de Paris, en l'intencion de mectre en l'obéissance du Roy les dessusdictes places d'Estampes et de Dourdan, et aucunes autres qui faisoient guerre de par ledit duc d'Orléans et ses aidans. Et s'en ala par Corbueil, où il séjourna aucuns jours pour actendre ses gens. Et de là, à tout grant foison d'abillemens de guerre, tant bombardes comme autre artillerie, se

---

1. Il se nommait Raoul de Coucy.

tira, à tout son ost, devers Estampes, ouquel lieu estoit messire Loys Bourdon, qui tantost se retrahi dedens le chastel. Mais ceulx de ladicte ville incontinent se submirent et se rendirent en l'obéissance du duc d'Acquitaine, lequel les reçeut assez bénignement, en la faveur du duc de Berry son oncle. Mais messire Loys Bourdon ne volt nullement obéir, combien qu'il en feust sommé par plusieurs et diverses fois, et pour ce, fut sans délay ordonné que ledit chastel seroit de toutes pars environné. Et pour lors estoit dedens icellui, prisonnier, ung chevalier du duc de Bourgongne, c'estassavoir le seigneur de Ronq, lequel ung peu devant avoit esté rencontré et prins par le dessusdit Bourdon. Et adonc furent drécez et assis plusieurs engins devant ledit chastel, lesquelz en plusieurs et divers lieux le dérompirent et dommagèrent, et avecques ce furent mis grant quantité d'ouvriers en oeuvre, pour miner par dessoubz terre ladicte fortresse. Et, tant en ce fut continué, que les asségez voyans qu'ilz estoient en péril d'estre prins de force, commencèrent à parlementer, et finablement, par le moien dudit seigneur de Ronc, se rendirent à la voulenté du duc d'Acquitaine. Et par ainsi icellui Loys Bourdon et aucuns autres gentilz hommes furent envoiez prisonniers dedens le Chastellet de Paris. Et après que les dessusdiz ducs d'Acquitaine et de Bourgongne eurent garni les dessusdictes fortresses de leurs gens, ilz s'en retournèrent avec toute leur exercite en la ville de Paris, pour ce que bonnement ne povoient icelle conduire par le temps d'iver. Et aucuns peu de jours ensuivans, furent menez dudit lieu de Paris, de par le duc de Bourgongne, aucuns prisonniers au chastel de Lisle, c'estassavoir le seigneur de Hangest, messire Loys Bourdon dessusdiz, le seigneur de Girennes, messire Enguerran de Fontaines, messire Jehan d'Amboise et aucuns autres, lesquelz avoient esté prins en divers lieux, en tenant le parti du duc d'Orléans. Et furent là par grant espace, mais en fin furent délivrez en paiant grant finance.

Et en ce mesme temps, fu décolé ès hales de Paris messire Mansart du Bois, natif de Picardie, et fut son corps pendu par les aisselles au gibet de Montfaulcon, et la teste demoura sur une lance ès hales de Paris. Si fut faicte ceste exécucion à l'instance et pourchas dudit duc de Bourgongne, pour ce que icelluy messire Mansart estoit son homme lige et ce non obstant l'avoit défié par lettres scellées de son séel, ou temps que les trois frères d'Orléans, dont mencion est faicte cy-dessus, défièrent ledit duc. Et ne peut estre saulvé pour les prières de ses amis, jà soit ce que grande diligence en fust faicte, car plusieurs y en avoit de grande auctorité qui servoient ledit duc, qui s'en mectoient en peine. Mais ce porta petit effect [1].

En ce temps avoit en Paris, ou Chastellet et autres prisons de la ville, très grant nombre de prisonniers Orléannois, desquelz très grant partie mouroient misérablement par force de froit, de mesaise et de famine. Et après qu'ilz estoient mors, on les portoit hors de la ville de Paris et les gectoit en aucuns fossez, et là les laissoit on menger des chiens, des oiseaulx et des autres bestes très inhumainement. Et la cause pour quoy on

---

1. Monstrelet répète ici, mais avec plus de détails, ce qu'il a déjà dit dans son chapitre 81. Voy. plus haut, p. 210.

tenoit telle manière contre eulz, si estoit pour ce que plusieurs et diverses foiz avoient esté publiez et dénoncez par les églises et quarrefours de ladicte ville de Paris comme excommeniez. Néantmoins à plusieurs preudommes, tant nobles comme gens d'église, ce sembloit estre grant desrision de ainsi piteusement traicter ceulx qui estoient chrestiens et tenoient la foy de Jhésucrist.

Et après, en persévérant en toute rigueur en ceste matière, fut décapité ès hales de Paris ung chevalier, nommé messire Pierre de Famechon, lequel estoit de l'ostel et famille du duc de Bourbon, et fut sa teste mise sur une lance comme les autres. Pour la mort duquel, ledit duc de Bourbon fut grandement troublé et courroucé, et par espécial quant il sceut qu'il avoit esté exécuté et mis si honteusement à mort. Et adonc pour ceste saison tous ceulx qui povoient estre prins et appréhendez tenans le parti du duc d'Orléans et de ses aliez, estoient en très grant danger de leurs vies. Car peu y en avoit qui pour eulx osast parler ne faire requeste, com prouchain qu'on leur feust.

CHAPITRE LXXXV.

Comment plusieurs capitaines furent envoiez de par le Roy sur les frontières en divers pays contre les Orléanois. Et d'une grosse escarmouche qui fut devant Villefranche ou pays de Bourbonnois. Et de la destrousse du conte de La Marche; et autres matières.

Item, en ce mesme temps furent envoiez plusieurs seigneurs et capitaines de par le Roy sur les marches et pays des seigneurs, lesquelz il tenoit pour adversaires. Entre lesquelz le conte de La Marche fut commis, et avecques lui le seigneur de Hambures[1], à entrer dans la duché d'Orléans et icelle mectre en obéissance de par le Roy. Et contre le duc de Bourbon, qui avoit fort gasté et destruit le pays de Charolois, furent envoiez Amé de Viry, Fribourg[2] et autres, lesquelz très fort gastoient le pays de Bourbonnois, eulx et leurs gens, dont ilz avoient grant planté en leur compaignie; et aussi le pays de Beaujolois. Et de fait alèrent courre à puissance et estandard desployé, en très belle ordonnance, devant Villefranche, où estoit le duc de Bourbon, et avecques lui son frère le bastard, nommé messire Hector, lequel estoit vaillant chevalier, expert et renommé en armes et en fais de guerre, et avec ce estoit fort et puissant et bien formé de sa personne. Si estoient avecques eulx pour ce jour très grant nombre de chevaliers et escuiers du pays dudit duc. Lesquelz, quant ilz virent leurs ennemis devant eulx, se mirent en moult belle ordonnance, et alors saillirent hors de pié et de cheval en toute puissance, et mesmement le duc se mist hors de la ville en bataille pour iceulx combatre. Et adonc commença l'escarmouche très dure entre les parties, et y eut de grandes entreprinses d'armes tant d'un costé comme d'autre. Et par espécial, ledit bastard de Bourbon, qui conduisoit les coureurs par manière d'avant-garde, se y porta ce jour très vaillamment et chevalereusement, et se féry de telle façon dedens ses adversaires, que son frère le

---

1. Le ms. *Suppl.* p. 93, porte : Le seigneur de Hambuye. Il ne faut lire, ni Hambuye ni Hambures, mais Rambures, qui est le vrai nom et qui, dans notre texte, se trouve ainsi écrit, la dernière fois qu'il y est mentionné.

2. « Fierbourg. » (*Suppl. fr.* 93.)

duc fut pour lui en grant doubte qu'il ne feust prins ou mort, et pour le rescourre féry son coursier des esperons en escriant haultement à ses gens : « Or sus, avant ! mon frère est prins se nous ne le secourons. » Et lors, à tout grant partie de sa bataille, ala le grant cours jusques à leurs adversaires. Et y eut de rechef moult fort estour et maint homme d'armes porté à terre, mors et navrez, de chascune partie. Et en fin, ceulx de la partie de Bourgogne qui menoient leur avant-garde, laquelle conduisoit Amé de Viri, se retrahirent jusques à leur bataille qui estoit ung petit plus loing. Et le dessusdit bastard, qui avoit esté rué jus de son cheval, fut remonté et retourna devers le duc son frère. Et avant ce jour n'estoit homme, de quelque estat qu'il feust, qui audit duc l'eust oy nommer frère. Si furent mors, tant d'une partie que d'autre, environ quarante hommes et plusieurs navrez. Après laquelle escarmouche, pour ce qu'il estoit tard, vers le vespre, les deux parties se retrahirent sans plus avant procéder l'un contre l'autre, c'est assavoir ledit duc et ses gens, dedens Villefranche, et l'autre partie se tira, en gastant pays, devers la conté de Charrolois.

D'aultre part messire Richard Daulphin[1], maistre d'ostel du Roy, et le seigneur de saint George, d'un costé, et à l'autre costé le seigneur de Heilli, mareschal d'Acquitaine, et Enguerran de Bournonville, furent envoiez en Languedoc et au pays d'Acquitaine et en Poictou, contre le duc de Berri, le conte d'Armaignac et Charles d'Albreth, lesquelz de la partie du duc de Bourgongne dégastèrent moult le pays desdiz seigneurs.

---

1. *Lis.* Guichart Dauphin.

Toutesfois, ung certain jour que ledit seigneur de Heilli estoit logé en ung gros village nommé Linières[1], fut au point du jour assailli des gens du duc de Berry, et la plus grant partie de ses gens furent destroussez de leurs chevaulx, et les aucuns, en assez petit nombre, mors et prins. Et lui, de sa personne, avec la plus grant partie de ses gens, se saulva, en défendant, dedens la forteresse d'icelle ville, laquelle tenoit la partie du Roy; et par ainsi furent saulvez.

Et quant au conte de La Marche et le seigneur de Rambures, qui estoient entrez en la duchié d'Orléans comme dit est dessus, nous fault-il ung petit parler pour savoir comment ilz se y gouvernèrent. Il est vérité qu'ilz povoient bien avoir de cinq à six mille combatans, lesquelz furent conduis par iceulx seigneurs, en dégastant pays jusques à Yenville le Chastel[2], et se loga ledit conte de La Marche en ung village nommé le Puiset, à tous ses gens seulement, et ledit seigneur de Rambures en ung autre village à une lieu près. Or advint que ceulx de la garnison de Yenville firent savoir les nouvelles de leur venue en la cité d'Orléans, où il y avoit très grant nombre de gens de guerre pour la garde du pays. Si se mirent adonques sus soubz la conduite de Barbazan de Gaucourt et messire Galiot de Gaules et ung chevalier lombard, environ six cens hommes d'armes et trois cens archers, et s'en vindrent le plus secrètement qu'ilz porent en ung certain lieu où ilz trouvèrent ceulx de la garnison dudit Yenville, lesquelz, quant ilz furent tous ensemble, povoient

---

1. Lignières, en Berri, à 10 lieues de Bourges.
2. Janville, à une lieue de Toury, dans l'Orléanais.

estre mil combatans ou environ. Si se mirent à chemin et chevauchèrent toute nuit pour aler où ledit conte estoit logié, et avoient plusieurs guides qui les conduisoient. Toutesfoiz icellui conte en fut aucunement adverti. Si fist armer ses gens et traire vers son hostel la plus grant partie, et en autres lieux les fist tenir ensemble. Et avec ce, envoya devers le seigneur de Rambures lui noncer les nouvelles et lui signifier qu'il feust prest pour le venir secourre se besoing en avoit. Et ainsi, ledit conte et ses gens furent la plus grant partie de la nuit en armes, actendans leurs adversaires. Mais quant ce vint vers le jour, par le conseil d'aucuns, chascun se retrahi vers son hostel, ce que point faire ne devoient. Et quant ce vint ung petit devant soleil levant, ung chevaucheur de la partie d'Orléans vint audit logis, qui ala tout au long du village. Et après, voyant qu'il n'y avoit point de guet et qu'ilz n'estoient point ensemble, retourna tantost vers ses gens qu'il trouva assez près de ladicte ville ; si leur compta ce qu'il avoit trouvé. Si s'en vindrent incontinent vers icelle, et en entrant dedens ledit logis commencèrent à crier vive le Roy! et en après, en assaillant, iceulx commencèrent à crier vive Orléans! Et s'en alèrent grant partie ou logis dudit conte, qui vouloit oyr la messe. Ouquel lieu y eut très grant butin, car icellui conte, avecques aucuns de ses gens, se y combati moult vaillamment. Néantmoins il fut vaincu et prins prisonnier, et tout le logis généralement fut mis à desconfiture, et iceulx prins et mors. Après laquelle destrousse le dessusdit conte et lesdiz prisonniers furent hastivement emmenez devers Orléans. Et ce pendant, ledit seigneur de Rambures fut forvoyé par ung homme qu'il avoit prins pour le guider pour venir au secours, et quant il y vint tout estoit ja départi et emmené. Dont il fut moult dolent, et pour tant sans délay poursuivi lesdiz Orléanois par si grande vertu qu'il les rataindi et se bouta en eulx vigoreusement, tant qu'il en rua jus plusieurs, et avecques ce rescouyt aucuns prisonniers. Mais ledit conte et environ quatre-vingts de ses gens furent emmenez devant, quantque chevaulx porent porter, et furent mis prisonniers en la cité d'Orléans. Si fut ledit seigneur de Rambures moult troublé de ce qu'il ne pot rescourre le conte dessusdit. Et furent mors, à ces deux besongnes, de trois à quatre cens hommes tant d'un costé comme d'autre, dont la plus grant partie fut des Orléanois. Et entre les autres y fut navré à mort, de la partie du conte de La Marche, Guiot le Gois, filz ainsné de Thomas le Gois, grant bourgeois de Paris; dont les Parisiens furent moult dolens. Et après ceste besongne, ledit seigneur de Rambures rassembla grant nombre de gens d'armes de par le Roy, et fist plus que paravant forte guerre en la duché d'Orléans, et eulx à lui. Par quoy le pays de tous costez fut fort oppressé.

Ouquel temps vint en la ville de Paris, du pays de Prouvence, le roy Loys[1], à tout trois cens hommes d'armes moult bien habillez, et se loga en son hostel d'Anjou. Si fut grandement receu et honnouré du Roy, du duc d'Acquitaine et des autres princes et grans seigneurs. Et se alia du tout avecques le roy de France et les ducs d'Acquitaine et de Bourgongne, et promist

---

1. Louis II, duc d'Anjou et roi de Sicile.

de tenir leur parti contre les enfans d'Orléans et tous leurs aliez. Et d'autre part, la duchesse de Bourgongne ala au bois de Vinciennes, où estoient la royne de France et la duchesse d'Acquitaine, qui très honnorablement les [*lis.* la] reçeurent. Et là, les alèrent visiter lesdiz ducs d'Acquitaine et de Bourgongne, et y furent fais très grans et solemnelz esbatemens pour les bienveigner. Et depuis demourèrent avecques la Royne grande espace de temps, aux despens du Roy.

Et en ce mesme temps, le seigneur de Dampierre et aucuns autres furent envoiez de par le Roy à Boulongne sur la mer au devant des ambassadeurs du roy d'Angleterre qui estoient en la ville de Calais, et tous ensemble, convindrent à Lolinguen, et là traictèrent trèves entre les deux roys ung an entier durant. Après lequel traictié, ledit admiral et ceulx qui estoient avecques lui retournèrent à Paris devers le Roy. Ouquel lieu estoient assemblez très grant nombre de prélas et autres gens d'église pour aler devers le pape lui faire requeste que ung lieu feust prins et esleu à tenir ung concile général de l'Eglise chrestienne. Mais à la vérité dire, assez peu y fut besongné, et ne peurent ceulx d'icelle assemblée venir à une seule conclusion. Si fut esleu et prins ung autre jour pour estre ensemble et avoir plus grant nombre desdiz prélas et gens d'église, que là n'avoit eu.

En oultre, en ces propres jours les Parisiens entendans loyaument et constamment servir le Roy et son filz le duc d'Acquitaine, en ses guerres, procurèrent tant devers lui par le moien du duc Jehan de Bourgongne, que l'estat de l'eschevinage de ladicte ville de Paris avecques toutes les franchises d'icellui, qui paravant, c'est assavoir l'an mil trois cens quatre vingts deux ou mois de janvier, leur avoit esté osté par l'auctorité royale, leur fut rendu de par le Roy pleinement et libéralement, et sur ce leur en furent lectres faictes et baillées[1]. Dont très grandement furent resjouys, et par ce moien eurent le duc de Bourgongne, en tous ses afaires, en grande recommandacion.

CHAPITRE LXXXVI.

Comment le duc Jehan de Bourgongne[2] envoia ses ambaxadeurs en Angleterre. Item, de la délivrance des enfans du seigneur de Crouy et des enfans de la duchesse de Bourbon. Et du conte Waleran de Saint-Pol et autres matières.

Item, à l'entrée du mois de mars, par la licence du roy de France, le duc de Bourgongne envoia ses ambaxadeurs devers le roy d'Angleterre, c'est assavoir l'évesque d'Arras, le prévost de Saint-Donat de Bruges, le prévost de Saint-Omer et le seigneur de la Vielzville, pour traicter le mariage de l'une des filles dudit duc avec le prince de Gales, premier filz du roy d'Angleterre, pour lequel en avoit esté autrefoiz pourparlé. Lesquelz ambaxadeurs trouvèrent le roy d'Angleterre à Rocestre[3] et furent de lui et de ses enfans honnorablement receuz et festiez, et aussi des autres princes et seigneurs, et par espécial, du prince de

1. Les lettres de rétablissement de la prévôté de Paris sont du 20 janvier 1411 (V. S.). Elles sont imprimées dans le *Recueil des Ordonnances*, t. IX, p. 668.
2. Le ms. *Suppl. fr.* 93 et les imprimés portent, à tort : « Comment le roy de France, etc. »
3. Rochester.

Gales, auquel la besongne touchoit, furent moult honnorez. Et après ce que a un certain jour, par la bouche dudit évesque, ilz eurent bien et à point remonstré en la présence du roy, de ses enfans et de son conseil, tout l'estat de leur ambaxade, et que de ce ilz eurent eu la response assez agréable, et aussi que plusieurs dons leur eurent esté fais par ledit roy, retournèrent à Douvres et de là à Calais, et de là retournèrent à Paris. Et là, en la présence du roy de Cécile, des ducs d'Acquitaine, de Bourgongne et de Bar, et de plusieurs autres du conseil royal, racontèrent tout au long ce qu'ilz avoient besongné, et comment le roy d'Angleterre, ses enfans et ses princes, les avoient receuz en grant honneur, pour la révérence du Roy et de ceulx qui là les avoient envoiez, et mesmement leur avoient donné plusieurs joyaulx. Dont ilz remercièrent humblement le Roy. Lequel, avec ses princes, fut très content des choses dessusdictes. Et adonc ledit duc de Bourgongne manda son filz le comte de Charrolois, qui estoit à Gand, qu'il venist à Paris, pour estre à la feste de Pasques prouchainement venant.

En ces mesmes jours, à la prière et requeste de la duchesse de Bourbon, fille du duc de Berry [1], fut par ledit duc de Berry et par le duc d'Orléans et autres grans seigneurs de ceste partie, le seigneur de Crouy mis à pleine délivrance de la prison où il avoit esté assez longuement [2], et fut convoié par les gens dudit duc d'Orléans et conduit jusques au près de Paris. Et à son département promist sur sa foy de tant faire devers

---

1. Marie, seconde fille de Jean, duc de Berri, mariée en 1400 à Jean Ier, duc de Bourbon.
2. Voy. plus haut, p. 109.

son maistre le duc de Bourgongne, que les enfans de Bourbon qui estoient prisonniers, comme dit est dessus, seroient délivrés. Et quant il fut venu jusques audit lieu de Paris, le duc d'Acquitaine, et par espécial le duc de Bourgongne, le receurent à grant joye. Et aucuns jours ensuivans ledit seigneur de Croy fist la requeste qu'il avoit promis, c'estassavoir pour les enfans dessusdiz, laquelle finablement lui fut accordée par le Roy et les autres grans seigneurs. Si furent mandez au chastel de Renti, où ilz estoient sans rien paier, et les conduist messire Jehan de Croy, filz dudit seigneur de Crouy, avec plusieurs de ses gens, jusques aux terres du duc de Berry. Et le filz messire Mansart du Bois, qui avoit esté prins avecques eulx, demoura prisonnier oudit chastel de Renti.

En oultre, ledit seigneur de Crouy, par l'ordonnance et consentement dudit duc de Berry et de la duchesse, fut ordonné de par le Roy gouverneur de la conté de Boulongne et chastellain de Beroth sur Somme[1]. Et avec ce lui fut donné à sa revenue, de par le Roy, à la requeste du duc de Bourgongne, l'office de grant boutiller de France. Et à messire Pierre des Essars, prévost de Paris, fut donné l'office d'estre maistre des eaues et des forestz, lequel tenoit par avant Walerant, conte de Saint-Pol; qui de ce fut content.

Lequel conte de Saint-Pol, connestable de France, fist en ces propres jours ung grant mandement de gens de guerre pour estre à Vernon sur Seine, et assembla bien deux mille bacinetz ou environ et grant planté d'archers, sur intencion de faire guerre à ceulx de

---

1. « Brioch sur Somme. » *Suppl. fr.* 93. C'est Briot (*Somme*).

Dreux, au conte d'Alençon et à ses gens, qui souventesfois couroient au pays de Normandie et vers Rouen, où ilz prenoient et desroboient tout ce qu'ilz trouvoient et povoient actaindre. Pour lequel mandement et gens d'armes paier et aussi pour les autres souldoiers et capitaines du Roy qu'il avoit en plusieurs lieux, fut imposée et mise sus une grande taille par tout le royaume de France à paier à deux termes, c'estassavoir, le premier à Quasimodo, et le second en la fin du moys de juing ensuivant. Pour laquelle taille le povre peuple fut moult travaillé. Car avec ce, fut accordé au Roy par le Saint-Père un plein dixiesme, à cueillir par tout le royaume de France et ou Daulphiné, à prendre sur le clergié, à paier comme dessus à deux termes, le premier au jour saint Jehan Baptiste, et le second au jour de la Toussains ensuivant. Dont ledit clergié fut assez mal content ; mais pour tant ne laissa-il point à estre levé rigoreusement, et y avoit certains commis à le recevoir de par la dessusdicte église.

En oultre le dessusdit conte de Saint-Pol, connestable, se partit de Paris la sepmaine peneuse[1] et s'en ala audit lieu de Vernon pour assembler et entretenir, comme dit est dessus, les dessus diz gens d'armes, pour les mettre en frontière contre les Orléanois.

1. La semaine sainte.

DE L'AN MCCCCXII.

[Du 3 avril 1412 au 23 avril 1413.]

CHAPITRE LXXXVII.

Comment les ducs de Berry et d'Orléans et autres grans seigneurs de leur aliance envoièrent leurs ambaxadeurs devers le Roy Henry d'Angleterre, et ce que depuis leur advint.

Au commencement de cest an, les ducs de Berry, d'Orléans, de Bourbon, les contes de Vertus, d'Angoulesme, d'Alençon et d'Armaignac et le seigneur d'Albreth, soy disant connestable de France[1], avecques eulx aucuns grans seigneurs de leur aliance, envoièrent leurs ambaxadeurs devers le roy d'Angleterre[2], garnis de leurs scellez et instruction, afin de, avec le dessusdit roy, besongner selon la charge qu'ilz avoient d'iceulx, et aussi avec les enfans et autres princes du royaume d'Angleterre. Mais, ainsi qu'ilz passoient parmy le pays du Maine pour aler en Bretaigne et delà oudit pays d'Angleterre, furent poursuys par le bailly de Caen en Normendie. Lequel, à l'aide d'aucunes communes qu'il assembla, les rua jus et en print une partie, avecques tous lesdiz seellez et instructions et

1. Vers la fin de l'année 1411, le comte de Saint-Pol avait été fait connétable par le parti Bourguignon vainqueur.
2. Le Religieux de Saint-Denis et Juvénal des Ursins donnent comme le chef de cette ambassade un Augustin nommé Jacques Legrand.

autres besongnes qu'ils portoient. Et les autres se saulvèrent où ilz porent le mieulx. Après laquelle destrousse toutes icelles besongnes furent par icellui bailli envoiées à Paris devers le Roy et son grant conseil, closes et seellées, en ung sac de cuir. Et pour icelles veoir et visiter, le premier mercredi après le jour de Pasques [1], le Roy estant en personne en son hostel de Saint-Pol et tenant son conseil, ouquel estoient le roy de Cécile, les ducs d'Acquitaine et de Bourgongne, les contes de Charrolois, de Nevers et de Mortaigne, messire Giles de Bretaigne, le chancellier de France, c'estassavoir maistre Henry de Marle [2], les évesques de Tournay, d'Amiens, de Constances et d'Aucerre, le recteur de l'Université, le prévost de Paris et plusieurs autres tant du conseil du Roy, comme les bourgois de la ville et les clercs de l'Université, fut proposé par le chancelier du duc d'Acquitaine, c'estassavoir le seigneur de Dolehaing, naguères advocat en parlement et licencié en lois, comment naguères lui avoit esté baillé en garde par l'ordonnance du Roy et de son conseil, ung sac de cuir ouquel estoient plusieurs lectres et papiers qui avoient esté trouvez et prins par le bailli de Caen en la compaignie d'un chevalier, chambellan du duc de Bretaigne, de Foucon d'Encre [3], de frère Jaques Petit, de l'ordre Saint-Augustin, et autres ambaxadeurs des seigneurs dessus-

---

1. Le 6 avril 1412.
2. Henri de Marle n'etait pas chancelier de France, mais président au Parlement. Le chancelier était Eustache de Laistre, comme on l'a vu plus haut.
3. Florent d'Encre, chevalier, chambellan du duc de Bourgogne (La Barre, p. 126).

nommez, lequel sac, comme dit est, avoit esté envoyé par ledit bailli. Et récita ledit chancellier d'Acquitaine, comment en icellui sac avoit trouvé quatre blans seellez de quatre grans seaulx et signez de quatre signes manuelz, c'estassavoir de Berry, d'Orléans, de Bourbon et Alençon, et en chascun blanc estoient leurs noms escrips dessus leurs seaulx en marge, et n'y avoit point autre chose escript. Et aussi avoit-on trouvé plusieurs lectres closes de par le duc de Berry adrécans au roy d'Angleterre, à la royne et à leurs quatre filz, et pareillement au duc de Bretaigne, au comte de Richemont et à autres grans seigneurs d'Angleterre. Si y avoit plusieurs autres lectres èsquelles point n'y avoit de suspicion, qui toutes estoient de crédence pour les dessusdiz Faulcon et frère Jaques Petit, adrécans audit roy et à la royne, lesquelles furent là leues publiquement. Et nommoit, le duc de Berry, le roy d'Angleterre « mon très redoubté seigneur et nepveu, » et la royne « ma très redoubtée et honnorée dame nièpce et fille, » et estoient signées de la propre main du duc de Berry, et en celles de la royne avoit escript deux lignes de sa main portant crédence sur les devant diz. En oultre là furent, présens le Roy et ses princes et tout le conseil, monstrez les blans seellez dessusdiz, et les tint le Roy en ses mains. Et si y avoit ung petit codicile par manière de libelle contenant une feuille de papier, ouquel estoit l'instruccion desdiz ambaxadeurs ; et fut leu publiquement. Et estoit contenu dedens comment ilz réciteroient les proposicions faictes par la duchesse d'Orléans et ses enfans contre le duc de Bourgongne pour la mort du duc d'Orléans. Réciteroient aussi comment, pour icelle mort, ilz avoient plusieurs foiz sommé et requis le roy de France à faire et avoir justice de ladicte mort, laquelle ilz n'avoient peu obtenir, pour tant que ledit duc de Bourgongne avoit tellement séduit et enhorté le Roy et son conseil, disant que le duc d'Orléans estoit faulx, et en avoit ledit duc de Bourgongne séduit le peuple et par espécial cellui de Paris, et comment les dessusdiz vouloient déposer le Roy de sa couronne et destruire sa généracion; lequel aussi estoit faulx et à quoy n'avoit onques pensé. Et si y estoit aussi, que le duc de Bourgongne avoit mis en indignacion devers le Roy, Jehan, duc de Bretaigne, pour cause de ce qu'il avoit rompu le voiage de Calais et plusieurs autres choses que le duc vouloit faire contre le roy d'Angleterre. Et comment ledit duc de Bourgongne avoit tellement séduit le peuple de Paris contre le Roy et son filz le duc d'Acquitaine, que tout entièrement estoit gouverné par leurs mains, et devers eulx estoient en telle subjection que à peine osoient ilz dire mot. Et aussi comment ceulx de Paris, soubz une bulle donnée par Urbain, pape quint de ce nom, pour les grans compaignes qui estoient venus en France, les dessusnommez et leurs aliez contre raison avoient fait dénoncer excommeniez [1]. Et comment ils avoient contraint l'official de Paris par grant force à faire procès contre eulx afin qu'ilz feussent excommuniez, agravez, réagravez et renforcez. Et après ce que lesdiz ambaxadeurs se gar-

---

1. Les bulles fulminées par Urbain V contre les Grandes compagnies sont au nombre de dix. La première est du 27 juillet 1364, et la dernière du 10 février 1369. Celle qui commence par les mots : *Quam sit plena periculis* fut vidimée par le pape Jean XXIII, le 15 juin 1413, et par le Roi, dans le même mois.

dassent bien de eulx descouvrir à homme d'Angleterre, s'ilz ne sentoient qu'ilz feussent de la bende des dessusnommez. Et quant ilz auroient dit au roy d'Angleterre ce que dit est dessus, si lui deissent qu'ilz avoient à parler à lui à part, c'estassavoir que ceulx de Berry, d'Orléans, de Bourbon et d'Alençon vouloient du tout en tout son bien et son honneur et eulx alier avecques lui, le aider et conforter contre le duc de Bourgongne et ses aliez, et aussi contre ceulx de Gales et d'Irlande. Et si lui deissent oultre que ou cas qu'ilz ne pourroient venir à leur conclusion contre les Escossois, et que si, et en cas encores qu'ilz ne pourroient obtenir ne faire leur voulenté, ilz feroient tant que la paix seroit faicte entre lui et le roy de France. Et oultre lui deissent que, ou cas qu'ilz ne pourroient obtenir que s'il y avoit aucunes terres sur la mer ou ilz voulsissent faire aucunes demandes, ou ilz prétendent aucun droit, qu'ilz feroient tant qu'ilz seroient contens. Et lui deissent encores comment, par défaulte de justice, ilz venoient devers lui pour avoir raison de la mort du duc d'Orléans, et comment à roy, par le nom qu'il porte, lui appartient de faire et aider justice, et que ce seroit à lui et aux siens ung très grant bien et honneur perpétuel, à lui faire et bailler aide, mesmement de tant noble sang comme estoit le duc d'Orléans. Et si lui deissent que tous les dessusnommez le serviroient de tout leur povoir, lui et ses enfans, et aussi les siens, ou temps avenir. Laquelle chose ilz porroient bien faire contre tous les plus puissans et les plus nobles de ce royaume de France. En oultre, pour avoir aide contre ledit duc de Bourgongne, requeissent lesdiz ambaxadeurs audit roy d'Angleterre d'avoir trois cens lances et trois mille archers, lesquelz on paieroit pour quatre mois[1].

Et après fut monstré par ledit chancelier d'Acquitaine ung petit advisement, lequel ledit frère Jaques Petit avoit fait sur le gouvernement de ce royaume, contenant plusieurs articles; et fut leu publiquement. Entre lesquelz estoit que sur ung chascun arpent feust imposé ung aide qui seroit nommé Fons de terre. Et que pareillement qu'on a greniers à sel en ce royaume, on ait aussi greniers à blé et d'avoine, au prouffit du Roy. En oultre que toutes les maisons ruineuses et terres inutiles feussent réparées et cultivées, ou autrement feussent forfaites et acquises. En oultre que tout homme qui ne seroit noble feust contraint à ouvrer et labourer, ou qu'il soit bouté hors du royaume. Et aussi que en ce royaume ne ait qu'une mesure et ung pois. Item, que les duchez de Luxembourg et de Lorraine feussent conquestées, et aussi les contez de Prouvence et de Savoye. Item, que l'Université soit

1. Walsingham parle dans deux de ses ouvrages (*Brev. hist.*, p. 425, *Ypodigma Neustriæ*, p. 178) de cette négociation du parti Orléanais avec l'Angleterre. Il dit que le roi Henri IV envoya au duc d'Orléans, Thomas, duc de Clarence, Édouard, duc d'York, et Thomas, comte de Dorset, et que les Anglais, ne trouvant pas le duc d'Orléans à son rendez-vous, commencèrent à ravager les terres de leurs nouveaux alliés; mais qu'enfin, après une entrevue du duc de Clarence et du duc d'Orléans, les Anglais consentirent à aller prendre leurs quartiers d'hiver dans l'Aquitaine. Comme restait alors auprès du duc de Bourgogne une partie des troupes que lui avait amenées le comte d'Arondel, notre auteur en prend occasion de faire cette réflexion sur la politique à double face suivie alors par les Anglais. *Unde succrevit multis admiratio, qualiter tam repentina facta sit mutatio, ut sub temporis tantilli spatio contingeret Anglos velut duo contraria confovere.*

mise hors de Paris, et qu'on en feist une nouvelle, pleine de preudommie [1].

Item, et y avoit plusieurs roles lesquelz ne furent point leuz, pour ce qu'ilz ne servoient de guères.

Et après ce que ledit chancelier eut récité ce que dit est, le prévost des marchans de Paris et les eschevins firent faire deux requestes au Roy par ung religieux de l'ordre Saint-Benoist, docteur en théologie. L'une, si fut qu'il pleust au Roy donner et octroier à ladicte ville de Paris la tierce partie des aides cueillies et levées en ladicte ville en la forme et manière qu'ilz avoient du temps du roy Charles, dont Dieu ait l'âme, à convertir et mettre seulement ès réparacions de ladicte ville et de la rivière. Et récita le prévost des marchans qu'il en estoit grant necessité et que c'estoit le bien du Roy et de sa bonne ville, et qu'il estoit très grant necessité d'icelle réparer. Et mesmement que les devantditz de Berry, d'Orléans, de Bourbon et d'Alençon l'avoient en hayne. Et récita oultre comment la ville de Tournay est la ville de tout ce royaume la mieux réparée et en bonne ordonnance mise, pour ce que ceulx de ladicte ville prennent retenue à le réparer et fortifier, et que si tous les ennemis de ce royaume estoient devant, ilz ne lui feroient jà nul mal. L'autre requeste fut qu'il feust recommandé au chancelier de France qu'il scellast les lectres d'une office donnée ou à donner vacant par ung Orléanois sans ce qu'on y mist opposicion, lesquelles on ne vouloit sceller. Auxquelles deux re-

1. Ce détail touchant le plan de gouvernement du jacobin est d'autant plus précieux que Monstrelet est le seul auteur qui en parle.

questes fut dit que le jeudi ensuivant ilz auroient response.

En oultre requirent ledit prévost et eschevins audit chancellier de France, qu'il monstrast au Roy les lectres qui estoient venues à la congnoissance du duc d'Acquitaine, faisant mencion comment lesdiz de Berry, d'Orléans et d'Alençon vouloient faire ung nouvel roy et despoincter le Roy et le duc d'Acquitaine. Lequel respondi qu'il n'avoit fait relacion pour le présent, si non des lectres qui estoient oudit sac, et qu'il estoit vray qu'il avoit veu ces lectres et plusieurs autres faisans mencion de ce. Et certifia ledit d'Acquitaine au Roy, publiquement, que le grant maistre d'ostel, c'estassavoir sire Guichard Daulphin, chevalier, avoit escript audit duc de Bourgongne comment les dessus nommez de Berry, d'Orléans, de Bourbon et d'Alençon avec leurs autres aliez, estoient naguères tous assemblez à Bourges la cité, et là avoient renouvelé leurs seremens, en concluant de destruire le Roy et le duc d'Acquitaine, le royaume de France et la bonne ville de Paris, ou ilz seroient destruis en ce faisant. Et lors le Roy de son propre mouvement moult fort pleurant dist et respondi : « Nous voions bien leur mauvaistié, pour quoy nous prions et requérons à vous tous qui estes de nostre sang que vous nous vueillez aider et conseiller contre eulx, car il nous touche et à vous aussi, et à tout nostre royaume. » Et pareillement en pria et requist à tous les autres là estans. Et adonc le roy Loys se leva et se mist à genolz devant le Roy et lui dist : « Sire, pour le bien et honneur de vous et de vostre royaume, je vous supplie qu'il vous plaise ceste besongne diligemment solliciter, car il en est grant neccessité. ». Et pareillement s'agenoillèrent les ducs d'Acquitaine et de Bourgongne et tous les autres seigneurs, et se offrirent à servir le Roy de toute leur puissance. Et après toutes ces besongnes ainsi dictes et proférées, et que le conseil fut finé, toutes les matières dessusdictes furent publiées et divulguées parmy Paris, et à plusieurs baillées par escript. Dont plusieurs gens furent moult esmerveillez.

CHAPITRE LXXXVIII.

Comment Loys duc en Baviere, frère de la Royne de France, fu débouté de la ville de Paris, et depuis ses gens destroussez du cardinal de Cambray. Et la défense du roy d'Angleterre.

Item, en ces mesmes jours, Loys duc en Bavière, frère de la royne de France, estant à Paris, fut souspeçonné par les Parisiens d'avoir aucunement dit en secret au Roy et au duc d'Acquitaine aucunes paroles à la faveur des ducs de Berry et d'Orléans. Et pour ce, doubtans que ce ne leur portast aucun préjudice ou dommage, sachans que iceulx les avoient en grant hayne, s'assemblèrent un certain jour en grant nombre, et de fait dirent audit duc en Bavière, qu'il estoit de la partie des dessusdiz ducs, et qu'ilz n'estoient point bien contens de lui; disans oultre, que puis qu'il vouloit estre de leur aliance, il s'en alast avecques eulx. Ausquelz fut respondu par icellui duc Loys en soy excusant, qu'il n'avoit vouloir de tenir autre partie que celle du Roy. Si demoura la besongne pour le présent en cest estat. Mais bien perceut qu'ilz n'estoient point bien contens de lui. Et pour ce, doubtant qu'il n'eust aucun inconvénient, s'en ala secrètement au chastel de Marcoussis[1]. Mais avant son département fist charger, audit lieu de Paris, un chariot de ses meilleures bagues, avecques sa vaisselle et autres joyaulx, lesquelz en la compaignie de quatre gentilz hommes de son hostel, dont l'un estoit aagé de seize à vingt ans, bien noble homme de son pays d'Alemaigne, et aucuns varlets, fist partir pour le mener en la ville de Valenciennes, ouquel lieu il avoit entencion de aler tantost après. Mais ainsi que iceulx faisoient leur chemin pour aler où il leur estoit ordonné, advint que aucuns tenans le parti du duc de Bourgongne, meuz et pleins de grant convoitise et de grant cruaulté, c'estassavoir le bailli de Fouquencourt, Jacotin son frère, et Jaques de Braquencourt, et autres en leur compaignie, dont la plus grant partie estoient des marches de Picardie, sachans le partement dudit chariot et qu'il estoit ainsi furny de biens, et par la séduction de messire Morelet de Bétencourt, poursuivirent les dessusdiz et les rataingnirent entre la rivière d'Oise et celle de Somme. Si les envayrent soudainement, et sans y trouver aucune défense, en mirent à mort la plus grant partie. Et après prindrent tous les biens dessusdiz et le jeune escuier dont dessus est faicte mencion, et s'en vindrent tous loger en une abbaye de nonnains nommée Frémi, emprès la cité de Cambray. Ouquel lieu quant ilz y eurent esté deux ou trois jours, prindrent par nuit icellui jeune escuier et le menèrent hors de l'abbaye, et le occirent très inhu-

---

[1]. Ce château, lors de la confiscation du grand-maître Jean de Montaigu, avait été donné à Louis, duc de Guienne, qui lui-même le donna à Louis de Bavière, par lettres du 3 décembre 1409.

mainement et puis le gectèrent en ung fossé plein d'eaue, et après ce qu'il fut mort, comme dit est, lui percèrent le corps d'un pieu de bois pour le atacher au fons du fossé, et en cest estat fut trouvé certain temps après par les varlets et famillers d'icelle abbaye, et de là fut porté et mis en terre saincte ou pourpris d'icelle église. Et depuis il y fut fait très noble service pour le salut de son âme, à la prière et despense d'aucuns de ses amis, qui en firent moult grant clameurs et lamentacions quant ilz en furent advertis. En oultre, les dessusdiz malfaicteurs firent fermer en queues[1] grant partie des biens dessusdiz et les mirent en l'ostel dudit Cambray[2], ouquel ils avoient accointance, et se partirent du pays de Cambrésis pour aler en autres lieux où ilz avoient à faire. Laquelle besongne venue à la congnoissance dudit Loys de Bavière, fut tant dolent que plus ne peut, et par espécial de la mort dudit jeune filz et de ses autres gens, et aussi de la perte de ses biens. Si en fit grant complainte au Roy et au duc d'Acquitaine, et aussi au duc de Bourgongne, à qui les dessusdiz se disoient. Lequel duc de Bourgongne lui promist à lui faire restituer, et de pugnir lesdiz malfaicteurs. Et aucun peu de temps après, icellui duc Loys se parti de Marcoussis, et fut conduit par l'ordonnance du Roy et du duc de Bourgongne et du vidame d'Amiens, très bien acompaigné, jusques

---

1. C'est-à-dire renfermer dans des tonneaux. Il est question dans un registre du parlement de cette époque de pièces de procès entassées dans des *queues* et envoyés ainsi aux Grands-Jours de Troyes.

2. Il y a ici deux mots de passés. Il faut lire : *en l'ostel d'un bourgois dudit Cambray*, comme au ms. *Suppl. fr.* 93.

en la ville de Valenciennes, où il demoura grant espace. Et environ six sepmaines après, comment ses biens estoient dedens la cité de Cambray, si en escripvi devers la loy d'icelle ville, et aussi en fist escripre par le conte de Haynau, auquel il estoit parent. Et tant y fut besongné que finablement iceulx biens, c'est assavoir ceulx qui furent trouvez dedens la cité de Cambray, lui furent rendus et restituez.

De laquelle cité de Cambray estoit alors évesque maistre Pierre d'Ailli, excellent docteur en théologie, qui adonc fut fait cardinal par le pape Jehan XXIIIe, et se nommoit le cardinal de Cambray[1]. Auquel éveschié succéda Jehan, filz du seigneur de Liquerque[2], maistre ès ars, qui pour ce temps estoit en court de Romme.

En oultre, en ces propres jours, Henry roy d'Angleterre fist cryer à son de trompe en la ville de Calais et autres lieux et frontières de Boulenois, que nul, de quelque estat qu'il feust, de son obéissance, n'alast ou royaume de France au mandement d'une partie ou d'autre des deux princes discordans, pour les servir en armes ne autrement, sur confiscacion de corps et de biens.

1. Il joua un grand rôle dans l'affaire du schisme.
2. « Licquerke. » (*Suppl. fr.* 93.)

CHAPITRE LXXXIX.

Comment le roy Loys de Cécile se parti de Paris. Du siège de Danfront et de la bataille de S. Remi-ou-Plain. Et du siège de Bellame, et autres besongnes et incidens.

Le mardi xx⁰ jour d'avril de cest an[1], se party de Paris, par l'ordonnance du Roy et de son grant conseil, le roy de Cécile[2] avecques toutes ses gens d'armes en moult bel arroy. Si le convoia jusques dehors, la ville et le prévost de Paris, avecques eulx plusieurs autres grans seigneurs. Si s'en alla à Angers et ou pays du Maine à lui appartenans, pour iceulx défendre à l'encontre des contes d'Alençon et de Richemont qui moult les traveilloient et faisoient forte guerre. Et lui, là venu, manda tous ses subjectz, tant chevaliers et escuiers comme autres, qui estoient accoutumez de eulx armer, et les mist en garnison en ses villes et forteresses desdiz pays sur les frontières, contre ses adversaires. Et adoncques messire Anthoine de Creton[3], le Borgne de la Heuse, chevalier, et aucuns autres capitaines furent envoiez de par le Roy ou pays d'Alençon pour le remetre en l'obéissance du Roy. Si prindrent la ville de Danfront. Mais le chastel, qui estoit moult bien furny de gens de guerre et autres garnisons, ne porent ilz avoir. Ains se tindrent contre leurs ennemis en faisant guerre en tout ce que possible

1. L'année 1412 avait commencé le 3 avril. Le 20 tombait un mercredi. Il faut donc lire, ou le mardi 19, ou le mercredi 20 avril.
2. Louis II, duc d'Anjou, roi de Sicile.
3. Il faut lire de Craon, comme dans le *Suppl. fr.* 93 et comme plus bas. La forme *Creton* est prise du latin *Credone*.

leur estoit. Et avecques ce envoièrent devers ledit conte d'Alençon leur seigneur, lui requerre bien instamment qu'il les voulsist secourir. Lequel conte fut fort troublé pour la prinse de sa ville. Si manda par ung sien hérault à ceulx de dedans, qu'il les iroit combatre en assez brief terme se là ilz le vouloient actendre. Après lequel mandement iceulx capitaines envoièrent tantost devers le roy de France, lui signifier ces nouvelles, en lui requérant qu'il leur envoiast aide. Lequel Roy manda tantost au connestable et au mareschal, qui estoient à Vernon, à tout grant compaignie de gens d'armes, que sans délay ilz alassent audit lieu de Danfront. Lequel mandement fut par eulx exécuté, et y alèrent. Et pareillement, y envoya le roy de Cécile très grant compaignie de gens d'armes. Mais au jour que ledit conte d'Alençon avoit assigné de les combatre, il n'y ala ne envoya. Et après que ledit connestable et autres capitaines eurent entretenue ladicte journée, voians que leurs adversaires point ne venoient, firent faire et édifier devant ledit chastel ung fort boulevert[1], dedans lequel et en la ville, ilz laissèrent grant garnison pour tenir frontière et résister contre icellui, et se partirent de là. Si s'en ala ledit connestable mectre le siége devant Saint-Remy ou Plain[2] et envoia messire Anthoine de Craon, bien acompaigné, à Vernon, querre les bombardes, canons[3] et autres engins de guerre, pour amener audit lieu de Saint-Remi. Et estoit lors en la compaignie d'icellui

---

1. Le ms. *Suppl. fr.* 93 écrit : bollevart.
2. Saint-Remy du Plain, au Maine.
3. En général, dans les textes de cette époque le mot *bombarde* s'applique aux pièces de gros calibre.

connestable, Jehan de Luxembourg son nepveu, messire Philippe de Harecourt et son frère le seigneur de Beausault, nommé messire Jaques, le vidame d'Amiens, le seigneur d'Offemont, le seigneur de Chauny, le Borgne de la Heuze, Raoul de Neelle, Rolequin filz dudit vidame d'Amiens, le seigneur de Louroy, le Galois de Renti, messire Boort Quieret, le seigneur de Herbausmes[1], le seigneur de Sains, et plusieurs autres notables chevaliers et escuiers jusques au nombre de douze cens bacinets, et grant nombre d'archers. Lesquelz tous ensemble se logèrent en ladicte ville de Saint-Remi et alèrent oudit chastel, qui estoit assez fort et bien garny de bonnes gens de guerre. Lesquelz furent de première venue sommez à eulx rendre en l'obéissance du Roy, de laquelle chose ilz furent refusans. Et pour ce, furent drécez à l'encontre dudit chastel aucuns engins, et de fait fut fort dommagié par iceulx. Durant lequel temps, le sire de Gaucourt et messire Jehan Dreues, messire Guanes de Garencières, Guillaume Batiller, le seigneur d'Argillières, Jehan de Faloise et autres capitaines tenans la partie du duc d'Orléans et du conte d'Alençon, se mirent ensemble avec grant nombre de combatans, en entencion de venir combatre ledit connestable et le prendre secrètement en son logis au point du jour avant qu'il feust adverti. Et pour celle entreprinse mener à fin, le x.e jour de may se mirent à chemin et chevauchèrent toute la nuit et en conclusion vindrent assez près de leurs adversaires, lesquelz aucunement de jour et de nuit estoient sur leur garde, et avoient leurs coureurs

---

1. Hermaumes. » *(Suppl. fr. 93.)*

et espies par le pays. Entre lesquelz y estoient à ceste heure Morelet de Mons, Galien, bastard d'Auxi, et aucuns autres, lesquelz furent prins desdiz Orléanois. Mais les autres eschapèrent et vindrent, quanque chevaulx les porent porter, jusques à leur ost, crians à l'arme! et qu'ilz avoient veu les Orléanois en grande ordonnance de bataille et durement approuchans leurs logis, et que desjà avoient prins Morelet de Mons et le bastard d'Auxi et aucuns autres. Lesquelz criz oyz par le connestable et autres capitaines, firent sans délay armer leurs gens et pour mieulx en sçavoir la vérité envoièrent le seigneur de Saint-Léger et le seigneur de Drucat, chevaliers très expers en guerre, pour adviser et aussi raporter la vérité de ceste besongne. Lesquelz ne chevauchèrent guères loing, quant ilz virent venir leursdiz adversaires ainsi et par la manière que paravant leur avoit esté raporté. Si s'en retournèrent tantost au logis et dirent au connestable ce qu'ilz avoient veu; lequel faisoit desploier son estandart et sonner ses trompètes. Si yssi hors de son logis avec une partie de ses gens et se mist en bataille pour recevoir ses ennemis, et fist arrester le surplus. Et là, lui estant armé sur ung cheval, alant d'un lieu à l'autre, mist ses gens en bonne ordonnance, et les exhorta bénignement à bien et hardiement combatre contre les adversaires du Roy et de la couronne de France. Et adonc, par le conseil des plus sages de sa compaignie furent mis au derrière de sa bataille les charios et charètes, les chevaulx et les varlets qui les gardoient. Et à chascun costé de celle bataille furent mis emprès les hommes d'armes, les archers et arbalestriers en manière de deux èles, tant et si loing qu'ilz se povoient estendre. Après laquelle ordonnance ainsi faicte et qu'ilz veoient leurs ennemis venir vers eulx, furent faitz nouveaulx chevaliers, tant par ledit connestable, comme par aucuns autres là estans, c'estassavoir, Jehan de Lucembourg, Jehan de Beausault, Rolequin, fils du vidame d'Amiens, Alart de Herbaumes, Le Brun de Sains, Raoul de Neelle, Raillart d'Escaufours, Regnault d'Azincourt et plusieurs autres. Et adonques ledit connestable se mist à pié au plus près de sa bannière, et incontinent, lesdiz Orléanois, lesquelz pour ce temps on nommoit en commun langage Armignacs, vindrent, une partie courant à grant force tout à cheval, dedens la ville, cuidans soudainement envayr leursdiz adversaires avant qu'ilz en feussent advertis. Et quant ilz perçurent qu'ils estoient tous ensemble en ordonnance de bataille, si se rassemblèrent ensemble et en faisant grant bruit et grans criz se boutèrent tous à cheval dedens les archers et arbalestriers, et en occirent de première venue jusques à douze ou environ. Et les autres se mirent oultre ung fossé assez avantageux, et commencèrent à tirer, tant de leurs arcs que de leurs arbalestes, assez continuellement, et tellement se y maintindrent qu'ilz grevèrent très grandement les Orléanois et les mirent en desroy par force de traict, lequel les chevaulx ne povoient souffrir, et ruèrent jus plusieurs de leurs maistres. Et adonc le connestable fist marcher sa bataille et aler avant pour assembler à eulz, et leur escria à haulte voix : « Çà ribaudaille, veez me cy que vous querez. Venez à moy. » Lesquelz, qui résister ne povoient, principalement pour le desroy de leurs chevaulx, qui estoient blessez si qu'ilz ne les povoient conduire, commencèrent tantost tourner le dos et eulx mectre à la fuite. Et lors, les gens d'icellui connestable, tant hommes d'armes comme archers, en eslevant grans cris, commencèrent de toutes pars à férir et effondrer eu eulx, et les navrer et occire cruelement. Et par espécial, les dessusdiz archers, qui estoient légèrement armez, les poursuivirent asprement et en firent maint mourir à grant martire. Et là, en ce mesme lieu, auprès de l'assemblée avoit ung vivier dedens lequel plusieurs des dessusdiz [chevaulx] trébuchèrent, à tout leurs maistres. Et lors de rechef y eut ung vaillant homme d'armes breton qui se féry dedens lesdiz archers, espérant que ses compaignons le suivissent; mais tantost fut tiré jus de son cheval et mis à mort très cruellement. Et adonc icelui connestabble, voiant ses ennemis estre tournez à déconfiture, fist incontinent plusieurs de ses gens monter à cheval, et les poursuivy vigoreusement. En laquelle poursuite en furent mors et prins grant nombre, et les autres se saulvèrent en Alençon et autres lieux et fortresses de leur obéissance. En oultre, iceulx retournans de la chasse ramenèrent bien quatre vingts prisonniers de leurs adversaires devers ledit connestable. Lequel ilz trouvèrent avec ses chevaliers, où ilz faisoient grant joye pour la victoire qu'ilz avoient obtenue contre leurs ennemis. Entre lesquelz prisonniers estoit le seigneur d'Asnières et messire Jannet de Garpchères[1], filz du seigneur de Croisy, lequel estoit à ceste besongne avec ledit connestable. Et quant il vit son filz qui estoit venu contre lui, il fut esmeu de si grant ire, que se on ne l'eust tenu il eust tué sondit filz.

1. Jannet de Garencières.

Or est vérité que ceulx qui estoient venus à ladicte journée contre ledit connestable, avoient amené grant nombre de paysans, en entencion qu'ils deussent ruer jus leurs adversaires. Mais le contraire leur advint. Car ilz furent mors, bien trois cens ou environ, et en y eut de prins, bien de six à sept vingts. Et tantost après se retrahy ledit connestable, à tout son ost, dedens ladicte ville de Saint-Remy au Plain, dont il s'estoit deslogié le matin. Duquel Saint-Remy ceste journée et ceste besongne porte le nom à tousjours. Et là fist préparer ses gens afin d'assaillir le chastel. Mais ceulx qui estoient dedens, véans leur secours mis à desconfiture, se rendirent incontinent au connestable ou nom du Roy, lequel ainsi les reçeut. Et les gens du roy de Cécile, qui estoient environ huit cens bacinets d'hommes d'armes à Eslite[1] en la conté d'Alençon, tantost qu'ilz sceurent les nouvelles que lesdiz Orléannois estoient assemblez pour courir sus au siège de Saint-Remi, ilz constituèrent et ordonnèrent quatre vingts bacinetz, et les envoièrent au connestable audit lieu de Saint-Remi pour lui faire secours et aide. Lesquelz y arrivèrent dedens quatre heures après, et pour la grande desconfiture et reddicion du chastel, duquel ilz ne sçavoient riens, eurent moult grant joye. Et puis se départirent tous dudit lieu, en délaissant garnison oudit chastel, et s'en retournèrent lesdiz de Cécile devers le roy leur seigneur, et le connestable s'en ala à Belesme avecques ses gens, c'estassavoir le mareschal de France et messire Antoine de Craon. Lesquelz, là venus, tantost après, le roy de Cécile[2] et toutes ses gens d'armes

---

1. « A Leslite. » (*Suppl. fr.* 93.)
2. Notre texte introduit ici les mots *devers le roy leur seigneur*

vindrent hastivement oudit lieu de Belesme, et en sa compaignie plusieurs archers et arbalestriers et habillemens de guerre, lesquelz assirent et ordonnèrent leur siège. C'estassavoir le roy de Cécile et ses gens ocupèrent la moitié dudit chastel, et ledit connestable et ledit mareschal de France ocupèrent l'autre moitié dudit chastel, et moult fort le commencèrent à envayr et assaillir poissamment et incessamment. Et tant y continuèrent que les asségez, non puissans résister, rendirent eulx et ledit chastel au roy par condicion. Et puis après que garnison fut mise en la ville et ou chastel, de par le Roy, le connestable se parti et s'en ala, lui et ses gens, vers Paris, et le mareschal s'en retourna vers Dreux, et le roy Loys avecques ses gens s'en ala devers le Mans Saint Julien[1] pour garder les terres de son pays d'Anjou. Lequel connestable venu devers le Roy, le duc d'Acquitaine et le duc de Bourgongne, oudit lieu de Paris, fut grandement par iceulx festyé et honnouré, tant pour la victoire qu'il avoit eue oudit lieu de Saint-Remy, comme pour autres besongnes qu'il avoit achevées honnorablement au voiage dessusdit. Et lui fut prestement assignée certaine grant somme de pécune pour paier ses gens d'armes qui l'avoient servi ou voiage dessusdit, et avec ce lui furent donnez grans dons, tant de par le Roy, comme par le duc de Bourgongne.

Durant lequel temps, Amé de Viry et le bastard de Savoye menèrent forte guerre au duc de Bourbon ou

---

et le connétable, mots qui ne se trouvent pas dans *Suppl. fr.* 93, et qui rendraient la phrase inintelligible.

1. Le Mans, dont la cathédrale est sous l'invocation de saint Julien. Le ms. *Suppl. fr.* 93 porte simplement *Le Mans*.

pays de Beaujolois. Et environ la my-avril eurent ung grant rencontre assez près de Villefranche, et ruèrent jus deux capitaines du duc de Bourbon, c'estassavoir Viguier et Raffort¹ et Bernardon de Sères et avecques eulx huit vingts hommes d'armes, tant chevaliers comme escuiers; et peu en eschapa qu'ilz ne feussent tous prins ou mors.

Et d'autre partie, le seigneur de Heilly et Enguerran de Bournonville mectoient en grant subjection le pays de Poictou, et en ces propres jours destroussèrent deux cens combatans des gens du duc de Berry assez près de la ville de Montfaulcon².

En oultre, le grand maistre d'ostel du Roy, c'estassavoir messire Guichard Daulphin, le maistre des arbalestriers de France et Jehan de Châlon³, à tout dix mille chevaulx, alèrent de par le Roy mectre le siège devant la ville de Saint-Furgeau en Nyvernois⁴, appartenant à Jehan, fils du duc de Bar. Et eulx là estans actendoient de jour en jour à estre combattus par leurs adversaires. Néantmoins après qu'ilz eurent là esté environ douze jours, et perdu plusieurs de leurs gens, qui y furent mors et navrez, la ville se rendi en leur obéissance, et y fut mise garnison de par le Roy.

Et pareillement le seigneur de Saint George et autres nobles du pays de Bourgongne, estoient pour lors en Gascongne, et faisoient guerre au conte d'Armignac.

Messire Helion de Jaqueville se tenoit vers Estampes

---

1. Le ms. *Suppl. fr.* 93 porte « Viguier de Ruffort. »
2. Montfaucon, seigneurie du Poitou dans l'élection de Chatellerault.
3. Jean de Châlon, sire d'Arlay et prince d'Orange.
4. Le ms. *Suppl. fr.* 93 porte « Saint-Fourgau en Yvernois. »

et conquestoit chascun jour sur les Orléanois, lesquelz pour ce temps avecques tous ceulx qui tenoient leur parti, estoient moult infortunez. Car de tous costez on leur faisoit guerre. Et pour y remédier et avoir aliance contre leurs adversaires, envoièrent, les seigneurs dont mencion est faicte, leurs ambaxadeurs solemnelz devers le roy Henry d'Angleterre, [qui] moyennant les seellez et lectres de crédence qu'ilz avoient portez des seigneurs de France qui là les avoient envoiez, traictèrent tant avec icelluy Roy qu'il fut content d'envoier ausdiz seigneurs huit mille combattans, desquelz seroient les chefz son second filz Thomas, duc de Clarence[1]. Et pour de ce avoir seureté bailla aux dessusdiz ambaxadeurs ses lectres seellées de son grand seel. Lesquelles ilz apportèrent en France devers lesdiz de Berry, d'Orléans, de Bourbon et d'Alençon et autres, lesquelz à leur retour ilz trouvèrent à Bourges en Berry. Et furent bien joieux quant ilz virent le seellé du roy Henry d'Angleterre. Car chascun jour ilz actendoient d'en avoir à faire, par ce qu'ilz estoient tous acertenez que le duc de Bourgongne amenoit le roy de France avecques toute sa puissance contre eulx, pour les conquerre et subjuguer.

1. Voy. plus haut, p. 247.

CHAPITRE XC.

Comment le Roy de France, à grant puissance, se parti de Paris pour aler à Bourges. Et des lettres du roy Henry d'Angleterre. Et autres matières.

Or est vérité qu'en ce temps le roy Charles de France, pour mectre ses ennemis en obéissance, par la déterminacion de son grant conseil, manda par tout son royaume gens d'armes et gens de traict à venir devers lui vers Paris et Meleun. Et avec ce fut mandé grant nombre de charroy et charètes. Et pareillement les ducs d'Acquitaine et de Bourgongne firent très-grant mandement. Et quant tout fut prest et que le Roy se devoit partir pour aler en ce voiage, les Parisiens en grant quantité, avec ceulx de l'Université de Paris, alèrent devers lui en son hostel de Saint Pol, et, présent son conseil, lui requirent instamment qu'il ne feist nul traictié et accord avecques ses adversaires, sans ce qu'ilz y feussent expressément comprins et dénommez. Et remonstrèrent comment ses adversaires les avoient en grant hayne pour ce qu'en tous temps ilz avoient tenu son parti et le servy contre eulx. Laquelle requeste leur fut octroiée par le Roy et son conseil. Lequel roy yssi de Paris en noble arroy, le jeudi cinquième jour de may de cest an, et s'en ala au giste au Bois de Vincennes, où estoit la royne, sa compaigne. Et de là, icelle avecques lui, par Corbueil ala à Meleun, où il séjourna par aucuns jours en actendant ses gens. Et le dimenche ensuivant[1], se partirent dudit lieu de

---

1. Le 8 mai 1412.

Paris les ducs d'Acquitaine et de Bourgongne, et s'en alèrent à Meleun devers le Roy. Ouquel lieu et à l'environ, venoient gens en grant multitude de plusieurs parties du royaume de France. Et le samedi ensuivant, xxiiii[1] jour dudit moys[1] de may, se parti ledit roy, de Meleun, en sa compaignie les ducs d'Acquitaine, de Bourgongne, de Bar, et les contes de Mortaigne et de Nevers, avecques plusieurs autres grans seigneurs, chevaliers et gentilz hommes. Et avoit conclud avec son grant conseil à jamais retourner de son entreprinse jusques à ce qu'il auroit mis en son obéissance les ducs de Berry, d'Orléans et de Bourbon, et tous les autres aliez. Et s'en alèrent à Moret en Gatinois, et de là à Monstereau où fault Yonne. Ouquel lieu de Monstereau, le Roy fut blécié en la jambe de la roupture d'un cheval[2]. Et de là, s'en ala à Sens en Bourgongne, où il séjourna par six jours pour cause de ladicte bleceure. Et tousjours estoient la royne et la duchesse de Bourgongne en sa compaignie, lesquelles, receu le congié de leurs seigneurs, retournèrent au Bois de Vincennes. Et le conte de Charrolois, seul filz au duc de Bourgongne, par l'ordonnance de son père s'en ala demourer à Gand. Et tantost après la Royne s'en ala demourer à Meleun, et y tint son estat.

Durant lequel temps les Anglois de la frontière de Boulenois prindrent d'emblée la forteresse de Bane-

1. Il y a ici un dix de trop. Il faut lire le 14, comme dans le ms. *Suppl. fr.* 93.

2. C'est-à-dire d'une ruade, comme l'indique plus clairement le ms. *Suppl. fr.* 93 : « Fu bléchié en la gambe de la regetture d'ung cheval. » Voy. le Religieux de Saint-Denis, qui parle plus au long de cet incident. (*Chron. de Ch. VI*, t. V, p. 637.)

langeen située entre Ardre et Calais[1], laquelle appartenoit au damoiseau de Dixemue[2] en héritage, non obstant que pour lors y avoit trêves seellées entre les deux roys. Et fut commune renommée que le capitaine d'icelle fortresse, nommé Jehan de Stinbèque, la vendi et en receut certaine somme d'argent des Anglois. Pour laquelle prinse, lendemain quant les nouvelles en furent espandues par le pays, le peuple tenant la partie du Roy en furent fort troublez[3], mais ilz n'en peurent avoir autre chose, et leur convint soufrir. Si demoura ledit capitaine et sa femme paisiblement avec iceulx Anglois, et par ainsi fut assez apperceu que la prinse du fort avoit esté faicte de son gré. Et avec ce, certains souldoiers qu'il avoit avec lui, furent détenus et mis à finance.

En oultre, le roy Henry d'Angleterre, de l'affinité et aliance de mariage qu'il avoit voulu avoir pour son filz aisné avecques la fille du duc de Bourgongne, fut pour ce temps du tout refroidie par le moien des aliances dont dessus est faicte mencion, qu'il avoit faicte avec les adversaires dudit duc. Et aux Gantois, à ceulx de Bruges, d'Ypre et du Franc, envoya lectres en françois par ung sien hérault. Desquelles la teneur s'ensuit:

« Henry, par la grace de Dieu roy d'Angleterre et de France, seigneur d'Yrlande. A honnourez et sages seigneurs, bourgois, eschevins et advouez des villes de Gand, de Bruges, d'Ypre, et du territoire du Francq, noz très chers et espéciaulx amis, salut et dilection.

---

1. Balinghen, à 3 kilomètres d'Ardres.
2. Dixmude.
3. « En fu le peuple tenans la partie des Franchois, fort tourblés. » (*Suppl. fr.* 93.)

Très chers et honnorez seigneurs et amis, il est venu à nostre congnoissance par relacion créable, comment soubz umbre de nostre adversaire de France, le duc de Bourgongne, conte de Flandres, prent et veult prendre son chemin vers nostre pays d'Acquitaine, pour icellui destruire et gaster et noz subgetz, et par espécial noz bien chers et amez cousins les ducs de Berry, d'Orléans et de Bourbon, les contes d'Alençon, d'Armignac et le seigneur d'Albret. Pour quoy se vostre seigneur veult persévérer en son injurieux et mauvais propos, vous nous vueillés par le porteur de ceste certifier par vos lectres le plus tost que vous pourrez, se ceulx du pays de Flandres veulent pour leur partie tenir les trêves entre nous et eulx derrenièrement tenues et eues, sans vous assister au mauvais propos de votre seigneur contre nous. Entendans, honnourez seigneurs et amis, que ou cas que vous et les communes de Flandres les vouldroient garder et tenir ou prouffit du pays des Flandres, nous entendons et avons proposé de faire pareillement pour nostre partie. Très chers et honnorez amis, le Saint-Esperit vous ait en sa sainte garde. Donné soubz nostre privé séel, en nostre palais de Westmoustier, le xvie jour de may, xiiie an de nostre règne[1]. »

Sur lesquelles lectres les Flamens respondirent et dirent au porteur que les trêves dont lesdictes lectres faisoient mencion ne vouloient nullement enfraindre, et qu'au roy de France, leur souverain seigneur, et le duc de Bourgongne, conte de Flandres, serviroient et

1. Pour constater l'exactitude de Monstrelet, cf. Rymer (t. IV, part. II, p. 12), où cette pièce est imprimée.

assisteroient comme autrefois avoient fait, à leur povoir. Lesquelles lectres tantost après envoièrent devers le Roy et le duc de Bourgongne, qui estoient encores en la ville de Sens en Bourgongne.

Esquelz jours, le duc de Berry, par le conseil du conte d'Armaignac, fist forger monnoye en sa cité de Bourges pour paier les souldoiers, c'estassavoir blans doubles et escuz d'or, assez semblables à la monnoye du coing du Roy, en escripture et en armes. Dont le Roy et son conseil furent moult desplaisans.

CHAPITRE XCI.

Comment la ville de Vrevins fut prinse des Orléanois, lesquelz peu de temps après s'en partirent et l'abandonnèrent.

Item, en ces jours proprement, la ville de Vrevins[1], qui estoit moult forte et riche, fut prinse par décepcion de messire Clugnet de Brabant, de messire Thomas de Liersis[2], du seigneur de Bosqueaulx, chevaliers, et aucuns autres gentilz hommes jusques au nombre de six cens combatans ou environ, de diverses nacions, lesquelz estoient de la partie des Orléanois. Et disoit-on que ce fut par ung boucher et à son instance, qui avoit esté banny de ladicte ville par ses démérites et s'estoit mis en la compaignie dudit messire Clugnet, duquel boucher la femme et les enfans demouroient en ladicte ville. Lesquelz sur le serain et requoy de la nuit[3] s'estoient tapis et mucez emprès

1. *Vrevins*, pour Vervins (en Laonnois).
2. « Thumas de Lersies. » (*Suppl. fr.* 93.)
3. « Sur le quoy et serain de la nuit. » (*Suppl. fr.* 93.) *Requies*, repos.

une porte. Et quant le jour fut esclarcy, environ soleil levant, que les guètes et gardes de nuit sur les murs se partirent et laissèrent leurs gardes, et que la porte fut ouverte et le pont fut avalé[1], iceulx qui estoient mucez en certains lieux, avant que les gardes des portes feussent venues, entrèrent ens et commencèrent à envayr ceulx de ladicte ville, qui riens n'y pensoient, et firent sonner leurs trompètes en criant à haulte voix : « Vive le duc d'Orléans ! » Touteffois il y eut peu de gens de ladicte ville prins, mais ilz furent tous desrobez. Et estoit lors le seigneur dudit lieu de Vrevins avecques le Roy. Et y eut prins, tant en vaisselle comme en monnoie, la valeur de moult de fleurins[2]. Lequel avoir fut, par ledit messire Clugnet, du gré et consentement de ses compaignons, tous porté en Ardenne[3], afin que ceulx du pays et des villes de sa partie et qui estoient en son aide, feussent tous paiez. Et tantost, tous les voisins d'entour, qui sceurent la chose et le fait, furent moult esbahis et eurent grant paour. Pour ce, vindrent les communes d'entour, tant des bonnes villes comme du pays d'environ. Si les asségèrent et se mirent en peine de reprendre ladicte ville. Là vint aussi le bailli de Vermendois, nommé Le Brun de Bains, chevalier, le seigneur de Chin, et plusieurs autres chevaliers et escuiers, bourgois et autres avecques lui, jusques au nombre de quatre cens bacinets et six ou huit mille piétons de gens armez puissamment. Ouquel siège vint le seigneur de ladicte ville, qui estoit de grant noblesse et

1. Abaissé.
2. Florins, comme au ms. *Suppl. fr.* 93.
3. « Fu tout porté en Ardenne. » (*Ibid.*)

moult expert chevalier, tantost qu'il oy nouvelles de la prinse de sadicte ville. Si fut tout le circuite entreprins par ceulx de dehors, et par grant force et puissance les commencèrent à guerroier. Et les asségez ordonnèrent leurs défenses sur les murs, de dars et de saiètes et d'autre trait, en leur monstrant et faisant bonne guerre et bonne défense. Et là en ladicte ville furent en cest estat vingt trois jours. Et tant que le vii* jour du moys de juing, le seigneur de Bosqueaulx Thomas de Hersis et son filz [1], chevaliers, le bastart d'Esne, et ceulx qui estoient avecques eulx, considérans que leurs adversaires croissoient de jour en jour, et aussi le dérompement des tours, des maisons et des murs, doubtans qu'en la fin ne feussent prins de force et de leurs ennemis mis à mort, ce jour, eurent conseil ensemble pour sçavoir comment ilz se pourroient saulver. Si monstrèrent grande apparence de résister et eulx défendre contre leurs ennemis, pour mieulx céler leur entencion. Lesquelz, à l'eure que ceulx de dehors estoient en leurs tentes et pavillons, et qu'ilz séoient au disner, et avoient leurs guectes devant une porte tous armez ainsi que on avoit accoustumé, vindrent lesdiz asségiez tous armez et montez sur leurs chevaulx, et firent ouvrir les portes. Et tous, excepté trois qui dormoient ou qui furent trop négligens, saillirent hastivement hors de la porte, en férant très asprement leurs chevaulx des espérons, et à course de chevaulx se boutèrent ou bois le plus tost qu'ils porent. Ceulx qui tenoient le siège, voians ceste chose, furent

1. Il est appelé plus haut Thomas de Liersis. Le ms. *Suppl. fr.* 93 porte : « Thomars de Liersies, le filz du seigneur d'Esclèbes, chevaliers. »

tous esmerveillez. Si boutèrent leurs tables par terre, montèrent ès chevaulx et coururent après eulx. Si les suivirent à grant effort tant qu'ilz porent, et en prindrent jusques à soixante ou environ, et les aultres se saulvèrent par force de bien fuyr. Et ceulx qui les chacèrent, retournèrent, à tout leurs prisonniers, puis entrèrent en ville, où ilz trouvèrent les trois orléanois dessusdiz, avecques aucuns aultres chétifz, lesquelz le bailli de Vermendois fist mectre en prison. Et après ce qu'on eut oye leur confession, furent par sentence dudit bailli décolez. Et après se partit de là ledit bailli et s'en ala à Laon, où il mena les autres prisonniers orléanois bien liez, pour là leur faire coper les testes. Et le seigneur de Vrevins demoura en sadicte ville, et à son povoir la fist refaire et réparer. Et le seigneur de Chin et les autres s'en alèrent chascun en son lieu.

Et dedens brief temps après, fut prins le chastel de Gersies[1], qui estoit moult fort, des gens messire Clugnet de Brabant, c'estassavoir de messire Symon de Clermont, et ung capitaine nommé Mulet Dautre, et aucuns autres. Lesquelz le prindrent d'emblée, à ung matin. Mais tantost ledit bailli de Vermendois, et avecques lui les seigneurs dessusdiz et grant multitude de communes, vindrent devant et le recouvrèrent par force d'assault. Si furent prins les dessusdiz Simon et Mulet Daultre et leurs gens, et menez à Laon, où ilz eurent tous les testes copées. Et après, pour garder ledit chastel, y fut mise garnison de par le Roy.

1. Gercy, à 3 kilomètres de Vervins.

CHAPITRE XCII.

Comment le Roy de France oy certaines nouvelles que ses adversaires estoient aliez avecques le roy d'Angleterre. Et comment le connestable fut envoié contre eulz ou pays de Boulenois.

En ces mesmes jours, Charles, roy de France, estant encores avecques ses princes à Sens en Bourgongne, oy certaines nouvelles que ses adversaires estoient aliez avecques le roy d'Angleterre, c'estassavoir Berry, Orléans et Bourbon et les autres seigneurs de leur partie, et que le roy d'Angleterre si vouloit envoier aucuns de ses princes en France, à tout une grosse armée d'Anglois, à leur aide, pour dégaster son royaume, et que desjà estoient yssus de Calais et d'autres fortresses des frontières du Boulenois, et commençoient à courir à l'environ, en amenant proies et prisonniers, et par espécial sur la mer. Et en la ville de Berch[1] boutèrent les feux, en enfraignant les tréves qui estoient entre lui et le roy d'Angleterre. Et pour y obvier manda hastivement au conte Walerant de Saint-Pol, son connestable, que, à tous ses gens et les nobles de Picardie, alast sur les frontières et meist par tout bonne garnison de gens d'armes et de vivres pour contrester aux courses et entreprinses d'iceulx Anglois, et que de ce il feist bonne diligence. Car le duc de Bourgongne avoit amené avecques lui tous les plus jeunes et chevalereux qu'il avoit peu trouver, par

---

1. « Bercq. » (*Suppl. fr.* 93.) Berck-sur-Mer, à 14 kilomètres de Montreuil.

espécial du pays de Boulenois, de Ternois¹, de Ponthieu et d'Artois, et y avoit laissé seulement les anciens hommes fèbles qui plus ne se povoient armer. Et est vérité que ledit connestable, quant il oy les nouvelles des maulx que faisoient les Anglois dessusdiz, plus par son gré que par constrainte ne mandement du Roy, toutes choses laissées et mises derrière, se party et vint à Paris tantost et bien hastivement, avec lui le Borgne de la Heuse et autres chevaliers, lesquelz il laissa, par la voulenté de ceulx de Paris, afin de mener guerre contre ceulx de Dreues², et puis s'en ala en Picardie et à Saint-Pol veoir sa femme, et de là print son chemin à Saint-Omer et puis à Boulongne, en fournissant et visitant toutes les frontières. Et tantost après fui la terre et frontière desdiz Anglois esmeue et pleine de rumeur, et tant qu'ilz se retrahirent à tous leurs cornes rabaissées. Mais dedens brief temps recommencèrent. Et quant le connestable vid qu'ilz ne se absentoient de faire guerre, il eut conseil avec aucuns chevaliers de ses gens et autres, c'estassavoir le seigneur d'Offemont, le seigneur de Chaulny, le seigneur de Haulcourt et plusieurs autres³. Après lequel conseil il assembla devers lui moult de gens d'armes, jusques au nombre de mil et six cens hommes. Lesquelz, soubz la conduite du seigneur de Louroy et d'un nommé Aliquatin⁴, un certain jour sur le soir

1. Petit pays répondant au comté de Saint-Pol. On disait Saint-Pol en Ternois.
2. C'est la vieille forme, Dreux est la nouvelle.
3. Le sire d'Auffemont, le sire de Cauny, le sire de Louroy, messire Phelippe de Harcourt et plusieurs autres. » (*Suppl. fr.* 93.)
4. « Alinquetun. » (*Ibid.*)

fist armer [et]¹ devers la ville et le chastel de Guines les ordonna et disposa aler. Et quant ilz commencèrent à approucher la ville, eulx estans tous de pié, le connestable avoit par ung autre costé envoyé messire Jehan de Renti, à tout quarante bacinetz, lequel sçavoit bien les adresses de ladicte ville, afin de monstrer aux devantdiz comment ilz assauldroient icelle. Laquelle estoit adonc close de bons palis et de bons fossez, et si estoit garnie de Holandois et autres souldoiers, qui y demouroient. Et le connestable, à tout six cens bacinetz, passa oultre la ville pour garder ung passage estans entre Calais et Guynes, afin que les Anglois dudit Calais oyans faire l'assault ne venissent grant armée pour aider aux Guinois, et aussi que les Guinois ne peussent passer ne aler à Calais. Et ainsi, ou milieu des deux batailles se mist le connestable, à tous ses gens, et là fut, tant et si longuement que l'assault dura. Lesquelz piétons dessusdiz et ceulx qui les conduisoient vindrent tous ensemble au point du jour, de cy à la ville, bien affaictez d'assaillir. Et tant firent que par grans et cruelz assaulz boutèrent le feu en la ville, lequel tant qu'il trouva de quoy ne cessa d'ardoir maisons, et en ardi plus de soixante. Les habitans d'icelle se défendirent fort et vertueusement contre leurs ennemis. Et les Anglois estans ou chastel de Guynes, gectoient pierres et traioient d'arbalestres onnyement² sans point cesser, et moult grevèrent les assaillans. Finablement, ceulx de ladicte fortresse de Guines ouvrirent une des portes et leur bassecourt, par laquelle ceulx de la ville entrèrent ens et furent

---

1. *Suppl. fr.* 93.
2. Il vaudrait mieux *omnyement* (*omni modo*).

receuz, et par ainsi eschapèrent d'être mors. Et les assaillans, par le conseil dudit de Renti et de leurs conducteurs, se retrahirent tous ensemble et retournèrent en leurs lieux, mais toutefoiz en y eut moult de blécez et navrez, et peu en mourut. Et le connestable, à qui iceulx firent sçavoir leur retraite, à tout son armée, s'en retourna à Boulongne, laissant garnisons, ainsi que dit est, par toutes les parties et frontières contre iceulx Anglois. Lesquelles garnisons couroient chascun jour l'un contre l'autre.

CHAPITRE XCIII.

Comment le Roy mist siège devant Fontenay, et tost après à Bourges en Berry. Et des besongnes qui advinrent en cellui temps.

Item, après que le roy de France eut séjourné par aucuns jours en la ville de Sens en Bourgongne, et qu'il eut eu plusieurs grandes délibéracions avec son grant conseil sur les afaires de son royaume, se partit de là et ala à Aucerre, et de là à la Charité sur Loire, où il séjourna par cinq jours, et après print son chemin devers ung fort chastel nommé Fontenay, lequel les Orléanois tenoient. Lesquelz, quant ilz virent la grant puissance du Roy, rendirent ledit chastel, par condicion qu'ilz s'en yroient sauf leur corps et leurs biens. Et ce pendant, plusieurs capitaines qui avoient tenu les frontières contre lesdiz Orléanois, venoient chascun jour de divers pays, à grant puissance, devers le Roy. Entre lesquelz y vindrent le seigneur de Heilli, Enguerran de Bournonville, Amé de Viri et plusieurs autres.

Item. Dudit lieu de Fontenay, le Roy ala loger ou pays de Berry devant une ville nommée Dun le Roy [1], et la fist asséger tout à l'environ et moult fort batre de ses engins. Durant lequel siège, Hector, bastard de Bourbon, frère au duc de Bourbon, vint, à tout trois cens hommes d'armes, sur aucune compaignie des gens du Roy qui aloient à l'estrade [2]. Si en print et occist plusieurs, et après s'en retourna hastivement en la cité de Bourges, où estoient les ducs de Berry et de Bourbon, aux quelz il raconta son adventure. Et après, ceulx de Dun le Roy furent si contrains par la force des engins du Roy, que le neuviesme jour dudit siège, sauf leur corps et leurs biens, se rendirent, et livrèrent ladicte ville au Roy, par telle condicion que Loys de Corailles, chevalier, naguères séneschal de Boulenois de par le duc de Berry, peust revenir, à tout ses gens d'armes, devers ledit duc de Berry, sainement et saulvement. Dont, après l'espace de trois jours, le Roy et tout son ost se partit de là, délaissant en ladicte ville messire Gautier de Rupes, chevalier bourguignon, capitaine et garde d'icelle. Et à trois lieues ou environ, en une ville près d'un bois, le vendredi x[e] jour de juing, le Roy et tout son exercite se loga. Et lendemain matin, c'estassavoir le samedi xie dudit mois, se parti et vint devant Bourges la cité [3], forte ville et peu-

1. Dun-le-Roy ou Dun-sur-Auron, à sept lieues de Bourges. Le Roi y était le 8 juin. Il existe aux Archives des lettres de lui en faveur de Robert, duc de Bar, datées du 8 juin 1412. « Au camp devant Dun le Roy. »

2. C'est encore aujourd'hui un mot de notre vocabulaire de guerre.

3. Le samedi 11 juin 1412. La veille on avait fait à Paris une procession solennelle pour le succès des armes du roi.

plée, en provisions superhabondant, et de tous biens remplie. Laquelle cité souloit estre royale et chef de tout le pays et règne d'Acquitaine, située sur la rivière d'Ièvre, et parmy une partie de la ville cuert un petit fleuve, qui cuert de Dun le Roy[1]. En laquelle cité, avec les habitans et bourgois d'icelle, monstroient et faisoient grande apparence de résister, c'estassavoir les ducs de Berry et de Bourbon, le sire d'Albreth, le conte d'Aucerre, Jehan, frère au duc de Bar, et moult d'autres qui s'estoient fuys et partis hors de Paris, l'arcevesque de Sens, l'arcevesque de Bourges, les évesques de Paris et de Chartres, le seigneur de Gaucourt, Barbazan, le sire d'Ambrecicourt et le Borgne Foucault, avec mil et cinq cens cuiraces et quatre cens hommes de trait, archers et arbalestriers. Lesquelz voians venir le Roy avec son exercite, ouquel estoient selon commune estimacion mieulx de cent mille chevaulx, aucuns yssirent de la ville armez, en venant contre eulx en criant : *Vive le Roy!* et lesdiz de Berry et d'Orléans, en assaillant terriblement les coureurs de devant. Et tant que d'une partie et d'autre en y ot moult de blécez et tuez. Mais l'avantgarde du Roy qui les suivoit, les fist tantost rentrer en leur ville, et eulx rentrez dedens, laissèrent leurs portes ouvertes et moult courageusement s'ordonnèrent et mirent en défense. Ceste avantgarde du Roy menoient et gouvernoient le grant maistre d'ostel du Roy, c'estassavoir messire Guichard Daulphin, les seigneurs de Croy et de Heilli, chevaliers, Amé de Viri et Enguerran de

---

[1] Bourges est située entre deux petites rivières : l'Yèvre et l'Auron.

Bournonville, escuiers. Ausquelz seigneurs de Croy et de Heilli, les deux mareschaulx de France, c'estassavoir messire Bouciquault et le seigneur de Longin¹, absens et en autres besongnes commis de par le roy de France, furent les devantdiz de Croy et de Heilli, députez de par le Roy à exercer les offices de mareschal de France. Et l'arrière-garde conduisoient les seigneurs d'Erlay, c'estassavoir messire Jehan de Chaalons², le seigneur de Vergy, le mareschal de Bourgongne³, le seigneur de Ronq et le seigneur de Rasse. Et en la bataille, estoit le Roy de France et avecques lui estoient les ducs d'Acquitaine, de Bourgogne et de Bar, les contes de Mortaigne et de Nevers, messire Guillaume de Mortaigne et grant planté de chevalerie. Lesquelz, tous là venus en une plaine assez près d'un aulnoy⁴ face à face de la cité, furent bien l'espace de trois ou quatre heures en ordonnance pour adviser et composer les lieux de leurs logis et pour deviser et bailler à chascun sa place, ainsi comme à chascun capitaine appartient. Et là, assez près d'un gibet de la cité, furent fais plus de cinq cens chevaliers. Desquelz et aussi de plusieurs autres qui n'avoient porté bannières, furent moult de bannières eslevées. Et puis commencèrent à approucher la ville de plus près entre les marets⁵ d'un petit fleuve devantdit⁵ et l'autre marets. Et lors commencèrent à tendre leurs tentes et

1. C'est Louis de Loigny.
2. Jean de Châlon, prince d'Orange et seigneur d'Arlay.
3. C'est un seul et même personnage : Jean de Vergy, seigneur de Fouvans, maréchal de Bourgogne.
4. D'un bouquet d'aulnes.
5. L'Auron.

leurs paveillons, et firent plusieurs logis ès vignes et contre les masures des maisons du prioré de Saint-Martin des Champs de l'ordre de Clugny et d'un pan de faulxbourgs, lesquelz avoient esté destruiz et désolez par ceulx de la ville avant la venue des dessusdiz, et contre les arbres et grans noiers qui là estoient. Et est vérité que aucuns pour la grant soif qu'ilz avoient tirèrent de l'eaue des puys qui estoient desdiz faulxbourgs, mais quiconques en buvoit ilz mouroient soudainement, jusques à ce que l'on s'apperceut de la mauvaistié et fraude. Et adonques fist-on crier à son de trompe et défendre de par le Roy, qu'il ne feust homme nul qui tirast ne beust eaue du puis, et qu'elle estoit empoisonnée, mais beussent et usassent de l'eaue des fontaines et des ruisseaulx courans. Sur quoy leurs adversaires dirent et affirmèrent depuis pour vray que esdiz puis avoient gecté une herbe que on appelloit selon les Grecs [ysatis][1] et les Latins gesdo[2], et cela avoient-ilz fait afin qu'ilz en mourussent, et aussi pour ce qu'ilz ne povoient bonnement passer les marets ne lesdiz fleuves, pour la doubte des asségans. Et ores y avoient franc aler et venir[3]. Et pareillement povoient aler à tous chariots et charètes pourvoeir leurs vivres et neccessitez et les mectre et mener en leur ville. Dont lesdiz seigneurs et tout l'ost estoient moult courroucez. Néantmoins firent tantost ordonner en certains

---

1. *Suppl. fr.* 93. Le mot est omis dans notre texte.
2. *Gesdo?* Faut-il entendre par là la guesde ou guède, plante tinctoriale, mais privée du reste de propriétés toxiques.
3. « Et aussi pour ce que ilz ne povoient bonnement passer ès marès ne ès gues desdiz fleuves, pour la doubte des asségiez, lesquelz y avoient franc aler et venir. » (Var. du *Suppl. fr.* 93.)

lieux leurs engins et tout ce qui à faire assault leur estoit convenable. Et la nuit prouchaine fichèrent leurs tentes et fermèrent leurs places, et y mirent grant quantité de gens d'armes. Et commença là une forte guerre entre eulx et ceulx de la ville, gectant continuellement les ungs contre les autres de trait, de canons, de bricoles[1] et de bonnes arbalestes, et par grant effort de lances et d'espées se combatoient souvent. Et par espécial, ceulx de la ville navrèrent et occirent plusieurs de leurs adversaires, de canons et arbalestes. Et souventesfois les injurioient de paroles, en les appellant : « Faulx traistres Bourguignons, vous avez icy amené le Roy et enclos en sa tente, comme non sain de propos et de pensée. » Et appelloient le duc de Bourgongne faulx homicide, en disant que se il n'eust là esté, ilz eussent ouvert leurs portes au Roy et lui eussent fait toute obéissance. Et d'autre part, au contraire leurs adversaires les appelloient : Faulx traistres, Armaignacs, rebelles contre le Roy leur seigneur souverain. Et moult d'autres injures et opprobres disoient les ungs aux autres. Mais le duc de Bourgogne, qui souvent les oioit, n'en disoit mot, ains pensoit tousjours de les grever. Et le mercredi XIII.e jour du mois de juing, furent trèves données entre lesdictes parties à la requeste du duc de Berry. Durant lesquelles il advint que aucuns des famillers du Roy, espris de trayson, mandèrent à ceulx de la ville : « Yssez dehors il est temps, » sachans ce qu'ilz avoient à faire. Lesquelz incontinent entre une et deux heures

---

1. *Bricoles*, machines de jet, du genre de la fronde, mais d'une tout autre puissance.

après midi, le Roy estant en sa tente et aussi les ducs d'Acquitaine et de Bourgogne, qui reposoient, et aussi la plus grant partie de l'ost estans désarmez comme ceulx qui de riens ne se doubtoient, yssirent de la ville par deux portes environ cinq cens hommes d'armes gens d'eslite, lesquelz prindrent leur chemin par les vignes le plus quoiement et secrètement qu'ilz porent, non voulans estre apperceuz et qu'ilz peussent venir sur ceulx de l'ost et leur courir sus, aians voulenté de prendre le Roy et son filz en leurs tentes, et occire le duc de Bourgogne. Mais ce qu'ilz doubtoient[1] advint. Car deux paiges au seigneur de Croy, qui lors menoient deux coursiers rafreschir, en les abeuvrant apperceurent les dessusdiz, lesquelz soudainement tirèrent leur frain et s'en coururent le plus vistement qu'ilz porent devers l'ost crians : « à l'arme ! veez cy nos ennemis qui viennent et saillent hors de la ville, » et tant que leurs voix furent oyes. Et tantost chascun sailli hors de sa tente et de son logis, et incontinent s'armèrent. Si accoururent ceulx de l'avangarde à l'encontre d'eulx et tant, qu'ilz vindrent l'un contre l'autre commençans à férir de lances et de glaives. Mais les asségez sans délay furent tellement oppressez de leurs adversaires, lesquelz acouroient de toutes pars en grant nombre, que plus ne porent tenir place. Et prestement en eut bien six vingts mors et quarante prins ou environ, et les autres commencèrent à fouir et à reculer. Et rentrèrent en leur ville à grant exploict, le seigneur de Gaucourt ou front devant[2]. Et

---

1. *Suppl. fr.* 93. Notre texte met : *doubtèrent.*
2. C'est-à-dire que les assiégés eurent à livrer un vif com-

entre les mors y estoit Guillaume Batillier, lequel naguères avoit esté prins à Saint Cloud et délivré à Guillaume de Chaalons. Lesquelz¹, après ce qu'ilz furent despoullez, furent gectez en ung des puis qu'on disoit avoir esté empoisonnez, et là eurent leur sépulture et cimetière. Et entre les autres qui furent prins, y estoit le grant maistre d'ostel du duc de Berry, et avecques lui ung escuier du seigneur d'Albret, et le principal queux dudit d'Albreth qui avoit nom Gustart. Lequel dist en la présence de plusieurs, qu'il diroit et nommeroit les faulx traistres qui à celle heure leur avoient fait faire celle entreprinse. A laquelle accusacion furent prins, lendemain, maistre Geoffroy de Buillon, secrétaire du duc d'Acquitaine et de la famille du seigneur de Boissay, premier maistre d'ostel du Roy; après, ung nommé Giles de Torcy, escuier, natif de Beauvais, son varlet, et Enguerran de Fèvre, escuier, qui estoit Normant de nacion. Lesquelz pour ceste cause furent décolez devant la tente du Roy². Et ledit seigneur de Boissay, par soupeçon fut prisonnier, et fut présent à décoler les dessusdiz. Or est vérité que aucuns des gens du Roy et qui estoient en son ost, pour faire et donner aide aux asségez, ung certain jour, c'estassavoir aucuns Anglois et François,

bat pour rentrer dans leurs murs, pendant que Gaucourt faisait face aux assiégeants.

1. Les morts.

2. « Aussi y en eut-il d'autres, qui faisoient sçavoir dedans la place tout ce qu'ils pouvoient sçavoir de l'ost du Roy. Et se nommoient Gilles de Soisy, Enguerran de Senne, et maistre Geoffroy de Buyllon, secrétaire du Roy, lesquels furent pris et confessèrent le cas, par quoy eurent les testes couppées. » (Juv., p. 241.)

lesquelz estoient soubz Amé de Viri, jusques au nombre de trois cens, dont les deux cens se partirent pour eulx en aler et entrèrent dedens la cité. Mais ains qu'ilz sceussent ou peussent tous entrer dedens la porte, furent si roidement poursuys de ceulx de l'ost que plusieurs en furent mors de lances, d'espées et de traict. Et aussi la moitié de la garnison de Gien sur Loire, qui estoient environ quatre cens cuiraces, le samedi xixe jour du moys de juing, bien matin, semblablement entrèrent dans la cité. Mais avant que tous y peussent estre receus, aucuns de ceulx de l'ost, desquelz ilz furent apperceuz, les assaillirent et envayrent terriblement, et tant qu'ilz en occirent bien de cent à six vingts.

En oultre le Roy estant à son siège devant Bourges, comme dit est, les varlets et fouragers de son ost, lesquelz de jour en jour quéroient vivres pour leurs chevaulx, par les agais de leurs ennemis estoient souvent poursuys, prins et emmenez, et aucuns laissez pour mors, et leurs chevaulx perdus, pour tant qu'il leur faloit aler querre lesdiz vivres six ou huit lieues loing. Par quoy ilz eurent moult de disète oudit ost, et aussi pour ce que les charues et charètes qui venoient de France et de Bourgongne, les souldoiers des asségez et leurs complices, c'estassavoir ceulx de Saint-Césaire[1] et d'autres pays qui n'estoient mie de l'obéissance du Roy, quant ilz venoient ou povoient destrousser les dessusdiz, prenoient toutes leurs vivres et provisions et les convertissoient à leur usage. Dont grant famine advint soudainement en l'ost du Roy, et

1. Sancerre (*Sacrum Cæsaris*).

tellement que plusieurs en soustindrent grant povreté et feblesse de cuer, pour la défaulte de pain. Mais ce ne dura point longuement en tel point. Car au pourchas de messire Guischard Daulphin, la ville et le chastel de Saint-Césaire, qui plus malement leur nuisoit, ung certain jour lesdiz souldoiers yssus et portans vivres à ceulx de la cité de Bourges, furent rencontrez et se rendirent au Roy. Et par ainsi de la soufreté et mésaise qu'ilz avoient souffert furent relevez compètemment et rassasiez par les dessusdiz. En la fin du mois de juing, ung jour après soleil couchant, yssirent de ladicte cité de Bourges quatre cens hommes d'armes ou environ, lesquelz avoient esté induis ou advertis par les prisonniers qu'ils avoient, que le prévost de l'amiral de France et le vidame d'Amiens venoient au siège devers le Roy, et amenoient de Paris grant planté de finances pour paier les souldoiers du siège. Pour quoy, iceulx chevauchans se mirent ès bois en certains passages par où iceulx devoient passer, afin que tellement les peussent envayr et courir sus, qu'ilz les peussent destrousser de ce qu'ilz menoient. Laquelle chose vint à la congnoissance du seigneur de Ronq, par ses gens et guètes qui les avoient veuz yssir, lequel appella tantost le duc de Lorraine et le seigneur de Heilli, et, à tout cinq cens hommes d'armes ou environ, ainsi comme ilz se aloient en fourrage, se partirent de l'ost et par dessus ung vielz pont, lequel ilz refirent le mieulx qu'ilz porent, passèrent l'eaue et se logèrent quoyement en ung village, et celle nuit envoièrent leurs espies pour savoir la contenance de leurs ennemis. Et tant firent que finablement les trouvèrent où ilz actendoient sans délay lesdictes finances, qu'ilz cuidoient prendre et desrober. Mais eulx mesmes furent prins. Car tantost et incontinent que les dessusdiz sceurent où ilz estoient, les vindrent envayr et courir sus, et là furent tantost vaincus. Si en y eut plusieurs prins et mors et les autres qui porent eschaper s'en tournèrent en fuite et se saulvèrent. Entre lesquelz fut prins ung gentil homme d'armes nommé Guischardon de Sere. Et ce fait, ledit duc de Lorraine et lesdiz seigneurs de Ronc et de Heilli, à tous leurs prisonniers, s'en retournèrent en l'ost du Roy, joyeulx de leur victoire. Pour laquelle aventure et aussi pour plusieurs autres assez pareilles, le duc de Berry et ceulx qui estoient avecques lui dedens sa cité de Bourges, furent très dolens et courroucez, tant pour ce, comme pour le désolacion de sa cité et de son pays et pour la destruction de ses chevaliers et escuiers, qu'il veoit estre mors et navrez chascun jour. Néantmoins de toute sa puissance mist son affection de soy défendre contre tous ceulx qui nuire lui vouloient. Et advenoit très souvent que ses gens portoient grant dommage à ceulx de l'ost.

Et pendant que ces besongnes se faisoient, messire Philebert de Lignach[1], grant maistre de Rodes, qui estoit en la compaignie du Roy, s'employa par plusieurs et diverses foiz à inciter les deux parties adverses à estre d'accord et faire paix l'un avec l'autre. Et entretant vint audit siège le mareschal de Savoye, et avecques lui aucuns chevaliers et escuiers dudit pays, lesquelz furent là envoiez de par leur seigneur le conte de Savoye devers les deux parties, afin de traicter

---

1. Philibert de Naillac.

qu'ils feissent paix ensemble. Lequel mareschal et ceulx qui avec lui estoient venus, se joignirent avec ledit maistre de Rodes, et firent grandes diligences d'aler d'un costé et d'autre, tout par le consentement du Roy, et par espécial devers le duc d'Acquitaine qui présidoit et estoit lieutenant du Roy, avecques lesquelz furent ordonnez le maistre des arbalestriers de France, le séneschal de Haynau, le seigneur de Gaucourt, le seigneur de Tignonville, le seigneur d'Ambrecicourt, le seigneur de Barbasan, et autres avecques eulx. Lesquelles deux parties entendirent diligemment à mener leurs traictiez à fin et conclusion. Et pour y parvenir furent par plusieurs foiz devers les princes d'un costé et d'autre. Mais à brief dire il ne fut point en eulx de les avoir conclud si hastivement. Car une chascune partie se disoit grandement estre intéressée. Et entre les autres choses estoit fort ramenteu ce que les asségez avoient envoyé leurs gens sur l'ost du Roy à main armée, pour leur courir sus durans les tréves dont paravant est faicte mencion. Et par ainsi, pour plusieurs raisons se atargèrent aucunement lesdiz traictiez.

CHAPITRE XCIV.

Comment le roy Charles de France se desloga et ala à l'autre costé de la ville de Bourges à tout sa puissance, où se firent les traictiez d'entre les deux parties.

En après est vérité que quant le Roy et tout son ost eurent sis environ ung moys devant la cité de Bourges, du costé de la Charité sur Loire, voyans que ladicte cité ne povoient bonnement dommager, et aussi que ceulx de ladicte ville estoient chascun jour par l'autre costé rafreschis et bien pourveuz de vivres et autres leurs neccessitez, se desloga d'ilec et fist bouter les feux par tous les logis. Si s'en ala loger à la dextre partie de la cité, à quatre lieues ou environ sur la rivière assez près de Yèvre le Chastel. Et pour ce, ceulx de la ville voians leurs ennemis ainsi desloger soudainement, cuidèrent qu'ilz s'en fuissent et retournassent en France pour la doubte des Anglois, lesquelz leur avoient promis confort et aide; si en avoient grant joye. Si en y eut plusieurs yssans d'icelle ville en entencion de gaigner et prendre aucuns de l'ost du Roy, et par espécial y saillirent moult des paysans. Mais il advint autrement qu'ilz ne pensoient. Car Enguerrant de Bournonville[1] demourèrent derrière embuschez, à tous quatre cens hommes d'armes, et quant ilz virent leur point, ilz férirent en eulx et en prindrent et occirent plusieurs, et après s'en retournèrent en l'ost du Roy. Et lendemain, le Roy, à tout son ost, passa la rivière pour aler devers Bourges par l'autre costé vers Orléans, à fin, comme ilz avoient fait à l'autre costé, [qu'ilz] gastassent et destruisissent tous les vivres du pays à l'environ. Et quant ceulx de la cité perceurent qu'ilz passoient l'eaue, tantost et hastivement boutèrent les feux ès faulxbourgs, qui estoient moult beaulx, afin que leurs ennemis ne se y logassent, et si furent arses aucunes églises qui là estoient, dont ce fut pitié. En oultre le Roy là venu et son ost, se logèrent tout environ de la ville et firent leur ordon-

---

1. Ajoutez : *et aultres cappitaines*, comme dans le ms. *Suppl. fr.* 93.

nance. Si assirent leurs engins, canons, bombardes et aussi pierres[1], ès lieux plus convenables pour plus grèver ladicte ville. Et les assègez pareillement advisèrent toutes les voies et manières comment ilz pourroient grèver leurs ennemis par leur traict et canons et habillemens de guerre. Les seigneurs qui dedens estoient assègez estoient de cuer tristes et dolens, pour les innumérables dommages et démolicions de ladicte ville et cité. Toutesfoiz le duc d'Acquitaine, filz et lieutenant du Roy, par l'induction d'aucuns, aiant en sa mémoire et considéracion la désolacion de si noble cité et qui estoit la supellative de toute la région d'Auvergne et de Berry, de laquelle il devoit estre hoir, et que ce lui pourroit redonder à grant dommage, fist commandement et défense aux cannoniers et à ceulx qui se mesloient de gecter pierres et de telz engins gouverner, qu'ilz n'en gectassent plus contre ladicte cité, sur peine de perdre la teste. Dont le duc de Bourgongne, qui s'esforçoit de grèver icelle et ceulx de dedens, fut moult esmerveillé, et eut grant souspeçon que le duc d'Acquitaine n'eust sa pensée changée et qu'il ne feust meu de pitié contre ses adversaires. Et tant que entre les besongnes sur la matière dicte et proférée entre eulx deux, le duc d'Acquitaine son gendre lui dist absolutement, qu'il feroit finer la guerre. Adonc ledit duc de Bourgongne lui pria que se il vouloit ce faire, au moins feist selon la conclusion du conseil du Roy qui avoit esté faict à Paris derrenièrement, c'estassavoir que se en humilité ne se

---

1. Lisez perriers, c'est-à-dire pierriers, comme dans le ms. *Suppl. fr.* 93.

venoient rendre et soubmectre à sa voulenté, il ne les
recevroit pas, et néantmoins quelque chose qu'il lui
requeist, il ne lui vouloit requérir chose qui feust à
son deshonneur. A quoy le duc d'Acquitaine répliqua
et dist, que voirement la guerre avoit trop duré et que
ce estoit et avoit esté ou préjudice du royaume et du
Roy son père, et qu'à lui mesmes povoit redonder, et
aussi ceulx contre qui ladicte guerre se faisoit estoient
ses oncles, cousins germains et prouchains de son
sang, dont il povoit estre grandement servy et accom-
paigné en tous ses afaires, mais bien vouloit qu'ilz
venissent à l'obéissance du Roy son seigneur et père,
ainsi que autrefois au partement de Paris avoit esté
pourparlé. Après lesquelles paroles et plusieurs autres,
ledit duc de Bourgogne se commença fort à humilier
envers ledit duc d'Acquitaine, et apperçut assez que
par aucuns grans seigneurs il avoit esté instruit ès
besongnes dessusdictes, et entre les autres choses se
doubta fort et eut grant suspicion sur le duc de Bar,
et depuis certain temps après monstra assez clèrement
qu'il n'estoit point bien content de lui. Toutesfoiz il
dist là au duc d'Acquitaine, qu'il estoit bien content
que les traictiez se poursuissent selon son plaisir, à
l'onneur du Roy et de lui. Adonc fut-il ordonné à
ceulx qui autrefoiz s'en estoient entremis, qu'ilz poursuissent leur matière. Lesquelz le firent voulentiers.
Et quant ilz orent mis par escript les demandes et
responses des deux parties, iceulx médiateurs et ap-
poincteurs firent requeste aux princes, que le duc de
Berry et le duc de Bourgongne peussent convenir ensemble et eulx entremectre de traicter la paix. Laquelle
requeste fut accordée de par le Roy et son filz le duc

d'Acquitaine, et aussi de l'autre partie. Et ainsi convindrent ensemble l'oncle et le parrain, et le nepveu et filleul. Et fut la place eslevé en ung maretz qui estoit assez seur, car chascun n'avoit pas grant fiance en sa partie et pour ce avoit esté le lieu ordonné et advisé par les parties en ladicte place. Ouquel lieu estoient faictes barrières toutes propices, sur lesquelles les ducs de Berry et de Bourgongne eulx là venus, se apuièrent l'un contre l'autre et chascun son conseil derrière lui, aux quelz ilz avoient aucunes foiz recours en leurs traictiez et responses en leurs articles. Et, à cautelle, avoient aussi chascun son assemblée de gens d'armes en certains lieux assez près d'eulx, sans ce qu'ilz peussent riens oyr de leurs consaulx. Et estoient tous deux armez très bien et bel. Et avoit le duc de Berry, non obstant qu'il feust aagé de plus de soixante dix ans, espée, dague et hache d'armes, capeline d'acier en la teste, et ung fermeillet[1] moult riche ou front devant, et dessus ses armeures une jaquette de pourpre et la bende[2] au travers toute semée de marguerites. Et environ deux heures après qu'ilz eurent esté ensemble, ledit duc de Berry dist au duc de Bourgongne par manière de ramposne[3] : « Beau nepveu et beau filleul, quant beau frère vostre père vivoit, il ne falloit point de barrière entre nous deux, nous estions bien d'accord moy et lui. » A quoy ledit duc de Bour-

1. *Fermeillet*, petit fermail. On entendait par ce mot tout ce qui *ferme*, agrafe ou retient quelque chose.
2. *La bende au travers.* C'est la bande d'étoffe adoptée par les Armagnacs comme signe de ralliement. De là vient que l'auteur du *Journal d'un bourgeois de Paris* les appelle communément *les bandés.*
3. *Ramposne*, raillerie.

gongne respondi : « Monseigneur, ce n'est point par moy. » Et lors ledit duc de Berry remonta sur son cheval et s'en retourna à sa cité avecques ses gens. Et le duc de Bourgogne pareillement retourna avecques ses gens en l'ost. Et disoient communément les chevaliers et autres estans en la compaignie dudit duc de Bourgongne, que les gens du duc de Berry en communes devises disoient qu'ilz n'avoient point esté rebelles ne désobéissans au Roy, et qu'il y avoit long temps qu'il n'avoit esté en santé, par quoy il leur deust riens commander, et que s'il eust esté bien disposé, il estoit tout cler qu'il n'eust point laissé la mort de son frère impugnie et n'eust point amené avecques lui le tueur impugny. Et quant est aux amendes pour avoir bouté les feux et prins les fortresses, villes et chasteaulx et les avoir despoullées et robées comme Saint-Denis, Roye et plusieurs autres ou royaume, respondoient que actendu que leurs seigneurs du sang royal povoient aler franchement et libéralement par les villes dudit royaume et mener leurs gens d'armes pour le fait de leur guerre particulière, laquelle ilz faisoient à bonne et juste cause contre le duc de Bourgogne, disans qu'en ce faisant n'ont point forfait ne offensé envers le Roy; mais, en tant qu'ilz avoient tenu la cité de Bourges close contre lui, tenoient avoir mesprins, pour ce qu'il y estoit en personne, et de ce, le traictié fait, lui prieroient mercy et lui rendroient les clefz.

Et est vérité que le mercredi ensuivant lesdiz ducs, avecques leurs traicteurs, convindrent aux barrières devant la porte de la cité et tindrent leur parlement et conseil. Lequel fini et conclud, prindrent le vin ensemble et puis se départirent l'un de l'autre très joieusement. Et le jeudi s'assemblèrent tous les chevaliers et nobles de l'ost du Roy devant le duc d'Acquitaine tenant le lieu et l'estat de son père, et avec lui estoient en sa compaignie les ducs de Bourgongne, de Bar et de Lorraine et plusieurs autres grans seigneurs. Et lors le chancellier d'Acquitaine, c'estassavoir messire Jehan de Neelle, chevalier, licencié en lois, qui avoit moult belle faconde, très notablement dist et récita les excès et rebellions faiz par Jehan de Berry, Charles d'Orléans, Jehan de Bourbon, Jehan d'Alençon, Bernard d'Armignac, Charles de Labreth et leurs complices. Et aussi dist comment ilz estoient aliez aux Anglois adversaires du Roy, et comment ils avoient destruit le royaume; faisant de ce et de plusieurs autres choses ung long sermon. Et tant que au derrenier, commanda de par le Roy et son filz le duc d'Acquitaine que chascun deist tantost et promptement ce qui leur en sembloit bon à faire, ou la paix ou la guerre. Dont plusieurs respondirent qu'il valoit mieulx que la paix feust entre les seigneurs et qu'ilz feussent remis et réduls en la grâce du Roy que autrement; ou cas que elle seroit ferme. Et aucuns dirent autrement. Et ainsi fina ledit conseil. Dont il y eut grant murmure.

Or est vérité qu'il faisoit lors très grant chaleur et moult estoient ceulx de l'ost malades et tant que plusieurs s'en partirent sans prendre congié, oyans de jour en jour que leurs compaignons se mouroient. Et par espécial y moururent grant planté de chevaulx, dont l'ost estoit moult fort empulenty [1].

1. Infecté.

CHAPITRE XCV.

Comment les seigneurs de la cité de Bourges alèrent devers le Roy et le duc d'Acquitaine, et fut alors la paix faicte et accordée entre les seigneurs.

Le vendredi xve jour du mois de juillet les besongnes conclutes ou assez près, les dessusdiz seigneurs, c'estassavoir les ducs de Berry et de Bourbon, le seigneur de Labreth, le conte d'Eu et messire Jehan de Bar, frère au duc de Bar, accompaignez de plusieurs chevaliers et escuiers portans leurs bendes, yssirent de la cité de Bourges et vindrent en l'ost du Roy et en la tente du duc d'Acquitaine, en laquelle estoient avecques lui les ducs de Bourgongne et de Bar, avec plusieurs autres barons, nobles et gentilzhommes, chevaliers et escuiers, le Roy estant malade en sa manière accoustumée; et là fut le traictié accordé, et s'entrebaisèrent. Et quant le duc de Berry baisa son nepveu le duc d'Acquitaine, les lermes lui cheurent des yeulx.

Lequel traictié entre les autres choses contenoit, que le traictié qui avoit esté fait à Chartres de par le Roy et son conseil entre Charles duc d'Orléans et ses frères pour la mort de feu Loys duc d'Orléans leur père d'une part, et Jehan duc de Bourgongne pour la mort dessusdicte d'autre part, se tiendra perpetuellement, et si s'entretiendront les mariages autre foiz devisez entre ledit d'Orléans et la fille audit duc de Bourgogne. En oultre ledit duc de Berry, avecques les autres seigneurs de son parti, rendra en l'obéissance du Roy toutes les villes et chasteaulx partout là où le Roy les vouldra prendre et avoir, et lui priera qu'il lui vueille remectre et pardonner s'il ne lui a tost rendue l'obéissance de sa cité de Bourges. Et en oultre les devantdiz seigneurs renonceront à toutes convenances et aliances faictes les ungs avec les autres, et aussi contre tous autres estrangers[1] contre le duc de Bourgogne. Et pareillement renoncera ledit duc de Bourgogne à toutes aliances et confédéracions quelzconques faictes par lui contre lesdiz seigneurs. En après, le Roy restituera ausdiz seigneurs toutes leurs terres, villes et chasteaulx et fortresses, entièrement et à plain, excepté que ce qui a esté prins et démoli demourra sans restitucion. Et entre plusieurs autres choses à déclairer cy-dedens, les officiers desdiz seigneurs et leurs serviteurs seront restituez en leurs offices et bénéfices.

Et après que iceulx eurent disné, le duc de Berry présenta et rendi les clefs de sa cité de Bourges et la garde d'icelle de par le Roy, au duc d'Acquitaine, et puis s'en retourna dedens sa ville avecques les siens. Et le duc d'Acquitaine, comme lieutenant du Roy, fist crier de par le Roy dans tout l'ost la paix entière entre le Roy et lesdiz seigneurs et princes. Et fut inhibé et défendu de par le Roy, que doresenavant ne feust aucun d'une partie ne d'autre qui nuise ou offense sa partie adverse en aucune manière, en corps ne en biens, ne nomme armaignac ne bourguignon, ou die quelque autre obprobre l'un à l'autre.

Le samedi xvie jour dudit mois[2], vint le roy Loys de ses pays d'Anjou et du Maine, à tout deux mille et

---

1. *Contre tous autres estrangers* (sic) dans le *Suppl. fr.* 93. Il faut entendre que les seigneurs renonceront aux traités faits entre eux et *avec* les étrangers, *contre* le duc de Bourgogne.

2. 16 juillet.

cinq cens hommes d'armes [1] ou environ, chevaliers et
escuiers, et en sa compaignie le conte de Penthièvre
avec ses Bretons; lequel venoit au siège à l'aide du
Roy. Lequel roy Loys fut moult joieux et fist grant
feste du traictié et accord fait entre lesdiz seigneurs.
Et lendemain ala, lui et le duc de Bar, acompaigné
de grant nombre de chevaliers et escuiers dedens ladicte cité de Bourges, et là disnèrent moult grandement avec le duc de Berry et la duchesse sa femme.
Et les autres seigneurs disnoient ou palais dudit duc,
ouquel il y avoit grant appareil, et très excellentement
et grandement furent servis. Après lequel disner s'en
retournèrent en l'ost. Et le mercredi ensuivant [2], qua-
rantième jour du siège, le Roy se desloga de devant
ladicte ville de Bourges, ouquel il avoit soustenu grans
et exclusifz despens, et à tout son exercite s'en retourna
le chemin qu'il estoit venu jusques à la Charité sur
Loire, et là se loga. Ouquel lieu vindrent devers lui
les ducs de Berry et de Bourbon et le seigneur de Labreth, avecques les procureurs du duc d'Orléans et de
ses frères. Et là en la tente du duc d'Acquitaine, lui
présent et les autres seigneurs et princes, jurèrent sur
les sainctes Évangiles, la paix pourparlée et accordée
devant la cité de Bourges tenir fermement et loyaum-
ment garder et observer, et si promirent de le jurer
en la présence du Roy, et de le faire jurer par le duc
d'Orléans et ses frères, lesquelz d'Orléans estoient absens. Et si se obligèrent et firent fort par leur serement
de amener lesdiz d'Orléans devers le Roy à certain

1. « A tout deux mille et deux cens hommes d'armes » (*Suppl.
fr.* 93).

2. Mercredi 20 juillet.

jour, lequel leur fut assigné à estre à Aucerre. Et ce fait, s'en retournèrent en leurs places.

Laquelle paix et promesses de nouvel furent publiées de par le Roy, en défendant destroictement que nul de quelque estat qu'il feust, sur peine capitale, ne meffeist l'un à l'autre, en corps ne en biens, ne deist quelque diffame en nulle manière, ne nommast bourguignon ne armaignac. Et ce fait, le roy de Cécile, les ducs d'Acquitaine, de Bourgongne et de Bar et tous les contes, princes, barons et chevaliers s'en alèrent. Et retint le Roy en sa compaignie grant nombre de capitaines de son ost avec une partie de leurs gens d'armes, et à tous les autres donna congié d'eulx en aler. Et de là s'en ala à Aucerre, ouquel lieu se loga en l'ostel de l'évesque; et le roy de Cécile et le duc d'Acquitaine se logèrent en la ville, et leurs gens ès villages d'entour. Et là, en venant audit lieu d'Aucerre, mourut messire Giles de Bretaigne, de flux de ventre, et pareillement le conte de Mortaigne, frère au roy de Navarre[1], quant il fut amené de Saint-Césaire à Aucerre[2], mourut de ladicte maladie et fut porté de là à Paris, où il fut enseveli en l'église des Chartreux. Amé de Viri, messire Jehan de Guistelle, Jehan de Dixmude et plusieurs autres moururent en leur retour. Et tant que de ceste maladie moururent bien de mil à douze cens chevaliers et escuiers, sans les varlets, comme il fut rapporté aux seigneurs qui estoient à Auxerre.

1. Pierre, comte de Mortain, frère de Charles III, roi de Navarre. Le parlement alla recevoir le corps à Saint-Antoine des Champs, le vendredi 5 août 1412. Voy. nos Pièces justificatives.
2. De Sancerre à Auxerre.

Et adonques le mareschal Bouciquault, le conte de Foix et le seigneur de Saint-Georges, qui faisoient guerre au conte d'Armignac, oyrent nouvelles que la paix estoit faicte entre le Roy et ses adversaires, pour quoy ilz derompirent leur armée et donnèrent à leurs gens congié.

Durant lequel temps et que le Roy estoit à Auxerre, au quel lieu il avoit mandé à venir vers lui la plus grant partie des seigneurs de son royaume, avecques ses gens d'église et ceulx des bonnes villes, pour veoir faire les seremens de la paix dont dessus est faicte mencion, lui vindrent d'autres nouvelles qui point ne lui furent plaisans, ne aux princes qui estoient avecques lui. C'estassavoir que les Anglois estoient arrivez, à tout leur navire, à la Hogue Saint-Vast, qui est ou pays de Coustantin, et là estoient-ilz descendus à terre et eulx espandus ou pays à l'environ, en pillant, robant et prenant prisonniers. Et estoient environ huit mille combatans, entre lesquelz avoit deux mille bacinetz, et le surplus, archers et varletz. Desquelz estoit le conducteur Thomas, duc de Clarence, second filz du roy Henry d'Angleterre [1]. Lesquelz Anglois venoient au secours de Bourges, pour aider les ducs de Berry, de Bourbon et d'Orléans et tous leurs aliez. Et tantost alèrent devers eulx les contes d'Alençon et de Richemont, qui de cuer joieux les receurent, jà soit ce qu'ilz venoient trop tart en leur aide. Mais ce non obstant les aidèrent de tout leur povoir à pourveoir de vivres pour eulx et leurs chevaulx. Et depuis, se multiplièrent lesdiz Anglois de six cens bacinetz gascons qui avoient

1. Henri IV.

esté souldoiers à Bourges, lesquelz se boutèrent avecques eulx et tous ensemble commencèrent de gaster moult fort le pays.

Et oultre, les prisonniers qui estoient à Lisle, dont en autre lieu est faicte mencion, c'estassavoir le seigneur de Hangest, naguères maistre des arbalestriers de France, messire Loys Bourdon, messire Charles de Giresmes, Enguerran de Fontaines et aucuns autres, furent délivrés pour le conte de La Marche, moiennant que ledit conte avec ce paia une grant somme d'argent à ceulx qui l'avoient prins. Et en cas pareil furent rendus plusieurs prisonniers de costé et d'autre, les ungs par eschange et les autres par finances.

Et ce pendant, environ la feste de l'Assompcion Nostre-Dame, ceulx qui avoient esté mandez de par le Roy vindrent audit lieu d'Auxerre. Entre lesquelz y vindrent en grant estat les Parisiens. Et aussi y vindrent les ducs de Berry et de Bourbon et le seigneur d'Albreth. Lequel, tantost après sa venue, voulut user de l'office de connestable; mais le conte Waleran de Saint-Pol ne lui voulut point souffrir, et en usa luimesmes. Et pour ceste cause, après plusieurs paroles dictes l'un à l'autre, ledit d'Albreth qui jà avoit fait le serement de la paix, s'en ala par mal talent. Et lundi ensuivant, le duc d'Orléans et le conte de Vertus, son frère, s'en vindrent audit lieu d'Auxerre, à tout trois mille combatans, et après que tous les seigneurs d'un costé et d'autre furent venus, ilz s'assemblèrent dehors les murs de la cité en une plaine auprès d'une abbaye de nonnains[1], ouquel lieu on avoit fait ung eschafault

---

1. C'est Saint-Julien d'Auxerre.

noblement aorné, sur lesquel estoit le duc d'Acquitaine en lieu de son père, acompaigné du roy de Cécile, des ducs de Bourgongne et de Bar, et de plusieurs autres grans seigneurs. Et là, en présence de tous ceulx qui veoir et oyr les povoient, firent lesdiz seigneurs serement solemnel de entretenir ledit traictié : c'est-assavoir les ducs de Berry, d'Orléans et de Bourbon, le conte de Vertus, Jehan filz au conte de Bar, et plusieurs autres. Et pareillement le fist le duc de Bourgongne et ceulx de sa partie. Et fut de rechef promis par iceulx seigneurs d'Orléans et de Bourgongne, d'entretenir le mariage autrefoiz pourparlé à la paix de Chartres de la fille le duc de Bourgongne et le conte de Vertus, et sur les condicions ailleurs déclairées. En après, tous les seigneurs dessusdiz renoncèrent à toutes confédéracions, aliances et convenances qu'ilz avoient avec le roy Henry d'Angleterre, adversaire du Roy, et aussi de ses filz et de tous autres Anglois, et aucuns autres de ce royaume, jà soit ce que le duc de Bourgongne affermast par son serement qu'il n'en avoit nulles. Et devoient escripre aux Anglois sur telle forme que par le Roy et son conseil sera advisé. Et encores jurèrent et promirent de jurer devant le Roy, ledit traictié, au plus tost qu'il sera retourné en santé, car il estoit lors bien malade, et de ce, faire telles lettres comme il plaira au Roy, et que jamais ne feront l'un contre l'autre confédéracions ne aliances ; et se aucun d'eulx aloit ou vouloit aler contre ledit traictié ou accord, tous les autres seroient contre cellui ou ceulx qui ce feroient, afin de les subjuguer et ramener à obéissance. Auquel traictié veoir, faire et accorder, et veoir la forme des seremens et iceulx oyr, furent par mandement du Roy aucuns de la chambre de Parlement et de la Chambre des comptes, et de l'Université de Paris, les prévostz de Paris et des marchands, et des eschevins et aucuns des bourgois, jà soit ce que ledit accord et traictié n'eussent pas bien pour agréable. Et aussi y furent mandez et présens de par le Roy, ceulx de Rouen, de Caen, d'Amiens et de Tournay, de Laon, de Reins, de Lengres, de Tours et de plusieurs autres bonnes et principales villes du royaume, en grant nombre et en grande multitude.

Après lequel serement fait et toutes les solemnitez fournyes, les seigneurs dessusdiz alèrent disner ensemble, en grant concorde, ou logis dudit duc d'Acquitaine, lieutenant du Roy son père. Et fut icellui disner très habondant de tous biens, et après le disner alèrent jouer à divers jeux les ungs aux autres. Et après tous ces esbatemens et que la nuit fut venue, chascun d'eulx se trahy en son logis. Et lendemain et aucuns jours ensuivans se rassemblèrent par plusieurs foiz, continuans de faire grant chère et estre en grant concorde les ungs avecques les autres, comme on povoit apparcevoir par le semblant qu'ilz monstroient. Et mesmement le duc d'Orléans et le duc de Bourgongne chevauchèrent ensemble avecques les autres seigneurs, tous deux sur ung cheval [1] ; et monstrèrent apparence de toute fraternité et amour que frères et parens pevent monstrer l'un à l'autre. Néantmoins aucuns envieux et mauvaises langues ne s'en taisoient pas en derrière, mais en disoient leurs goulées. Et

---

1. On a déjà vu plus haut, dans le récit de la mort de Louis d'Orléans, un exemple de cet usage.

quant au peuple, dont il y avoit grant multitude, et autres bonnes gens, il ne fault point demander s'ilz avoient grant joye, car ilz crioient souvent à haulx cris : *Gloria in excelsis Deo*, etc., comme s'ilz voulsissent dire : Louée soit la gloire des cieulx. Si leur sembloit proprement estre miracle de Dieu, actendu la division qui avoit esté si grande entre de si grans seigneurs, laquelle estoit si tost appaisée.

Et après toutes ces besongnes acomplies, et aussi pour ce que l'épidémie si fort régnoit audit lieu d'Auxerre, le Roy, avecques ses princes, se parti de là, et par Sens ala à Meleun, où de rechef avec la Royne, ses filles et d'autres dames, fut faicte une grande feste et grant léesse pour la réconsiliacion des princes du sang royal, tant en joustes, danses, boires et mengers, comme autres esbatemens.

Et est vérité que le Roy estant audit lieu de Meleun retourna en assez bonne santé, et pour ce, ung certain jour, à la prière de la Royne et de sadicte fille, aussi des ducs d'Acquitaine et de Bourgongne et le roy de Cécile ensemble, approuva et eut pour agréable la paix devantdicte par la manière qu'elle avoit esté faicte, et pour ce, les rebellions et les transgressions passées par eulx faictes par ses oncles, nepveux et cousins, leurs aliez et complices quelzconques, il remist et pardonna, et les receut en bonne pure paix et leur rendi leurs terres et possessions. Et cecy ainsi fait, lendemain de la Nativité Nostre-Dame [1] furent leues les lectres en Parlement de par le Roy, comment toutes les rebellions et offenses du temps passé faictes par

---

1. Le 9 septembre.

les ducs d'Orléans, ses frères, ses nepveux et leurs complices et aliez quelzconques, tant gens d'église comme séculiers, de quelconque auctorité et dignité qu'ilz feussent¹, il leur rendoit tous leurs chasteaulx, villes, terres, citez et possessions quelles qu'elles feussent, et de ce levoit sa main et mectoit à plaine délivrance. Et ainsi lesdiz seigneurs et leurs aliez et leurs complices, furent remis et receuz en leurs terres, villes, chasteaulx et citez et en leurs possessions, sans aucune réparacion ou restitucion des démolicions d'iceulx fais par avant, dont plusieurs et par desserte avoient esté destruis, tant villes, chasteaulx et fortresses, versées et ruées par terre, vignes, prez, bois et viviers destruiz et vuidez, et maintes autres dissolucions. Et afin que par tout le royaume feust celle paix divulguée et que par nul elle ne feust violée ou enfrainte, mais demourast ferme et estable et en persévérance, fut faict ung édict de par le Roy. Duquel la teneur s'ensuit :

CHAPITRE XCVI.

S'ensuit le mandement de la paix que le Roy envoia à ses officiers pour la publier par tout son royaume et en prendre copie. — Et autres matières qui advinrent en ce temps.

« Charles, par la grace de Dieu, roy de France. Au bailli d'Amiens ou à son lieutenant, salut. Entre les cures des besongnes que nous avons et devons avoir de jour en jour pour le bien, utilité et conservacion

---

1. Il y a évidemment ici, comme aussi dans le *Suppl. fr.* 93, quelques mots d'omis. Comme, par exemple, que ces rebellions, etc., il leur remettoit et leur rendoit, etc.

de nostre dominacion, le souverain désir que nous avons et que nous devons avoir, c'est de nourrir paix et union entre noz subgetz et iceulx préserver de tout nostre povoir des griesves oppressions et inconvéniens, lesquelz par discensions et grans guerres sont advenus, afin que dessoubz nous puissent vivre en bonne paix et transquilité. Et pour ce que plusieurs discors et divisions ont esté en nostre royaume contre [1] plusieurs de nostre sang et lignage et autres complices et adhérens, dont plusieurs dommages se sont ensuys à nous et à noz subgectz, et estoient encores en adventure de venir plus grans si par nous n'estoit sur ce fait pourveu de remède convenable, de laquelle chose nous avons eu au cuer desplaisance tant que plus n'en povyons; par quoy vous faisons savoir, que par la grace du souverain Roy des roys, qui est nostre créateur et saulveur, créateur et donneur de toute paix, et par le moien et bonne diligence de nostre trèscher et bien amé premier filz le duc d'Acquitaine, Daulphin de Vienne, et de plusieurs autres qui en ce ont mis peine et labeur de tout leur povoir, nous avons mis et ordonné bonne paix et concorde entre les devantdiz de nostre sang et lignage, par certaine forme et manière contenue et déclairée ès traictiez et accords sur ce fait, esquelz est expressément contenu que les devantditz de nostre sang et lignage ont pardonné de fait toute la rancune et malivolance qu'ilz povoient avoir contre tous ceulx qui s'estoient entremis des débas, tant d'un costé comme d'autre. Laquelle paix les devantdis de

---

1. Il faut lire : *entre plusieurs de nostre sang*, comme dans le ms. *Suppl. fr.* 93.

nostre sang et lignage, en la présence de nostredit filz et de plusieurs prélas et autres plusieurs notables personnes, ont juré à tenir et garder ferme et estable sans en aucune manière l'enfraindre, et aussi de la maintenir et observer perpétuellement comme autrefoiz ilz ont juré, et si comme ce peut apparoir par noz autres lectres sur ce faictes. Pour quoy, nous te commandons et expressément enjoingnons, que ladicte paix, solemnellement, à son de trompe, en nostre ville d'Amiens, par tous les quarrefours, et ès autres villes et lieux acoustumez à faire proclamacions en tout le bailliage, tu faces crier et publier, en faisant commandement de par nous à tous noz subjetz, que ladicte paix ils tienguent ferme et la gardent sans enfraindre, sur toutes les choses qu'ilz pevent envers nous mesfaire, en leur défendant de par nous sur peine de perdre corps et biens, que nul de quelconque estat, dignité ou condicion qu'il soit, ne soit tant hardi qu'il ose ladicte paix enfraindre, ne faire ou dire chose qui puist estre à l'encontre d'icelle. Et en oultre, par la teneur d'icelles te mandons, et, comme dessus, expressément te enjoingnons, que tous ceulx qui enfraindront ladicte paix, soit de fait ou de parole, et qui de ce seront trouvez coulpables par informacion ou autrement deuement chargez, tu les punisses et corriges ainsi comme violeurs et enfraigneurs de paix doivent estre punis, tellement que ce soit exemple à tous autres. Donné à Meleun, le viie jour de septembre, l'an mil quatre cens et douze, et de nostre règne le xxxiie. Ainsi signé : par le Roy, à la relacion du conseil tenu par monseigneur le duc d'Acquitaine, messeigneurs les ducs de Berry, de Bourgongne, Orléans et Bourbon et les contes de

Vertus et d'Alençon, et Jehan de Bar et autres présens. *Mauregard*[1]. »

Or est ainsi que les Anglois dessusdiz, qui estoient venus pour secourir la cité de Bourges, comme dessus est touchié, lesquelz furent par toute la marche de Coustantin espandus, vindrent de là ès pays du Maine et de Touraine et ès environs, tout gastans et destruisans par feu et par espée. Pour quoy fut ordonné, à Meleun, du conseil du Roy, ouquel présidoit le duc d'Acquitaine lieutenant du Roy son père, et si y estoit le roy de Cécile, les ducs d'Orléans, de Berry, de Bourgongne, le conte de Vertus, les chanceliers de France, d'Acquitaine et d'Orléans, les seigneurs de Torsi et d'Offemont et aucuns autres, le prévost des marchans, les eschevins et conseil de Paris, que tous les nobles, à tous leurs habillemens de guerre, feussent mandez à Chartres, et que là feussent le VIII° jour d'octobre prouchain ensuivant, auquel lieu ilz recevroient leurs gaiges et souldées pour la défense du royaume, afin que les anciens ennemis du royaume feussent mis dehors. De laquelle ordonnance furent faictes lectres royaulx signées par les secrétaires et seellées du grant seel du Roy, et après par tous les bailliages et séneschaucies dudit royaume de France, furent envoyées et publiées. Et les devantdiz princes et les autres, chascun a par lui, firent leur mandement audit VIII° jour d'octobre. Ceulx de Paris, qui plus estoient affectez que les autres, tantost et hastivement firent leur assemblée de gens d'armes et de

---

1. Cette pièce est imprimée dans le *Recueil des Ordonn.*, t. X, p. 23.

traict à Paris, et les aucuns à Meleun, les autres ailleurs en leurs marches. Et ainsi, veues et receues les lectres patentes du Roy, chascun fist son mandement de gens. Mais par le duc de Berry[1] et autres de son parti, qui estoient tenus aux Anglois d'une grant somme d'argent pour leurs gaiges, c'estassavoir en la somme de deux cens mil escus, lesquelz se on leur eust paiez comme on leur avoit promis, ilz estoient tous prestz de retourner en Angleterre, feust par le pays d'Acquitaine ou de Bordeaulx. Mais lesdiz seigneurs, qui avoient tout espuisié en leur pays, ne povoient trouver finances pour quelzconques traictiez ne moiens qu'ilz peussent faire, et par ainsi fut tout rompu et eslongné. Et ce pendant le roy Loys s'en retourna en Anjou pour assembler gens à puissance, à défendre ses pays contre les Anglois qui fort l'aprouchoient.

Esquelz jours aussi, le duc d'Acquitaine remist et restitua en l'office de son chambellan, l'ainsné filz de feu Montagu jadis grant maistre d'ostel du Roy[2], et à la prière du duc d'Acquitaine lui furent rendues et restituées de par le Roy toutes ses terres et possessions qu'il avoit de son patrimoine héréditablement de par son père. Et avec ce, lui fut le chef de sondit père rendu, non obstans quelzconques confiscacions, et ainsi receut-il lors l'oirrie paternelle de ses père et mère. Car c'estoit le vouloir du Roy.

1. Sic dans *Suppl. fr.* 93. Il faut lire : *Mais pas, ou non pas, le duc de Berry*, etc., en se reportant à ce qui précède. Autrement la phrase serait inintelligible. Peut-être aussi n'est-elle pas terminée.

2. Il se nommait Charles.

Et à ung certain jour au soir, le prévost de Paris et son bourrel, acompaignez de douze hommes ou environ tenans torches alumées et portans une eschèle, avec ung prestre revestu d'une aube et paré de fanon et estole, vindrent ès halles. Et tantost, le bourrel par ladicte eschèle monta où ledit chef estoit, lequel il osta de la lance où il estoit fiché, et là fut mis en ung beau suaire que le prestre tenoit, lequel envelopé dedens par ledit prestre fut mis sur son espaule et de là porté par la compaignie dessusdicte, lesdiz flambeaux ardans, en l'ostel dudit feu Montagu grant maistre d'ostel dessusdit. Et pareillement fut son corps osté jus du gibet de Montfaulcon par ledit prévost et son bourrel, et fut rendu et porté à Paris, lequel fu joinct avecques le chef et enclos en ung sarcus et fut porté en la compaignie des enfans de lui et de ses amis, à grant compaignie et triumphe, à prestres chantans et grant luminaire, à Marcoussis, et là en l'église des Célestins, laquelle en son vivant avoit fait fonder et fait un couvent de religieux, moult honnorablement fut enterré. Et entre les autres biens qu'il fist quant il vivoit, il donna à l'église de Nostre-Dame de Paris celle grande cloche laquelle il fit nommer *Jaqueline*[1], comme il appert par ses armes et son tymbre qui sont entour d'icelle.

1. Du nom de sa femme, Jaqueline de Granges.

CHAPITRE XCVII.

Comment la guerre s'esmut en Boulenois. Du retour du Roy dedens Paris. Et comment le duc d'Orléans contenta les Anglois; et autres matières servans.

Item, en ce mesme temps vindrent d'Angleterre à Calais, nagans par mer, les contes de Warvich et de Kent, envoyez par le roy Henry, à tout deux mille combatans ou environ. Lesquelz, là venus, avecques les autres garnisons, coururent le pays de Boulenois et y firent de grans dommages. Et finablement boutèrent les feux et ardirent la ville de Sammer ou Bois[1] et prindrent d'assault le fort de Russault[2]. Si pillèrent et robèrent tout et puis boutèrent le feu dedens. Pour auxquelz résister, le Roy envoia à Saint-Omer le conte Waleran, son connestable, le seigneur de Rambures, maistre des arbalestriers, et le seigneur de Heilly, à tout grant nombre de gens d'armes, qui furent mis en garnison sur les frontières de Boulenois. Et par ainsy de tous costez fut le pays fort oppressé.

Et ce pendant le roy de France s'en retourna dedens Paris et se loga en son hostel de Saint-Pol. Pour laquelle venue les Parisiens firent et menèrent telle joye que non pas sans plus. Fut crié Noël! par toute la ville, mais fist-on feux par tous les quarrefours de Paris et grans luminaires et clartez de flambeaux, et crioit on toute la nuit : « Vive le Roy! » et fist-on grant feste de boire et de mengers. Avecques le Roy entrè-

---

1. Samer-aux-Bois, à quatre lieues de Boulogne.
2. « Ruissault » (*Suppl. fr.* 93). Peut-être Ruisseauville (Pas-de-Calais).

rent dedens Paris les ducs d'Acquitaine, de Bourgongne et de Bourbon et le conte de Vertus. Et la Royne avec les ducs de Berry et d'Orléans, demourèrent ou Bois de Vinciennes. Et de là, le dimenche ensuivant, ladicte Royne vint à Paris et se loga à Saint-Pol avec le Roy. Avec laquelle estoit parti le duc d'Orléans, lequel, quant il vint près de Paris, se sépara d'elle et s'en ala son chemin par dehors pour aler à Beaumont sa conté[1]. Et le duc de Berry demoura ou Bois de Vinciennes. Et combien que la ville de Chauny eust esté rendue au Roy en entencion qu'elle lui demourast perpétuelment, néantmoins ledit Roy la rendi au duc d'Orléans, auquel avecques ce il octroya cueillir une taille de soixante mille florins d'or, à prendre et lever sur ses subgetz pour ses afaires. Toutesfoiz de ses deux chasteaulx, Coucy et Pierrefons, ne pot onques finer de les ravoir. Et après qu'il eust esté audit lieu de Beaumont par aucuns jours, il se parti de là et s'en ala pardevers les Anglois, c'estassavoir le duc de Clarence, qui estoit venu, comme dit est, à sa demande, lequel il contenta de finances d'autant comme il en pot finer. Et pour ce qu'il ne peut recouvrer de toute la somme qu'on leur povoit devoir, ledit duc d'Orléans leur délivra le conte d'Angoulesme son mainsné frère, en plege pour le résidu, et avecques lui plusieurs gentilz hommes, c'estassavoir messire Marcel le Borgne, Jehan de Saveurs, Archembault de Villers, Guillaume Boutiller, Jehan David et aucuns autres serviteurs, lesquelz tous ensemble vindrent et furent emmenez par ledit duc de Clarence, qui, à tous ses

---

1. Beaumont-sur-Oise.

Anglois, s'en ala ou pays de Guienne. Et fut là baillé icellui conte d'Angoulesme pour la somme de trois cens et dix mille frans, monnoie de France. Et quant ledit duc d'Orléans eut ainsi chevy[1], il retourna à Blois. Si demourèrent iceulx hostages ou pays d'Angleterre par très long temps, comme cy-après sera déclairé. Et depuis, ledit duc d'Orléans envoya devers le Roy aucuns de ses chevaliers notables, pourchacer pour ravoir ses fortresses de Couci et de Pierrefons que tenoit le connestable. Mais non obstant que le Roy baillast ses lectres et mandemens royaulx pour les faire rendre, néantmoins icellui connestable n'y volt obéir, mais fist response que jusques à tant qu'il seroit restitué de certaine somme d'argent qu'il avoit presté à ses gens d'armes pour les conquerre, ne les rendroit. Disant oultre que le Roy lui avoit promis[2] audit lieu de Coucy capitaine, messire Gerard de Herbaumes, et à Pierrefons messire Colart de Fiennes. Lequel chastel de Pierrefons, qui estoit moult bel et puissant, fut ars en une nuit. Dont moult despleut audit duc d'Orléans, mais il ne le peut avoir autre et lui convint souffrir.

En oultre en ces propres jours le duc de Bourgongne qui se tenoit à Paris d'emprès le Roy, fist prendre prisonnier messire Bourdin de Saligni et le mener prisonnier ou pays de Flandres. Lequel messire Bourdin estoit moult privé et famillier dudit duc. Et eut aucune renommée qu'il se vouloit tourner du parti d'Or-

1. *Eut ainsi chevy*, donné de son bien. On entendait par la *chevance*, son bien, ce qu'on possédait.

2. « Luy avoit promis, et avoit commis audit Couchy, etc. » (*Suppl. fr.* 93.)

léans et avoit descouvert aucuns des secrès d'icellui duc [1].

Et durant ce temps y eut aucunes paroles entre le bastard de Bourbon et un boucher de Paris nommé Denisot de Chaumont, assez rigoreuses. Et dist audit boucher : « Paix, paix ! on te trouvera une autre foiz. » Et tantost après ledit Denisot qui avoit grant audience avecques les autres bouchers les esmeut et fist tant que avec grant peuple de Paris ilz se mirent en armes et tendirent leurs chaynes. Mais en fin ilz furent rapaisez par le duc de Bourgongne.

Et adonc Jehan duc de Bourbon fut envoyé par le Roy et son grant conseil on pays de Languedoc avec le conte d'Armignac et le seigneur d'Albreth, pour résister aux entreprinses du duc de Clarence et de ses Anglois qui adonc séjournoient ou pays d'Acquitaine et traveilloient fort les frontières d'environ tenans la partie des François.

CHAPITRE XCVIII.

Comment le duc de Berry fut fort oppressé de maladie en son hostel à Paris et autres besongnes de ce temps.

En ces jours le duc de Berry, [qui] estoit venu à Paris devers le Roy son nepveu pour estre au conseil qui là se devoit tenir, fut très griefment oppressé de

---

1. Les reg. du parlement l'appellent Lourdin. Voici une note qui le concerne, mise en marge du registre du Conseil coté XIII (fol. 167). *Iste Lourdinus, qui erat familiarissimus domini ducis Burgandiæ, suo precepto ductus fuit ad Flandriam, ut dicitur, carceri mancipandus, circa festum sancti Andreæ CCCCXII.* La S. André tombe le 30 novembre.

maladie en son hostel de Neelle, et là par sa fille la duchesse de Bourbon [1], qui pour ceste cause vint audit lieu de Paris, fut très diligemment visité et le servi et administra doulcement jusques à ce qu'il fut en bonne santé. Et pareillement fut soigneusement visité de son nepveu le duc Jehan de Bourgongne.

Et cependant, ladicte duchesse de Bourbon impétra devers le Roy et les ducs d'Acquitaine et de Bourgongne que le corps de Vignet d'Espineuse, jadiz chevalier du seigneur de Bourbon son seigneur et mary, fust osté de Montfaulcon et son chef des hales où il avoit esté mis grant temps paravant par la justice du Roy. Si le fist porter acompaigné de plusieurs de ses amis en la ville d'Espineuse en la conté de Clermont, où il fut enterré dedens l'église assez honnourablement.

Et adonq par le duc de Bourgongne dessusnommé, estant à Paris comme dit est, se conduisoient la plus grant partie des besongnes et afaires du royaume par son conseil et de ceulx à lui favorables. Et non obstant que par la paix et traictié d'Aucerre eust esté promis de par le Roy et les seigneurs de son sang que ung chascun, de quelque estat qu'il feust et quelque partie qu'il eust tenu, seroit remis en ses biens et héritages et aussi en offices et bénéfices, néantmoins en y eut plusieurs qui celle grace et bénéfice ne porent obtenir quelque diligence qu'ilz en feissent, et par espécial grant partie de ceulx qui avoient tenu la partie d'Orléans, lesquelz furent mis de celle grace en délay. Et pour ce et pour autres causes, s'entretindrent tousjours les envies secrètement entre lesdictes parties, et

---

1. Marie de Berri, femme de Jean Ier, duc de Bourbon.

quéroient tous en derrière l'un de l'autre moiens, les uns d'avoir le Roy de leur parti, et les autres le duc d'Acquitaine. Et par ainsi n'avoient point vraie amour ne vraie aliance l'un avecques l'autre, par quoy la guerre de jour en jour estoit en grant péril de recommencer plus diverse et plus cruelle que paravant n'avoit esté, comme plus à plain cy-après sera déclairié.

Et les lectres d'aliance et confederacion au roy Henry d'Angleterre ses enfans et autres princes d'une part, et les ducs de Berry, d'Orléans, de Bourbon, les contes d'Alençon et d'Armignac, le seigneur de Labreth et autres de leur aliance d'autre part, seront déclairiées cy après en la fin de cest an mil quatre cens et douze, selon les promesses qu'ilz firent l'un avecques l'autre.

CHAPITRE XCXIX.

Comment le Roy fist grande assemblée en la ville de Paris en entancion de réformer ses officiers. Et autres besongnes.

Or est ainsi que le roy de France, par l'ennort et solicitude du duc de Bourgongne, manda lors à venir à Paris la plus grant partie des princes de son royaume avecques les prélas, les maistres de l'Université, chapitres et ceulx des bonnes villes, afin d'avoir conseil et délibéracion sur plusieurs grans afaires qui estoient en son royaume et par espécial sur la réformacion de tous ses officiers généralment, duquel par très long temps la plus grant partie s'estoient mal gouvernez envers lui. Et pour ce quant les seigneurs dessusdiz et autres furent venus audit lieu de Paris, et qu'ilz eurent eu plusieurs grans consaulx l'un avecques l'autre sur les matières pourquoy on les avoit mandez, conclurent ensemble que pour tous les autres l'Université respondroit et aussi remonstreroit au Roy et à son conseil qu'il leur en estoit advis de faire. Et ainsi en fut fait à ung certain jour qu'ilz eurent audience en la court de Saint-Pol, ainsi et par la manière qui s'ensuit [1].

« A nostre très hault et très excellent prince nostre souverain seigneur et père. S'ensuivent les poins et les articles, lesquelz vostre très humble et très dévote fille l'Université de Paris, vos très humbles et obéissans subgetz le prévost des marchans, les eschevins et bourgois de vostre bonne ville ont fait, à vous bailler confort, aide et advis, comme vous le requérez pour le prouffit, honneur et bien de vous et pour la chose publique de vostre royaume.

Premièrement. Sur le premier point touchant l'entretenement de la paix entre aucuns seigneurs de vostre sang, laquelle chose de vostre majesté royale a esté exposée, dient les devant ditz que ceulx des bonnes villes et les autres qui à présent sont venus à vostre mandement ont ce bénignement juré et promis et tendu jusques à maintenant entretenir et ce Dieu plaist entretenront. Mais il nous semble que vous devez mander autres seigneurs de vostre sang et leurs principaulx serviteurs pour semblablement promettre l'en-

---

1. Au sujet de cette longue et importante remontrance de l'Université, voyez dans nos Pièces justificatives un extrait du reg. du parlement, du 17 février 1412 (v. s.). Voy. aussi le Religieux de Saint-Denis (t. IV, p. 747 et suiv.).

tretenement de ladicte paix, pour plusieurs causes. Premièrement pour tant qu'ilz ne le promirent onques en vostre main. Secondement pour ce que il en y a aucuns qui ne l'entretiennent point.

Item. Et qu'il soit vray il est notoire, que les Anglois sont en vostre royaume et plusieurs autres gens, tant dudit royaume comme d'autres pays, et sont ensemble par manière de gens de compaignie, destruisans vostre pays et vos subgetz, dont plusieurs plaintes et clameurs sont venus et viennent de jour en jour en plusieurs parties de vostredit royaume. Auxquelles choses on met trop petit remède.

Item. Aussi le conte d'Armignac, qui est vostre subject, n'a eu cure de la paix et ne l'a pas entretenue, mais a tousjours maintenu la guerre en vostre royaume.

Item. Et afin que ladicte paix soit mieulx entretenue, il semble que vous devez ordonner vos lectres royaulx esquelles soit la cédule de ladicte paix encorporée, adrécans à voz officiers et aux autres à qui bon vous semblera, pour estre promulguée et les transgresseurs punis comme il appartiendra.

Item. Et quant au second point où vous, nostre souverain seigneur, demandez advis, confort et aide, vostre très humble fille et loyaulx subgetz, de toute leur affection considérans vostre bien, utilité et honneur de vostre royaume et aussi la continuacion et conservacion de vostre seigneurie et dominacion, plusieurs foiz ont sur ce esté assemblez. Et voyans qu'il est très grant neccessité de vous exposer les défaulx qui sont en vostre royaume, commencent à parler de voz finances, dont vous devez soustenir et maintenir vostre fait et vostre royaume. Et premièrement, sur le fait des finances de vostre demaine qui se doivent distribuer en quatre manières. Premièrement en payer les aumosnes, en la despence de vous, de la royne et du duc d'Acquitaine vostre ainsné filz, ou salaire de vos serviteurs, et ès réparacions des pons, moulins, fours, chaussées. Or appert clairement que lesdictes finances ne sont point employées ès choses dessusdictes. Laquelle chose est à la charge de voz trésoriers par lesquelz vos finances dessusdictes sont distribuées. Et voit-on souvent les povres religieux et religieuses, tant de abbayes comme d'ospitaux, despendre le leur en poursuites sans avoir expédicion, dont leurs églises chéant en ruyne, et délaisse le service divin à estre fait, ou préjudice des âmes de voz prédécesseurs et à la charge de vostre conscience. Et premièrement quant aux aumosnes vray est que de ce, peu ou néant en est paié.

Item. Et quant est à la despence de vous, de la royne et du duc d'Acquitaine, qui est gouvernée de par messire Pierre de Fontenay, elle est payée par les maistres des chambres aux deniers, appellez Raymond Raguier et Jehan Pied. Et il est trouvé que pour la despense de vous et du duc d'Acquitaine en liève, tant sur le domaine que sur les aides, quatre cens mille frans, et pour icelle n'estoit levée on temps passé que quatre vins treize mille frans. Et adonc voz prédécesseurs menoient ung bel estat, et les marchans et autres gens estoient paiez de leurs denrées. Mais maintenant, non obstant ladicte somme les marchans dessusdiz ne sont point paiez de leurs denrées, et souvent advient que voz hostelz, les hostelz de la royne et du duc d'Acquitaine, chéent en ruyne. Et jeudi derrenier passé chey ung grant pan de mur de l'ostel de la royne. Dont il appert que ladicte somme n'est point toute emploiée en vostre despense, comme il fut monstré en temps et en lieu, mais elle est ou prouffit de voz gouverneurs ou de ceulx que bon leur semble. Et pareillement en l'ostel de la royne, pour la despense de laquelle on ne souloit lever que trente six mille frans, et maintenant on liève sur les aides cent quatre mille frans, non obstant ses domaines et ses aides. Et procède ceste despense du défault des officiers qui sont commis au gouvernement de ladicte despense. Desquelles despenses de la royne Raymonnel Raguier est principal gouverneur et trésorier, lequel ondit office s'est tellement gouverné, que de l'argent de la royne il a fait grans acquestz et édifices comme il appert, aux champs et à la ville. Item, et il fault scavoir où est celle finance. Car oultre et sur la somme, on prend certaine quantité de finance par forme et mandement extraordinaire.

Item. Et pareillement il y a une grande faulte ès offices de l'Argentier et de la Chambre aux Deniers. Car par les officiers qui tiennent lesdiz offices plusieurs grans sommes d'argent sont levées et mises en autre usage qu'en vostre prouffit, et moult de vos debtes, et de voz officiers les salaires, sont retardez à estre paiez. Et est vérité qu'ilz appliquent à leur prouffit toutes les choses dessusdictes, comme il appert par les grans estas qu'ilz mainent, par les chevaulx qu'ilz ont, par les excès et sumptueux édifices qu'ilz font de jour en jour et qu'ilz ont fait par cydevant. Prouvé par Raymond Raguier, qui a édifié chasteaulx et grandes maisons où il a mis comme l'on dit plus de trente mille frans. Et aussi Charlot Poupart, argentier, et maistre Guillaume Budé, maistre des garnisons, ont acheté grans rentes et possessions et ont acquis grosses et larges substances, lesquelles choses ilz ne pourroient faire des salaires de leurs offices. Item. Aussi il y a défaulte en vostre escuierie, qui est office de très grant recepte, et y sont faictes plusieurs grandes despenses qui peu tournent à vostre honneur et prouffit.

Item. Et quant est aux salaires des serviteurs de vostre hostel, ilz sont très mauvaisement contentez en la Chambre des Deniers, ne les serviteurs ne pevent avoir leur loier, pour quoy ilz ont grant povreté et souffrete et ne pevent estre entour vous si honnestement qu'il appartient. Non obstant qu'il y en a aucuns qui ont port [1], lesquelz sont très bien paiez desdiz salaires.

Item. Et quant à la réparacion de vosdiz fours et moulins et de voz chasteaulx, tout va à ruyne on temps présent, jà soit ce que ou temps passé il y eut une grande somme et espéciallement ou temps du roy Phelippe, du roy Jehan et du roy Charles, ouquel temps estoit le royaume bien gouverné autrement que maintenant.

Item. Et quant au fait des finances, il fault dire neccessairement que le gouvernement de présent a eu cours depuis trente ans en çà, et paravant a esté dévoré par plusieurs officiers qui n'ont point eu regard au bien de vous ne de vostre royaume, mais seulement à leur singulier prouffit. Et à déclairer les officiers de

---

1. Qui ont du crédit, qui savent s'arranger.

vostredit royaume esquelz il y a grant excès, vostre fille devantdicte et vosdiz subgetz vous exposent les choses qui s'ensuivent :

Premièrement. Vous avez très grant et excessif nombre de trésoriers qui tousjours ont esté puis le temps dessusdit; et par la grant pratique qui est oudit office, plusieurs hommes se sont efforcez de y entrer et tant qu'il n'est guères année qu'ilz ne soient muez, remuez ou déposez à la requeste des autres qui ont eu la voix en vostre royaume. Et Dieu scel pourquoy ilz y entrent si voulontiers, sinon pour les grans lopins et larrecins qu'ilz font et tirent esdiz offices. Car se ung trésorier n'amende de vous de quatre ou six mille frans, ce ne leur semble rien, en un an seulement. Et jà soit ce que on temps passé n'en y eust que deux, toutesfoiz y en a il maintenant quatre ou cinq, pour la pratique qu'ilz y trouvent, Et a esté telle fois qu'il y en avoit six ou sept. Et ainsi appert plus clèrement que le jour, que vous avez dommage chascun an ondit office, de seize à vingt mille frans, pour le particulier défault desdiz trésoriers. Et quant est après de finances dudit trésor, ilz n'ont eu regard à paier les choses neccessaires, ne tenir les seremens qu'ilz font à l'entrer desdiz offices, mais ilz ont entendu à paier les grans et excessifs dons à ceulx qui les ont soustenus par plusieurs voyes. Lesquelz se lièvent, tant sur le fait des coffres, comme sur le fait de l'espargne dessusnommé.

Et quant est aux autres officiers, c'estassavoir au gouvernement des finances et au clerc, il est assavoir que toutes lesdictes finances sont passées par leurs mains, tant qu'ilz en ont acquis innumérables et haultes possessions comme il appert. Et sont les conseillers pour le présent Andrieu Giffart, Burel de Dampmartin, Renier de Bouligny, Jehan Guerin et le gouverneur Nicole Bonnet, qui fut clerc de Jehan Chauf son prédécesseur, et le clerc maistre Gui Brocher, qui sont inutiles et coulpables du mauvais régime devant dit, excepté Jehan Guerin qui est nouvel et ne s'est point encores mesfait. Et espécialement en est coulpable Audry Giffart, lequel jà soit ce qu'il eust gasté tout ce que son père lui avoit acquis, néantmoins par la procuracion du prévost de Paris, duquel il est cousin à cause de sa femme, il a esté fait trésorier. Dont il a esté tellement rempli de deniers, qu'il est maintenant plain de rubis et de dyamans, de safirs et autres pierres précieuses, vestemens et chevaulx, et tient ung excessif estat rempli de vaisselle, c'est assavoir de plats, d'escuèles et de pots d'argent, de tasses et de hanaps.

Item. Et jà soit ce qu'il ne soit point neccessaire d'avoir trésorier sur le fait de la justice dudit trésor, mais y soit de coustume tenir ung clerc conseiller, toutesfoiz il y a quatre conseillers, qui emportent grans finances on préjudice de vostre trésor.

Quant est au régime des aides, il y a officiers ordonnez qui se appellent généraulx, par l'ordonnance desquelz se passe toute l'ordonnance des aides ordonnez pour la guerre, qui montent à douze cens mille frans. Et s'il est ainsi que lesdiz trésoriers se soient mauvaisement gouvernez et font encores, encores se gouvernent pis lesdiz généraulx. Car premièrement ilz sont mis ondit office par force d'amis à qui les généraulx font dons excessifz à vostre préjudice. Item, et les prouffiz que lesdiz généraulx prennent quant ilz entrent esdiz offices, montans à chascun d'eulx à deux ou trois mille frans par an. Et se ung général est deux ans ondit office, il acquestera neuf ou dix mille frans et autres grans sommes, par dons couvers, dont aucunes foiz les dons sont levez on nom des seigneurs sans leur sceu. Et les particularitez des défaulx seront trouvez et extrais, qui furent fais par la réformation derrenièrement faicte.

Item. Et après ledit office est venu ung autre office qu'on nomme l'Espargne, mal nommé. Laquelle tient Anthoine des Essars. A cause duquel office on liève desdictes aides la somme de cent et vingt mille frans ou environ, jà soit ce que ladicte finance feust gardée et mise en l'Espargne soubz deux clefz, dont vous devez porter l'une pour secourre à vostre neccesité et à vostre royaume. Néantmoins ceulx qui l'ont en vostre gouvernement l'ont tellement dissipé qu'il n'en y a croix [1], et ne scet-on qu'il en soit mieulx à homme du monde, si non à aucuns qui l'ont soustrait de vostre main par le consentement de ceulx qui ont trouvé ledit office, dont ilz mainent excessifz estas en vostre préjudice. Item, et avec ce ledit Anthoine a en garde voz livres et vos joyaulz, et dit-on que en ce y a un povre gouvernement, en ce qui est de jour en jour achaté pour vostre corps, et ce par la coulpe dudit Anthoine.

Item. Et après cest office est venu ung autre office qu'on appelle La garde des coffres, lequel office tient Marice de Ruilly, pour lequel il reçoit chascun jour

---

1. Qu'il n'en reste pas une pièce. De la croix qui se gravait sur les monnaies.

pour l'ordinaire dix escus d'or en monnoie, qui se doit bailler et donner en vostre main pour en faire ce que bon vous en semble. Mais il n'y a croix. Car il l'a distribué à son plaisir. Et soubz umbre de cest office sont dissipées plusieurs grans sommes de monnoye, desquelles on parlera en temps et en lieu.

Item. Est à démonstrer comment vous, la royne et le duc d'Acquitaine estes mengez et desrobez. C'est-assavoir que quant vous avez à faire de promptes finances pour cause de vostre guerre ou pour vos autres grans besongnes, il fault aler à certaines personnes marchans d'argent, qui par usures et rapines illicites trouvent finances de monnoye, moiennant ce qu'ilz ont engaige de vostre vaisselle et de voz joyaulx d'or et d'argent, à grans et clères pertes, et tant, que ce qui ne vault que dix mille frans vous compte quinze ou seize mille. Et tant faut-il que vous perdez par chascun an en telles usures qui se font par les changes feins. Et par ceste manière peut-on juger clèrement qu'il y a aucuns de voz serviteurs et officiers qui sont participans et acompaignez desdiz frais et usures illicites. Et par ainsi n'avez vous jamais croix, et sont lesdiz offices et receptes povres et obligez et tempestez. Et pareillement sont gouvernez les autres officiers de vostre lignée sans en nul excepter.

Item. Il est assavoir comment subtillement et malicieusement les généraulx officiers, eulx entremetans de vos receptes, vous gouvernent. Car puisque ung receveur vous aura presté par dessus la recepte cinq ou six mille escuz ou autre somme, ilz sont desmis de leurs offices afin qu'ilz s'en puissent rembourser sur leur recepte, et en son lieu met-on ung autre receveur qui recevra presque toute la recepte. Et quant il y aura peu ou point à recevoir, lors le premier receveur sera remis en sondit office, moiennant qu'il se obligera en une grande somme d'argent aux dessusdiz officiers. Et par ce ne peut le devantdit receveur estre paié ne paier ce qu'il doit. Et aussi font chevaucher an sur autre, en quoy vostre finance est dégastée devant que le terme soit venu. Et par ainsi buvez vous voz vignes en vert jus.

Item. Et quant il y a une ambaxade à faire, ou quant il fault envoier ung simple chanoine dehors, il faut emprunter l'argent aux usures. Et souvent advient que les dessusdiz ambaxadeurs sont inutiles, et par ce advient aucunesfois que vous en avez excessifz dommages.

Item. Il est neccessité que vous sachiez où est l'argent de vostre royaume de deux ou trois ans ençà, pardessus et oultre le domaine et les aides, onquel temps ont esté levées plusieurs tailles, dixiesmes, demy dixiesmes, imposicions, maletoltes, réformacions et plusieurs autres manières d'avoir finances. Desquelles choses le prévost de Paris s'est entremis comme il est notoire, et s'est fait appeler souverain maistre des finances et gouverneur général.

Item. N'est point à oublier comment aucuns grans officiers, comme le prévost de Paris et autres, qui ensemble ont tenu grant nombre d'offices et euz et receuz les deniers et iceulx mis en leurs sacs en vostre préjudice, des ordonnances royaulx et aussi de la chose publique, dont il s'ensuit maintesfoiz que gens inutiles et non sachans et de mauvais gouvernement, se sont mis èsdiz offices.

Item. Et naguères le prévost de Paris, qui depuis ung peu de temps tenoit l'office du général maistre et gouverneur des eaues et forestz, a résigné ledit office en la main du seigneur d'Ivry. Et à la cause d'icelles sont levées charges de six mille frans on nom du Roy, si comme on dit. Mais toutesfoiz ledit argent est levé au proffit dudit prévost. Et ainsi ladicte résignacion vous couste bien six mille frans et plus. Et avecques ce ledit prévost de Paris tient les capitaineries de Cherebourg, dont il a par an six mille frans, de Montargis, dont il a par an deux mille frans, et de Nevers, dont il a par an deux mille frans.

Item. Et vostredicte finance est gastée et perdue par une autre manière. Car ung grant nombre de receveurs, grenetiers, quatriesmiers et leurs clercs et aussi autres certains poursuivans et solliciteurs de finances qui sont appellez poursuivans généraulx et avec eulx leurs clercs et serviteurs, ont obtenu chascun an, comme se ce feust leur rente, lectres et grans dons, lesquelz ont les autres officiers. Et est trouvé que par le moien dudit prévost et d'autres gouverneurs desdictes finances, ilz ont esté de ce très bien paiez on grant préjudice de voz besongnes et la recordacion du paiement de plusieurs preudommes tant chevaliers, conseillers comme autres officiers. Et voit on communément que quant ung jeune homme vient on service d'un général ou d'un receveur ou grenetier, jà soit ce qu'il soit de petit estat ou de peu de science, en peu de temps il est fait riche et maine ung grant et excessif estat et achate grans offices et héritages à voz despens.

Item. Et par voz trésoriers de voz guerres ont esté

commises plusieurs grandes faultes au fait de voz finances. Et ont une manière de prendre, de voz chevaliers et escuiers, blancs seellez, desquelz ilz ont très mauvaisement usé, si comme scèvent lesdiz chevaliers. Et de ce vous sçauront mieulx informer que nous. Et est grant pitié de oyr les complaintes desdiz chevaliers et escuiers sur le fait de leurs paiemens, qui tousjours ont esté petis, envers la plus grant partie. Car maintenant c'est une reigle générale aux gens d'armes qu'ilz vivent sur le pays sans estre paiez, disans qu'ilz ne sont point paiez de leurs gaiges et qu'il fault qu'ilz vivent en leur service.

Item. Et pour ce que lesdiz généraulx et le souverain maistre des finances, prestement qu'il vous plaira à les reprendre, ilz diront pour éviter et passer le temps qu'ilz sont prestz de monstrer leur estat, comme se ce feust response prouffitable ou souffisante. Et jà sont venus en requérant qu'on leur baillast commissaires qui visitassent leur estat. Mais, soubz correction, quant ce vient au fait ceste response est inutile. Mais qui vouldroit savoir qui manga le lart, il fauldroit scavoir quelles substances ilz povoient avoir quant ilz entrèrent premièrement en leursdiz offices et quelz gaiges ilz avoient en leurs services et combien ilz povoient despendre raisonnablement, et quelles substances ilz ont de présent et les grandes rentes et possessions qu'ilz ont acquises, et les grans édifices qu'ilz font faire.

Item. Soit notoire au régime des généraulx qu'ilz sont riches et plains, et quant ilz entrèrent premièrement èsdiz offices ilz estoient povres. Mais ilz ont maintenant acheté maisons de grande seigneurie, si comme, maistre Jehan Chastenier, Guillaume Luce et Nicaise Buges. Et pour vérité dire, chascun vostre loyal subject se doit bien esmerveiller de tel gouvernement et bien leur doit douloir le cuer, quant vous, qui estes nostre souverain seigneur et prince, estes ainsi desrobé de vostre finance et que toutes les finances chéent en une bourse tirée devant voz yeulx, et les gouverneurs devantdiz, tant passez comme présens, sont riches, pleins et garnis et vous mectent et laissent en ceste neccessité et n'ont nulle pitié de vous ne du bien commun.

Item. Et pour ce que cy dessus est faicte mencion des estats, il semble à vostre fille et à voz subgetz que généralement en ce royaume au regard de toutes gens les estats sont trop excessifz. Et est fort à doubter que pour les inconvéniens qui viennent chascun jour Dieu ne se courrouce à son peuple.

Item. Et quant à ung grant conseil, on n'y tient point telle ordonnance qu'il appartendroit bien. Car chascun est apperceu, et toutesfois n'y doivent estre que preudommes et sages, tant clercs comme chevaliers, en nombre compétent, prenans pension et gaiges de vous et non de quelzconques autres seigneurs, ains l'ueil à vostre prouffit et à vostre honneur et de vostre royaume et à la conservacion de vostre couronne et seigneurie. Et advient maintes foiz que pour la grande multitude qui y est et les requestes qui vous sont faictes, voz besongnes en sont délaissées. Et quant une bonne besongne y est prinse, comme il advient aucunes foiz, elle demeure à estre exécutée et sans estre mise à fin, combien que souverainement vous touche. Et aussi devroient les ambaxadeurs, tant estranges comme autres, estre expédiez. Et quant une conclusion est prinse par meure délibéracion, elle ne devroit point estre rompue pour ung peu de gens, comme il arrive souvent.

Item. Et est grant inconvénient de oyr les complaintes qui se font pour la longue expédicion en voz besongnes regardans la débilité de vostre royaume. Et mesmement on voit le seigneur de Montberon, le viconte de Murat et ceulx de La Rochelle complaignans sur ce que vostre conseil ne leur fait bonne expédicion; et ce qu'ilz poursuivent est pour le bien de vostre royaume. Et dient les aucuns que se autre provision n'y est mise, il fauldra neccessairement qu'ilz facent paix avecques voz ennemis. Et par ainsi estes vous en voie de perdre plusieurs de voz bons vassaulx.

Item. Et quant est au fait de la justice de vostre royaume, et premièrement au regard de vostre court de parlement, qui est souveraine court de vostre royaume, laquelle n'est pas gouvernée comme elle souloit. Car on y souloit mectre haulx et excellens clercs et notables preudommes, d'onneur, d'aage et de meurs, et expers en droit et en justice. Et pour le grant nom du droit qui estoit gardé en celle court sans faveur d'aucune personne, non point seulement les chrestiens, mais les Sarrasins y sont venus recevoir jugement aucune foiz. Et depuis ung peu de temps, pour la faveur d'amis, de parens et de prières, aucuns jeunes hommes ignorans le fait de justice et indignes de si hault et si excellent office, y ont esté mis. Dont le nom de auctorité et bonne renommée de ladicte court est amendrie. Et aussi il y a autres inconvéniens. C'estassavoir qu'en icelle court sont plusieurs filz, frères germains, nepveux et afins ensemble, et tel y a qui ainsi est en lignage comme le premier président. Et par telle affinité se pevent ensuivir plusieurs périlleux inconvéniens en ladicte court. Item, et en ladicte court sont plusieurs causes de povres gens comme mortes, et n'en font point ceulx de parlement telle expédicion comme par raison faire devroient.

Item. Et quant est de la Chambre des comptes, là sont trouvez tous mauvais accidens, car ilz sont tous ensevelis. Et combien que puis ung peu de temps y eussent esté mis aucuns nouveaulx, touteffoiz ne se perçoit-on pas que aucune réparacion y ait esté faicte. Entre lesquelz nouveaulx y a esté mis Alixandre Boursier, qui par plusieurs foiz a esté receveur général des aides et n'a pas encore clos ses comptes, comme on dit. Et là povez vous estre grandement fraudé, car cellui qui devroit estre réformé, est mis à réformer les autres. Item, et à mieulx faire la besongne ledit Alixandre a tant pratiqué, que Jehan Vautier, qui estoit son clerc, a esté mis oudit office.

Item. Et jà soit ce que par les ordonnances royaulx et par les seremens que font les receveurs, vicontes, trésoriers et autres officiers du domaine, néantmoins par eulx doivent estre paiées les aumosnes, mais par les dissimulacions et toléracions desdiz offices des comptes, ladicte ordonnance est souvent enfrainte, comme on dit.

Item. Et quant est au fait de l'estat des généraulx de la justice, il semble et appert que telle multiplicacion d'officiers pour le fait des aides est inutile, et est la grant dissipacion de la substance de vostre royaume;

et finablement le grant nombre des esleuz et des sergens qui sont soubz lesdiz officiers, qui reçoivent grans dons et grans gaiges, sont cause par quoy toute vostre substance est dissipée et amendrie. Item, et pareillement est des autres officiers sans nombre qui sont mis ès offices par force d'amis. Et semblablement fault parler des généraulx de la justice. Car au temps du roy Charles n'en avoit que ung ou deux au plus, et néantmoins il en y a sept, dont chascun a cent livres de gaiges, sans les greffiers.

Item. Qui vouldroit parler des maistres des requestes de l'ostel du Roy et des autres officiers, Dieu scet s'il y auroit à dire. Car ou temps passé on y mectoit anciens hommes et expers, congnoissans les coustumes de ce royaume, et sçavoient respondre à toutes supplicacions et requestes et signer celles qui faisoient à signer, par quoy elles estoient expédiées en la chancellerie, et maintenant on n'y met que jeunes gens, non sachans et non expers, qui ne expédient rien si tost se ce n'est par la voix du chancelier. Et à ceste cause il advient que on y met plusieurs autres officiers extraordinaires pour suppléer leurs défaulx, lesquelz ont grans gaiges, à vostre préjudice.

Item. Et quant est au fait de vostre chancellerie, il est bien sceu que vostre chancelier de France a soustenu maintes grans peines et est bien digne d'avoir grans prouffis, voire sans le préjudice du bien commun. Mais, combien que pour ses gaiges il ne doive avoir que deux mille livres parisis, néantmoins depuis vingt ans ençà il en a pris, oultre les deux mille, autres deux mille livres parisis, et oultre, le don de deux mille frans sur les émolumens du seel.

Item, et oultre ce, il a prins le registre des priviléges et rémissions, qui montent sur chascune vingt sols parisis, lesquelles pevent monter par an à une grant somme d'argent. Item, et avecques ce il a prins autres deux mille frans sur les aides ians cours pour le fait de la guerre. Item, et avec ce il prent par chascun an deux cens frans pour ses vestemens. Item, il a prins et prent chascun an sur le trésor pour sa chevalerie ou chancelerie, de cinq à six cens livres parisis. Item, et oultre les choses dessusdictes, il a eu sur les tailles et imposicions plusieurs grans dons qui se pevent estimer à une grant somme d'argent. Item, il a legèrement passé et seellé lettres de dons excessifz sans y faire quelque résistence. Et les particularités seront trouvées par les comptes de Michel du Sabulon [1], de Alixandre Boursier et de plusieurs autres, qui ne se sont point faings de y mouller leurs soupes. Item, et à plus plain déclairer le présent article, on trouveroit plus de six mille frans de dons particuliers qui vouldroit visiter les comptes des dessusdiz et des autres receveurs, bien que ladicte finance estoit ordonnée pour le fait de la guerre. Item, en ladicte chancellerie est venu ung grant émolument d'argent, lequel émolument est à grant somme de deniers. Et sont gouvernées les finances dudit seel par maistre Henry Malachienne, par maistre Jehan Budé, contrerooleur dudit seel de ladicte chancellerie, et sur le droit du Roy prennent doubles gaiges, c'estassavoir du notaire et du secrétaire, sans leurs bourses, et en prennent aussi dons et pensions excessives. Et ainsi

---

1. Michel de Sablon, en latin *Michael de Sabulone*.

est la chancellerie tellement gouvernée qu'il n'en vient point grant prouffit à vous, jà soit que l'émolument dudit seel soit bien grant. Et quant est du droit des notaires, jà soit qu'ilz prengnent aucuns avecques eulx telz que bon leur semble, comment ilz se gouvernent sera plus à plain déclairé au long quant besoing en sera. Item, et aussi en treuve plusieurs officiers de vostre royaume qui tiennent plusieurs offices innumérables et incompatibles, lesquelz ilz font desservir par procureurs, qui par diverses manières extraient les finances de voz subgetz.

Item. Et n'est point à oublier comment depuis ung peu de temps ençà vostre monnoye est grandement diminuée en poix et en valeur, en tant qu'un escu est de mendre valeur qu'il ne souloit, de deux sols, et les blans de deux blans, chascun de trois mailles, laquelle chose est ou préjudice de vostre peuple et de vous premièrement. Et par ainsi est la bonne monnoie expurgée, car les changes et les Lombars cueillent tout le bon or et font leurs paiemens de nouvelle monnoie. Et fault savoir par quelle procuracion ceste monnoie est ainsi diminuée. Et est la commune renommée que c'est par le prévost de Paris, par le prévost des marchans et par Michel Lailler, qui ont actrait à eulx la congnoissance des monnoyes. Item, et supposé que les dessusdiz vous facent aucun prouffit à l'occasion de ladicte diminucion, toutesfoiz ce n'est point comparoison à la perte que vous et le royaume y avez, comme plus à plain sera déclairé par gens qui à ce se congnoissent.

Item. Et, jà soit que vostredicte fille et vosdiz subgetz vous ayent en brief exposé les défaulx et coulpes des devantdiz, toutesfoiz ce ne suffist pas. Car plusieurs jours ne souffiroient mie à vous exposer le mauvais régime des dessusdiz et de leurs semblables. Et pour ce que plusieurs autres personnes sont coulpables, lesquelles personnes et plusieurs autres choses vous seront déclairées, vostredicte fille et vosdiz subgetz s'en passent pour le présent en espérance de le vous déclairer autrefoiz plus à plain, pour le bien de vous et de vostre royaume.

Et pour venir, nostre très souverain seigneur, ausdiz aide, confort et conseil que vous avez requis de voz dessusdiz nobles et bourgois, que vous, pour le présent, avez mandez, vostre fille et voz subgetz dessusdiz vouldroient bien qu'il pleust à Dieu de leur donner grace de vous bien conseiller et conforter. Car à ce faire sont prestz d'exposer leur corps et leur avoir de bon et loyal cuer, comme ilz y sont tenus; et ainsi ont-ilz derrenièrement conclud solemnellement en la derrenière congrégacion. Car ilz se réputent estre grandement obligez à vostre royale majesté, tant de naturelle et loyale obligacion, comme pour les innumérables biens que vous leur avez fais.

Premièrement. Pour vous adviser et afin qu'il vous plaise remédier aux choses dessusdictes, nous semble que pour avoir une bonne et juste finance le plus tost que faire se pourra, il est expédient que vous cloez la main ausdiz gouverneurs, sans nul excepter, et qu'ilz soient tous desmis de leurs offices, et avecques ce tous leurs biens meubles prins et mis en vostre main, et que vous soiez seur des personnes jusques à ce qu'ilz vous aient rendu compte de leur régime, et puis après vous leur ferez raison et justice.

Item. Et si est neccessaire que vous adnichilez tous dons assignez et pensions extraordinaires, et incontinent vous manderez tous voz receveurs et vicontes, tant du domaine comme des aides, et aussi les grenetiers, et leur défendez que doresenavant, sur peine de confisquer corps et biens, qu'ilz vous apportent tout l'argent qu'ilz pourront avoir, et que pour quelconque assignacion que ce soit ilz ne baillent argent à homme de quelque estat qu'il soit, fors à ceulx que vous ordonnerez de nouvel; et aussi qu'ilz apportent leur estat et toutes choses dont ilz se vouldroient aider. Et quant ilz seront venus, qu'ilz ne parlent à nulz des gouverneurs dessusdiz, sur la peine devant dicte.

Item. Et pour avoir autre et prompte finance, il est expédient et neccessaire que, veu que les aides ont esté ordonnez pour le fait de la guerre et défense de vostre royaume et non pour autre usage, vous les retrairez pardevers vous doresenavant, et mectrez en vostre main toutes les aides de vostre royaume; ce que vous povez et devez faire actendu qu'elles sont vostres et qu'elles ne doivent point estre emploiées fors seulement à vostre défense, quant le cas le requiert, et considéré que vous en avez grandement neccessité, comme il appert; ne quelconque personne n'en devroit estre malcontente. Et sur ce vueillez avoir en mémoire le bon gouvernement de vostre père Charles, à qui Dieu face vray mercy, qui tant noblement employa lesdictes aides et fist tant qu'il enchaça les Anglois et ses adversaires de son royaume, et recouvra les villes et fortresses qui estoient hors de son gouvernement; et estoient ses officiers bien paiez, et si lui demouroient grans finances, dont il a laissé plusieurs beaulx joiaulx.

Item. Et se les choses devantdictes ne suffisent à vous aider, il nous semble que, considéré que vous avez voz finances en plusieurs lieux, que vous povez prendre icelles, car elles viennent de vous, si comme sur plusieurs personnes qui vous seront nommées jusques au nombre de mil et six cens, qui sont riches et puissans, et qui doivent supporter les povres. Desquelz il n'en y a nul qui ne puist bien sans soy grever, l'un parmy l'autre, payer cent frans. Ausquelz restitucion sera faicte par certaine manière qui bien puest estre advisée.

Item. Que à recevoir voz finances, tant du domaine comme des aides, feussent ordonnées notables personnes, preudommes, craignans Dieu, sans avarice, qui onques mais ne se feussent entretenus desdiz offices, qui eussent gaiges licites sans dons extraordinaires, par lesquelz toutes lesdictes finances feussent distribuées selon ce qu'il est neccessaire, et l'autre mis en espargne.

Item. Que ausdictes personnes ainsi esleues seront contrains lesdiz receveurs et vicontes de monstrer leurs estats, comme dit est.

Item. Il soit bien requis que toutes les cédules de la despense ordinaire de vous, de la Royne et du duc d'Acquitaine soient diligentement visitées, et par ce pourra l'en trouver et savoir combien montent lesdictes despenses par an, qui ne montent pas à deux cent mille frans autant, que les gouverneurs en lièvent, tant sur le domaine que sur les aides.

Item. Quant au regard de la court de parlement, il

est neccessaire que ceulx qui seront trouvez non souffisans soient déposez, et mis en leurs lieux notables personnes, et qu'on y garde les condicions anciennes.

Quant aux généraulx des finances à la justice, trésoriers et greffiers et leurs clercs, y soit très notablement pourveu et réduit selon le nombre et usage ancien.

Item. En la Chambre des comptes pareillement, combien que en icelle soient aucuns bons preudommes anciens qui de ce vous doivent advertir.

Item. Quant aux esleuz de vostre royaume et aussi aux receveurs des aides, il nous semble que pour le bien de vous et de vostre peuple et afin que vous aiez plus, se les juges eussent eu la charge desdiz offices vous eussiez gaigné une grant somme de deniers, lesquelz emportent lesdiz esleuz.

Item. Et il nous semble qu'on devroit eslire par bonne et vraye election certains bons et sages hommes, afin qu'ilz soient seulz et pour le tout à vostre conseil avec ceulx de vostre lignage, afin de vous loyaument conseiller et advertir de vos besongnes et de vostre royaume, et qu'en ce faisant feussent gardez et sustentez de vous et de vostre justice, en telle manière que tout ce qu'ilz adviseroient pour le bien dessusdit feust mis à exécucion sans contradiccion nulle, et qu'ilz feissent à vous les seremens qui ont esté fais avec encores autres seremens solemnelz, comme dessus est dit.

Item. Et nous semble qu'on devroit pourveoir aux frontières de Picardie et d'Acquitaine et des autres pors, en ordonnant à chascune partie raisonnables sommes d'argent pour la défense desdictes frontières pour résister aux malicieuses courses des anciens ennemis de ce royaume, tellement et si convenablement que nulz inconvéniens ne s'en puissent ensuir.

Item. Et à pourveoir aux inconvéniens qui viennent chascun jour par les prévostz fermiers et espécialment sur les povres et simples gens, il est expédient de adviser bonnes et souffisans personnes, aians gaiges raisonnables, pour, de vostre partie, avoir regard sur lesdiz prévostz fermiers sans grever les povres gens, en demandant amendes raisonnables.

Item. Et pour ce que lesdiz inconvéniens sont moult grans et qu'il y a plusieurs autres inconvéniens et larrecins qui ont jà pieçà duré, ausquelz il ne pourroit estre si tost pourveu, vostre fille et voz subjetz devantdiz assentent et promectent de eulx y employer à leur povoir.

Item. Vostre fille et voz subjectz devantditz vous supplient tant humblement que faire se peut, que vous vueillez remédier aux choses dessusdictes, c'estassavoir à ceulx qui excessivement ont eu voz trésors sans cause raisonnable, et que vous vueillez ordonner aucunes personnes de vostre sang avec autres bonnes personnes qui point ne soient de l'appartenance des dessusdiz, qui puissent réformer tous ceulx qui ont délinqué, de quelconque estat qu'ilz soient. Item, et qu'il vous plaise commander aux bourgois et prélas des provinces cy estans, qu'ilz nomment tous ceulx de leurs provinces qui ont commis aucune défaulte ès choses dessusdictes.

Lesquelles choses, nostre très souverain seigneur, vostre fille devantdicte et vosditz subgetz exposent très humblement, comme ceulx qui en toutes les choses du monde désirent vostre bien et honneur, à la conservacion de vostre couronne et dominacion. Et ne l'a point dit, vostredicte fille, pour en amender temporellement, mais pour en faire son devoir. Car chascun scet bien qu'elle n'a point acoustumé d'avoir les offices ne les prouffis, ne d'en soy entremectre, si non de son estude, et de vous remonstrer ce qui est à vostre prouffit et à vostre honneur, quant le cas le requiert. Et jà soit ce qu'elle soit par plusieurs foiz venue devers vous pour vous remonstrer plusieurs des choses dessusdictes, toutesfois provision n'y a point esté mise, dont vostre royaume est en si grant danger que plus ne peut, et fault que à ceste foiz voz bons et loiaulx subgetz se acquitent devers vous. Et à donner ladicte besongne, vostre fille et subgetz dessusdiz requièrent l'aide de vostre filz ainsné le duc d'Acquitaine, et le duc de Bourgongne, qui pieçà a encommencé ladicte prosécucion sans espargner corps ne chevance, avec lesquelz s'est adjoincte vostre fille en considérant ces choses estre raisonnables. Mais par grans empeschemens qui par diverses manières y ont esté naguères mis par aucuns des gouverneurs dessusdiz, doubtans estre reprins, ladicte prosécucion a esté délaissée. Car ilz se sont efforcez de l'empescher, comme font ceulx qui présentement sont. Requièrent aussi les dessusdiz à noz très redoubtez seigneurs, c'estassavoir de Nevers, de Vertus, de Charrolois, de Bar et de Lorraine, aux connestable et mareschaulx de France, au grant maistre de Rodes, à l'admiral, au maistre des arbalestriers et généralment à toute la seigneurie de ce royaume que Dieu vueille saulver et maintenir, laquelle est ordonnée pour la conservacion de vostre couronne, aussi à voz conseillers et à tous voz autres subgetz, que pareillement chascun suivant son estat se vueille acquitter devers vostre maistre. Et pour ce que aucuns des dessusdiz ont dit publiquement que ce que vostredicte fille vous expose, que c'est par hayne et par la relacion de peu de gens, c'estassavoir de cinq ou six, plaise vous savoir qu'elle n'a point coustume de soy informer par ceste manière. Mais elle a esté informée parce que la chose est toute clère et notoire, et cuide qu'il n'y ait cy homme de si petit entendement qui ne congnoisse bien la faulte de dessusdiz. Et aussi en a esté advertie par plusieurs notables personnes aymans vostre bien. Mais par telles paroles n'ont-ilz point gaignée leur cause. Car pour quelque leur voulenté, elle ne se taira point, sauf vostre voluntaire audience. Et conclud vostredicte fille que vous poursuiviez diligemment les choses dessusdictes, sans quelque dilacion, et à ce poursuivir se veut-elle employer sans faire quelque faulte envers vous. Car autrement vostredicte fille ne se acquiteroit point envers vostre dicte majesté royale. »

Après laquelle conclusion faicte par l'Université de Paris, et qu'ilz eurent requis aux princes et seigneurs et aussi aux prélas là estans, d'estre advouez de ce qu'ilz avoient dit et proposé pour le bien du Roy, de son royaume et de la chose publique, et que les dessusdiz les eurent advouez en leur disant qu'ilz estoient prestz de les assister du tout, en mectant et faisant mectre toutes les besongnes dessusdictes à pleine exécucion, les gouverneurs du Roy, c'estassavoir ceulx qui avoient eu le gouvernement des finances furent fort esmerveillez, et eurent grant doubte qu'ilz ne feussent arrestez personnellement. Et entre les autres, maistre Henry de Marle, chancellier de France, voiant qu'il estoit accusé comme les autres, par certains moiens qu'il trouva se tira devers le Roy, et fist tant par ses belles paroles qu'il fut bien content de lui, moiennant qu'il lui promist paier une grosse somme d'argent dedens brief terme lors ensuivant.

Et le samedi ensuivant, second jour de mars, Audry Giffart, ung des trésoriers, fut print et mis ou Chastellet de Paris, et son compaignon Jehan Guérin s'en fuy en une église. Et là se tint.

Messire Pierre des Essars, prévost de Paris, qui naguères avait eu grant gouvernement ou voiage de Bourges, lequel le duc de Bourgongne avoit toujours soustenu, mais l'amour estoit refroidie par ce que depuis peu de temps il s'estoit monstré trop affecté à la partie d'Orléans, se partit de Paris, et envoya à Charenton, pour prendre le pont pour avoir passage, Thomelin de Brye et autres hommes d'armes, lesquelz furent prins par ceulx de ladicte ville de Charenton qui en estoient advertis [et] furent amenez prisonniers en la tour du Louvre. Et ledit prévost prenant autre chemin eschapa, et s'en ala à Cherbourg dont il estoit capitaine, et là se tint aucune espace de temps. Et tantost après le Baudrain de La Heuze fut constitué prévost de Paris. Et lors le Roy fut malade de sa maladie acoustumée. Et pour tant toutes les besongnes du royaume furent traictées et conduictes par le duc d'Acquitaine. Et adonc fut ordonné que plusieurs officiers royaulx, et par espécial ceulx qui avoient eu en main les finances du Roy, seroient arrestez, jusques à ce qu'ilz avoient rendu compte de toutes leurs receptes.

CHAPITRE C.

Comment le duc d'Acquitaine se courrouça à son chancelier, et des envies qui s'esmurent entre les princes et seigneurs ; et aucunes autres besongnes.

En ce jour, en plain conseil où présidoit le duc d'Acquitaine, s'esmurent aucunes paroles entre le chancelier de France[1] et maistre Jehan de Neelle, chancellier d'Acquitaine, et tant qu'en leurs paroles fut dit par le chancellier de France à cellui d'Acquitaine, qu'il ne disoit point évangile. Et icellui respondit fellement qu'il mentoit par ses dens. Et plusieurs foiz lui répéta telles injurieuses paroles. Et adonc le chancelier de France lui dist : « Vous me injuriez et avez autrefoiz fait, qui suis chancelier du Roy, néantmoins je l'ai tousjours porté et souffert pour l'onneur de monseigneur le duc d'Acquitaine qui est cy présent, et ay encores empensé de faire. » Et lors ledit duc d'Acquitaine oyant les paroles dessusdictes, tout esmeu de ire print son chancelier par les espaules et le bouta hors de la chambre en disant : « Vous estes ung mauvais ribaud et orguilleux, ne n'avons plus cure de vostre service, qui ainsi en nostre présence avez injurié le chancelier de monseigneur le Roy. » Laquelle chose ainsi dicte, ledit sire de Dolhaing chancellier d'Acquitaine rendi ses seaulx, et en son lieu fut fait chancellier messire Jehan de Vailli, advocat en parlement, nonobstant que la Royne mist grant peine à appaiser sondit filz, et mesmement le duc de Bourgongne, qui

---

[1]. Arnaud de Corbie.

l'avoit mis oudit office. Mais ilz le ne peurent aucunement fléchir. Car desjà il commençoit fort à dominer et vouloit que tous ses fais et les besongnes du royaume se conduisissent à son plaisir, et disoit aucune foiz à ses féables, que à lui touchoit plus que à nulz autres. Et avecques ce avoit souvent qui lui remonstroit secrètement que doresenavant il avoit sens assez et aage compétent pour prendre et avoir le gouvernement dudit royaume, et que faire le devoit actendu la neccessité du roy son père. Et entre les autres, le duc de Bar, le duc Loys en Bavière, le conte de Vertus et autres de ceste aliance, qui adonques se tenoient à Paris et le visitoient très souvent, ne désiroient autre chose fors qu'il en prinst le gouvernement. Et de tout ce estoit assez adverti le duc de Bourgongne, et percevoit assez que toutes les besongnes se machinoient en entencion de le bouter hors du gouvernement dudit royaume. Si ne le prenoit pas bien en gré et avoit plusieurs ymaginacions esquelles il lui souvenoit bien de ce que ledit duc d'Acquitaine lui avoit dit devant Bourges, qu'il feroit finer la guerre. Et avoit convenu que le traictié se feist outre les promesses qui avoient esté jurées et conclues à Paris, présent le conseil royal. Néantmoins il monstroit semblant que riens ne lui en feust.

En oultre, en ces mesmes jours, fut donnée la conté de Ponthieu, par le Roy et son grant conseil, à Jehan, duc de Touraine son second filz [1], à l'instance et pourchas du duc Guillaume, conte de Haynau, duquel il avoit espousé la fille. Et nonobstant que ceulx d'Abbe-

1. C'est-à-dire des survivants.

ville y résistassent, voulans demourer soubz la seigneurie du Roy, si en fut la possession prinse pour ledit duc de Touraine par les seigneurs d'Andregines et de Monchas, famillers d'icellui duc Guillaume. Et portèrent les lectres audit lieu d'Abbeville, lesquelles ilz firent publier.

Esquelz jours, c'estassavoir environ la my-quaresme, aucuns bourgois et commun de la ville de Soissons s'esmurent soudainement et vindrent au chastel de leur cité. Si rompirent le mur dudit chastel qui joignoit aux murs de la ville tant d'un costé comme d'autre. Et tout ce firent afin que par tout le circuite de leur cité peussent aler sur la muraille sans danger. Et avecques ce démolirent le pont devant icellui chastel sur la rivière, afin que nulz ne peussent estre mis ens, par navire ne autrement, ce que paravant se povoit faire sans leur congié. Lequel chastel appartenoit au duc d'Orléans, qui en fut très desplaisant. Mais pour le temps il n'y povoit remédier, nonobstant qu'il en feist faire plusieurs complaintes envers le Roy et son conseil, pour en avoir réparacion[1].

Et adonc, à l'instance du duc d'Acquitaine, fu rendu à sa femme et à ses amis le chef et corps de messire Mansart du Bois, lequel avoit esté décapité à Paris, comme dit est devant[2], et à neuf heures de nuit fut son chef osté des hales, et son corps de Montfaulcon, et mis ensemble en ung sarcus, et fut porté en la ville de Rousseval ou diocèse d'Amiens, et là fut enterré honnorablement emprès son père et ses précédesseurs.

1. Notamment en Parlement, le 20 mars 1412 (V. S.). Voy. nos Pièces justificatives.
2. P. 224.

CHAPITRE CI.

Comment Henry de Lancastre, roy d'Angleterre, trespassa en cest an, et de l'aliance d'entre lui et les princes de France.

Environ la fin de cet an, Henry de Lanclastre, roy d'Angleterre, qui en son temps avoit esté vaillant chevalier, aigre et subtil contre ses ennemis, et lequel, comme en autres histoires est plus à plain déclairé, pour venir à l'onneur et possession de la couronne dudit royaume d'Angleterre avoit jadis par certains moiens assez estranges et peu honnorables, débouté d'icellui royaume son cousin germain, Richard, roy d'Angleterre, après ce qu'il en avoit joy et possedé paisiblement l'espace de vingt deux ans[1], moult agravé et fort oppressé de la maladie de lèpre, termina sa vie et fut mis en sépulture royalment et honnorablement en l'église de Wastmoustier emprès ses prédécesseurs[2]. Lequel roy délaissa quatre filz, dont le premier, nommé Henry qui estoit prince de Galles, succéda oudit royaume. Le second estoit nommé Thomas, duc de Clarence, le tiers Jehan, duc de Bethfort, et le quart Humfrey, duc de Clocestre. Et si avoit une fille, laquelle fut mariée au Rouge duc de Bavière. Lesquelz quatre filz dessusdiz estoient tous bien adrécez en science et de beau personnage, et depuis eurent cháscun beau gouvernement, dont aucune mencion sera faicte après. Toutesfoiz fault icy réciter aucunes paroles

1. Il y a au texte XXII *ans*. C'est probablement une faute du copiste. Il faut lire XII, Henri V étant monté sur le trône en 1399.

2. Henri IV mourut le 20 mars 1413 (N. S.). Walsingham dit qu'il fut enterré à Cantorbéry (*Brev. hist.*, p. 426).

que icellui roy deffunct dist à son ainsné filz en son derrenier jour.

Vérité est que lui estant par plusieurs jours si langoreux et débilité de maladie que plus ne povoit, et que ceulx qui de lui avoient la garde, ung certain jour voyans que de son corps n'yssoit point d'alaine, cuidans de vray qu'il feust transi, lui avoient couvert le visaige. Or est ainsi que comme il est acoustumé de faire ou pays, on avoit mis sa couronne royale sur une couche assez près de lui, laquelle devoit prendre incontinent après son trespas sondit premier filz et successeur, lequel de ce faire fut assez prest; si print ladicte couronne et l'emporta sans le donner à entendre ausdictes gardes. Or advint que assez tost après le roy dessusdit gecta ung soupir, si fut son visaige descouvert, et retourna en assez bonne mémoire et tant qu'il regarda où avoit esté sa couronne mise. Et quant il ne la vit point, il demanda où elle estoit, et ses [chambellans] lui dirent : monseigneur le prince vostre filz l'a prinse et emportée. Et lors il dist qu'on le feist venir devers lui. Lequel y vint, et lors le roy lui demanda pourquoy il avoit emporté sa couronne. Et le prince lui dist : « Monseigneur, veez cy en vostre présence ceulx qui m'avoient donné à entendre et affermé que vous estiez trespassé, et pour ce que je suis vostre filz ainsné et que à moy appartiendra vostre couronne et royaume après que vous serez alez de vie à trespas, je l'avoye prinse. » Et adonc le roy en souspirant lui dist : « Beau filz, comment y auriez vous droit, car je n'en y euz onques point, et ce sçavez vous bien ». — « Monseigneur, respondi le prince, ainsi que vous l'avez tenu et gardé à l'espée, c'est mon entente de le tenir et garder toute ma vie. » Et adonc respondi le Roy : « Or en faictes tout ainsi que bon vous semblera. Je me rapporte à Dieu du surplus, à qui je prie qu'il ait mercy de moy. » Et tost après, sans autre chose dire, fina sa vie. Et après qu'il fut mis en terre comme dit est dessus, ledit prince de Gales fut couronné très honnorablement par tous les princes et prélas du royaume d'Angleterre, et ne fut homme de quelque estat qu'il feust qui s'apparust pour le contredire. Et tantost après, le duc de Clarence et les autres Anglois qui encore estoient en la duchié d'Acquitaine, quant ilz oyrent la nouvelle de la mort de leur roy, retournèrent le plus tost qu'ilz peurent ou royaume d'Angleterre. Et jà soit qu'il y eust trèves entre les deux royaumes, nonobstant ce, après sa mort les Anglois de la frontière de Calais commencèrent à courir et le pays très fort travailler, c'estassavoir le Boulenois, et tant qu'il convint que le connestable renforçast les garnisons d'Ardre, Gravelines, et autres lieux tenans le parti des François.

S'ensuit la copie des lectres du traictié que fist Henry, roy d'Angleterre et ses enfans d'une part, et les ducs de Berry, d'Orléans et de Bourbon, les contes d'Alençon et d'Armaignac et le seigneur d'Albreth et autres de leur aliance, d'autre part.

« En cest an mil quatre cens et douze, le VIIIe jour de may[1], fut premièrement accordé par lesdiz seigneurs ou leurs procureurs, que dores en avant exposeroient

1. Le 8 mai 1412. Monstrelet ne parle pas du traité de Busançais, signé le 14 novembre 1412 par le duc de Clarence et les plénipotentiaires de parti Orléanais. On le trouvera dans nos Pièces justificatives.

leurs personnes et toute leur puissance à servir le roy d'Angleterre, ses hoirs et successeurs, toutes et quantes foiz qu'ilz en seront requis, en toutes ses justes querelles; recongnoissent que ledit roy d'Angleterre maintient juste querelle en la duchié de Guienne et en ses appartenances, et que ladicte duchié de Guienne lui appartient par droit héritage et succession naturelle, et déclairent dès maintenant qu'ilz ne blecèrent leur loyaulté aucunement en assistant en ce avecques ledit roy.

Item. Lesdiz seigneurs et leurs procureurs souffisamment fondez, offrent leurs filz, filles et nepveux, niepces, parens, affins et tous leurs subgetz, pour traicter mariages selon la discrécion du roy d'Angleterre.

Item. Offrent villes et chasteaulx, trésors et géneralment tous leurs biens à l'aide et secours dudit roy et de ses hoirs, et querelles défendre, saulve leur loyaulté, laquelle ilz déclairent aucunement en ung autre appoinctement, dont les lectres sont faictes et passées.

Item. Offrent lesdiz seigneurs audit roy généralement tous leurs amis, adhérens, aliez et bienvueillans, à servir ledit roy en ses querelles et en la restitucion de la duchié de Guienne.

Item. Toute fraude cessant, lesdiz seigneurs sont prestz de recongnoistre audit roy ladicte duchié de Guienne estre ferme en autelle semblance et franchise quonques aucun de ses prédécesseurs la tint et posséda.

Item. Recongnoissent lesdiz seigneurs et procureurs que toutes les villes chasteaulx et fortresses qu'ilz tiennent en ladicte duchié de Guienne, ilz les tiennent du roy d'Angleterre comme de leur vray duc de Guienne, en prometant tous services et dons pour hommage, par la meilleure manière qu'il se peut faire.

Item. Promectent à bailler et délivrer audit roy d'Angleterre en tant qu'en eulx est, toutes les villes et chastcaulx qu'on dit estre appartenans à la royaulté d'Angleterre, qui sont en nombre de vingt, que villes que chasteaulx, déclairez ès lectres sur ce faictes. Et au regard des autres villes et fortresses qui ne sont point en leur puissance et seigneurie, ilz les acquesteront et aideront à acquester audit roy d'Angleterre et sesdiz hoirs et députez et à leurs despens, avecques leurs gens en nombre souffisant.

Item. Cy après est contenu et déclairé esdictes lectres seellées comment il plaist au roy d'Angleterre que le duc de Berry, son bel oncle, subget et vassal, le duc d'Orléans, son subgect et vassal, et pareillement le conte d'Armaignac, tiengnent de lui en foy et hommage les terres et seigneuries qui s'ensuivent : le duc de Berry, la conté de Poictou sa vie durant ; le duc d'Orléans tenra la conté d'Angoulesme sa vie durant, et la conté de Pierregors à tousjours ; et le conte d'Armignac tendra quatre chastellenies déclairées ès lectres séellées, moiennant ce et parmy certaines seuretez et condicions déclairées en icelles lectres.

Item. Et par les promesses dessusdictes ledit roy d'Angleterre et duc de Guienne doit défendre les dessusdiz seigneurs envers tous et contre tous, et leur aider à bailler secours comme leur vray seigneur, et avecques ce leur fera et aidera à faire bon accomplissement de justice du duc de Bourgongne. Et en oultre, ne fera ledit roy d'Angleterre nulz traictiez, confédéracions ne accords avec ledit duc de Bourgongne, ne ses enfans, frères, cousins ne aliez, sans le consentement des seigneurs dessusdiz.

Item. Est accordé que ledit roy d'Angleterre aidera lesdiz seigneurs comme ses vrais vassaulx en toutes leurs justes querelles, et en récompensacion des dommages et offenses à eulx injustement faictes par ledit duc de Bourgongne et ses aliez.

Item. Leur envoiera présentement ledit roy d'Angleterre huit mille combatans pour leur faire secours contre ledit duc de Bourgongne qui s'efforce de mener le roy de France à toute sa puissance contre iceulx. »

Lesquelles lectres de confédéracions et aliances entre lesdictes parties furent passées et seellées des seaulx desdictes parties le VIII° jour de may de cest an mil quatre cens et douze.

Toutesfoiz les seigneurs dessusdiz promirent de payer les gens d'armes que le roy d'Angleterre devoit livrer, et à ce se obligèrent souffisamment.

DE L'AN MCCCCXIII.

[Du 23 avril 1413 au 8 avril 1414.]

CHAPITRE CII.

Comment les officiers du Roy estoient en grant doubte. La prinse de messire Pierre des Essars. Du duc de Bar, et de plusieurs autres besongnes.

Au commencement de cest an, les officiers du roy de France, c'estassavoir ceulx qui avoient eu le gouvernement des finances de plus vingt ans par avant, estoient moult fort oppressez et hastez de rendre compte : et se faisoient plusieurs informacions à l'encontre de eulx, tant publiquement comme secrètement. Dont la plus grant partie d'iceulx estoient en grand doubte et souspeçon, comme dit est ailleurs, comment ilz pourroient eschapper. Car desjà en y avoit plusieurs arrestez personnellement, et les aucuns s'estoient rendus fugitifz, desquelz tous les biens estoient mis en la main du Roy. Si quéroient divers moiens entre les princes qui gouvernoient le Roy. Entre lesquelz sire Pierre des Essars, qui s'en estoit fouy à Chersbourg, par aucuns moiens qu'il eut envers le duc d'Acquitaine, fut remandé à venir dedens ledit lieu de Paris. Si vint, et entra secrètement dedens la bastide Saint-Anthoine, et avec lui Anthoine des Essars, son frère. Mais toutefoiz ce fut aucunement sçeu par aucuns bourgois de Paris qui point ne l'amoient. Si le firent savoir au duc de Bourgongne et à ses gens, qui pareillement n'estoient point de lui contens[1]. Si fut assez tost faicte une grant assemblée des communes de Paris, avec lesquelles alèrent messire Elion de Jaqueville, leur capitaine[2], et avec eulz aucuns autres des gens du duc de Bourgongne, et tous ensemble alèrent devant ladicte Bastille, et tant firent qu'ilz eurent en leurs mains ledit messire Pierre des Essars et son frère Anthoine, et les menèrent prisonniers ou chastel du Louvre, et depuis furent menez au Palais. Et après ces besongnes acomplies, ladicte commune de rechef s'assembla, jusques au nombre de six mille ou environ, soubz l'estandart dudit Jaqueville. Avecques lesquelz se adjoingnirent messire Robert de Mailli, messire Charles de Lens et plusieurs autres hommes d'armes de l'hostel dudit duc de Bourgongne, et tous ensemble, environ dix heures du matin, se alèrent mectre devant l'hostel dudit duc d'Acquitaine. Et estoient les principaulz esmouveurs d'icelles communes, Jehanninot Caboche, escorcheur de vaches à boucherie Saint-Jaques, maistre Jehan de Troies, cirurgien à Paris, et Denisot de Chaumont. Lesquelz entrèrent dedens l'ostel et alèrent devant ledit duc d'Acquitaine, disans en ceste manière : « Nostre très-

1. Juvénal des Ursins en donne une bonne raison. « La charge qu'on donnoit audit des Essarts, estoit qu'on devoit faire joustes au Bois de Vincennes, esquelles devoient estre le Roy et le duc de Guyenne Daulphin, et qu'il les devoit prendre et emmener, et les mettre hors des mains de monseigneur de Bourgogne » (*Ch. VI de Godefroi*, p. 249).

2. « Les Cabochiens de Paris voulurent avoir un capitaine, et prirent un chevalier de Beausse, nommé messire Hélion de Jacqueville, qui estoit bien habile de son corps » (*ibid.*, p. 250). Cette émeute des Cabochiens commença le 28 avril 1413.

redoubté seigneur, veez-cy les Parisiens, non point tous, en armes, qui de par ceste ville de Paris, pour le bien de vostre père et de vous, requièrent que on leur livre aucuns traistres qui sont en vostre hostel de présent. » A quoy ledit duc respondi par grant fureur, que ce n'appartenoit point à eulx, et aussi qu'il n'y avoit nulz traistres en son hostel. Auquel ilz dirent que se il les vouloit bailler il les baillast, ou se ce non, en la présence de lui ilz les prendroient et puniroient selon leurs démérites. Et cependant, le duc de Bourgongne et le duc de Lorraine[1] survenans, y alèrent aucuns des Parisiens qui entrèrent dedens ledit hostel et de fait prindrent maistre Jehan de Vailli, nouvel chancelier dudit duc d'Acquitaine, Edouard, duc de Bar, cousin germain du Roy, messire Jaques de La Rivière, les deux filz de monseigneur de Bossay, Michel de Vitry et son frère, les deux filz de messire Regnault[2], les deux frères du Mesnil, les deux frères de Giresmes et Pierre de Nesson. Et adonc ledit duc d'Acquitaine, voiant en sa présence estre fait un tel oultrage, gecta les yeulx dessus le duc de Bourgongne, et par grant courroux lui dist : « Beau père, ceste esmeute m'est faicte par vostre conseil, et ne vous en povez excuser, car les gens de vostre hostel sont les principaulx. Si sachez seurement que une foiz vous en repentirez, et ne yra pas la besongne tousjours ainsi à vostre plaisir. » A quoy ledit duc de Bourgongne respondi en soy excusant aucunement : « Monseigneur, vous vous informerez quant vous serez refroidie de

1. Charles II.
2. Il y a ici un blanc dans le texte. Il faut lire Regnault d'Angennes, comme on le verra dans nos Pièces justificatives.

vostre ire. » Et adonq, nonobstant les paroles dessusdictes, furent emmenez tous ceulx qui avoient esté
prins, et mis en diverses prisons. Et après alèrent
requérir maistre Raoul Bardoul, secrétaire du Roy,
lequel, ainsi qu'ilz le menoient, fu féru par l'un d'eulx
qui le héoit, d'une hache en la teste, et un autre le
bouta en la rivière de Seine, et fut ilec mort. Et aussi
occirent ung tapissier, riche homme et bien emparlé,
nommé Martin Dane. Et si occirent ung canonnier
qui avoit esté Orléanois, très excellent ouvrier de ce
faire, lequel ilz laissèrent deux jours tout nu devant
Saincte Katherine. Et en après contraignirent le duc
d'Acquitaine à demourer en l'ostel de Saint-Pol avec
le Roy son père, et gardèrent curieusement les portes
afin qu'il ne s'en alast hors de la ville de Paris, et
disoient aucuns d'eulx qu'on le faisoit pour sa correction. Car il estoit de jeune aage et ne povoit souffrir
estre redargué de quelque personne. Les autres assi-
gnoient plusieurs autres causes, entre lesquelles l'une
estoit pour ce que le premier jour de may il vouloit
aller jouster au bois de Vincennes, et qu'il avoit mandé
à messire Pierre des Essars qu'il amenast six cens bacinetz et les paiast pour ung mois, lequel mandement
estoit jà exécuté. Et aussi que le duc d'Orléans et
autres de sa partie faisoient grant assemblée de gens
d'armes pour estre avec ledit duc d'Acquitaine au jour
dessusdit. Dont le duc de Bourgongne et iceulx Parisiens n'estoient point bien contens. Et pour vray c'estoit lors piteuse chose de veoir le règne desdictes
communes et comment ilz se conduisoient dedens
Paris, tant envers le Roy comme envers les autres
seigneurs.

Et de rechef iceulx Parisiens escripvirent leurs lectres à plusieurs bonnes villes du royaume, contenans que ce qu'ilz avoient fait estoit pour le bien du Roy, en leur requérant que se besoing leur estoit, les voulsissent conseiller, aider et conforter en tous leurs afaires, et aussi que tous se donnassent à la fidélité et service du Roy et de son filz ainsné. Et après, afin que quelque congrégacion ne assemblé de gens d'armes ne feust faicte par aucuns des seigneurs, fu fait ung édict de par le Roy à la requeste desdiz Parisiens, adréçans à tous les bailliz et séneschaulx de tout le royaume de France, duquel la teneur s'ensuit :

« Charles, par la grace de Dieu, roy de France, au bailli d'Amiens ou à son lieutenant, salut. Comme ès divisions et débas qui naguères estoient en nostre royaume, Nous, et nostre très cher ainsné, duc d'Acquitaine, Daulphin de Viennois, aions tant labouré que, Dieu devant, aions ordonné bonne paix estre et demourer en nostre royaume, laquelle ceulx de nostre lignée, pour la plus grant partie, ont fiancé et promis à tenir icelle, en oultre ont promis de jurer et le serement entretenir à leur povoir, et ne loist à aucun faire mandement quelconques ne assemblée de gens d'armes, si non de nostre exprès commandement; ce non obstant nous avons entendu que aucuns de nostre sang et autres se préparent de assembler gens d'armes et autres gens par manière de compaignies, en plusieurs parties de nostre royaume, sans de ce avoir licence de nous, laquelle chose est et pourroit estre à nostre grant charge, et s'en pourroient ensuir plusieurs inconvéniens se briefment n'y estoit pourveu de remède. Pour laquelle chose nous vous mandons et expressément enjoingnons, que de vostre partie soit publié publiquement en tous les lieux publiques de vostre bailliage, en défendant de par nous et sur peine de confiscacion de corps et de biens, que quelconque personne, de quelque estat qu'il soit, baron, chevalier ou autre, ne voise en armes au mandement de quelque seigneur, sinon au mandement de nous et de nostre filz, ou de nostre amé cousin de Saint-Pol, connestable de France, ou autre nostre commis. Et afin qu'il vous appare de ce, nous vous envoions noz lectres seellées de nostre grant seel en nostre conseil. Et leur enjoinct que toutes et quantes foiz qu'ilz seront mandez par nous ou par nostredit filz, qu'ilz viengnent. Et pour tant que noz très chers oncle et cousin, les ducs de Berry et de Lorraine, sont continuellement en nostre service, nostre intencion n'est point que leurs vassaulx et subgetz ne puissent venir devers eulx, toutes et quantes foiz qu'ilz seront mandez, pour eulx emploier en nostre service. Et se aucuns dudit bailliage font le contraire, nous voulons, et par la teneur de ces présentes vous mandons, que vous les contraingnez par prinse de corps et de biens où qu'ilz soient, comme ilz sont tenus à leur souverain seigneur. Donné à Paris, le ixe jour de may, l'an de grace mil quatre cens et treize, et de nostre règne le xxxiiie. Ainsi signées : par le Roy, à la relacion du conseil tenu par le duc d'Acquitaine, où estoient les ducs de Berry, de Lorraine et plusieurs autres [1]. »

---

1. Ces lettres sont imprimées dans le *Recueil des Ordonn.*, t. X, p. 146.

Lequel mandement fut tantost envoié ès lieux acoustumez et publié.

Et alors tous les Parisiens avoient fait une livrée de blans chaperons[1], lesquelz ilz portoient afin qu'ilz peussent mieulx congnoistre ceulx qui estoient de leur parti et aliance, et mesmement les firent porter à plusieurs princes et autres grans et notables seigneurs et aussi à plusieurs gens d'église, et qui plus est, de plus le porta le Roy en propre personne. Laquelle besongne sembla à plusieurs preudommes estre de grant desrision, actendu les détestables et cruelles manières que avoient tenues et encores tenoient iceulx Parisiens, lesquelles n'estoient point à tolérer, ne à souffrir. Touteffoiz ilz estoient alors si puissans et obstinez en leur mauvaisetié, que les princes n'y sçavoient comment bonnement pourveoir. Car iceulx avoient grant fiance et espérance qu'ilz seroient soustenus et aidez du duc de Bourgongne et de ceulx de son parti, se besoing leur estoit.

---

1. *In principio maii fecerunt sibi capucia alba* (Religieux de Saint-Denis, t. V, p. 27), l'auteur du *Journal d'un Bourgeois de Paris*, dit qu'on en fit bien de deux à trois mille, et qu'avant la fin du mois tout le monde en portait, princes, gens d'églises, « femmes d'onneur » et marchandes (voy. La Barre, p. 14). Il est bon de remarquer ici en passant, que c'était un usage dans la maison du roi de faire des distributions de vêtements aux gens de la cour, le 1er mai.

CHAPITRE CIII.

Comment lesdiz Parisiens en la présence du duc d'Acquitaine firent proposer plusieurs choses. Et autres cruaultez faictes par eulx.

En après, le xie jour de may ensuivant, par ung jeudi, la bonne ville de Paris, laquelle eut audience, fist proposer devant les ducs d'Acquitaine, de Berry, de Bourgougne et de Lorraine, et devant les contes de Nevers et de Charrolois, et devant plusieurs autres prélats, chevaliers et autres gens portans blans chaperons pour leur livrée, qui passoit le nombre de douze mille personnes, aucunes choses. Et en la fin de la proposicion firent bailler audit duc d'Acquitaine ung roole, lequel il voult refuser, mais ilz le contraignirent à le prendre, et là le firent lire en publique. Ouquel estoient dénommez soixante traistres, tant présens comme absens. Les présens furent prestement prins et mis en prison, jusques au nombre de vingt, entre lesquelz estoient le seigneur de Boissai, le maistre d'ostel du Roy, Michel Lallier et autres jusques au nombre dessusdit. Et les absens furent appellez par les quarrefours de Paris au son de la trompete aux droiz du Roy et dedens jours moult briefz, sur peine de confiscacion de corps et de biens quelque part et où qu'ilz feussent trouvez.

Et est vérité que le xviiie jour dudit mois de may, le Roy fut sané de sadicte maladie; et de son hostel de Saint-Pol vint à la grant église de Nostre-Dame, portant blanc chaperon comme les autres princes. Et après qu'il eut faicte son oraison il s'en retourna en sondit hostel, acompaigné de grande multitude de peuple, tant précédant comme suivant. Et après, le lundi xx° jour de may, lesdiz Parisiens à grant multitude de hommes d'armes environnèrent leur ville et mirent gardes sur leurs gouverneurs, afin que nul ne s'en peust fuyr ne saillir hors de leurdicte ville. Et les portes estoient closes et fermées[1], et y avoit garde de hommes en grant multitude, bien armez de toutes pièces. Et establirent certains hommes armez en chascune rue de Paris, par dizaines. Et ce fait, le prévost des marchans, les eschevins et tous les gouverneurs de ladicte bonne ville vindrent à grant multitude bien armez en l'ostel de Saint-Pol, et ès trois cours dudit hostel mirent et ordonnèrent leurs gens d'armes, et leur dirent ce qu'ilz devoient faire, et puis alèrent devers le Roy, qui estoit avecques la Royne et son filz, qui de ce riens ne sçavoient. Et pour lors avoit à Paris une grant assemblée de seigneurs, c'estassavoir les ducs de Berry, de Bourgongne, de Lorraine et Loys duc en Bavière, frère de la Royne, lequel devoit, lendemain audit lieu de Saint-Pol, épouser la seur du conte d'Alençon, laquelle avoit eu espouse le conte de Mortaigne[2], c'estassavoir de Pierre de Navarre, et y estoient aussi les contes de Nevers, de Charrolois, de Saint-Pol, connestable de France et plusieurs au-

1. Le ms. *Suppl. fr.* 93, ajoute, *avec les tappeculz et serrurez* (fol. 169, col. 2).
2. C'est la leçon du ms. *Suppl. fr.* 93, que nous substituons à celle de notre texte qui est inintelligible ; car on y lit : *qui avoit eu espouse la seur du conte de Mortaigne.* Catherine d'Alençon, sœur de Pierre II, comte d'Alençon, avait épousé en premières noces Pierre de Navarre, comte de Mortain.

tres grans seigneurs, barons et prélats en très grand nombre. Et là firent faire une proposicion devant le Roy par un carmeliste nommé frère Eustace [1], lequel print son theume tel : *Nisi Dominus custodierit civitatem, frustra vigilat qui custodit eam*, qui vault autant à dire : Se le seigneur ne garde sa cité, cellui qui la veille labeure en vain. Laquelle proposicion exposée prescha après moult bien, et là fist aucune mencion des prisonniers et du mauvais gouvernement de ce royaume, et des maulx qui se y faisoient parla aussi moult grandement. Et sa collacion et prédicacion finée, le chancelier de France lui dist qu'il se feist advouer. Lequel avoit au dos le devantdit prévôt des marchans et les eschevins de la ville de Paris, lesquelz incontinent le advoerent. Mais pour ce qu'ilz n'estoient là présens qu'un petit de gens et qu'ilz ne parlèrent point assez hault à l'appétit du chancelier [2], aucuns descendirent de la chambre du Roy et appellèrent des plus grans et notables bourgois et de la plus grande nacion de Paris, qui estoient avecques les autres armez èsdictes cours. Lesquelz vindrent tous ensemble devers le Roy, les genoilz fléchis, et là advoerent ledit frère Eustace, en lui exposant la bonne et dévote amour et voulenté qu'ilz avoient à lui et sa généracion et famille, et comment à sa majesté royale vouloient servir de cuer pur et net, et que tout ce qu'ilz avoient fait et faisoient, c'estoit pour le bien et utilité de lui, de sa généracion et pour le bien publique de son royaume, et aussi à la conservacion de sa dominacion et sei-

---

1. Eustache de Pavilly (voy. le Religieux de Saint-Denis, V, 31).

2. « A la voulenté du chancelier » (*Suppl. fr.* 93).

gneurie. Et cependant le duc de Bourgongne, quant il sceust ceste armée et assemblée en l'ostel du Roy, descendi devers eulx et leur pria très acertes qu'ilz s'en alassent de là, et en leur demandant qu'ilz vouloient et pourquoy ilz estoient là venus ainsi armez, car il n'estoit point bon ne expédient que le Roy, lequel n'avoit guères qu'il estoit relevé de sa maladie, les veist ainsi assemblez et mis en armes, lesquelz respondirent qu'ilz n'estoient point là assemblez pour mal, mais pour le bien du Roy et du royaume, en lui baillant ung roole et disant qu'ilz ne se partiroient de là pour quelconque chose, jusques à ce que on leur eust rendu et baillé ceulx qui estoient en escript oudit roole, c'estassavoir Loys de Bavière, frère de la Royne, et les chevaliers qui s'ensuivent : C'estassavoir Charles de Villiers, Conrrat Baier, Jehan de Neelle, seigneur de Dolehaing, l'arcevesque de Bourges, nommé maistre Guillaume Bourratier [1], confesseur de la Royne, Jehan Vincent, Colinet de Pieul, Jennet de Cousteville, Mainfroy, trésorier du duc d'Acquitaine et ung chevalier [2] du duc d'Orléans qui estoit là adonc venu à celle heure et avoit apporté lectres au Roy de par son maistre, dame Bonne d'Armaignac, dame de Montaulban, la dame du Quesnoy, la dame d'Avelin, la dame du Novion, la dame du Chastel et quatre damoiselles. Et quant ledit duc de Bourgongne vit que riens ne proufitoit chose qu'il deist, retourna vers la Royne et lui dist ce qu'ilz demandoient, en lui monstrant ledit roole. Laquelle moult troublée appella son

---

1. Boisratier, dans le *Gall. christ.*
2. Mieux dans le ms. *Suppl. fr.* 93. ung chevaucheur.

filz d'Acquitaine et lui commanda et dist qu'il alast avec ledit duc de Bourgongne devers iceulx, et de par elle lui priassent affectueusement que jusques à huit jours tant seulement se voulsissent déporter de la prinse de son frère, et au huitiesme jour sans faillir elle leur baillera à faire leur voulenté, et sinon, au moins souffrent qu'elle le puist faire mener après eulx là où ilz le vouldront avoir prisonnier, soit au Louvre, au Palais ou ailleurs. Laquelle chose oye de sa mère, se tourna ledit d'Acquitaine ung petit arrière en une chambre de secret et là commença à pleurer. Lequel par l'exortement du duc de Bourgongne se abstint de pleurer ce qu'il peust, et torchant ses lermes, puis yssy et vint à eulx. Et là, ledit duc de Bourgongne leur exposa la requeste de la Royne en brief. Lesquelz du tout la refusans, dirent et affermèrent qu'ilz monteroient en la chambre de la Royne, et en la présence du Roy les prendroient et emmeneroient prisonniers se on ne leur bailloit prestement. Et quant lesdiz ducs oyrent ceste response, ilz retournèrent devers la Royne et lui dirent ce qu'ilz avoient trouvé. Adonc, le frère de la Royne qui ne povoit eschaper de leurs mains, lui plein d'amertume et de tristesse[1], descendi à eulx, et leur pria et dist qu'il feust tout seul mis en garde, et que s'il estoit trouvé coulpable il feust puny sans miséricorde, et sinon qu'il feust délivré sans longue demeure, et qu'il s'en peust retourner en Bavière sans plus revenir en France. Et les autres descendirent après et aussi firent les dames et les damoiselles. Mais ce ne fut pas sans grans pleurs et sans grant effusion

---

1. « Et de detresse » (*Suppl. fr.* 93).

de lermes. Lesquelz tantost furent prins et mis sur chevaulx, deux à deux, en telle manière que derrière les deux avoit quatre hommes d'armes et ainsi des autres, et estoient montez à cheval, et ainsi furent menez, les ungs au Louvre et les autres au Palais. Et en ce faisant, ceulx de Paris estoient à très grande compaignie de gens armez, qui devant et derrière les prisonniers environnoient. Et ce fait, le Roy s'en ala seoir au disner, et la Royne, avecques son filz, entra en sa chambre moult fort pleurant. Et ung peu d'espace après, ledit chevalier[1] du duc d'Orléans fut délivré, et aussi fut le sire de Dolehaing, lequel fut fait chancelier d'Acquitaine, dont il avoit esté osté. Et le duc de Bourgongne qui avoit en garde le duc de Bar, son cousin germain, et Pierre des Essars, et plusieurs autres prisonniers qui estoient au Louvre, lesquelz il faisoit administrer par ses gens et s'en estoit fait plège, de laquelle plegerie il se déporta du tout et les restitua et rendi à ceulx de Paris. Et de par le Roy et de par lui furent commis douze commissaires, chevaliers, et six examinateurs, pour congnoistre et juger selon l'exigence des crimes desdiz prisonniers. Et après fut baillé par escript à ceulx de Paris qui avoient fait les besongnes dessusdictes, de par le duc de Berry, oncle du duc de Bar, et aussi au pourchas, Bonne de Bar, contesse de Saint-Pol[2] et de ses autres amis, ung certain traictié lequel ilz envoièrent devers l'Université de Paris pour avoir leur advis et consentement sur les choses dessusdictes. Lesquelz respondirent que de ce

1. Dans le ms. *Suppl. fr.* 93 : chevaucheur, comme plus haut.
2. Par son mari, Waleran de Luxembourg, comte de Saint-Pol. L'*Art de vérifier les dates* la fait mourir en 1402.

en riens ne se vouloient entremectre ne empescher, et dirent oultre en plain conseil du Roy, que par eulx ne de leur conseil n'avoient point esté prins les dessusdiz duc de Bar et autres prisonniers, mais leur en desplaisoit. Et adonc lesdiz Parisiens voians ladicte Université estre d'eulx desjoincte, doubtans aucunement que des besongnes dessusdictes ne feussent ou temps avenir appréhendez, impétrèrent devers le Roy et son grant conseil ung mandement royal pour leur descharge et excusacion, duquel la teneur s'ensuit :

« Charles, par la grace de Dieu, roy de France, à tous ceulx qui ces présentes lettres verront, salut. De la partie de nos très chers et bien amez les prévostz, eschevins, bourgois et habitans de nostre bonne ville de Paris, sçavoir faisons nous avoir esté exposé que pour le grant et évident prouffit et utilité de nous et de nostre très cher et très amé premier filz, Loys, duc d'Acquitaine, Daulphin de Vienne, pour le bien aussi de nostre dominacion et bien publique de nostre royaume, pour nostre salut et seureté de nostre dicte ville de Paris, et pour obvier aux grans inconvéniens qui par le fait de plusieurs officiers et autres, tant par défaulte de bonne justice comme autrement, qui adviennent de jour en jour et estoient aventure et voie d'ensuivir plus grans, à nous et à nostre dominacion et à la chose publique de nostre royaume, et aussi à nostredicte ville de Paris, ont esté par lesdiz exposans ou plusieurs de eulx, naguères faictes certaines prinses en nostredicte ville sur aucunes personnes, hommes et femmes, tant de nostre sang et des hostelz de nous et de nostre très chère et très amée compaigne la Royne et de nostredit filz, et des très amées et chères filles la duchesse d'Acquitaine et la contesse de Charrolois, comme autres gens et officiers de nous et de nostredicte compaigne et de nosdiz filles et filz. Pour lesquelles prinses faictes, considéré la grandeur et qualité des personnes, furent et sont prisonniers en nostre chastel du Louvre et en nostre Palais Royal à Paris, et ailleurs à prisons de nous et de nostre ville de Paris, tant pour certains cas et machinacions, conspiracions et autres crimes qui par lesdictes personnes ou aucunes d'icelles on dit avoir fait et esté commis et perpétré contre nous et nostredit filz et le bien publique de nostre royaume et de nostredicte ville de Paris, et desdiz exposans ou de ce sachans, consentans et participans en favorisant et soustenant lesdiz cas, conspiracions, machinacions, crimes et leurs faveurs, et autrement en moult de manières délinquans, comme pour autres certaines causes touchant le gouvernement de nostre personne, de nostredit filz et de la police de nostredicte ville de Paris et de tout nostre royaume, afin que par nous et noz gens et officiers à ce commis et ordonnez de par nous, soit fait et ordonné ainsi qu'il appartient, et que aussi par icelles personnes, bonnes et neccessaires pour le bon gouvernement et défense de nostredit royaume, du bien publique et de nostredicte ville de Paris qui est le chef et principale ville de tout nostre royaume, ne soient aucunement empeschez comme ont esté ou temps passé pour leur coulpe aucuns d'eulx ou de leurs complices, qui de ce doubtans estre punis s'en sont _ys de la ville de Paris. Et pour ce lesdiz exposans nous ont requis et supplié que comme les causes et motifz devantdiz, la grande révérence aussi et l'amour naturelle qu'ilz ont à nous qui sommes leur souverain et naturel seigneur, et à nostre premier filz, afin que bonne provision et ordonnance soit mise au gouvernement, tuicion et défense de nostre royaume et de la chose publique d'icellui, pour la salvacion et seureté de nous et de nostredicte seigneurie et aussi de nostredicte ville de Paris, et à oster et faire cesser tous les empeschemens qui pourroient venir pour le fait desdictes personnes et autres leurs complices, lesdictes prinses et emprisonnemens soient, et comme ilz sont, par eulx faictes par bonne et pure intencion, aians le regard au bien, honneur et prouffit de nous et de nostre royaume et de la chose publique, nous voulons lesdictes prinses et emprisonnemens qui ont esté fais pour l'onneur, utilité et prouffit de nostre seigneurie et de nous et de nostredit filz, pour le bien et la police de nostre royaume et de la chose publique et pour la salvacion et seureté de nostredicte ville de Paris comme dit est, et pour plusieurs autres causes et considéracions justes qui à ce nous meuvent, lesdictes prinses et emprisonnemens, et aussi lesdiz exposans et tout ce qui pour ce s'en est ensuy, ainsi et par la manière que par eulx a esté fait et les choses par eulx faictes, dont nous sommes adcertenez, pour le bien, honneur, prouffit et utilité de nous et de nostre royaume comme dit est, tant au regard de eulx comme au regard de tous ceulx qui à faire lesdictes prinses ont esté en leur compaignie et qui en ce leur ont baillé aide, conseil et confort par quelconques manière que ce soit ou puist estre, soient nobles ou autres, et pour la délibéracion et advisement de plusieurs tant de nostre sang et lignage comme de nostre grant conseil,

les avons advoez, approuvez et loez, et par la teneur
d'icelles et de nostre science pleine et certaine les ad-
vouons, louons et approuvons, et avons pour agréables, et ne voulons que eulx ou aucuns d'eulx pour
ceste cause ou aucunes des deppendences d'icelles,
soient pour le présent ne ou temps avenir, puissent
estre traveillez, molestez ou empeschez en corps ou
en biens, ne aussi traict, ne convenu, ne mis en
cause en court, ne en jugement pour quelque manière,
ne pour quelque couleur, cause ou action que ce soit
ou puist estre, mais de ce soient tous et chascun d'eulx
tenus quictes et paisibles perpétuellement. Si donnons
en mandement à tous nos amez et féaulx conseillers
les gens tenans et qui tiendront nostre parlement
présens et avenir à Paris, aux maistres des requestes
de nostre hostel, les gens tenans les requestes en nostre
Palais Royal à Paris, aux gens de nos comptes et aux
commissaires ordonnez sur le fait des finances de
nostre domaine, aux commissaires naguères par nous
mis et ordonnez à congnoistre, enquérir et sçavoir
des causes et cas desdiz prisonniers en nostre chastel
du Louvre et ailleurs, en noz prisons en nostredicte
ville de Paris, et à tous noz séneschaulx, bailliz, prévostz, juges et autres justiciers et officiers de nous,
présens et à venir, ou à leurs lieuxtenans et à chascun
d'eulx si comme à lui appartiendra, que ces présentes
lettres et le contenu d'icelles ilz facent solennellement
publier chascun ès mectes de leur juridiction et puis-
sances, ès places et lieux esquelz publicacions et proclamacions ont esté acoustumées estre faictes, et icelles
tienguent, observent et acomplissent, et avec ce facent
tenir garder et acomplir de point en point selon leur

forme et teneur, en faisant, souffrant et permectant lesdiz exposans et chascun d'eulx et autres, de eulx joyr et user pleinement et paisiblement. Et pour ce que lesdiz exposans pourroient en temps avenir avoir à faire de ces présentes lectres en plusieurs et divers lieux, nous voulons que de nosdictes lectres on ajoute aux copies ou aux vidimus d'icelles faictes soubz le seel de Chastellet ou autres seaulx royaulx et auctentiques, pleine et vraye foy comme l'on feroit à l'original, et qu'elles soient de tel effect et valeur comme lesdictes lectres originales, ausquelles en tesmoing de ce nous avons fait mectre nostre seel. Donné à Paris le xxiii° jour de may[1], l'an mil quatre cens et treize, et de nostre règne le xxxiii°. Ainsi signé : Par le Roy et son grant conseil ouquel estoient les ducs de Berry et de Bourgongne, le connestable de France, l'arcevesque de Bourges, l'évesque d'Evreux et l'évesque de Tournay, le grant maistre de l'ostel, le seigneur de La Trémoille, gouverneur du Daulphiné, messire Anthoine de Craon, Philippe de Poictiers, le chancelier de Bourgongne, l'abbé de S. Jehan, maistre Eustace de Laistre, les seigneurs de la Viefville, de Montberon et de La Rochefoucault, le prévost de Paris, messire Charles de Savoisy, l'Ermite de Foie[2], Jehan de Courcelles, le seigneur d'Alègre, maistre Miles d'Orgemont, Arnoul Lesage, Miles d'Angeul, Jehan de Longueil et plusieurs autres. P. NAVARON. »

1. Le *Suppl. fr.* 93 met le 24° jour, et laisse en blanc le nom de mois. Dans le *Recueil des Ordonn.* (t. X, p. 68), ces lettres sont datées du 24 mai.

2. L'Ermite de Faye, et mieux dans *Suppl. fr.* 93. Le vrai nom est l'Ermite de La Faye.

CHAPITRE CIV.

Comment le conte de Vertus se parti de Paris et plusieurs autres nobles ; Et aussi d'aucunes constitucions et mandemens faiz à la requeste des Parisiens.

Item, durans les tribulacions dessusdictes le conte de Vertus, considérant la prinse du duc de Bar et des autres nobles sans le sceu et licence du Roy ne du duc de Bourgongne, se parti secrètement de la ville de Paris, lui troisième tant seulement [1], et s'en ala devers le duc d'Orléans son frère, en la ville de Blois, et là lui raconta les nouvelletez qui avoient esté faictes en la ville de Paris, tant en l'ostel du roy comme du duc d'Acquitaine et ailleurs. Dont moult despleut audit duc d'Orléans. Pour lequel département le duc de Bourgongne fut très desplaisant, car il tendoit et avoit espérance que le mariage dudit conte de Vertus et de sa fille se peust paracomplir tantost après, ainsi que promis avoit esté paravant.

Et pareillement se partirent de la ville de Paris plusieurs autres notables personnes pour la crainte des émeutes dessusdictes. C'estassavoir : messire Jaques de Chastillon, ainsné filz du seigneur de Dompierre [2], les seigneurs de Croy et de Roubaix [3], Copin de la

1. Voici ce que dit de ce brusque départ du comte de Vertus la petite chronique manuscrite que nous avons déjà eu l'occasion de citer. « Et ce véant, le conte de Vertus s'en party de Paris, lui VIe, sans prendre congiet au duc de Bourgoingne, qui souvent le visetoit. Et s'en alla par le conseil du duc de Ghienne, comme on dist » (Bibl. imp., *Cordeliers* 16, fol. 345 verso).

2. Du seigneur de Dampierre (*Suppl. fr.* 93).

3. Roubaix (*Suppl. fr.* 93).

Viefville, maistre Raoul Lemaire, prévost de Saint-Donat de Bruges, Pierre Gestes[1], naguères prévost des marchans, et très grant nombre d'autres. Desquelz les aucuns furent remandez espécialement du duc de Bourgongne, néantmoins ilz y retournoient en grant doubte et non pas sans cause. Car de ceulx qui avoient esté prins et qu'on prenoit chascun jour tant hommes comme femmes, furent les plusieurs noiez en Saine et les aucuns mis à mort piteusement, sans point tenir de justice.

Et le venredi xxvi° jour de may, le Roy ala en la chambre de parlement et là fist en estat royal, à l'instance du duc de Bourgongne et des Parisiens, et fist aucunes constitucions et ordonnances touchans le gouvernement de son royaume. Et par espécial fut ordonné à envoier ung mandement par tous les bailliages et autres lieux où l'on a acoustumé à faire les proclamacions. Et fut pour ce principalement que messire Clugnet de Brabant, messire Loys Bourdon et autres capitaines, se tenoient ensemble à grant puissance, lesquelz tenoient le parti du duc d'Orléans. Duquel mandement la teneur s'ensuit :

« Charles, par la grace de Dieu, roy de France, au bailli d'Amiens ou à son lieutenant, salut. Il est venu à nostre congnoissance que comme pour le relièvement de nostre peuple et subgetz, et pour obvier aux grans maulx et oppressions, perdicions, dommages et autres inconvéniens irréparables que nostredit peuple et subgetz en plusieurs parties de nostre royaume ont souffert et souffrent encores de jour en jour pour la

1. Pierre Gencien.

cause et occasion des grandes assemblées de gens d'armes et autres gens de guerre que plusieurs seigneurs de nostre sang et lignage et de leurs adhérens, de leur voulenté et auctorité, depuis aucun temps encà ont fait et assemblé, fait faire et assembler en divers lieux en nostre royaume, lesquelz, tant par manière de compaignies comme autrement, ou temps passé s'estoient assemblez, nous eussions donné et fait publier et proclamer publiquement et solemnellement par tout nostre royaume, tant par messages comme par lectres closes et patentes et autrement, eussions fait défense sur certaines et grandes peines que nul de quelque estat ou condicion qu'il soit, soient noz subgetz ou autres estrangers, ne feussent de telle ou si grande présumpcion ou hardiesse que de assembler gens d'armes en nostredit royaume sans nostre exprès commandement, licence ou mandement et de venir à nostre mandement et service et non d'autres pour quelconques mandement, commandement ou inhibicion qu'ilz eussent de eulx ou d'aucuns d'eulx, sur grans peines et autrement, jà soit ce qu'ilz feussent de nostre sang ou autres. Néantmoins plusieurs d'iceulx de nostre sang et lignage, en venant contre le traictié de paix naguères fait par nous à Aucerre[1] entre aucuns d'iceulx et de nostre sang et lignage, sur les débas et dissencions qui estoient entre eulx, en venant contre ledit traictié par eulx ou plusieurs de eulx accordé et juré solemnellement, et contre nosdictes ordonnances et défenses et ou contempt d'icelles, sans nostre congié ou licence et contre nostre

---

1. Le 22 août 1412.

gré ou voulenté, ont fait et se préparent eulx en brief terme faire et procurer en nostredit royaume plusieurs grandes congrégacions et assemblées de gens d'armes et autres gens de guerre, et très grant quantité tant d'Anglois et estrangers, comme autres subgetz à nous, pour mectre à effect de tout leur povoir leurs entreprinses dampnables, lesquelles ilz ont fait et ont entencion de mectre à exécucion contre nous, comme nous avons esté et sommes souffisamment informez. Et jà soit ce qu'on les ait soustenu et favorisé de jour en jour et que ce ait esté par long temps et demouré soubz dissimulacion et paliement. Et plusieurs gens de guerre lesquelz se sont mis et assemblez en grant nombre par manière de compaignies en nostre royaume sur intencion de eulx aider desdictes dissimulacions et mectre à effect leursdictes entreprinses, lesquelles gens desrobent et gastent, ont robé et gasté et despoullé nostredit royaume et nos bons et loyaulx subgetz et ceulx qui nous ont loyalement servy, par espécial ou temps que nous fusmes à Bourges [1], et qui ont soustenu nostre fait et nostre partie contre ceulx que pour lors nous tenions et répuctions noz ennemis et inobédiens; ont aussi desrobé et fait desrober plusieurs de noz subgetz en boutant feuz et tuans hommes et femmes, et violans filles à marier et autres énormitez, despoullans églises et monastères; ont aussi fait et commis, et de jour en jour s'efforcent de faire et commectre plusieurs autres grans et énormes maulx et cruelz excès et maléfices, tout en telle manière que les ennemis povent faire les ungs aux autres. Lesquelles

---

1. En juin et juillet 1412.

choses sont de très mauvais exemple et non point à souffrir, veu que elles sont ou grant préjudice et dommage de nous et de nostredit royaume, dominacion et seigneurie, et en nostre charge, destruction de nostre peuple et de noz subgetz et de nostredit royaume. Et de ce ont esté fais à nous plusieurs grans pleurs et lamentacions, complaintes et clameurs, et ont fait de jour en jour, tant par lectres de noz vassaulx et subgetz comme autrement, se par nous n'y estoit pourveu de remède convenable, bon et brief. Pour ce est-il que Nous, voulans remédier de tout nostre povoir aux choses dessusdictes, lesquelles nous ont tant despleu et desplaisent que plus ne pevent, et nosdiz subgetz et nostredit peuple garder et maintenir en bonne paix et tranquilité, et obvier aux inconvéniens et autres dommages irréparables, lesquelz pour vray semblable sont en péril d'ensuivir par le fait et entreprinse des dessusdiz de nostre sang et autres leurs adhérens, aliez et complices, ainsi que par grande et meure délibéracion de conseil avons ordonné, conclud et délibéré de faire, vous mandons, commandons et expressément enjoingnons en commetant par ces présentes, que vous faictes ou faciez faire de par nous exprès commandement et défense par proclamacions et publicacions à son de trompe et autrement solemnellement, à tous chevaliers et escuiers et autres non nobles qui ont acoustumé de suivir les armes et autrement fréquenter les guerres, et généralement à touz autres quelzconques de vostre bailliage de quelconque estat et dignité qu'ilz soient ou puissent estre, auxquelz par nos présentes lectres destroictement commandons que par la foy et loyaulté qu'ilz nous doivent et sur tout quanque ilz nous pevent offenser, et sur peine d'encourir nostre indignacion perpétuelle et forfaire envers nous corps et biens, eulx ne aucuns d'eulx ne soient tant hardiz ne osez, de eulx armer ne assembler en nostre royaume, ne venir ou aler à quelconque mandement de quelque personne ou personnes de quelconque estat, prééminence ou condicion qu'ilz soient, de nostre sang ou autres, pour quelconques mandemens, commandemens ou inhibicions, soit de bouche ou par lectres, qu'ilz puissent avoir de ceulx ne d'aucuns d'eulx, ne autrement eulx armer ne assembler en quelconque manière ne pour quelque cause ne occasion que ce soit ou puist estre, sinon par noz lectres nous les eussions mandez et fait assembler pour venir à nostre mandement et service, ou pour aler là où nous les vouldrions emploier en nostre service et non autrement, ne ailleurs. Et tous ceulx que vous sçaurez ou trouverez autrement estre assemblez en vostredit bailliage ou ès ressors d'icellui, et qu'ilz yront au commandement de ceulx de nostre sang ou autres leurs complices, leur commandez ou faictes commander de par nous sur lesdictes peines, que tantost et sans délay ilz retournent et s'en voisent paisiblement en leurs hostelz où bon leur semblera, sans faire ou porter aucun dommage ou grief à nostre peuple ou subgetz. Et ou cas qu'ilz soient trouvez en ce désobéissans ou refusans, différens ou alans au contraire, ou qu'ilz se arment et voisent contre noz défenses ou mandement et en autre service que de nous, ou qu'ilz ne se départent ou partent d'ensemble comme dit est, vous les prenez ou faictes prendre, et mectez royaument et de fait en nostre main par bon et loial inventaire, leurs biens, meubles et héritages, villes, chasteaulx, dominacions et possessions d'iceulx, et icelles en nostre main gouvernez ou faictes gouverner et garder par personnes souffisans et que quant il appartiendra puissent et sachent rendre bon compte et reliqua toutes foiz qu'il en sera mestier. Et avec ce procédez ou faictes procéder contre eulx par voie de fait [comme] contre inobédiens et rebelles est acoustumé de faire. Lesquelz en ce cas nous vous avons habandonnez et habandonnons par ces présentes, en les mectant en prison et iceulx [faisant] punir selon leurs démérites et selon ce que au cas appartendra, se on les peut prendre, et sinon, soient chacez et reboutez par toutes forces et voies de fait, soit par voie d'armes et autrement par toutes les meilleures manières que faire se pourra, en leur cloant ou faisant clorre tous les pors et passages et en leur refusant et empeschant tous vivres, et autrement les grevant en toutes manières, tellement que l'onneur et force soient à nous et à vous, que ce soit exemple à tous. Toutesfoiz n'est point nostre entencion que iceulx de nostre sang et lignage qui pour le présent sont avecques nous et en nostre service, ne puissent par vostre ordonnance mander pardevers eulx leurs vassaulx et subgetz à eulx employer en nostre service quant ilz leur notifieront en leur requérant de ce faire, pourveu que ce suffisamment apperra. Et que aussi en venant ilz ne vivent sur le pays et qu'ilz ne facent aussi aucuns desrobemens, pilleries ou dommages à noz populaires ou subgetz. Et se aucuns sont trouvez faisant le contraire, nous voulons et vous commandons que vous procédez contre eulx comme contre les dessusdiz, et de ce faictes telle punicion que dit est, ou autre telle que raison donra, non obstans quelzconques lectres ou mandemens qu'ilz aient à ce contraires. Pour lesquelles choses dessusdictes mieulx faire et acomplir, vous avons donné et donnons pleine puissance, auctorité et mandement espécial, de mander, évoquer ou assembler et cueillir de noz vassaulx et subgetz, amis, aliez et bien vueillans, telz et en tel nombre que bon vous semblera et qu'il sera expédient pour le bien des besongnes, d'icelles mener, conduire et emploier par tous les lieux et places de vostre bailliage et ailleurs où bon vous semblera, et là où vous sçaurez aucunes desdictes gens estre et fréquenter. Ausquelz noz subgetz et vassaulx, amis, aliez et bien vueillans mandons et commandons et expressément enjoingnons sur la foy et loyaulté qu'ilz nous doivent et sur la peine de confisquer corps et biens, que sans aucune contradiction ou refus ilz voisent à vostre mandement, en vous aidant à faire et acomplir les choses devant dictes et chascune d'icelles, en procédant en icelles par voie de fait et à main armée, comme dit est. Et afin que nul ne puist ou vueille prétendre quelque cause d'ignorance, faictes ces présentes publier solemnellement par tous les lieux et villes notables de vostre dit bailliage, ès lieux où l'on a acoustumé de faire telles publicacions, et ailleurs où bon vous semblera estre fait, en faisant icelles entériner, garder et acomplir de point en point selon la forme et teneur d'icelles. Et contraignez à ce les refusans et autres qui feront à contraindre, par toutes les voies et manières qu'en tel cas est acoustumé à faire pour nostre propre fait. Et de ce faire vous donnons plein povoir, auctorité et mandement espécial, en commandant à tous autres, et priant à noz amis, aliez et bien vueillans à nous, que à vous et à voz commis et députez, ès choses dessusdictes et ès circonstances et dépendences d'icelles, obéissent et entendent diligemment comme à Nous, et vous prestent conseil, confort, aide, faveur, et prison se mestier est et de ce soient requis. Car ainsi [l'avons] voulu et octroié et voulons qu'il soit ainsi fait, de nostre puissance, non obstant opposicions et appellacions faictes ou à faire et quelzconques lectres impétrées ou à impétrer à ce contraires. Donné à Paris, le vi⁰ jour de juing, l'an de grace mil quatre cens et treize, de nostre règne le xxxiii⁰.[1] »

CHAPITRE CV.

Comment le roy Lancelot entra à puissance en la cité de Romme. — La mort de sire Jaques de La Rivière, et la déposicion d'un chevalier; avec plusieurs autres besongnes.

En cest an Lancelot, roy de Naples et de Cécile, lequel avoit esté mandé par aucuns faulx et desloyaulx Rommains, vint à Romme, à tout grant exercite de gens, et sans y trouver aucune résistence entra dedens[2], et mist à sacquemen tous les plus riches et plus puissans de Romme et aussi en print plusieurs prisonniers, lesquelz furent raenconnez à grande

1. Ces lettres sont imprimées dans le *Recueil des Ordonn.*, t. X, p. 147. Dans le *Suppl. fr.* 93 le chapitre se termine par ces mots : « Lequel mandement comme dit est dessus fu envoyez par tous les bailliages de Franche, et là fu publiez ainsi qu'il est accoustumé » (fol. 173, col. 2).

2. Le 8 juin.

finance. Et adonc le pape Jehan[1] et ses cardinaulx, qui lors résidoient en icelle ville, oyans les nouvelles dessusdictes, tous pleins d'amertume et de paour, se saulvèrent de chastel en chastel par divers lieux jusques à Boulongne la Grasse, où ledit pape tint sa court. Toutesfoiz la plus grant partie de leurs biens furent prins et ravis des gens dudit roy Lancelot, lequel par aucun espace de temps demoura en ladicte ville de Romme et en fist porter plusieurs précieux joiaulx, tant sainctuaires comme autres. Et depuis par certains moiens se départi de là.

En après, la vigile de la Pentecouste[2], messire Jaques de La Rivière, frère au comte de Dampmartin, lequel avoit esté prins avec le duc de Bar en l'ostel du duc d'Acquitaine et mené prisonnier au Palais, en soy désespérant, comme on lui mist sus, lui mesme se féry d'un pot d'estain plusieurs cops en la teste tant qu'il se asservela et en mouru. Et de ladicte prison fut mis sur une charrete et mené ès hales de Paris, où il fut décapité. Mais pour dire la vérité, il fut autrement. Car messire Hélion de Jaqueville, chevalier du duc de Bourgongne, le visita en prison, et entre plusieurs paroles l'appella faulx traistre, et comme sur ce lui respondi qu'il avoit menti et qu'il n'estoit point tel, ledit Jaqueville, tout courroucé, d'une petite hachète que lors il tenoit en sa main, le féri en la teste, tellement que tantost et incontinent en mourut[3].

1. Jean XXIII.
2. Le 10 juin.
3. En rapportant cette fin malheureuse de Jacques de La Rivière, le Religieux de Saint-Denis donne les deux versions, tout en penchant pour celle de l'assassinat. Juvénal des Ursins ne parle

Item, aussi le Petit Mesnil, trencheur devant le duc d'Acquitaine, lequel estoit normant, fut tantost mené èsdictes hales de Paris, et là fut décapité. Desquelz les testes furent fichées sur deux lances et les corps pendus par les espaules au gibet de Montfaulcon.

Le jeudi d'icelle sepmaine de Penthecouste[1], semblablement Thomelin de Brie[2], qui naguères avoit esté page du roy, fut mis hors de Chastelet avecques deux autres, et mené ès hales, et là furent décolez et leurs testes furent mises sur lances et les corps pendus par les aisselles au gibet de Montfaulcon. Et se faisoient toutes ces besongnes à l'instance et au pourchas des Parisiens.

En oultre, pour ce que maistre Renault de Corbie, qui estoit moult ancien et prudent, et natif de la ville de Beauvais, n'estoit point du tout à eulx agréable, fu désmis d'estre chancelier de France, et en son lieu y fut mis et constitué maistre Eustace de Laistre, à la provision du duc de Bourgongne.

Et le mardi xxe jour de juing, Phelippe, conte de Nevers, espousa ou chastel de Beaumont la seur germaine du conte d'Eu, et y estoit la duchesse de Bour-

---

que d'un assassinat, et le *Journal d'un Bourgeois de Paris*, que d'un suicide. Voici ce qu'en dit la chronique manuscrite, déjà citée. « Et tantost après l'emprisonnement dessusdit, ledit de La Rivière se tua et occist en la prison ; et dist on que ce fut d'un pot d'estain dont il se frappa sur sa teste. Et pour ce, il fu depuis sadicte mort, comme homicide de sa personne, décollé ès halles de Paris » (Bibl. imp., *Cord.* 16, fol. 345 verso).

1. Le 15 juin.
2. Le *Journal d'un Bourgeois de Paris* l'appelle Colin de Brie, et parle de ses accointances avec le prévôt de Paris, Pierre des Essarts.

bon, leur mère, et la demoiselle de Dreux, laquelle principalement avoit traicté ledit mariage. Lesquelles nopces et solemnitez passées, lesdiz conjoins vindrent à Maisières sur Meuze, appartenant au conte de Nevers.

Après lequel mariage ledit conte d'Eu, qui avoit esté à tout faire, s'en retourna en sa conté, où il fist une grande assemblée de gens d'armes jusques au nombre de deux mille combatans, feignant qu'il vouloit faire guerre au seigneur de Croy, à l'occasion de l'entreprinse autrefoiz faicte contre lui par son filz ainsné, c'estassavoir messire Jehan de Croy dont en autre lieu est faicte mencion. Mais il fist tout le contraire, car il les mena passer Seine au Pont-de-l'Arche, et de là à Verneuil, où estoit le roy Loys et avecques lui les ducs d'Orléans, de Bretaigne et de Bourbon, les contes de Vertus et d'Alençon avecques plusieurs autres grans seigneurs, barons et chevaliers qui là estoient assemblez, non point tant seulement pour l'emprisonnement du duc de Bar, ne du duc Loys en Bavière, ne autres personnes, mais pour la délivrance du duc d'Acquitaine, lequel leur avoit mandé par ses lettres et aussi par ledit conte de Vertus, comment lui, le Roy, la Royne, ses père et mère, estoient contrains comme prisonniers soubz le gouvernement, garde et puissance de ceulx de Paris, non point en leur franchise et liberté; dont il lui desplaisoit très grandement qu'ilz estoient ainsi abaissez de leur haultesse et majesté royale. Sur quoy lesdiz seigneurs, ainsi assemblez comme dit est, après que eulx tous ensemble par grant délibéracion eurent tenu conseil, escripvirent devers le Roy, son grand conseil et la bonne ville de

Paris, qu'ilz laissassent aler le duc d'Acquitaine où bon lui sembleroit et délivrassent lesdiz ducs de Bar et de Bavière avec tous les autres prisonniers, ou se ce non, ilz feroient grant guerre à la ville de Paris et destruiroient à leur povoir tous ceulx de dedens, réservé le Roy et ceulx du sang royal. Et quant à ce de ceulx qui estoient mors à présent, ilz n'en parloient plus, pour ce qu'on ne les povoit ravoir. Lesquelles lectres receues de par le Roy, furent mises en conseil, et sur ce fut délibéré qu'on envoieroit certains ambaxadeurs devers lesdiz seigneurs pour traicter de paix. Lesquelz d'iceulx furent bénignement receuz.

Et le samedi premier jour de juillet, après que son procès eut esté fait, fut décolé ès hales de Paris messire Pierre des Essars, naguères prévost de Paris, jadis filz ainsné de feu Phelippe des Essars, citoien de ladicte ville de Paris. Duquel la teste fut mise ès hales au bout d'une lance et le corps pendu au gibet de Montfaulcon, en la manière acoustumée[1]. Et son frère, messire Anthoine, fut en grant péril d'estre aussi exécuté. Mais pour la cause du délay qui se fist par le moien de ses amis, fut la besongne retardée, et depuis fut mis à pleine délivrance.

Esquelz jours, le roy de France, qui estoit assez en bonne santé, ala à l'église cathédrale de Paris faire son oraison et là oit la messe. Et icelle oye, et visitées les saintes reliques, yssi hors de l'église s'en retourna

---

[1]. « En le menant il sousrioit, et disoit-on qu'il ne cuidoit point mourir, et qu'il pensoit que le peuple dont il avoit esté fort accointé et familier, et qui encores l'aimoit, le deust rescourre. Et s'il y en eust eu un qui eust commencé, on l'eust rescous » (Juv., p. 256).

en son hostel. Et estoient avecques lui le duc de Bourgongne, le connestable de France, et si y estoient grant planté de gens populaires qui là estoient venus pour le veoir. Et lendemain vi° jour de juillet fut ordonné par le conseil du roy, ouquel présidoit le duc d'Acquitaine, et fu commandé à Jehan de Moreul, chevalier du duc de Bourgongne[1], qu'il portast deux lectres et mandemens royaulx en deux bailliages, c'est-assavoir ou bailliage d'Amiens et ou bailliage de Vermendois, et à toutes les prévostez desdiz bailliages et à chascune ville principale desdictes prévostez feist assembler tous les prélas, conseillers, gouverneurs desdictes bonnes villes d'icelles prévostez, et eulx assemblez en pleine audience leur feist lire lesdictes lectres du Roy séellées de son grant séel, lesquelles contenoient en substance, qu'ilz se tenissent constans et fermes en loyauté et en obédience envers le Roy, et qu'ilz feussent prestz touteffoiz et là où on les manderoit, à le servir, et aussi son très cher et amé filz le duc d'Acquitaine, à l'encontre des ennemis de son royaume et de la chose publique, et qu'ilz adjoustassent foy à sondit chevalier, conseiller et chambellan, Jehan de Morueil, selon l'instruction qu'on leur avoit chargée[2] soubz le séel du secret du Roy, laquelle aussi ilz liront et feront lire. Laquelle chose il fist. Et quant il eut esté en plusieurs citez et prévostez desdiz bailliages, le lundi xvi° jour de juillet, vint à Dourlens ou bailliage d'Amiens, et là en la présence des prélats et nobles et ceulx des bonnes villes de ladicte prévosté,

---

1. *Miles nequam et subdolus Johannes de Morolio* (Religieux de Saint-Denis, V, 92).

2. Il faudrait : dont il étoit chargé.

lesdictes lectres leues avec son instruction devantdicte, très hault et cler, car il avoit belle faconde de parler, exposa comment le Roy estoit et est moult affecté à la paix et union de son royaume, et comment on avoit fait les procès de ceulx qu'on avoit décolez à Paris, par plusieurs notables personnes, tant de seigneurs et advocats de parlement, comme de bons chevaliers et bons preudommes et sages, à ce commis de par le Roy, et comment messire Jaques de La Rivière s'estoit désespéré et occis d'un pot d'estain en quoy on lui avoit porté du vin, et que chascune informacion de ceulx qui avoient esté décapitez contenoit bien soixante feuilles de papier, et que par bonne et vraye justice, sans faveur et sans hayne, ilz avoient esté condempnez et mis à mort, et aussi que monseigneur le duc d'Acquitaine ne l'avoit onques mandé aux seigneurs de sa lignée, si comme ilz disoient. Et dist ledit de Moreul à ceulx qui là estoient : « Sachez vous qui cy estes présens, que toutes les choses cy dessus déclairées sont vraies et notoires. » Et ce fait leur demanda se ilz seroient et estoient vrais et obéissans au Roy, qu'ilz lui deissent leur entencion. Lesquelz tous, tant prélatz, nobles et autres, respondirent tantost qu'ilz estoient et avoient tousjours esté vrais obéissans au Roy et qu'ilz estoient tous pretz et appareillez de le servir, créans qu'il leur disoit vérité. Et par ainsi, au prévost de ladicte prévosté, pour ce qu'il avoit fait si bonne diligence, luimesme demanda lectres, lesquelles il eut et puis s'en retourna. Et pareillement de par le Roy furent envoiez autres seigneurs, à tout semblables lectres et instructions, à tous les autres bailliages et séneschaucies, de celle mesme date, et aux prévostz des contez de tout le royaume. Lesquelz, chascun en ses termes, députez[1] prindrent et raportèrent lectres de leur diligence.

Et pendant que ce se faisoit, les Anglois en grant multitude de navire descendirent en la conté d'Eu et prindrent port en la ville de Tresport, laquelle, après qu'ilz eurent prins tous les biens avec plusieurs des hommes d'icelle, boutèrent le feu dedens. Et pareillement ardirent l'église et monastère dudit lieu de Tresport, et aucunes villes assez près d'ilec. Et après ce qu'ilz eurent esté vint et une heure sur terre, rentrèrent en leurs vaisseaulx et puis retournèrent en Angleterre à tout leur proye.

CHAPITRE CVI.

Comment de rechef fu la paix traictée entre les seigneurs du sang royal en la ville de Pontoise.

Item, le merquedi xiie jour du moys de juillet, retournèrent à Paris les ambaxadeurs du Roy et de son conseil, qu'ilz avoient envoié devers le duc d'Orléans et les autres dessusnommez. Et estoient les ambaxadeurs : l'évesque de Tournay, le grand-maistre de Rodes, les seigneurs d'Offemont et de la Vielzville, maistre Pierre de Marigny et aucuns autres, et raportèrent leur ambaxade. Laquelle raportée un peu de temps après, par l'ordonnance du Roy et de son conseil les ducs de Berry et de Bourgongne, avec eulx les ambaxadeurs dessusdiz, furent envoiez à Pontoise. Et le roy de Cécile, les ducs d'Orléans et de Bourbon, les

---

1. Lesquels députés, chacun dans son département, etc.

contes d'Alençon et d'Eu, vindrent à Vernon, et de là envoièrent leurs ambaxadeurs audit lieu de Pontoise, pour exposer ausdiz de Berry et de Bourgongne et aux autres du conseil du Roy et à ceulx de la ville de Paris estans avecques eulx, les causes de leur complainte et les périlz et inconvéniens de la guerre, lesquelz à ceste cause estoient en adventure de advenir en brief, par ung de leurs ambaxadeurs[1], lequel en beau françois, bien et hault et beaulx termes, moult notablement exposa. Desquelz ou en substance la teneur s'ensuit :

« A expliquer la crédence à nous baillée de la partie de noz seigneurs, c'estassavoir du roy de Cécile, du duc d'Orléans, du duc de Bourbon, le conte d'Alençon et le conte d'Eu, à vous mes très redoubtez seigneurs de Berry et de Bourgongne, et à messeigneurs du grant conseil du Roy et de monseigneur d'Acquitaine qui estes en leur compaignie.

« Puis qu'il convient que je die la parole pour le bien de la paix et de la faveur de bonne voulenté des escoutans, je prens ung mot du Psaultier, en la XXIIIIe pseaulme : *Oculi mei semper ad Dominum*, qui vault autant à dire : Mes yeulx sont tousjours devant monseigneur. Par l'introduction du sage Platon, duquel j'ay prins mon theume, entre les autres notables ditz envoiez à tous seigneurs et princes aians prééminence et gouvernement qui aux choses publiques sont préférées, ilz doivent garder les commandemens de leur seigneur. Premier, qu'en tout ce qu'ilz feront ilz aient regard à la chose publique dont ilz ont le gou-

---

1. Guillaume Saignet. Voy. le Religieux de Saint-Denis, qui donne la pièce en entier (*Chr. de Ch. VI*, p. 97).

vernement, qui représente un corps dont ilz sont le chef et les subgetz sont les membres, en telle manière que se aucuns des membres sont blécez, qu'il en descende douleur au chef. Et pour venir à mon propos, je considère ce royaume chrestien estre ung corps duquel nostre souverain seigneur le Roy est le chef, et les membres sont ses subjetz. Mais en quel degré mectray-je messeigneurs du sang royal, qui nous ont cy envoiez, et vous aussi mes très redoubtez seigneurs à qui nous parlons? Je ne sçay. Car nous n'avons point de chef sinon nostre Roy souverain seigneur et prince. Quant au chef je ne vous compare point, ne aussi aux membres, démonstrant à vous garder vostre prééminence. Mais il me semble que je vous puis et doy comparer membres particuliers de cedit chef. Et pour tant que entre les autres membres du chef les yeulx sont les plus notables et de plus grant, singuliere et merveilleuse condicion, je vous compare comme les yeux dudit chef, et pour trois choses très excellentes et singulières, lesquelles ilz ont entre les autres. Premièrement, car les yeulx sont et doivent estre de leur nature, en corps bien disposé, de mesure, forme et figure et de veue sans quelque différence, comme quant un œil regarde droit et l'autre de travers, ou que l'un feust cler et l'autre ouvert, tout le corps en est diffamé, et de ce prent-il nouvel nom comme de borgne ou louche. Et ainsi me semble que noz seigneurs qui nous ont icy envoiez à vous noz très redoubtez seigneurs ausquelz nous parlons, supposé que vous soiez plusieurs en grant nombre, toutesfoiz estes vous le regard sur tout le corps, et devez estre tous d'une voulenté tendans à bonne fin, c'estassavoir l'œil d'entendement par clère congnoissance, et l'œil d'effect par vraie amour et sans différence. *Oculi sapientis in capite ejus.* Secondement, les yeulx sont la plus haulte et évidente partie de tout le corps, comme dit le prophète Ezéchiel : *Speculatorem dedi te domui Israel.* Pareillement sont noz seigneurs du sang royal. Car pour la singulière affection qu'ilz ont à leur seigneur et prince et à toute sa dominacion et seigneurie, ilz veillent continuellement sur la garde d'icellui. Tiercement, que pour la grant noblesse de de l'œil, qui a sa forme ronde, il a telle subtilité ou sublimité de tous les membres de son corps, que tantost que aucun membre est blécé ou grevé de douleur, ou féru, il en pleure, comme dit le prophète Jhérémie, ou xixe chapitre. *Plorans plorabit et educet oculus meus lacrimam, quia captus est rex Domini.* Et semblablement fait à ce propos ce que récite Valère le Grant en son VIIIe livre, de Marius le Tirant, lequel voiant la grant désolacion de sa cité par son ennemi, lequel il l'avoit prins par force, ne se peut tenir de pleurer, ce que devoit faire ung vray œil. Certainement il doit pleurer de la douleur des membres, comme fist Codrus de la douleur des Athéniens, lequel pour gainguer la bataille contre ses adversaires se fist tuer de sa propre voulenté, comme dit et narre Justinus Frontenensis [1]. Et ce mesmes dit, Valère le Grant en son dit VIIIe livre. Et pour ce que tous messeigneurs sont et doivent estre de pareille condicion, et les ay équiparez à iceulx, en disant : *Oculi mei semper ad Dominum.* En la présence des seigneurs qui nous

---

[1]. Sextus Julius Frontinus.

ont cy envoiez, voire et en la présence de nous qui avons ceste charge reçeue, non point pour tant que aucun de nous se équipare à l'ueil, mais comme très humble serviteur de l'œil et assis entre les menus membres du corps des devantdiz comme l'ongle du petit doit nommé le médecin de la dextre main, laquelle par vraie disposicion de nature a acoustumé de servir et obéir à l'ueil, à l'exemple duquel nous sommes contrains de parler de tant haulte matière, laquelle chose nous est moult griefve, mais c'est pour le bien de la paix et pour obéir à l'œil : *Oculi mei semper ad Dominum.* Car en quelconque temps chascun doit avoir regard à Nostre Seigneur, mais encores plus en temps d'adversité, comme dit Tulles de l'adversité, qui dit : « Viens à ton ami quant tu es appellé lui estant en prospérité, et quant il est en adversité n'atens point que tu soies appellé. » Mais je entens de tous seigneurs terriens, supposé qu'ilz soient dissolus et non faisans les fais ou les œuvres de roy ou de seigneur, selon ledit de l'apostre saint Pierre, qui dit ou second chapitre : « Soies subject à toute créature pour l'amour de Dieu, et au roy comme au plus excellent. » Et de rechef : « Soies obéissant en la crainte de Nostre Seigneur, non point tant seulement aux bons et aux justes, mais aussi aux non sachans. » Et par ainsi se peut dire de chascun seigneur le mot que j'ay prins : *Oculi mei semper ad Dominum.* Et pour tant, messeigneurs qui nous ont cy envoiez, aians l'œil d'entendement par clère congnoissance, sont affectez par vraie amour à leur seigneur comme au chef et à tout le corps de ce très chrestien royaume, doubtans que de eulx on ne die ce qui est escript par Ysaye ou viiiᵉ chapitre : *Speculatores ejus ceci omnes*, les regardans ou veillans, sont tous aveugles. Et aussi qu'on ne die qu'ilz sont semblables au porc qui les fruis chéans de l'arbre demeure, ne jamais ne leveroit ses yeulx à l'arbre, voians et pensans aucunes manières que puis un peu de temps on a tenu en la bonne ville de Paris, se doubtent qu'ilz ne voient tout le corps devant dit avoir et souffrir une grande destruction, par laquelle il puisse bien tost encourir et cheoir en une grande maladie et périlleuse, et telle que par continue puist estre mortelle, que Dieu ne vueille.

« Premièrement. Ilz ont entendu la prinse des serviteurs du Roy, de la Royne et de monseigneur d'Acquitaine, desquelz à iceulx seigneurs tant seulement appartient la congnoissance et non à autres, et pareillement ont entendu que pareillement a esté fait des dames et des damoiselles qui estoient en la compaingnie de la Royne et de madame d'Acquitaine. Lesquelles choses, tant pour l'onneur de leur dicte maistresse la Royne, comme pour l'amour du sexe feminin, on deust avoir par raison différé et aussi pour l'onneur de chasteté. Et droit dit et commande sur grans peines, que honnestes femmes ne soient point traictes en publique. Et aussi, pour l'onneur et noblesse de haulte maison dont elles sont extraictes et yssues, il semble qu'elles ne doivent point estre ainsi traictées. Et oultre ilz se deulent, car non obstant que la congnoissance de quelzconques seigneurs du sang royal n'appartiengne aucunement fors seulement au Roy et aux seigneurs de son sang, monseigneur le duc de Bar fut prins, et si est cousin germain du Roy; dont moult se deulent les seigneurs devant diz, et par espécial le roy et la royne de Cécile qui est, grandement et affectueusement prient et requièrent pour leur délivrance, et aussi pour monseigneur le duc de Bavière, frère germain de la Royne. Et de rechef se deulent plus de la forme et manière qui fut tenue et eue à la prinse. Car ilz ont entendu, ainsi que on leur a rapporté, qu'ilz furent prins par gens qui n'avoient quelque auctorité d'office royal, et en manière de peuple plein de rumeur et tout esmeu, lesquelz par force rompirent les portes de l'ostel du Roy et de monseigneur d'Acquitaine, en disant paroles moult hautes et rudes audit d'Acquitaine, dont il a prins, si comme on dit, très grant desplaisance. Et par espécial qu'ilz ne scèvent encores aucunes justes causes ne couleurs pour quoy ilz font telz exploiz, qui pas ne se deussent faire. Et peut estre que se ilz sçavoient aucunes justes causes, ilz ne s'en esmerveilleroient point tant comme ilz font. Et encores oultre, car en continuant comme dit est, monseigneur d'Acquitaine a esté et est privé de sa liberté active et passive; active, car il ne peut aler hors de son hostel, ou au moins hors de la cité de Paris; passive, car nul de quelque condicion qu'il soit, ou de sang ou d'autre, n'ose parler ne converser avecques lui, fors ceulx qui le gardent, ainsi qu'il est acoustumé de faire à ung prisonnier honneste. Laquelle chose est moult griefve à lui et ausdiz seigneurs, d'estre privez de la vision et conversacion de leur souverain seigneur en terre, comme se c'estoit après leur vie perdre la vision de Dieu.

« Item, se deulent, car puisque les choses sont advenues, vindrent lectres de par la ville de Paris ausdiz seigneurs, et autres presque semblables aux bonnes villes de ce royaume, contenans en effect les exploiz dessusdiz avoir esté faiz sur le petit régime et gouvernement de monseigneur d'Acquitaine, et en le requérant que chascun feist ainsi. Dont, quant aux lectres envoiées èsdictes villes ilz se deulent, car nul, fors ceulx qui sont du sang royal, ne doit sçavoir quelque charge de leur gouvernement, ne qui donne charge à telz seigneurs. Et aussi n'y avoit cause, ne feinte ne vraye, pour quoy les villes deussent faire telz exploiz. Car il n'estoit personne qui jamais se feust mellé du gouvernement de mondit seigneur d'Acquitaine, et semble que ce n'estoit, fors à induire et esmouvoir le peuple à aucun mauvais apoinctement faire ou préjudice du Roy, de monseigneur d'Acquitaine et de toute sa seigneurie, et aussi sur lesdiz seigneurs. Et aussi se deulent, car pour l'importunité d'aucuns continuans ladicte matière, furent impétrez mandemens aux barons, chevaliers et escuiers et vassaulx desdiz seigneurs, contenans que pour quelzconques mandemens desdiz seigneurs ou d'aucuns d'eulx, ne venissent en leur compaignie, mais se tenissent en leurs maisons jusques à ce que monseigneur le connestable ou aucun autre des seigneurs estans dedens Paris, les manderoient. Dont grandement se plaignent, car oncques ne firent, ne ont entencion de faire chose pour quoy on leur doive oster leurs vassaulx. Et quant le Roy a à faire d'eulx, lesdiz vassaulx le doivent servir en leur compaignie.

« Item, se plaignent de plusieurs autres paroles et mandemens par lesquelz plusieurs officiers, qui de fait ont prins et encores prennent chasteaulx et forteresses et s'efforcent encore de faire, en mectant en iceulx gens et officiers nouveaulx et en en déboutant hors leurs capitaines et chastellains, soient notables chevaliers, escuiers et preudommes sans reproche, qui toute leur vie ont servi bien et loyaument le Roy, et ont entencion de le servir. Lesquelles choses devantdictes et chascune d'icelles leur sont moult estranges, nouvelles et desplaisans, et donnent occasion à tous estas, tant au chef comme aux membres, de mauvais exemple et inobédience, et par conséquent de subversion et de ruineuse dominacion. Et ce noble et très chrestien royaume a esté gouverné longuement en bonne prospérité principalement par la bonne police d'icellui en bonne et vraie justice, dont le fondement fu par trois choses, par lesquelles il a excédé les autres. Premièrement, par science, par laquelle la foy chrestienne fut défendue, et justice de bonne police en ce royaume soustenue. Et après, par la très noble multitude de preudommie en chevalerie, par laquelle, non point seulement ce royaume, mais toute la foy chrestienne a esté doubtée et défendue. Et tiercement, le grant nombre de peuple loyal et subject comme très vray obéissant à sa dominacion. Lesquelles trois choses par telle manière et par telz explois, de léger viendroient à totale perversité et perdicion, et tellement que tout l'ordre est perverti et que l'un occupe l'office de l'autre. Car les piez qui souloient porter le chef, les bras et le corps, vont au dessus et est le chef en bas, dont le corps et tous les membres prenoient toute sa reigle et bonne disposicion de nature. Et ainsi que dit la loi civile : *Rerum enim mixtione turbantur officia.*

« Pour laquelle chose, noz seigneurs qui nous envoient à supplier au Roy, à la Royne et à monseigneur d'Acquitaine, en priant et requérant à vous mes très-chers et très redoubtez seigneurs du grant conseil du Roy et de monseigneur d'Acquitaine qui cy estes, et à chascun de vous à par lui et selon l'exigence du cas et possibilité. Laquelle, pour avoir les remèdes convenables, il leur semble, en ensuivant l'opinion des sages phisiciens, que abstinence est la préservacion de maladie pour la santé du corps. Et pour ce, de la partie des seigneurs devant ditz nous vous prions, et de la nostre vous supplions, que doresenavant telz exploiz et manières ainsi que dit est dessus, et toutes commissions extraordinaires cessent du tout par vraie exhibicion de bonne justice, par laquelle honneur, prééminence et vraie liberté soit au Roy, et à monseigneur d'Acquitaine, comme au chef, soit prérogative et honneur acoustumé, et aux seigneurs, comme à l'œil dudit chef, vraie justice, en eulx préservant de toute offense à l'Église, noblesse et au peuple comme le corps, les bras et les jambes, soit vraie, bonne et seure paix, et comme dit le Psalmiste : *Quia justicia et pax osculate sunt.* Ouquel lieu, dit saint Augustin, que chascun demande paix en sa maison, mais justice, qui est sa seur, se met en l'ostel d'autruy. Et pour ce, qui veult avoir vraie paix, il convient avoir justice sa seur. Et se aucun veult dire abstinence estre périlleuse pour la crainte de deux choses contraires comme sont guerre et justice rigoreuse, nous respondons de la partie des seigneurs que ces deux là ilz escheveront de tout leur povoir et par effect, et s'emploieront de très bon cuer à faire ladicte abstinence et à expulser toutes les gens d'armes, portans dommage en ce royaume, par toutes les voies et manières qu'ilz pourront. Et quant au fait de justice rigoreuse, leur entencion est d'ensuivir la manière de tous princes, considérans la sentence de Platon : Quant un prince est cruel à la chose publique, c'est quant le chastieur chastie cruellement son peuple[1]. Du conseil qu'ilz ont prins à le défendre espécialement en ensuivant la coustume de leurs prédécesseurs de la noble maison de France, lesquelz ont tousjours acoustumé d'avoir en eulx pitié et débonnaireté et laisser derrière rancune et malivolence contre ceulx de Paris ou de l'autre partie qui de ce pourroient estre coulpables ou chargez. Et supplient au Roy, à la Royne et à monseigneur d'Acquitaine pour avoir et obtenir, tant d'un costé comme d'autre, leur absolucion[2]. Et désirent les diz seigneurs, sur toutes les choses de ce monde, à voir le Roy, la Royne et monseigneur d'Acquitaine en leurs franchises et libertez, en aucuns lieux, comme à Rouen, à Chartres, à Meleun, à Montargis ou en autre lieu plus convenable hors de Paris, pour le premier accès[3], non point par malivolence qu'ilz aient contre ladicte ville ou contre les habitans d'icelle, mais pour eschever toute occasion de rumeur, laquelle tantost seroit ou pourroit estre entre les serviteurs des seigneurs et plusieurs de ladicte ville. Et plaise ausdiz seigneurs qu'en toute seureté, expédient et neccessité, soient advisées et mises avant voies et manières à obvier à toutes suspicions et inconvéniens à ladicte congrégacion. Ouquel lieu lesdiz seigneurs viendront

1. « C'est quant le tuteur chastie cruellement son peuple » (*Suppl, fr.* 93, fol. 77).
2. L'absolution des Parisiens.
3. C'est-à-dire pour la première entrevue.

de très bon cuer pour adviser et pourveoir au bon estat de ce royaume et au vray pacifiement d'icellui. Et sur ce soient advisées les manières possibles de seureté. Car noz seigneurs, et nous de leur partie, serons prestz d'entendre au bien, honneur, prouffit et à la vraie union de très noble chef et de tous les membres dessusdiz. Et se j'ay dit peu, mes seigneurs et compaignons sont bien disposez pour l'amender, et se j'ay dit trop, ou chose qui touche au déshonneur ou à la desplaisance d'aucuns, mes très redoubtez seigneurs, plaise vous le imputer à simplesse ou ignorance de loyaulté très affectez au bon estat du Roy et de l'apaisement de tout son royaume, veu et considéré que j'ay esté et suis par nature obligé par serement et service à ce faire, cuidant de tout mon petit povoir ensuivir le singulier désir, lequel le roy de Cécile mon seigneur et mon maistre a au bien de ceste matière. Et ne me soit point, s'il ne vous plaist, imputé de témérité ou autre mal talent ou affection désordonnée que je aye ne eus onques ne entens avoir. »

Jusques à[1] ceste proposicion desdiz ambaxadeurs, c'estassavoir du roy de Cécile et des autres seigneurs.

En après furent dictes et proposées plusieurs paroles sur l'advis de la paix, d'un costé et d'autre, afin que ce royaume demourast en transquilité et union, et que provision feust mise aux inconvéniens. Si furent sur ce faiz plusieurs articles, lesquelz sont contenus en une cédule de laquelle la teneur s'ensuit :

« Premièrement. Entre les seigneurs du sang royal

---

1. *Jusques à ceste proposicion*, etc. C'est-à-dire, ici se termine cette proposition.

sera bonne amour et union, et promectront et jureront estre bons et loyaulx parens et amis, et de ce feront lectres les ungs aux autres et seremens, et en plus grant confirmacion de ce, jureront et promectront pareillement les plus principaulx serviteurs desdiz seigneurs d'une part et d'autre.

Item. Les seigneurs du sang royal qui ont envoiez leurs messages et ambaxadeurs, feront cesser la voie de fait et de guerre, et ne feront quelque mandement de gens d'armes.

Item. Feront tous leur loyal povoir de faire expeller et faire rappeller et retourner le plus bref que faire pourront, les gens de compaignie qui sont avec Clugnet de Brabant et Loys Bourdon, et autres leurs adhérens, par toutes voies et manières à eulx possibles. Et se lesdictes gens de compaignes ne vouloient ce faire, lesdiz seigneurs s'emploieroient au service du Roy pour iceulx faire retourner ou destruire, et tous les autres ennemis du Roy qui veulent grever son royaume.

Item. Promectront que de ces choses qui sont advenues à Paris ilz ne porteront nulles rancunes, maltalens ne dommages à la ville de Paris ne aucuns particuliers d'icelle, ne procureront à eulx estre fait en quelque manière, soit soubz umbre de justice ou en autre manière, comment que ce soit. Et se aucune seureté estoit advisée pour le bien de la ville et le particulier d'icelle, il s'ensuit à le faire[1] et procurer et aider de tout leur povoir.

---

1. *Il s'ensuit à le faire*, etc. Ces mots qui n'ont pas de sens sont remplacés par ceux-ci dans le ms. *Suppl. fr.* 93 : « Ilz

Item. Que les seigneurs jureront et promectront par leurs seremens faiz sur la saincte vraye croix et sur les sainctes évangiles de Dieu, en parole de prince et sur son honneur, faire et faire entretenir et acomplir loyaument toutes les choses dessusdictes sans aucune défaulte ou calumpnie de vérité, et de ce bailleront au Roy lectres seellées de leurs seaulx.

Item. Et en ce faisant les messages et ambaxadeurs desdiz seigneurs requièrent au Roy qu'il lui plaise à adnuller et révoquer, ou faire adnuller tous les mandemens de gens d'armes et de traict, et faire cesser toute voye de fait et de guerre, excepté contre lesdictes gens de compaignes.

Item[1]. Semblablement face cesser et réduire tous les mandemens naguères donnés à mettre en sa main aucuns chasteaulx et forteresses et d'iceulx oster les capitaines et y commectre autres en lieu de eulx ou en lieu des seigneurs auxquelz lesdiz chasteaulx et forteresses appartiennent, et face remectre les dessusdiz ou premier estat quant à ce. Et que la commission par lui donnée après certain temps pour le fait desdiz prisonniers et autres appellez ou à appeller à bannissement, soit révoquée, et que par justice ordinaire et acoustumée du Roy, soient contrains et convenus sans ce que aucuns commissaires de ce s'entremectent aucunement.

Item. Que le Roy, la Royne et monseigneur d'Ac-

sueffrent à le faire et procurer, » etc. (fol. 177 verso); *seuffrent* ou *souffrent*, c'est-à-dire laissent faire, permettent, consentent.

1. Dans notre manuscrit une erreur du copiste a fait de cet article deux articles, ce qui en rend le commencement inintelligible. Nous le rétablissons d'après le Ms. *Suppl. fr.* 93.

quitaine, ces choses ainsi faictes et acomplies, soient ung certain jour en aucun lieu, hors Paris, ou quel soient les devantdiz seigneurs de chascune partie, pour confermer bonne union entre eulx et adviser aux besongnes du Roy neccessaires à lui et à son royaume. Et se aucuns faisoient doubte que lesdiz seigneurs ou aucuns d'eulx vouloient induire le Roy, la Royne et monseigneur d'Acquitaine à aucune hayne ou vengence contre la ville de Paris ou aucuns des habitans d'icelle, ou à prendre le gouvernement ou actraire le Roy avecques eulx ou monseigneur d'Acquitaine, ou que pour ladicte congrégacion feissent aucun doubte, lesdiz seigneurs sont prestz de bailler bonne seureté possible là on pourra adviser. »

Lesquelles besongnes ainsi mises par escriptes et conclutes par les seigneurs dessusdiz, d'un costé et d'autre, se départirent ung chascun d'eulx et retournèrent ès lieux dont ilz estoient venus. Et après que les ducs de Berry et de Bourgongne, et ceulx qui estoient alez avecques eulx, furent retournez à Paris, remonstrèrent en la présence du Roy les poins de leur ambaxade et le contenu de la cédule qui avoit esté advisée par entre eulx parties pour le bien du Roy et de tout son royaume. Et après que sur tout eut esté advisé par grant délibéracion de conseil, où estoit l'Université de Paris et ceulx de la ville en grant nombre, fut accordé de par le Roy et le duc d'Acquitaine avec le grant conseil royal, que tout ce qu'ilz avoient fait et raporté s'entretenoit[1]. Et sur ce fut ordonné à faire certains mandemens royaulx pour

---

1. Il faudrait : s'entretenroit, c'est-à-dire s'entretiendroit.

envoier par tous les bailliages et séneschaucies du royaume pour estre publiées par les officiers ès lieux acoustumez.

Durant laquelle tribulacion, Clugnet de Brabant, messire Loys de Bourdon et autres capitaines de la partie d'Orléans, vindrent, à tout bien seize mille combatans, en dégastant le pays, jusques en Gastinois, et bailloient à entendre qu'ilz venoient pour mener guerre aux Parisiens. Lesquelz, de ce non contens, envoièrent au devant d'eulx jusques à Monstereau-où-Fault-Yonne, seize cens bacinets et grant nombre d'autres combatans, desquelz estoit captaine messire Helion de Jaqueville[1]. Néantmoins ilz ne rencontrèrent point l'un l'autre, pour quoy ceste armée se desrompi sans combatre.

Et adonc furent envoiez le connestable et admiral de France, et avec eulx l'évesque de Tournay, de par le Roy, à Boulongne sur la mer, contre la légacion du nouvel roy d'Angleterre, c'estassavoir le conte de Warvich, l'évesque de Saint-David et aucuns autres qui estoient venus à Calais. Si convindrent ensemble à Lolinguen, et là traictèrent trêves entre les deux royaumes jusques aux Pasques ensuivans, lesquelles furent publiées par tous les deux royaumes dessusdiz.

1. « Après ces choses ainsi advenues, party Elion de Jacleville, de Paris, avoec luy grant foison de gens de ceulx de Paris, et s'en allèrent à Monsteriau ou Fault Yonne, à l'encontre de Cluignet de Brabant que on disoit lors venir à grant puissance. Et au département que fist ledit Elion, de Paris, il bailla en garde la Bastille de St. Anthoine aux maistres bouchiers dudit lieu, comme Caboce, Deniset de Chaumont, les Goys et ceulx de Saint-Yon, affin que se aucune chose leur sourvenoit ilz se peussent saulver dedens icelle. » (*Cord.* 16, fol. 346.)

Or vous mectray icy la copie des mandemens royaulx dont dessus est faicte mencion.

« Charles, par la grace de Dieu roy de France, au bailli d'Amiens, et à chascun des habitans de ladicte ville, salut. Nous vous faisons savoir que à l'occasion des prinses et emprisonnemens indeuement et sans cause, fais des personnes de noz très chers et très amez germain, cousin, et frère en la loy, les ducs de Bar et de Bavière, et plusieurs autres nos officiers et de nostre très chère et très amée compaigne la Royne, et de nostre très cher et très amé filz le duc d'Acquitaine, et aucunes autres dames et damoiselles de l'ostel de nostredicte compaigne, de noz très chers, très amé cousin et nepveu le roy de Cécile, les ducs d'Orléans et de Bourbon, les contes d'Alençon et d'Eu, eulx de ce complaignans, et de la manière de la prinse et des courroux et desplaisirs qu'en a prins nostredit filz, et de plusieurs autres choses paravant advenues en nostre bonne ville de Paris, sont naguères venus en la ville de Verneuil, ouquel lieu nous avons envoyé noz ambaxadeurs notables, et avecques ce avons envoié des gens de noz très chers et très amez oncle et nepveu de Berry et de Bourgongne avec lesdiz ambaxadeurs qui furent envoiez de par nous, comme dit est, audit lieu de Vernueil; et aucuns bourgois et habitans de ladicte ville de Paris alèrent par nostre ordonnance à Pontoise, et nostredit cousin et nepveu le roy de Cécile, les ducs d'Orléans et de Bourbon, et les contes d'Alençon et d'Eu, alèrent en la ville de Vernon. Et de là envoièrent leurs messaiges et ambaxadeurs audit lieu de Pontoise, exposer et signifier à nosdiz oncle et cousin de Berry et de Bourgongne et autres de nostre conseil, plaintes, et remonstrer les périlz et inconvéniens de la guerre et autrement, lesquelz pour ce estoient en aventure de advenir en brief terme. Et après plusieurs paroles et consaulx sur ceulx, d'une part et d'autre, furent entre eulx conseillez et advisez sur le fait de la paix et union de ce royaume afin de eschever lesdiz inconvéniens. Et sur ce furent fais et contenus plusieurs articles en une cédule de laquelle la teneur s'ensuit¹. « Premièrement. Entre les seigneurs du sang royal sera bonne amour et union vraie et prometront et jureront estre bons et vrais parens et amis, et de ce feront lectres les ungs aux autres. » Et jà soit ce que le contenu en icelle cédule, tout bien veu et considéré, semble estre juste et raisonnable pour le bien de paix, union et concorde, à ceulx de l'Université de Paris, de nostre court de parlement, de noz gens des comptes, et aussi des bons citoyens et habitans de nostre bonne ville de Paris, et qu'ilz estoient prestz de la visiter et sur ce dire et raporter ledit jour de jeudi², envers nous, leur délibéracion et opinion par la manière devant dicte, néantmoins gens de petit estat et faculté, qui de leur auctorité et entreprinse ont eu une grant partie du gouvernement de ladicte ville de Paris, et lesquelz estans oudit gouvernement pour continuer guerre et division, laquelle par longtemps a esté en nostre royaume, afin d'avoir tousjours la dominacion, ont voulu par leurs faulses machinacions plusieurs seigneurs de nostre sang et

---

1. Cf. le Religieux de Saint-Denis (t. V, p. 117).
2. 3 août.

lignage et autres induire à la guerre, doubtans que des roberies, homicides et autres grans maléfices et délitz par eulx en moult de manières commis soubz l'ombre de l'entreprinse dudit gouvernement, ne feussent prins et d'eulx prinse vengence, ont tant fait et procuré, en persévérant en leur mauvais propos et par leurs faulx machinemens, qu'il leur a esté octroié que ledit jour de jeudi a esté continué jusques au samedi ensuivant, cinquiesme jour dudit mois[1], afin que devant et pendant icellui jour ilz peussent la paix empescher par horribles voies et damnables, et de quoy au plaisir de Dieu on saura enfin la vérité. Mais au plaisir de Dieu, qui à ce pourvoiera, ladicte Université assemblée avecq nostre chambre de parlement et noz chambres des comptes, les coléges des églises et les bons citoiens et habitans preudommes de nostredicte ville de Paris, par espécial des plus notables et ou plus grant nombre, non contens de ce et doubtans les inconvéniens et périlz qui sont apparens, et qui à l'occasion de celle male et cruelle trahison se pourroient ensuivir, désirans de tout leur cuer bonne paix et union entre ceulx de nostre sang et lignage, maintenir justice et régner à l'onneur et conservacion de Nous et de nostredit royaume, et voulans obvier aux entreprises damnables et empeschans ladicte paix, sont venus après disner devers nous en nostre hostel de Saint-Pol à Paris, et nous ont requis d'avoir audience pour le bien de la paix, laquelle chose nous leur avons octroyée. Et ce fait, nous ont exposé les biens de paix, les maulx et inconvéniens de la guerre, et la

1. 5 août.

neccessité qui estoit à procéder sur l'exécucion de ladicte cédule, en nous requérant le jour dudit samedi
estre anticipé au jour du vendredi précédent, avec
autres provisions pour la seureté de nostredicte ville
de Paris. Lequel jour de vendredi, eulx désirans et
voulans la paix, s'assemblèrent en nostre Maison de
ladicte ville en Grève[1], cuidans là trouver l'un l'autre
pour venir devers nous en nostre hostel de Saint-
Pol, mais ilz trouvèrent empeschement. Car lesdiz
empeschans la paix, lesquelz comme dist est sont
de petit estat et ennemis de la paix, si estoient jà
venus en ladicte Maison de nostredicte ville et avecq
eulx aucuns varletz, tous armez, soubz umbre de auctorité de gouvernement, lequel ilz avoient en nostredicte ville de Paris. Pour laquelle cause, les preudommes dessusdiz voulans paix, s'assemblèrent en
la place Saint-Germain l'Auxerrois à Paris, et en plusieurs lieux, en grant nombre et notable, tous d'une
voulenté et d'un courage quant à ce. Mais pour
rompre et empescher les assemblées des dessusdiz
notables hommes par toutes voies et manières qu'ilz
porent, lesdiz empescheurs de la paix se mirent en
peine. Ausquelz fut aucunement obtempéré. Car ilz
se partirent de Saint-Germain, tout par ordre, ainsi
qu'il avoit esté appoincté. Lesquelz, ainsi venus audit
lieu de Saint-Pol et là assemblez, en nostre présence, en la présence de nostre filz, nostre oncle
et nostre cousin les ducs d'Acquitaine, de Berry et de
Bourgongne et de plusieurs autres de nostre conseil,

1. Il y a dans l'original : « Semblablement en nostre maison
de ladicte ville engrever », ce qui n'a pas de sens. Nous rectifions
la phrase sur le ms. *Suppl. fr.* 93.

fut par nous la paix accordée, et que ladicte cédule seroit mise à exécucion, et que punicion desdiz perturbateurs seroit faicte par raison et par justice. Dont noz bons et loyaulx subjectz furent moult joieux. Et incontinent après nostre ordonnance et voulenté proférée, montèrent à cheval, nostre filz, nostre oncle et nostre cousin devant dits, et s'en alèrent desprisonner nostre cousin et frère, c'estassavoir les ducs de Bar et de Bavière, qui longuement avoient esté au Louvre, et autres plusieurs chevaliers et noz officiers de nostre compaignie et de nostre filz, qui aussi avoient esté longuement prisonniers en nostre Palais et en nostre Chastelet, par force, puissance et voulenté desdiz empescheurs de la paix. Lesquelz empescheurs ce voyans, et que bon gouvernement et justice commençoient à régner, se mussoient comme renars et se absentèrent, et depuis ne adonc on ne les peut prendre, ne trouver. Par quoy il fait encores à doubter que par leurs inductions et faulses mençonges, par lesquelles ilz pourroient aucuns actraire à leurs entreprinses et mauvaises voulentez ainsi qu'ilz ont fait ou temps passé, ne s'ensuivent pires inconvéniens que devant. A laquelle chose est mestier de obvier diligemment à l'aide de Dieu, mesmement que la paix, qui est bonne et proufitable, et laquelle nosdiz nepveu et cousin le roy de Cécile, les ducs d'Orléans et de Bourbon, les contes d'Alençon et d'Eu, et puis[1] que tout ce que dit est, ont envoyé leurs ambaxadeurs à Paris, lesquelz de jour en jour entendent et vaquent diligemment à l'exécucion de ladicte cédule, laquelle ilz ont eue

---

1. Depuis.

aussi pour agréable et approuvée et tout ce que par nous en a esté fait, laquelle chose pourroit estre rompue, qui seroit destruccion de Nous et de nostredit royaume et aussi de tous les bons et vrais subgetz de nous. Pour ce, nous vous commandons et expressément enjoingnons, que contre toutes les choses devantdictes, lesquelles nous vous signifions estre vraies et telles que cy-dessus sont spécifiées et déclairées, vous ne créez ne adjoustez foy à quelzconques mauvaises et faulses relacions qui seroient faictes au contraire par lesdiz empescheurs de la paix, et que vous ne recueillez, ne souffrez estre ne demourer en nostre ville d'Amiens, ne ou pays d'environ, lesdiz empescheurs de la paix, ne leur donner faveur par quelconque manière, mais les faictes prendre et emprisonner et les nous envoiez, pour d'eulx faire justice et raison, et les punir et faire punir tellement que au cas appartiendra. Et aussi vous, bailli, faictes les choses dessusdictes publier, tenir et acomplir pareillement par toutes les bonnes villes et autres lieux de vostre bailliage, et avecques ce requérez de par nous à toutes les églises de vostre bailliage, tant collégiales comme autres ausquelles il appartendra, qu'elles facent et facent faire processions et dévotes oroisons pour ladicte paix, afin que Nostre Seigneur par sa grace vueille ladicte paix entretenir perpétuellement. Et gardez bien que chascun de vous, tant qu'en lui est, ne commecte en ce faulte. Car ainsi nous plaist et voulons estre faict. Donné à Paris le XIIe jour d'aoust, l'an de grace mil quatre cens et treize, et de nostre règne le XXXIIIe. »

Item. Fut fait ung autre édict de par le Roy contre

les gens d'armes et autres gens de guerre, à préserver et garder le peuple contre eulx et tenir en paix, lequel fut envoié par tous les bailliages et séneschaulcies du royaume. Duquel je me tais à présent à cause de briefté.[1]

CHAPITRE CVII.

Comment le duc d'Acquitaine fist délivrer les prisonniers. Du département du duc de Bourgongne, et de la venue de plusieurs princes dedens Paris, et ce qu'ilz firent depuis.

Item. Le quatriesme jour du mois de septembre, le duc d'Acquitaine, par le commandement du roy son père, fist délivrer tous les prisonniers du Palais. Et tantost après, tous les biens de maistre Jehan de Troyes, adonc garde du Palais, lequel estoit alé dehors pour aucunes besongnes, furent par le commandement du duc d'Acquitaine tous vuidiez dudit Palais par ceulx de Paris, lesquelz avoient acoustumé de le acompaignier, et l'office de concierge qu'il tenoit lui fut aussi osté, ou quel fut mis et restitué celluy qui paravant l'exerçoit. Et pareillement en autres lieux parmy Paris furent restituez plusieurs officiers en leurs offices, comme Anthoine des Essars. Et les deux ducs, c'estassavoir de Bar et de Bavière, furent ordonnez capitaines de la Bastille Saint-Anthoine[2], comme para-

1. Ces lettres sont datées de Paris, 5 août 1413. Elles se trouvent dans le *Suppl. fr.* 93, et sont imprimées au t. X, p. 159 du *Recueil des Ordonnances*.

2. « Ils firent les deux ducs devant dis, de Bavière et de Bar, cappitaines, l'ung de S. Antoine et l'autre du Louvre. » (*Journal d'un Bourgeois de Paris*, p. 18.) Le ms. *Suppl. fr.* 93 dit la même

vant ilz avoient esté. Et après ce que lesdiz prisonniers furent délivrez des prisons par le duc d'Aquitaine, furent sonnées toutes les cloches de Paris tout à une heure, et si furent deux jours et deux nuis fait grant joye et grant leesse par toute la ville pour amour de la paix, tellement que c'estoit grant plaisir à veoir.

En oultre, furent prins, de l'ostel du duc de Bourgongne, le seigneur de La Viefville et messire Charles de Lens, frère au chastellain de Lens. Mais messire Robinet de Mailli, pour doubte qu'il ne feust prins, s'enfuy. Le seigneur de La Viefville, à la requeste du duc de Bourgongne et de sa fille la duchesse d'Acquitaine, fut délivré de la prison, et ledit messire Charles fut mis en Chastellet, et l'autre qui s'en estoit fouy, fut banny du royaume [1]. Le seigneur de Jaqueville, lui absent, fu desmis de la capitainerie de Paris, lequel avec plusieurs autres bouchers de Paris ses principaulx facteurs, qui estoient avecques lui ou Monstereau où Fault Yonne, les nouvelles dessusdictes par eulx oyes, s'en alèrent en Bourgongne. Et Jehan Caboche, maistre Jehan de Troies et ses enfans, et moult d'autres de Paris, s'enfouirent en Flandres. Maistre Eustace de Laistre, nouvel chancellier de France, s'en fouy de Paris comme les autres, et en son lieu fut remis maistre Regnault de Corbie [2], autrefoiz chancelier, lequel à

---

chose. « Les deux ducz, c'est assavoir de Bar et de Bavière, furent ordonnez cappitaines, celuy de Bar, du Louvre, et celui de Bavière, de la Bastille, comme paravant avoient esté. » (Fol. 181, col. 1.)

1. Cf. le Religieux de Saint-Denis (t. V, p. 145), qui nomme encore d'autres proscrits, et entre autres Charles de Savoisy.

2. *Lis.* Arnaud de Corbie.

l'instance de lui-mesme et à son pourchas, pour tant qu'il estoit ancien, fu déporté dudit office de chancelier, ou lieu duquel fut mis le premier président de parlement¹ et l'advocat du Roy fut fait chancelier du duc d'Acquitaine². Et de Paris aussi s'enfouirent tous les chevaliers comme les commissaires qui avoient esté ordonnez à congnoistre des causes des prisonniers, tant criminelles comme autres.

Et adonc le duc de Bourgongne voiant ce que faisoit le duc d'Acquitaine son gendre, doubtant qu'il ne feust pas bien content de lui et qu'il n'eust souvenance des oultrages qui lui avoient esté faiz et à ses gens, tant en son hostel comme ailleurs, si comme dit est en autre lieu, fut en grant souspeçon qu'il ne feust arresté en personne. Car avec ce il veoit chascun jour que les plus féables de ses gens se partoient couvertement sans prendre congié à lui, et que aucuns d'iceulx estoient jà prisonniers; et si estoit adverti qu'on avoit fait aucuns aguetz de nuit entour son hostel d'Artois, et chascun jour venoient devers le duc d'Acquitaine en grant nombre ceulx qui paravant avoient esté ses adversaires, et pour ce, afin de obvier et résister aux périlz qui s'en povoient ensuir, trouva manière que le Roy ala chasser en la forêt de Villeneufve Saint-George, si ala avecques lui, et quant il vit son point, il print congié du Roy en disant qu'il avoit oy nouvelles de son pays de Flandres où il faloit qu'il retournast pour aucuns grans afaires qu'il avoit.

1. Henri de Marle.
2. « Et maistre Jehan Jovenel, quy estoit en parlement advocat du Roy, fu faiz chancellier de monseigneur d'Acquitaine. » (*Suppl. fr.* 93, fol. 181, col. 2.)

Et de fait se parti ¹ et s'en ala passer en grant doubte parmy le bois de Bondis, et sans arrester chevaucha jusques au Pont-Saincte-Maxence, à petite compaignie, et là jut celle nuit. Et lendemain, très matin, le vint quérir le seigneur de Ronq, à tout deux cens combatans, et de là chevaucha en assez briefz jours jusques à Lisle en Flandres ². Et lors que son partement fut sceu, commencèrent les Parisiens, et autres de la partie d'Orléans, fort à murmurer contre lui,

1. Le 23 août. Voy. le Religieux de Saint-Denis (t. V, p. 149).
2. Voici comment la chronique manuscrite déjà citée raconte le brusque départ du duc de Bourgogne : « Quant le duc de Bourgoigne apperchut la manière de ceulx de Paris, lesquelz aloient partout quérir et prendre ses gens, il se doubta moult. Car il se trouva tout seul parce que ses gens s'esconssoient et fuyoient que mieulx que mieulx, et se partirent les pluiseurs de Paris en moult petit estat descouvenement et hastivement. Et ce nonobstant s'en ala ledit de Bourgoigne devers le Roy et lui requist que le seigneur de La Viesville et plusieurs autres de ses gens, prisonniers comme dit est, luy fussent renduz, actendu que ilz ne avoient mesfait ne mesdit à personne. Laquelle requeste le Roy lui accorda volentiers, et commanda très expressement que toutes sesdictes gens lui fussent rendus et délivrés. Et ainsi fu fait. Et après che, mena, ledit de Bourgoigne, cachier le Roy en la forest de Bondis. En laquelle forest il prinst de luy congié moult humblement et de cuer courouchié. Car il veoit bien que il n'estoit point bon de luy retourner à Paris. Et le Roy fu moult dolent de se départie, et luy demanda où il voloit aller. Et le duc lui respondi que il estoit mandé de ses gens pour retourner hastivement en son païs pour aucuns grans afaires qui y estoient sourvenus, et que au plaisir de Dieu, il retourneroit briefment pardevers luy. Et à tant, se party le duc de Bourgoigne du Roy, à bien petit estat. Mais il estoit bien montez. Se chevauça fort et hastivement tant que il vint en son païs d'Artoix. Et sur le chemin, trova beaucop de ses gens, qui s'en estoient fuys de la ville de Paris comme dit est. » (*Cord.* 16, fol. 346 verso.)

disans qu'il s'en estoit fuy pour doubte qu'il ne feust arresté, comme dit est dessus. Et adoncques ceulx qui estoient demourez dedens Paris tenans son parti, furent en grant souspeçon. Car chascun jour en prenoit-on aucuns dont on faisoit justice assez hastive. Et mesmement furent exécutez les deux nepveux Jehan Caboche, après qu'ilz eurent esté traynez parmy Paris grant espace. Et pareillement le fut l'oste de l'Uis de fer de Paris, nommé Jehan de Troies[1], cousin germain à messire Jehan de Troies, cirurgien, dont dessus est faicte mencion. Et quant est à la Royne, les ducs d'Acquitaine, de Berry, de Bar et de Bavière, ilz furent assez joieux du département du duc de Bourgongne. Et aussi furent plusieurs autres seigneurs, et en assez briefz jours se tournèrent du tout contre lui et les siens, tant de fait comme de paroles.

Et en après, le roy de Cécile, les ducs de Bourbon et d'Orléans, les contes d'Alençon, de Vertus, d'Eu, de Vaudémont et de Dampmartin, l'arcevesque de Sens, frère Jaques le Grant et le Borgne Foucault, tous ensemble vindrent à Paris[2] à grant compaignie de gens d'armes en très noble ordonnance. A l'encontre desquelz yssirent les ducs de Berry et de Bavière, l'évesque de Paris et autres plusieurs prélatz et bourgois. Si s'entrefirent grant joye les ungs aux autres, et alèrent tout à cheval jusques au Palais, où estoient le Roy, la Royne et le duc d'Acquitaine, qui les reçeurent bien notablement, et soupèrent là tous les seigneurs, et puis s'en alèrent loger en leurs hostelz par la

1. « Qui avoit esté bien extrême ès maux qui s'estoient faits au temps passé. » (Juv., p. 264.)
2. Le Religieux de Saint-Denis dit que ce fut le dernier août.

ville. Et lendemain vint audit lieu de Paris messire Charles d'Albreth, auquel prestement fut rendu son office de connestable. Et le viiie jour de septembre ensuivant, à l'instance et faveur desdiz seigneurs, le Roy fist en la chambre de parlement en son lieu acoustumé, et là fist et constitua par son grant conseil un édict, lequel il ordonna estre prononcé et publié par tout son royaume; lequel je passe à cause de briefté[1] pour tant qu'il ensuit avecques les autres cydevant déclairez, et est en confondant et contempnant les prinses et les emprisonnemens dessusdiz, c'estassavoir des ducs de Bar et de Bavière et des officiers du Roy et du duc d'Acquitaine et les autres dessusdiz. Et contient aussi la descharge des ducs de Berry et d'Orléans et les autres princes du sang royal de la partie d'Orléans. Et comme dessus est dit, je le délaisse pour la prolixité desdictes lectres, et vieng à la matière ensuivant.

CHAPITRE CVIII.

Comment le duc de Bretaigne vint à Paris. Et du conseil que le duc de Bourgongne tint en la ville de Lisle. Du fait du conte Waleran de Saint-Pol. Et d'autres diverses besongnes qui lors advindrent.

En ce temps Jehan, duc de Bretaigne[2], vint en la cité de Paris, et son frère le conte de Richemont. Et si y vindrent aussi le duc d'Evreux et le conte de Rostelant, anglois, pour traicter le mariage du roy d'Angleterre et de Katherine, fille du roy de France, afin

1. Voy. aux additions.
2. Le *Suppl. fr.* 93 ajoute : gendre du Roi. Il avait épousé Jeanne de France, fille de Charles VI, en 1396.

de empescher l'aliance que le duc de Bourgongne vouloit faire de sa fille et dudit roy d'Angleterre. Lesquelz ambaxadeurs, après ce qu'ilz eurent fait et monstré au Roy et à son conseil pourquoy ilz estoient venus, s'en retournèrent.

Ce pendant le duc de Bourgongne tint grant conseil à Lisle lez Flandres, où estoient les Gantois, ceulx de Bruges, d'Ipre et les quatre mestiers, et moult de nobles, entre lesquelz estoit Walerand, conte de Saint-Pol, naguères connestable de France, lequel venoit de Boulongne et de Loliguen[1] de traicter avec les Anglois, c'estassavoir le conte de Varvich, l'évesque de Saint-David et aucuns autres, pour avoir trêves entre les deux roys, lesquelles furent ottroiées jusques à la feste de saint Jehan Baptiste. Et là receut ledit connestable lectres du Roy, par lesquelles lui mandoit qu'il alast à Paris rendre l'espée de connestable. Lequel voiant ce, et qu'on le vouloit déposer dudit office, s'en conseilla au duc de Bourgongne et eut conseil, c'estassavoir de non rendre ladicte espée. Si se parti de là et s'en ala à Saint-Pol en Ternois en son chastel, où estoit sa femme, et de là s'en ala à Amiens, où il fut par l'espace de quatre jours. Duquel lieu envoya ambaxadeurs à Paris devers le Roy, c'estassavoir le conte de Conversen, son nepveu, et le vidame d'Amiens. Avec lesquelz ala maistre Robert le Jeune, advocat à Amiens, pour proposer devers le Roy leur légacion pour la partie dudit conte de Saint-Pol, et en plein conseil ouquel estoit le Roy présent et ses princes et le chancelier et autres conseillers, dist

---

1. Lelinghen.

que onques son seigneur et son maistre ne fut en ce royaume parcial, ne avoit tenu bende, et aussi n'avoit villes ne chasteaulx contre le Roy envay ne ocupé, comme avoient fait plusieurs autres. Après lesquelles choses ainsi dictes lui fut requis qu'il se feist advouer sur ces paroles, comme avoient fait autres qui avoient proposé en cas pareil ou autre. Lequel ne fut point advoué desdiz ambaxadeurs, et pour ce fut tantost prisonnier en Chastelet, où il fut deux jours, et, à grant peine, à la prière du duc de Bar, serourge dudit conte de Saint-Pol[1], fut délivré. Et le samedi ensuivant, lendemain du jour Saint-Mor[2], ledit connestable se parti d'Amiens et s'en retourna en sa conté, triste et pensif.

Et après, de rechef furent envoiez mandemens royaulx par toutes les parties du royaume de France, à estre publiez par les lieux acoustumez, lesquelz contenoient les desroys naguères fais en la ville de Paris par les Parisiens à la desplaisance du Roy, de la Royne et du duc d'Acquitaine. Desquelz mandemens je me tais, car la substance et les fais énormes desdiz Parisiens ont esté cy-devant souffisamment déclairez[3].

---

1. Waleran de Luxembourg, comte de Saint-Pol, avait épousé en secondes noces Bonne de Bar, sœur d'Édouard III, duc de Bar.
2. La fête de Saint-Maur se célèbre au 15 janvier. Or en 1413, le lendemain tombait un lundi. C'est la veille qui tombait un samedi.
3. Voy. aux additions ces lettres, qui sont du 17 septembre 1413.

CHAPITRE CIX.

Comment le duc de Bourgongne feist plusieurs assemblées et tint plusieurs consaulx pour avoir advis sur ses afaires, doubtant que ses adversaires ne retournassent le Roy contre lui, si comme ilz firent depuis.

En ce temps le duc de Bourgongne se tenoit en la ville de Lisle lez Flandres, ouquel lieu il assembla plusieurs grans seigneurs pour avoir advis et conseil sur ses afaires. Car moult souvent lui venoient nouvelles de la ville de Paris, comment ceulx qui avoient esté ses adversaires gouvernoient le Roy et le duc d'Acquitaine, et tendoient à eslonger lui et les siens de leur grace et bienvueillance. Si avoit icellui duc sur ce plusieurs ymaginacions, desquelles bien doubtoit que la fin ne tendist à ce que depuis en advint, c'estassavoir qu'ilz ne tournassent le Roy et le duc d'Acquitaine du tout contre lui, pour en conclusion lui mouvoir guerre. Néantmoins il estoit assez reconforté d'atendre toutes aventures qui advenir lui povoient. Et adonc vindrent d'Angleterre devers lui, le conte de Warvich, l'évesque de Saint-David et aucuns autres, pour traicter le mariage du roy d'Angleterre et de la fille d'icellui duc, non obstant qu'il y eust autre ambaxade devers le roy de France pour pareille matière. Toutesfoiz ilz ne porent estre d'acord, et par ainsi s'en retournèrent lesdiz ambaxadeurs.

Et après ces besongnes, le quatriesme jour d'octobre, les seigneurs d'Offemont et de Moy vindrent à Saint-Pol en Ternois, envoiez de par le Roy devers le conte de Saint-Pol, pour cause qu'il raportast ou renvoiast l'espée de la connétablie. Mais il respondi que de son gré et sans le conseil de ses amis il ne le rendroit point, mais lui, eu conseil avecques eulx, il respondroit en brief terme tellement que le Roy se tenroit content de lui. Laquelle response oye iceulx seigneurs après que ledit connestable les eut très honnorablement festiez, retournèrent à Paris et racontèrent au Roy, en la présence de son conseil, l'estat de leur ambaxade. Dont on ne fut pas bien content.

Et ce mesmes jour fut fait un édict royal contre ceulx qui ne se confioient point bien en la paix, lesquelz adevent et sement paroles au contraire mal sonnans, et qui ne se pevent ou veulent abstenir d'appeler et surnommer l'un l'autre par paroles souvent sonnans divisions pour mectre et esmouvoir gens à commocion, discorde ou rumeur pour engendrer nouveaulx débas. Duquel édict je me tais à cause de briefté.[1]

CHAPITRE CX.

Comment Loys, duc en Bavière, se maria. De ceulx qui furent bannis. Du discord des ducs d'Orléans et de Bretaigne[2]. Et d'autres matières suivans.

En après, en ces propres jours[3] Loys, duc en Bavière, frère de la royne de France, espousa en l'ostel Saint-Pol la vesve de messire Pierre de Navarre, jadis

1. Voy. aux additions.
2. Il y a au texte : *et de Bourgongne*. C'est une faute du copiste, qui se corrige lui-même plus bas.
3. Le 1ᵉʳ octobre 1413.

conte de Mortaigne¹, et en ce mesme jour le Roy en sa personne jousta, et plusieurs autres de ses frères. Si y fut faicte très grant feste.

Et le lendemain, messire Robinet de Mailly, messire Hélion de Jaqueville, les Liegois², c'estassavoir le père et le filz, maistre Jehan de Troies, Denisot de Chaumont, Caboche et plusieurs autres dont dessus est faicte mencion, par procès fait en parlement contre eulx, furent bannis à tousjours du royaume de France. Et tantost après en alèrent les nouvelles au duc de Bourgongne, qui estoit à Saint-Omer et là avoit assemblé les nobles du pays d'Artois pour avoir une taille, qui accordée lui fut, pareille à celle que le Roy levoit annuellement, lequel duc ne fut point bien content dudit bannissement, car avecques lui estoient la plus grant partie de ceulx qui avoient esté bannis³. Lesquelz chascun jour l'exhortoient de retourner à puissance à Paris, disans qu'ilz estoient tous acertenez que se il y vouloit aler, les Parisiens seroient pour lui et chasseroient hors ses adversaires. Néantmoins ledit

---

1. Catherine d'Alençon, fille de Pierre II, comte d'Alençon. C'était sa seconde femme. Il avait épousé en premières noces Anne de Bourbon, veuve de Jean de Berri, comte de Montpensier.

2. *Lis.* Les Le Gois.

3. C'est ce que dit aussi la chronique déjà citée : « Par celle esmutacion, se party de Paris maistre Witasse de Laistre, chancellier de France, Jehan et Guillaume Legoys, frères, Garnot de Saint-Yon et deux frères qu'il avoit, Denisot de Chaumont et plusieurs aultres bourgois et marchans de Paris qui avoient tenu le party de Bourgoigne. Et retournèrent en Artoix après iceluy duc, et furent les aucuns retenus de hostel et mis en divers offices. » (*Cord.* 16, fol. 347.)

duc n'avoit point conseil de ses principaulx conseillers de y aller par telle manière.

Ouquel temps s'esmeut dissencion entre les ducs d'Orléans et de Bretaigne pour savoir lequel devoit aler devant en toutes honneurs, et tant que ce vint à la congnoissance du Roy, lequel juga pour le duc d'Orléans. Et pour ce, ledit duc de Bretaigne se parti de Paris par mal talent, et devant son partement eut paroles avecques son serourge le duc d'Alençon[1], et lui dist, ledit duc, qu'il avoit oucuer ung lion aussi grant qu'un enfant d'un an. Dont icellui fut mal content, et par ainsi demourèrent en hayne l'un contre l'autre.

En ces jours le Borgne de La Heuze fut par le Roy desmis de la prévosté de Paris, et en son lieu y fut constitué maistre Audry Marchant, advocat en parlement[2], et Pierre Gencien fut fait prévost des marchans. Et adonc furent licenciez de l'ostel du Roy par le duc d'Acquitaine, le grant maistre d'ostel, c'estassavoir messire Guischard Daulphin, le seigneur de Rambures, maistre des arbalestriers de France, et messire Anthoine de Craon, et leur fut dit qu'ilz ne retournassent point se le Roy ne les mandoit. Et pareillement furent boutez hors de la ville de Paris bien trois cens, que hommes que femmes, pour ce qu'ils estoient favorables au duc de Bourgongne. Et le conte de

1. Jean IV ou Ier dit Le Sage, comte du Perche et duc d'Alençon, avait épousé Marie de Bretagne, sœur de Jean VI, duc de Bretagne.

2. « Item le 25e jour de septembre 1413, démistrent le Borgne de La Heuse de la prévosté de Paris, et firent prévost de Paris ung de leur bande, nommé André Marchant. » (*Journal d'un Bourgeois de Paris*, p. 19.)

Vendosme[1] fut fait grant maistre d'ostel du Roy, et le seigneur de Hangest, maistre des arbalestriers ; et plusieurs autres furent restituez en leurs offices.

En ce temps, les Bourguignons, environ seize cens chevaulx, mandez par le duc de Bourgongne vinrent par Champaigne ou pays de Cambrésis et de là en Artois. Lequel duc estoit à Lisle, avecques lui le conte de Saint-Pol, qui se conseilla audit duc, savoir s'il rendroit l'espée de la connestablie de France, ou non. Mais il lui conseilla du tout qu'il ne la rendeist point, et que sur ce il lui aideroit de tout son povoir et le soustenroit. Et cela lui promist il sans faillir. Si envoya de rechef, ledit conte, le vidame d'Amiens à Paris pour ceste cause, devers le Roy et son grant conseil.

Le Roy fist en ces jours un nouvel édict afin que nul de son royaume, de quelque estat qu'il feust, ne se meist sus en armes. Dont je me tais à cause de briefté[2].

1. Louis de Bourbon, second fils de Jean de Bourbon, comte de La Marche, et de Catherine de Vendôme.
2. Ces lettres, qui se trouvent dans le *Suppl. fr.* 93, sont datées de Bois de Vincennes, 23 octobre, et du 22, dans le *Recueil des Ordonn.* où elles sont imprimées, t. X, p. 180.

CHAPITRE CXI.

Comment le duc d'Orléans recouvra les chasteaulx de Coucy et de Pierrefons. Et d'un mandement que le Roy envoia au duc de Bourgongne [1].

Item, en ce temps ou environ, le duc d'Orléans, selon les convenances de la paix requeist au Roy qu'il lui feist rendre ses deux chasteaulx, c'estassavoir Coucy et Pierrefons, lesquelz le conte de Saint-Pol ne lui avoit voulu rendre. Si lui fut sa requeste accordée, et fut ordonné messire Gasselin du Bois, baïli de Sens, pour aler recevoir l'obéissance de par le Roy; et par ainsi furent restituez audit duc d'Orléans [2].

En oultre, le samedi ensuivant vint à Paris le conte d'Armaignac et Clugnet de Brabant, chevalier, à très grant compaignie de gens d'armes. Lequel conte d'Armaignac fut par le Roy amiablement reçeu et honnorablement, et aussi de par tous les autres seigneurs. Et alors tous ceulx, ou au moins la plus grant partie de ceulx qui avoient tenu la partie d'Orléans, vindrent audit lieu de Paris; et si se conduisoient toutes les besongnes du royaume par leur moien et du tout à leur plaisir. Car le Roy et le duc d'Acquitaine estoient pour ce temps conduis et gouvernez par eulx. Et quant à ceulx de la partie de Bourgongne, ilz estoient du tout boutez arrière et

---

1. Cette rubrique, qui est celle du chapitre cxi dans notre texte, ne se trouve ni dans le *Suppl. fr.* 93, ni dans les imprimés. Les uns et les autres continuent ici le chapitre cx.

2. Cet alinéa et le suivant se trouvent, dans le *Suppl. fr.* 93 et dans les imprimés, à la fin du chapitre cviii.

n'avoient quelque audience. Si faloit que ceulx qui estoient demourez dedens la ville de Paris baissassent les testes et oyssent plusieurs paroles qui pas ne leur estoient plaisans[1].

Item, le dimanche devant la feste de la Toussains[2], le duc de Bourgongne tint grant feste à Lisle et le lundi ensuivant, et eut grant nombre de chevaliers et d'escuiers avec lui. Premièrement, y estoit le conte de Charrolois son filz, le duc de Brabant et le conte de Nevers, ses frères, et plusieurs autres grans seigneurs. Après laquelle feste et eulx départis, peu de temps après ladicte feste de Toussains vindrent à Lisle les ambaxadeurs du Roy, c'estassavoir le seigneur de Dompierre, l'admiral de France, l'évesque d'Evreux et aucuns autres de par le Roy, et lui commandèrent par vertu de lectres royaulx que sur peine de confiscacion de corps et de biens ne feist aucun pact ou convenance au roy d'Angleterre sur le mariage, ne autrement en quelconque manière, et qu'il rendeist au Roy tous ses chasteaulx, lesquelz il tenoit ou faisoit tenir par ses gens, c'estassavoir Cherebourg, Caen et le Crotoy, et qu'il tenist la paix telle qu'il avoit autre fois sur sa foy promise et loyaument jurée

---

1. « En ce tamps, se moustrèrent ceulx de Paris à plainement tenir le party d'Orléans, et mandèrent icelui duc à venir à Paris, et il y vint, et commencha à gouverner à sa guise. Dont ceulx de Paris se repentirent depuis. Car les ducqs de Berry et d'Orléans se mirent si fors dedens Paris que en grant tamps après ilz n'en furent les maistres, et furent d'iceulx tenus en grant subgection. Et ce nonobstant, ceulx du quartier des halles demourèrent tousjours bourguignon (sic) couvertement. Mais ilz n'en osèrent faire samblant. » (Cord. 16, fol. 347.)

2. Le 29 octobre 1413.

au duc d'Orléans et à ses frères, adhérens, aliez et bien vueillans. Mais quant le duc de Bourgongne eut oy ledit mandement royal, tantost sans y iceulx ambaxadeurs faire aucune response, demanda ses houseaulx, si se fist houser, puis monta à cheval et s'en ala à Audenarde. Et ainsi lesdiz ambaxadeurs retournèrent par Rolaincourt, ung chastel qui est audit admiral, la vigile de saint Martin [1], et de là s'en vindrent à Paris.

Item [2], en ce temps ou environ, le Roy doubtant que la paix naguères faicte à Pontoise ne feust enfrainte d'aucuns qui semoient paroles venans à sédicion pour venir contre icelle, et mesmement doubtant que les princes et seigneurs de son sang, et espécialement le duc de Bourgongne et ceulx de son party ne se resmeussent et recommençassent la guerre, le Roy donques doubtant trop grandement l'infraction de la paix, icelle voulant et désirant du tout garder et maintenir, fist plusieurs édictz et mandemens défendant sur quanque on peut meffaire, à tous ceulx de son sang et lignage et à tous autres, qu'ilz ne feissent aucun mandement de gens d'armes, et de ce et autres choses à la seureté et entretenement de la paix, fist ung édict entre les autres plus fort qu'il n'avoit onques fait. Et mesmes en fist aussi ung sur le fait de ses monnoies. De tous lesquelz édictz et mandemens je me tais pour le présent à cause de briefté, car certainement ilz ne me semblent que ralongues [3].

1. Le 10 novembre.
2. Ici commence le chapitre cxi du *Suppl. fr.* 93 et des imprimés.
3. Voir aux additions.

CHAPITRE CXII[1].

Comment le roy Loys de Cécile renvoya la fille du duc de Bourgongne. Et la matière sur laquelle s'assembla l'Université de Paris.

Item, le xxe jour du mois de novembre, le roy de Cécile fist ramener en la cité de Beauvais Katherine, fille au duc Jehan de Bourgongne, laquelle devoit estre espousée à Loys, filz ainsné dudit roy de Cécile, ainsi comme paravant du consentement des deux parties avoit esté traicté, et sur ce luy avoit par ledit duc esté menée en très honnorable estat. Mais, comme dit est, le roy de Cécile lui renvoya acompaignée du seigneur de Longni, mareschal de France, et aucuns autres, jusques au nombre de six vings chevaucheurs, chevaliers et escuiers, dames et damoiselles, et autres officiers dudit roy Loys. Laquelle fut rendue, ou lieu de son père, aux seigneurs de Dours, de Brimeu et de Humbercourt et Witars de Bours, chevaliers, et autres escuiers, dames et damoiselles dudit duc de Bourgongne, pour ceste cause par lui là envoiez. Et d'iceulx fut reçeue et ramenée en grant tristesse jusques à Amiens, et de là à Lisle, devers le duc son père, lequel de ce fut grandement troublé, et pour ceste cause conçeut grant hayne à l'encontre du roy de Cécile, laquelle dura toute leur vie. Et depuis, icelle Katherine de Bourgongne, sans avoir esté mariée, mourut en la ville de Gand; laquelle, selon sa jeunesse, estoit très gracieuse fille.

1. Ce chapitre est coté cxiii dans le *Suppl. fr.* 93 et les imprimés, qui n'ont pas de chapitre coté cxii.

Ouquel moys ledit duc de Bourgongne envoia à Paris devers le Roy unes lectres missives[1] contenans ses très révérentes salutacions, les complaintes de lui et ses excusacions et les accusacions qu'il faisoit contre ses adversaires. Lesquelles lectres furent présentées au Roy par le roy-d'armes de Flandres. Lequel les reçeut assez agréablement, non obstant que ceulx qui gouvernoient alors n'en furent pas bien contens, et ne souffrirent point que le Roy feist response par escript, ne autrement. Mais fut dit à icellui roy-d'armes par le chancelier de France, que le Roy avoit bien veu et oy ce que son maistre le duc de Bourgongne avoit envoyé, et avoit advis sur ce de lui faire response en temps et en lieu. Et après ceste response le dessusdit roy-d'armes s'en retourna de Paris en Flandres, devers son maistre. Et non obstant les lectres que avoit envoiées le dessusdit duc de Bourgongne pour ses excusacions, ne demoura pas que ceulx qui gouvernoient le Roy comme dit est, ne procédassent contre lui en toute rigueur.

Et dedens briefz jours ensuivans, fu faicte à Paris une grant assemblée de maistres en théologie[2] par l'évesque de Paris et l'inquisiteur de la foy, afin qu'ilz déterminassent sur aucunes proposicions faictes contre feu Loys duc d'Orléans par maistre Jehan Petit, dont jà pieçà est faicte mencion, à savoir se lesdictes proposicions sont hérétiques et erronées. Pour laquelle assemblée aucuns furent moult troublez, doubtans que pour ceste cause ledit duc de Bourgongne ne les eust

---

1. Voy. aux additions.
2. Le 16 janvier 1414 (N. S.).

en son indignacion, et que ou temps avenir aucune chose n'en sourdist.

CHAPITRE CXIII[1].

Comment l'évesque de Paris et l'inquisiteur de la foy baillèrent à aucuns maistres en théologie aucunes cédules sur la matière dessusdicte, et la copie d'icelles[2].

« Maistre Révérend, on vous fait assavoir que nous vous envoions la cédule contenant aucunes assercions avecques leurs réprobacions. Pour quoy nous vous requérons sur peine de droit que vous donnez vostre délibéracion publiquement par escript ou par paroles, se icelles assercions, desquelles est venu notoirement esclande, si comme dit le conseil du Roy, sont erronées et à condempner, afin que nous puissions conséquemment procéder si comme ordre de droit le requiert, et ce dedens mercredi xx° jour de ce mois de décembre.

« La première assercion est : chascun tirant doit et peut estre loablement et par mérite occis de quelque son vassal ou subject et par quelque manière, mesmement par aguetz et par flateries ou adulacions, non obstant quelconque serement ou confédéracion faicte envers lui, sans actendre la sentence ou mandement de juge quelconques. C'estassavoir l'assercion ainsi mise génералment pour maxime est erreur en nostre foy et en doctrine de bonnes meurs, et est contre le

---

1. Ce chapitre est la continuation du chapitre cxii dans le *Suppl. fr.* 93 et les imprimés, qui n'ont pas de chapitre cxiii.
2. Cf. le Religieux de Saint-Denis (t. V, p. 271 et suiv.).

commandement de Dieu. *Non occises, glos : propria auctoritate.* Tu ne occiras pas, glose : De ton auctorité. Item, ceste assercion touche à la subversion de toute la chose publique et de chascun roy ou prince ; item, donne voie et licence à plusieurs autres maulx, comme à fraudes et violacions de foy et de seremens, et de trahisons, mençonges et décepcions, et mesmement à toute inobédience de subject à son seigneur, à toute desloiaulté et différence des ungs aux autres, et conséquemment à perdurable dampnacion. Item, cellui qui afferme obstinéement tel erreur et les autres qui s'ensuivent, est hérétique, et comme hérétique doit estre puny, et mesmement après sa mort. *No. decre. q. i.*

L'autre assercion : Saint Michel, sans mandement quelconque de Dieu ne d'autre, mais tant seulement meu d'amour naturelle occist Lucifer de mort perdurable, et pour ce il eut des richesses espirituelles autant qu'il en peut recevoir. Cette assercion commet plusieurs erreurs en la foy. Car saint Michel n'occist point Lucifer, mais Lucifer occist soy mesmes par son péchié, et Dieu l'occist par la mort de la peine pardurable. Item, saint Michel eut mandement de Dieu de bouter Lucifer hors du Paradis. *Quia omnis potestas est Deo, et hoc sciebat Michael quia constitutus erat a Deo princeps, quem honorem non sibi assumpsit.*

Nota quomodo Michael non est ausus inferre aditum blasphemie, sed dixit : imperat tibi Domine. In Epistola Jude. Item, Dieu eust peu bailler plus de richesses espérituelles et il en eust peu plus recevoir, et ainsi il ne desservit point telles richesses espérituelles par amour naturelle.

L'autre assercion : Phinées occist Zambri sans

quelque mandement de Dieu ne de Moyse, et Zambri ne fist point ydolatrie. Ceste assercion est contre le libelle où est ceste histoire, selon l'entendement des gloses des sains docteurs et de raison. *No. num.* xxv. *Dixit Moyses ad judices Israel, Israel occidat unusquique parentes suos qui iniciati sunt Belphegor, et ecce unus, etc. Glosa : Joseph in tribu sua duxerat filiam, etc.*

L'autre assercion : Moyse sans commandement ou auctorité quelconques occist l'Egipcien. Ceste assercion est contre le texte de la Bible : *Actuum VII*° selon l'entendement des sains docteurs, *Textus existimabant autem intelligere fratres quoniam Deus per nomen ipsius daret salutem Israel, etc.*

L'autre assercion : Judith ne pécha point en flatant Holofernes ne Hieu en mentant qu'il vouloit honorer Baal. Ceste assercion est favorisant à l'erreur de ceulx qui ont dit qu'en aucuns poins on peut léalement mentir; contre lequel erreur saint Augustin escript à saint Jhérosme : *Si inquit admissa fuerint vel officiosa mendacia, tota scriptura divine vacillabit auctoritas.*

L'autre assercion : Joab occist Abner, depuis la mort Absalon. Ceste assercion est contre le texte exprès de la Saincte Escripture *Reg. III.* On récite que longtemps avant la mort Absalon Joab occist Abner.

L'autre assercion : toutes les foiz que aucun fait aucune bonne chose jà soit ce qu'il ait juré le non faire, ce n'est point parjurement, mais à parjurement est contraire. Ceste assercion ainsi généralement mise est fausse, et ne proufite rien à ceulx qui jurent à escient faulses aliances, car c'est fraude et décepcion et cler parjurement, et dire que ce faire soit chose licite, c'est erreur en la foy. »

Lesquelles besongnes, après qu'elles eurent esté diligemment visitées, comme dit est, furent lesdiz articles, que ledit maistre Jehan Petit avoit proposez, condempnez comme hérétiques et contre la foy.

CHAPITRE CXIV [1].

Comment le duc Jehan de Bourgongne tint un grant conseil en la ville d'Amiens. Et la prinse de messire Jehan de Croy et d'autres chevaliers et escuiers. Et plusieurs autres grans besongnes.

En après, en ce mesme temps, le duc Jehan de Bourgongne tint en la ville d'Amiens un grant et destroit conseil pour plusieurs ses afaires, ouquel estoient avecques lui son frère de Brabant et ses deux serourges, c'estassavoir le duc Guillaume de Haynau et Jehan de Bavière, évesque de Liège [2], les contes de Saint-Pol et de Clèves, avec plusieurs autres notables seigneurs. Et là les avoit assemblez, principalment pour savoir quel aide il auroit d'eulx se guerre lui sourdoit de la partie de France. Si lui promirent tous de le servir à l'encontre de tous ses adversaires, réservé la personne du Roy et ses enfans. Lequel conseil finé, ledit duc de Bourgongne retourna en son pays de Flandres et les autres seigneurs ès lieux dont ilz estoient venus.

1. C'est ici que se rétablit la concordance entre notre manuscrit et le *Suppl. fr.* 93 suivi par les imprimés.
2. Ses deux beaux-frères. Guillaume IV, duc de Bavière et comte de Hainaut, avait épousé Marguerite de Bourgogne, sœur du duc Jean sans Peur, et celui-ci avait épousé Marguerite de Bavière, sœur de Guillaume de Hainaut et de Jean de Bavière.

Et le jour de la Circonsicion Nostre Seigneur[1], vint à Saint-Pol en Ternois devers le conte Walerant un sergent d'armes, lequel lui présenta lectres contenant que le Roy lui mandoit et défendoit sur grans peines, qu'il ne s'armast ou feist assemblée de gens d'armes nullement, pour accompaigner le duc de Bourgongne ne autre de son royaume, sans son exprès commandement, et que après la récepcion desdictes lectres il baillast ses lectres de récépissé comment il avoit reçeu ledit mandement royal. Ce que fist ledit conte.

En ce temps le duc d'Acquitaine, à tout son estat, demouroit à Paris ou chastel du Louvre, et la duchesse d'Acquitaine, sa femme, demouroit à Saint-Pol. Advint que le mercredi xii° jour de janvier, ladicte Royne, qui adonc estoit venue oudit chastel du Louvre pour veoir son filz, aiant ladicte duchesse d'Acquitaine, sa belle fille, en sa compaignie, ladicte Royne, paravant conseillée aux ducs de Berry, d'Anjou, d'Orléans et autres princes du sang royal, fist prendre quatre des chevaliers et plusieurs escuiers et autres serviteurs de sondit filz d'Acquitaine et les fist mener hors du Louvre. Dont ledit duc fut moult rempli de courroux et grant fureur, et tant qu'il voult yssir dehors pour esmouvoir le peuple de Paris en son aide, pour défendre et rescourre lesdiz prisonniers. Mais iceulx princes ses parens ne le laissèrent point yssir. Et la Royne sa mère, tant comme elle peut, le rapaisa et abaissa son yre. Et puis s'en ala à Saint-Pol où estoit le Roy, et laissa avecques son filz les princes dessusdiz, qui par belles et doulces paroles le rapai-

---

1. Le 1ᵉʳ janvier 1414 (N. S.).

sèrent. Et estoient les quatre chevaliers dessusdiz, messire Jehan de Croy, le seigneur de Moy, messire David de Brimeu, messire Bertran de Montauban et plusieurs autres, lesquelz assez tost après furent délivrez par condicion qu'ilz firent secrètement de plus retourner devers ledit duc d'Acquitaine, excepté ledit messire Jehan de Croy qui fut mené à Montlehéry et là détenu prisonnier. Toutesfoiz non obstant que icellui duc d'Acquitaine monstrast aucunement semblant d'estre rapaisié, par ung sien serviteur manda secrètement le duc de Bourgongne, que hastivement venist à Paris à tout sa puissance, et depuis lui escripvi plusieurs lectres de sa main, sans le sceu de la Royne ne des princes dessusdiz. Et pour tant, ledit duc de Bourgongne oiant ces nouvelles, lequel ne désiroit autre chose que d'avoir occasion d'aler à Paris, par celle couleur commença à faire ung grant mandement de gens d'armes par tous ses pays, et leur assigna jour à estre audevant de luy à Espehy vers Saint-Quentin en Vermendois. Et pour sa descharge, afin qu'on sceut pourquoy on faisoit ledit mandement, escripvy ses lectres à toutes les bonnes villes de Picardie, desquelles la copie s'ensuit.

« Trèschers et bons amis, Il est bien vérité que vous avez bien mémoire comment en l'an passé, ou mois d'aoust, monseigneur le Roy après son retour de la cité de Bourges, ordonna en sa ville d'Auxerre bonne paix estre et demourer tousjours entre les seigneurs de son sang et lignage, et voulut et ordonna qu'elle feust jurée et promise d'entretenir, tant par nous de sang et lignage, comme par tous prélas, nobles, universitez et bonnes villes de son royaume. Et ainsi que vous sçavez, tous, présens audit lieu d'Auxerre, le jurèrent et promirent solempnellement tant pour eulx en leurs [noms], comme pour ceulx de la partie dont ils estoient venus audit lieu d'Auxerre. Et puis après, monseigneur le Roy envoia sur ce ses lectres patentes à plusieurs nobles et bonnes villes de son royaume, pour icelle paix garder et entretenir. Et derechef naguères et derrenièrement le jurasmes en propres personnes du commandement de monseigneur le Roy, et aussi les autres seigneurs de son sang et lignage. Et jurèrent selon la forme d'une cédule faicte à Auxerre, par laquelle entre les autres choses il ordonna estre et demourer entre lesdiz seigneurs bonne amour et union, et qu'ils feussent bons parens et amis les ungs aux autres. Et jà soit ce que ladicte paix, laquelle nous avons toujours désirée, feust par nous bien et entièrement gardée, sans faire ne souffrir estre fait de nostre costé quelque chose au contraire, néantmoins nous est bien fait tout le contraire, par injures détestables que plusieurs se sont efforcez de faire à ma très redoubtée dame, ma fille la duchesse d'Acquitaine, comme il est assez notoire en ce royaume sans plus oultre déclairer la chose, et aussi les despis injures et excès qni nous ont esté faiz, en prenant de noz gens et en déchassant tous ceulx qu'on sçavoit ou povoit ymaginer estre favorables à nostredit seigneur et à nous. De nous aussi avoir diffamé en prédicacions et collacions publiques en plusieurs lieux et en plusieurs manières. Laquelle chose nous a esté dure à porter. Néantmoins nous l'avons portée paciemment, et encores pour l'observance de ladicte paix, qui est le souverain bien de ce royaume, et entre les plus grands maulx, inconvéniens et dommages qui autrement s'en pourroient ensuir, le eussions voulu porter, jusques à tant que mon trèsredoubté seigneur et fils, le duc d'Acquitaine, nous a fait sçavoir que après plusieurs excès et despis à lui fais en son grant desplaisir, il estoit tenu au Louvre comme prisonnier, à pont levé, oudit chastel du Louvre. Qui est chose abhominable et qui bien doit desplaire, non pas tant seulement à nous, mais aussi à tous autres subjects et bien vueillans de nostredit seigneur le Roy. Sur quoy mon trèsredoubté seigneur et fils, plusieurs foiz par ses lectres et messagers nous a requis nostre aide et secours pour le délivrer du danger où il est. Et pour ce que nous, qui en gardant nostre loyauté envers mondit seigneur le Roy et mon trèsredoubté seigneur et fils, le duc d'Acquitaine, son premier fils, auxquels par lignage et confédéracion de mariage, foy et hommage, et en tant d'autres manières sommes obligez à eulx que ne leur pourrions nullement faillir à ceste nécessité, nous sommes délibérez d'aler incontinent devers Paris, à tout de gens d'armes que nous pourrons finer. Lesquelz pour la seureté de nostre personne[1] afin que au plaisir de Dieu nous puissions aler veoir en bonne prospérité mondit seigneur le Roy, ma dame la Royne, mon trèsredoubté seigneur monseigneur d'Acquitaine et ma trèsredoubtée fille sa compaigne, et pour eulx, à mon povoir, oster hors de danger ouquel ilz sont, et eulx mectre en leur liberté et voulenté comme il est de raison, sans ce que nous

1. *Sic* dans le *Suppl. fr.* 93. Il y a évidemment ici une omission. On peut lire : Lesquelz nous rassemblons pour la seureté de nostre personne, etc.

aions entencion d'enfraindre ladicte paix. Si vous signifions, trèschers et bons amis, afin que vous nous sachiez et congnoissiez estre très bien vueillans et vray obédient à monseigneur le Roy, sachiez vraiement que nostre entencion et voulenté est telle comme dit est et non autre. Et vous prions tant acertes et de cuer que plus povons, que en ce fait cy, qui tant est favorable pour mesdiz seigneurs et pour paix, tranquillité et utilité de ce royaume, vous nous vueilliez assister et venir en nostre aide le plus brief que vous pourrez, pour consummer et acomplir ce fait cy, à l'onneur de moy et de monseigneur le Roy et de mondit seigneur d'Acquitaine, et du bien commun de ce royaume, et vous tellement porter qu'on s'apperçoive de vostre bonne voulenté envers monseigneur le Roy et mondit seigneur d'Acquitaine, si comme nous, qui ne désirons que paix. Car nous avons parfaicte fiance en vous. Trèschers et bons amis, nostre seigneur vous ait en sa saincte garde. Escript en nostre ville de Lisle, le xxIII° jour de janvier, l'an mil quatre cens et treize. Bien en haste sur mon département. » Et estoit la suscription telle : « A mes trèschers et bien amez les bourgois, manans et habitans de la ville d'Amiens. »

Lesquelles lectres ainsi envoiées par le duc de Bourgongne, et aussi l'assemblée des gens d'armes qu'il faisoit, fut tantost sceue en la ville de Paris. Et pour tant, afin d'obvier à l'entreprinse dudit duc, fut tant traictié devers ledit duc d'Acquitaine par le conseil du Roy, qu'il escripvi lectres aux bonnes villes pour rompre le voyage du duc de Bourgongne. Dont la teneur s'ensuit :

« Loys, premier filz du roy de France, duc d'Acquitaine et Dauphin de Vienne. Au bailli d'Amiens ou à son lieutenant, salut et dileccion. Savoir faisons que pour ce qu'il est venu de nouvel à nostre cognoissance que nostre trèscher et amé père le duc de Bourgongne, a naguères fait, et fait encores de jour en jour grant mandement et grande assemblée de gens d'armes, en entencion si comme on dit de venir devers nous, laquelle chose pourroit estre préjudiciable à monseigneur le Roy mon père, à son royaume, à sa seigneurie et à ses subgetz, et par espécial à l'entretenement de la paix dessusdicte, par mondit seigneur derrenièrement faicte à Auxerre entre aucuns grans seigneurs de son sang et lignage et du nostre, nous plainement escripvons à nostredit père par lectres, desquelles la teneur s'ensuit :

Loys, premier filz du roy de France, duc d'Acquitaine et Daulphin de Vienne. A nostre trèscher et amé père, le duc de Bourgongne, salut et dileccion. Vous sçavez les mandemens et défenses que par plusieurs foiz, tant par lectres patentes comme par ambassadeurs notables, Monseigneur, pour le cler et évident prouffit de son royaume, a fait et fait faire défense de faire assemblées ou mandemens de gens d'armes, et aussi vous sçavez les seremens que sur ce vous feistes tant à Auxerre comme à Paris, et néantmoins il est venu à nostre cognoissance et à la cognoissance de Monseigneur, que encontre lesdictes inhibicions et défenses faictes par mondit seigneur après ladicte paix faicte à Auxerre, laquelle vous avez promis et juré à tenir, vous avez fait et faictes encores de jour en jour grans mandemens et assemblées de gens d'armes en

entencion, si comme on die, de venir à nous, a tout
grant puissance, et que pour avoir couleur de faire
ledit mandement vous feistes et faictes publier que
nous, par noz lectres vous avons mandé de venir à
nous, à tout grant puissance, laquelle chose nous
n'avons point fait ne pensé, et pour ce que nous sçavons vraiment que vostre venue devers nous seroit
de présent nuisible et préjudiciable et contraire à l'entretenement de ladicte paix et bien de sondit royaume
et seigneurie et de ses subgez, et que pour ces causes
mondit Seigneur de rechef vous envoie ung huissier
de parlement sur ce faire défense, nous vous requérons et néantmoins vous commandons et défendons,
de par mondit Seigneur, sur la foy, loyaulté et obédience que vous lui devez, et aussi pour l'amour que
vous avez à lui et à nous, et vous dictes tousjours
avoir eue au bon estat de ce royaume, et sur quanque
vous povez encourir de malivolence envers nous, que
non obstant lesdiz mandemens et commandemens que
par noz lectres vous dictes avoir obtenu de nous ou
d'autres quelzconques que vous de ce povez avoir,
ou soubz quelque cause ou occasion ou quelque couleur que ce soit ou ait esté, vous, pour le présent laissez de venir à nous, et que les mandemens et assemblées de gens d'armes que jà vous avez faictes et
assemblées, contremandez iceulx, et ceulx qui encores ne sont venus à vous où là vous les avez mandez
de venir. Et se il estoit aucune chose dont vous eussiez
cause de vous douloir, ou que aucunement ce feust
à l'infraction de ladicte paix ou autrement, faictes le
sçavoir à mondit Seigneur ou à Nous, et nous sçavons
de vérité que mondit Seigneur y pourverra par telle

manière que vous devrez estre content. Donné à Paris le xxiii° jour de janvier, l'an mil quatre cens et treize.

Si vous requérons et néantmoins mandons, par mondit Seigneur, que ces présentes vous faictes publier par tous les lieux où publicacions et proclamacions se doivent faire en vostre bailliage. En défendant de par mondit Seigneur à ses vassaulx et subgetz, comme autre fois par ces présentes leur a esté notifié, que au mandement de nostredit père de Bourgongne, soubz umbre de la cause devant dicte ou autres quelzconques, ils ne voisent aucunement sans avoir commandement de mondit Seigneur, dont il leur appère pas ses lectres de date subséquente à ces présentes. Donné à Paris le xxiii° jour du mois de janvier, l'an mil quatre cens et treize[1]. »

Item, depuis que le duc de Bourgongne ne se voult désister de son entreprise non obstant la défense du Roy et de son filz le duc d'Acquitaine, le Roy manda ses gens d'armes pour résister audit duc de Bourgongne, et à ceste cause fist un édict et mandement duquel je me tais et le passe à cause de briefté[2].

---

1. Juvénal des Ursins donne, à la même date, des lettres circulaires de la ville de Paris, adressées aux autres villes du royaume : « Lesquelles contredisoient par certains poincts bien évidens et véritables, aux lettres du duc de Bourgongne. » (*Ch. VI de Godefroi*, p. 269.)
2. Voy. aux additions.

CHAPITRE CXV.

Comment le duc Jehan de Bourgongne ala à puissance devers Paris et se logea à Saint-Denis. Et plusieurs choses qui s'en ensuivent.

Or est vérité que le duc de Bourgongne pour parfournir son entreprinse à aler à Paris, lui partant d'Arras se tira vers Péronne pour avoir le droit passage. Mais ceulx de la ville, qui jà avoient eu défense de par le Roy de le non laisser passer, envoièrent audevant de lui le seigneur de Longueval, leur capitaine, pour eulx excuser en denyant icellui passage. Et jà soit ce que ledit duc ne le print point bien en gré, néantmoins que de ce ne lui chaloit, s'en ala par dehors et passa la rivière de Somme à Esclusier[1], et s'en ala à Roye en Vermendois. Et de là envoia devant à Compiengne le conte de Nevers son frère, qui desja s'estoit joinct à lui à tout belle compaignie. Lequel conte de Nevers traicta tant avecques eulx, non obstant qu'ilz avoient défense au contraire de par le Roy, qu'ilz furent contens de livrer passage audit duc de Bourgongne. Et la cause qui plus les inclina à ce faire, fut que on leur moustra la copie et vidimus des lectres, lesquelles le duc d'Acquitaine avoit envoiées au duc de Bourgongne, contenans qu'il alast devers lui, si comme vous avez oy par cy-devant. Et au tiers jour, ledit duc ala de Roye à Compiengne. Et après qu'il eut en convenances des plus notables de la ville de tenir son party, print son chemin pour aler à Senlis, où il avoit jà envoié le seigneur de Rom-

---

1. Éclusier (*Somme*).

baix[1] pour sçavoir s'ilz le recevroient. Mais ilz le refusèrent à laisser entrer en leur ville, pour la défense du Roy qu'ilz avoient eue. Pour quoy ledit duc print son chemin par Barron[2] à Dampmartin, là où estoient jà venus au devant de lui les seigneurs de Bourgongne à grande compaignie.

Et tandis que ledit duc de Bourgongne approchoit ainsi Paris, en alèrent les nouvelles au duc d'Acquitaine et autres princes du sang royal. Lequel duc d'Acquitaine disnoit en l'ostel d'un chanoine ou cloistre Nostre Dame de Paris. Lesquelles nouvelles oyes, s'assemblèrent oudit cloistre le roy Loys, le duc d'Orléans, le conte des Vertus, le conte de Richemont, le conte d'Eu, le conte d'Armaignac et plusieurs autres grans seigneurs, à tout grant compaignie de gens d'armes, et là monta à cheval ledit duc d'Acquitaine. Lesquelz firent et ordonnèrent trois batailles c'estasavoir la grosse bataille, l'avant-garde et l'arrière-garde, et ce fait vindrent devant le portail de Nostre Dame et de là devant l'Ostel de la ville, et là s'arrestèrent. L'avant-garde conduisoient trois contes, c'estassavoir les contes de Vertus, d'Eu et de Richemont, lesquelz chevauchoient tous trois de front et leurs gens les suivoient au dos. La grande bataille les suivoit ung peu après, de laquelle estoit devant le roy Loys, et les ducs d'Acquitaine et d'Orléans le suivoient, et puis les ensuivoient grant multitude de gens d'armes. Et l'arrière-garde conduisoient Bernard, conte d'Armaignac, messire Loys Bourdon et le sei-

---

1. « Robaiz. » (*Suppl. fr.* 93.) C'est Roubaix.
2. Dans le *Supp. fr.* 93 il y a Baron, qui est la bonne leçon.

gneur de Gaule, lesquelz trois chevauchoient de front devant les gens, lesquelz on estimoit à quatorze mille chevaulz. Et eulx estans devant ledit hostel[1] commencèrent à sonner une trompète, et tantost le chancelier d'Acquitaine vint devant le duc son seigneur, qui dist au peuple de Paris qui là estoit, que monseigneur le duc d'Acquitaine, premier filz du Roy, les regracioit du bon devoir et de la bonne amour qu'ilz avoient eu et qu'ilz avoient à lui, et du service, loyaulté et obédience qu'à ceste fois ilz lui moustroient et qu'il avoit espérance qu'encores feroient, et que tous se appointassent de tout leur povoir et puissance pour résister au duc de Bourgongne et à sa très mauvaise emprise, lequel contre la voulenté du Roy en venant contre sa défense, en venant aussi contre ladicte paix et en enfraingnant icelle, et aussi qu'il leur ratifioit et affermoit qu'il ne l'avoit point mandé ne n'avoit escript qu'il venoit à Paris, jà soit ce qu'il deist avoir les lectres devers lui. Et puis demanda au duc d'Acquitaine s'il le advouoit. Lequel, avec son adveu, dist qu'il disoit vérité et ainsi le afferma. Lesquelles choses ainsi dictes et plusieurs autres par ledit chancelier d'Acquitaine, les devant ditz seigneurs se partirent par la manière dessusdicte et chevauchèrent tout droit vers la Croix du Tirouer[2], et là s'arrestèrent. Et là le chancelier estant à cheval devant le duc d'Acquitaine, lequel devant le peuple qui là estoit assemblé sans

1. L'hôtel de ville.
2. La Croix du Tiroir, ou Trahoir, était située à l'extrémité de la rue de l'Arbre-Sec qui donne dans la rue Saint-Honoré. Comme ce point était un des débouchés des halles, il a joué son rôle dans toutes les commotions de Paris.

nombre, dist ce qu'il avoit dit et récité en Grève, et comme devant se fist de rechef advouer dudit duc d'Acquitaine. Lequel advoué, icellui duc entra au Louvre, le duc d'Orléans s'en ala ou prieuré de Saint Martin des Champs, le roy Loys en la Bastille Saint Anthoine, le conte d'Armaignac et Bourdon en l'ostel d'Artois, et les autres ailleurs.

Le duc de Berry après ce fait, vint de son hostel de Neelle[1] au Louvre, visiter le duc d'Acquitaine, et de là s'en ala au Temple et se logea avecques ses gens. Et les seigneurs, soigneusement et souvent aloient parmy la ville afin que aucune rumeur ne s'esmeust ou peuple. Et firent clorre toutes les portes, excepté la porte Saint Anthoine et la porte Saint Jacques. Si estoient en grand doubte non obstant qu'ilz eussent grant puissance de gens d'armes, qu'en la faveur du duc de Bourgongne et en sa venue le peuple ne s'esmeut contre eulx, et par espécial ceux du quartier des halles.

Or vous diray du duc de Bourgongne, lequel à toute sa puissance, de Dampmartin vint loger en la ville de Saint Denis, qui lui fut ouverte et habandonnée par les habitans d'icelles[2]. Si se loga en l'ostel de l'Espée. Si povoit bien avoir en sa compaignie deux mille bacinetz, chevaliers et escuiers du pays d'Artois et de Picardie, comme de Flandres, de Rethelois et de Bourgongne, avec de deux à trois

1. Nous avons déjà fait remarquer qu'il y avait à Paris deux hôtels de ce nom. Celui-ci était sur l'emplacement actuel de l'Institut.

2. Le 9 février, d'après le *Journal d'un Bourgeois de Paris* (p. 20).

mille combatans, tant archiers comme arbalestriers et autres varletz armez. Et estoit avecques lui messire Jehan de Luxembourg, et si y estoient les gens du conte Waleran de Saint Pol, son oncle. Après laquelle venue dudit duc de Bourgongne dedens Saint Denis, le troisiesme jour ensuivant, il envoya à Paris son Roy-d'armes d'Artois portant lectres au Roy, à la Royne, au duc d'Acquitaine et à ceulx de la ville, par lesquelles il leur escripvoit qu'ils voulsissent estre contens qu'il alast devers eulx pour dire la cause de sa venue, laquelle comme il disoit estoit toute tendant à bonne fin et bonne entencion, et qu'il n'estoit venu aucunement pour faire guerre ne pour porter dommage à quelque personne du monde, mais seulement au mandement de son seigneur le duc d'Acquitaine, pour le servir et lui obéir comme il appartient ainsi que tenu y estoit. Lequel Roy-d'armes venu audit lieu de Paris fut mené en ung hostel, et tantost vint devers lui ung homme qu'il ne congnoissoit, lequel lui dist qu'il s'en alast ou l'on lui feroit desplaisir de sa personne. Et tantost après, ainsi qu'il devoit monter à cheval pour s'en retourner, voiant qu'on ne le vouloit oyr ne recevoir ses lectres, vint de rechef à lui le conte d'Armaignac qui lui dist, que se lui, ne autre de par le duc de Bourgongne, retourneroit plus dedens Paris, on leur coperoit les testes. Et sur ce ledit Roy-d'armes s'en retourna à Saint Denis devers son maistre le duc de Bourgongne, auquel il racompta les besongnes dessusdictes et la rudesse qu'on lui avoit dit et fait. Si en fut icellui duc très mal content, et se conclud avecques ceulx de son conseil de y aler à puissance. Si se mist lendemain très matin aux champs avec toutes ses gens, qui estoient tous armez comme se prestement deussent entrer en bataille, et, en belle ordonnance, se tira assez près de la porte de Montmartre, et là, par grant espace, sur ung mont furent tous ordonnés en bataille, qui estoit belle chose à veoir[1]. Et ledit duc ainsi là estant envoya de rechef son Roy-d'armes à la porte Saint Honoré, laquelle aussi estoit close, en disant et requérant à ceulx qui estoient sur ladicte porte que quatre de ses plus féables chevaliers, lesquelz il avoit envoyez azsez près d'icellui Roy-d'armes, ilz voulsissent oyr dire les causes de sa venue tendans à toute bonne paix. Mais il fut respondu [à][2] icellui que se il ne s'en aloit bien tost on tireroit après lui de bons quarreaux d'arbalestes, disant oultre qu'ilz n'avoient cure de oyr ledit duc, ne ses chevaliers. Et par ainsi retournèrent devers leur maistre. Cependant Enguerran de Bournonville, à tout environ quatre cens combatans, estoit descendu à pied et, à tout l'estendart dudit duc, estoit alez assez près de ladicte porte Saint Honnoré pour veoir s'il n'y pourroit riens faire, car leur espérance estoit que le peuple se mectroit sus à puissance pour les mectre dedens par aucune porte. Ce que pas n'advint. Si [ot][3] par ledit Enguerrant aucunes paroles à messire Loys Bourdon qui là estoit; lequel ne respondit mot. Et pour tant icellui Enguerran, voyant qu'il ne povoit rien besongner, se retrahy, mais en lui retraiant on tira d'arbalestes après lui et

1. A la manière dont Monstrelet parle ici et en d'autres endroits, on pourrait croire qu'il était alors à Paris, ou bien encore, si l'on veut, qu'il suivait l'armée du duc de Bourgogne.
2. Il y a au texte : *par icellui*.
3. Il y a un mot d'omis. Comme *ot* ou *fut dit*.

fut l'un de ses gens navré, et jà soit ce que lui, ne nul de ses gens n'eussent monstré semblant de faire aucune guerre par trait ne autrement à ceulx de Paris, pour la révérence du Roy et du duc d'Acquitaine, car il leur estoit défendu dudit duc. Lequel, quant il vy que riens ne prouffitoit, s'en retourna audit lieu de Saint-Denis et fist escripre lectres lesquelles il fist atacher par nuit par aucuns de ses favorisans aux portaulx de l'église Nostre Dame, du Palais et ailleurs aval Paris, et lesquelles il envoya en plusieurs bonnes villes. Desquelles la teneur suit :

« Nous, Jehan, duc de Bourgongne, conte de Flandres, d'Artois et de Bourgongne palatin, seigneur de Salins et de Malines. Certifions à tous que par vertu de plusieurs lectres escriptes et signées de la main monseigneur d'Acquitaine, sommes venus devers Paris pour nous emploier au bien du Roy et commandement de mondit seigneur d'Acquitaine, et avecques ce le mectre hors de danger et servitute où il est pour le présent. Nous voulons emploier nostre corps, nostre puissance, et tout ce que Dieu nous a presté en ce monde, en signifiant à tous les bienveillans du Roy et de monseigneur d'Acquitaine qu'ilz seront mis, si nous povons, à leur pleine franche délivrance, voulenté et seigneurie, et ceulx qui les ont mis et tiennent en servage seront ostez d'avec eulx, et chascun se retraira en son pays. Et afin que nul n'entende que nous soions venus pour quelque ambicion ou concupiscence d'avoir l'administracion et gouvernement de ce royaume, et que nous vueillons aucunement endommager la bonne ville de Paris, sommes prestz et appareillez d'entretenir tout ce que par l'ordonnance du Roy avons juré et promis, et semblablement de retourner en aucun de nos pays, pourveu qu'il soit ainsi fait des autres qui l'ont juré, lesquelz ont fait et font tout le contraire. Et voulons bien que Dieu et chascun sache, que jusques adonc que nous sentirons le Roy et monseigneur le duc d'Acquitaine ou devantdit estat, et les autres pareillement avecques leurs gens et qui tiennent leur parti estre départiz et retournez en leurs pays, et que monseigneur le Roy soit pourveu de bons et notables chevaliers, conseillers et serviteurs, et pareillement mondit seigneur d'Acquitaine, nous ne nous départirons ne déporterons de nostre entreprise. Car nous aurions plus cher à mourir que veoir monseigneur le Roy et monseigneur d'Acquitaine ainsi estre et demourer en servage. Et ne nous povons assez esmerveiller comment les bons bourgois et loyaulx subgetz de monseigneur le Roy ont tel cuer envers lui, et povent souffrir telle durté qu'on lui fait et tient. Et avecques ce, nous qui sommes si prouchains comme chascun scet, sommes moult esmerveillez de ce que nulz n'ont voulu oyr ne recevoir noz chevaliers, ne hérault, ne autre qui ait voulu souffrir de présenter noz lectres à monseigneur le Roy, à madame la Royne, ne à monseigneur d'Acquitaine, ne à la bonne ville de Paris. [Et jà soit ce que sans invasion de traict ou aucunement faire, fuissiesmes devant la bonne ville de Paris par le mandement][1] devant dict, pour exposer aucunes besongnes touchans le bien de

---

1. Ce qui est entre crochets est pris au ms. *Suppl. fr.* 93 pour réparer une omission de notre texte causée par la répétition des mots *bonne ville de Paris*, et qui rendait la phrase inintelligible.

paix et de tout ce royaume, ont esté traictez[1] de nos gens, sans ce que pour beau parler on les ait voulu oyr. Mais par le comte d'Armaignac fut dit à nostre Roy-d'armes que, se il retournoit plus, la teste lui seroit ostée. Lesquelles choses nous sont moult dures à porter et souffrir, et mesmement que nous et nostre compaignie sommes venus en paiant par tout noz despens, comme prouchain et parent de monseigneur le Roy et mondit seigneur d'Acquitaine. Requérant à tous les bien vueillans et loyaulz subjects qu'ilz nous vueillent aider, conforter et nous servir contre tous ceulx qui ainsi ont mis en danger et servitute mondit seigneur d'Acquitaine, en les signifiant du fait contraire en temps et en lieu de accuser du fait contraire de desloiaulté envers leur souverain seigneur. Et de ce n'ai point eu de doubte[2]. Car à l'aide de Dieu et du bon droit que nous avons en ceste querelle, nous le porterons, soustenrons et conforterons, et de ce sommes nous puissans et en bonne voulenté avec plusieurs et notables bonnes villes de ce royaume, lesquelles nous avons trouvé qui demourront avecques nous. Donné à Saint-Denis, soubz nostre seel de secret en l'absence du grant[3], le xi° jour de février l'an mil quatre cens et treize. »

Lesquelles lectres quant elles furent ainsi trouvées que dit est, atachées en plusieurs lieux dedens Paris,

---

1. « Et bléchiez. » (*Suppl. fr.* 93.)

2. Au lieu de ces mots : *Et de ce n'ai point eu de doubte* le ms. *Suppl. fr.* 93 continue la phrase par les mots : *et de ce n'ayant point de doubte*, qui valent mieux.

3. Il y a au texte : *du grant conseil*, faute qui ne se trouve pas dans *Suppl. fr.* 93.

ceulz qui estoient contraires audit duc de Bourgongne furent en plus grant suspicion que devant. Néantmoins ils pourveurent si bien à la garde de ladicte ville que nul inconvénient ne leur en advint.

En après, durant le temps que ledit duc de Bourgongne estoit à Saint-Denis comme dit est, le seigneur de Croy qui estoit en sa compaignie, envoya jusques à vint hommes d'armes ou environ, des plus expers et aventureux de sa charge, passer la rivière de Seine, très bien montez, devers Conflans, et chevauchèrent le plus secrètement qu'ils peurent, la lance au poing, jusques en la ville de Montlehery, et là se logèrent en deux hosteleries assez près l'un de l'autre, et feignoient qu'ilz feussent au duc d'Orléans. Or est ainsi que messire Jehan de Croy, filz dudit seigneur, qui estoit prisonnier ou chastel comme dit est ailleurs, estoit aucunement adverti de leur venue par le moien d'un chapelain qui léans se gouvernoit[1]. Si trouva manière d'aler oyr messe à l'église qui étoit assez près dudit chastel. Et adonc iceulx hommes d'armes qui estoient tous prestz et advisez de ce qu'ilz vouloient faire montèrent ès chevaulx et vinrent audit messire Jehan de Croy, lequel ilz firent monter habilement sur ung bon cheval, et incontinent partans de là chevauchèrent très roidement en tirant vers Pontoise, et depuis prindrent leur chemin pour retourner au passage par où ilz avoient passé la rivière de Seine. Et finablement firent si bonne diligence qu'ilz ramenèrent icellui franchement à son père, oudit lieu de Saint-Denis.

1. « Qui léans le gouvernoit. » (*Suppl. fr.* 93.) Au reste les deux sens peuvent s'entendre.

Pour laquelle entreprise ainsi par eulx achevée ilz furent grandement recommandez, tant du duc de Bourgongne comme dudit seigneur de Croy. Et furent les principaulx conduisans ceste besongne, Laniont de Launoy, Willemet de Monchat, Jeminet de Molliens, Jehan Roussel et autres jusques au nombre dessusdit. Toutesfois ils furent poursuys assez roidement de la garnison dudit lieu de Montlehery, mais ilz ne les porent trouver pour les divers chemins qu'ilz tindrent.

En oultre le duc de Bourgongne envoia encores le Roy-d'armes de Flandres à Paris, portans lectres au roy de Cécile et au duc de Berri et d'Orléans, pour leur signifier les causes de sa venue, en leur requérant qu'ilz le souffrissent parler, ou au moins ses gens, au Roy ou au duc d'Acquitaine, et qu'il estoit venu pour tout bien, et que ce qu'il avoit juré et promis il vouloit entretenir, et que ainsi voulsissent faire de leur partie; disant oultre qu'ilz laissassent le Roy et le duc d'Acquitaine gouverner son royaume sans les tenir en servitute, et espécialment icellui duc d'Acquitaine, lequel ilz détenoient à sa très grande desplaisance. Mais quant ledit Roy-d'armes vint à la porte Saint-Anthoine, il lui fut dit qu'il n'entreroit point dedens et qu'on ne recevroit point ses lectres, et se il ne s'en aloit bien hastivement, qu'on lui feroit desplaisir. Lequel oyant ce, se conseilla à soy mesmes. Si print sesdictes lectres et les bouta en ung baston fendu, lequel il ficha en terre, et là les laissa, et puis, le plus tost qu'il peut, s'en retourna à Saint Denis devers son maistre le duc, qui, en persévérant, fut plus mal content que devant. Néantmoins, lui voiant que riens ne povoit là achever de son entencion, délibéra avec son conseil de retourner en son pays, et par aucuns peu de jours vint à Compiengne le chemin qu'il avoit tenu. Dedens laquelle ville et dedens la cité de Soissons, il laissa garnison de gens d'armes et de traict, et laissa audit lieu de Compiengne pour capitaines, messire Hue de Langny[1], les seigneurs de Saint Léger et de Seves, Hector et Phelippe de Saveuses, Bonnelet de Masengion et plusieurs autres expers hommes de guerre jusques à cinq cens combatans ou environ. Et à Soissons fut mis en garnison Enguerran de Bournonville, messire Colard de Fiennes, Lanier de Launoy, Guiot le Bouteiller, normant, messire Pierre de Menault et plusieurs autres gens de guerre. Et fut conclud par ledit duc et sa chevalerie, avecques lesdictes bonnes villes, que jusques à tant que le Roy et le duc d'Acquitaine seroient en plein régime et franchise sans estre ainsi détenus, et que lesdiz seigneurs qui ainsi les dominoient et les gens de leur bande seroient chascun en leurs pays, si comme lui le duc de Bourgongne et ceulx de son parti se offrant à eulx en aler en leurs terres et pays, ilz ne se départiront de celle opinion et ne donneront point d'obéissance aux mandemens donnez par le conseil et advis desdiz seigneurs ne de ceulx de leur parti. Et tout ce que ledit de Bourgongne, ses nobles et bonnes villes signifièrent et veulent signifier à toutes personnes de ce royaume, et ce mesme leur mande ledit duc de Bourgongne, et de par le Roy et le duc d'Acquitaine, il requiert qu'à celle

---

1. « Hue de Lannoy. » (*Suppl. fr.* 93.)

fin le vueillent aider et eulx adjoindre avecques lui. Et en ce faisant eulx et chascun d'eulx acquiteront leur loyaulté et en seront recommandez toute leur vie. Et ledit duc leur promist de leur aider et conforter de tout son povoir, et de ce leur bailla ses lectres. En après se parti de Compiengne et s'en retourna à Arras. Si envoya ses Bourguignons, qui estoient environ sept cens lances, vivre ou pays de Cambrésis et en Thérasche, ou contempt du roy Loys de Cécile qu'il héoit[1], et aussi de messire Robert de Bar qui point ne l'avoit voulu servir en ce voiage, et si estoit son homme lige. Ouquel lieu d'Arras il manda venir devers lui, le deuxiesme jour de mars, les trois estas du pays d'Artois, et par espécial les nobles, avec lesquelz il eut grant parlement sur ses afaires, et leur fist moustrer par le seigneur de Dolehaing les trois lectres que lui avoient escriptes le duc d'Acquitaine. Et après qu'elles furent leues, afferma par sa foy, présens tous les seigneurs là estans et autres, qu'elles estoient signées et escriptes de la main dudit duc d'Acquitaine. Et après que tous ceulx qui là estoient lui eurent promis de le servir encontre tous ses adversaires, excepté le Roy et ses enfans, et aussi qu'il eut ordonné par son conseil à escripre lectres à plusieurs bonnes villes du royaume de France, il se départi et s'en ala en son pays de Flandres pour faire pareillement.

La substance des lectres que ledit duc envoya par les bonnes et citez du royaume povez assez ymaginer. Car c'estoit en leur remoustrant la requeste du duc

---

1. Pour lui avoir renvoyé sa fille. Voy. plus haut, p. 414.

d'Acquitaine de venir à lui à puissance et comment il l'avoit mandé par trois lectres escriptes et signées de sa propre main. Et en après leur remonstra comment il estoit alé en France, et comment les princes et grans seigneurs gouvernoient le Roy et le dessusdit duc d'Acquitaine, dont il lui desplaisoit grandement, et tout ce qu'il avoit fait en ce voiage dont il estoit retourné, estoit travel en vain sans riens besongner de son fait, et requéroit leur confort et aide pour venir au dessus de son emprinse[1].

CHAPITRE CXVI.

Comment, après que le duc Jehan de Bourgongne fut retourné de France et revenu en son pays, le Roy fist grans mandemens en tout son royaume pour aler contre luy.

Item, après le département dudit duc de Bourgongne de la ville de Saint-Denis en France et qu'il fut retourné en son pays et qu'il fut venu à la congnoissance du Roy, du duc d'Acquitaine et des autres princes lors estans en Paris, avecques ceulx de son grant conseil, comment ledit duc de Bourgongne avoit mis et laissié ses gens d'armes ès villes de Compiengne, Soissons et autres, lesquelles estoient au Roy ou du moins soubz sa dominacion, ilz furent de ce moult esmerveillez, et leur sembloit qu'il n'avoit point cause de ce faire. Et pour tant, afin de y obvier et résister, furent prestement envoiez par tous les bailliages et séneschaulcies du royaume certains mandemens royaulx, contenant que pour y pourveoir et

1. Voy. aux additions.

résister chascun se meist sus pour servir le Roy. Duquel je me tais à cause de briefté[1]. Et adoncq tous ceulx qui tenoient ou avoient tenu le parti du duc de Bourgongne, tant en Paris comme en la marche d'environ, furent et estoient fort oppressez et travaillez. Et en y eut plusieurs prins et décapitez, et les autres emprisonnez et leurs biens appréhendez et saisis comme confisquez. Et de rechef par la délibéracion du grant conseil royal, par toutes les parties du royaume de France fut envoyé ung autre édict et mandement, par lequel ledit duc de Bourgongne fut privé de toutes les graces par le Roy à lui autre foiz faictes, et avecques ce, lui et tous ses favorables bannis et habandonnez. Duquel mandement la copie s'ensuit.

« Charles par la grace de Dieu roy de France. A tous ceulx qui ces présentes lectres verront, salut. Comme après le très cruel et dampnable homicide naguères commis et perpétré du commandement et ordonnance de Jehan, nostre cousin de Bourgongne, en la personne de bonne mémoire nostre trèscher et trèsamé seul frère, Loys duc d'Orléans, à qui Dieu face mercy, et depuis ledit homicide ledit de Bourgongne feust venu en nostre bonne ville de Paris, à tout grant quantité de gens d'armes et de traict, contre nostre voulenté et oultre nostre défense à lui sur ce faicte, et qu'il se feust efforcié de soy cuidier justifier dudit terrible et détestable homicide par le moien d'aucunes choses notoirement faulses et non véritables, et par plusieurs erreurs et autres choses frauduleuses

---

1. Voy. aux additions.

et périlleuses pour nostre seigneurie et pour toute la chose publique, Nous, considérans les trèsgrans maulx, inconvéniens et dommages irréparables, lesquelz par l'occasion dudit homicide estoient en adventure de advenir à nous et à nostre peuple et à tous noz subgectz, voulant obvier de tout nostre povoir aux périlz et inconvéniens et garder nostredit peuple desdiz dommages, eussions mandez et fait venir en nostre ville de Chartres nostre trèscher filz et nostre nepveu, le duc d'Orléans qui est à présent, et nostre trèscher et trèsamé nepveu le comte de Vertus son frère, enfans de nostredit frère, adonc mendres d'ans. Et adonc eussions fait certains traictiez et appaisemens entre noz devantditz nepveux d'une part, et ledit duc de Bourgongne d'autre part. Et jà soit ce que ledit traictié fut moult dur et estrange à nostredit nepveu, néantmoins pour à nous obéir et pour pitié qu'ilz avoient des dommages qui par la guerre povoient advenir au peuple, ilz l'ont ainsi soufert pareillement. Mais jà soit ce que en icellui traictié, entre les autres choses, ledit de Bourgongne eust juré et promis en mes mains que delà en avant il seroit bon, vray et léal amy à nos nepveux et de ceulx qui les avoient soustenus et aidez, toutesfois, ce non obstant, assez tost après il fist tout le contraire de son serement et promesse devant diz, pour soy venger d'aucuns de noz serviteurs, lesquelz il soupçonnoit nous avoir conseillé de faire justice et raison de la mort de nostredit frère, et aussi pour pourveoir à la chose à quoy il tendoit tousjours et pour laquelle il avoit fait faire ledit détestable et dampnable homicide, c'estassavoir afin qu'il eust seul et pour le tout le gouvernement de ce royaume et de nostre personne, fist prendre plusieurs de noz bons et loyaulx serviteurs, dont les plusieurs fist mourir, et les autres par voies estranges et desraisonnables à grandes et excessives sommes de deniers rançonna. Et pour ce, noz nepveux d'Orléans devant ditz, voiant comment ledit de Bourgongne ledit traictié de Chartres par plusieurs manières avoit rompu et riens ne tenoit quoy qu'il eust juré et promis, nous requirent et supplièrent humblement et par plusieurs foiz que nous leur voulsissions faire et administrer justice de leur père, si comme nous y estions tenus. Et qui pis est, pour ce que iceulx noz nepveux veoient qu'ils ne povoient avoir justice pour l'empeschement que y mectoit ledit duc de Bourgongne, voldrent aucunement procéder contre lui par voye de fait pour venger la mort de leurdit père, si comme naturellement ils estoient tenus, ledit de Bourgongne leur imposa et fist publier faulsement et contre toute vérité, comme nous sommes pleinement informez et acertenez, que eulx et autres de nostre lignée estans en leur compaignie nous vouloient destituer de nostre estat et de nostre dignité royal, et faire nouvel roy en France. Et soubz umbre desdictes mençonges et adevinemens, contre toute vérité, esmeut nostre peuple contre iceulx, et par ce voulant couvrir sa mauvaise et dampnable querelle, et nous fist prendre nouvelle querelle fondée sur mençonge, dont tant de maux et inconvéniens sont venus et advenus comme chascun scet. Car soubz umbre de ladicte guerre ledit de Bourgongne a fait prendre et emprisonner en nostre Chastellet de Paris et ailleurs plusieurs notables gentilz hommes, escuiers et autres, pour ce qu'il maintenoit qu'ilz estoient favorables aux bienvueillans de la partie de noz nepveux ou de plusieurs autres de nostre sang et lignage estans en leur compaignie. Desquelz il fist plusieurs questionner et cruellement tourmenter et puis après mourir soubz umbre de justice, sans cause et sans raison, et les autres mourir de fain et de mésaise èsdictes prisons, et leur denyer confession et artres sacremens ecclésiastiques, puis les gecter aux champs aux chiens et aux oiseaulx et tiranniquement dévorer aux loups, aux bestes sauvages, sans vouloir souffrir qu'ilz eussent sépulture ecclésiastique ou autrement, ne que leurs enfans nouvellement nez feussent baptisez; qui est expressément fait contre nostre foy. Et en ces choses fist faire horribles et cruelles et les plus grandes inhumanitez qui onques feussent veues ne oyes. Et oultre plus, soubz umbre de ladicte guerre, qui point n'estoit nostre ne devoit estre, mais la sienne et pour son fait particulier, icellui de Bourgongne fist lever et exiger et sur noz subgetz moult excessives et merveilleuses finances, tant par tailles, par emprunts et aussi par réformacions, comme en prenant ou trésor des églises et en nos cours de Parlement, Chastellet et ailleurs mises en dépostz et autres sommes de deniers qui estoient mises et consignées et disposées èsdiz lieux au prouffit des femmes vesves et des enfans mineurs d'ans, pour cause de retraicte ou de rachas de revenues et d'éritages ou autrement, en plusieurs manières. Fist oultre ledit de Bourgongne en noz monnoies grandes débilitacions et vilipendence de valeur, dout il print et par long temps cueilla moult grans prouffis ou préjudice de nous, de nostre peuple et de la chose publique. Et tant que par telles voyes et extorcions ledit de Bourgongne depuis trois ans en çà a appliqué à son singulier prouffit la valeur de dix cent mil florins d'or et plus, tant de nos finances comme de l'argent de noz subgetz, comme nous a esté clèrement moustré par les comptes estans en la chambre des comptes, et sans ce que aucune chose en ait esté converti à nostre prouffit. Pour laquelle occasion le fait de marchandise et autres affaires nécessaires pour le bien de nous et de nostre peuple ont cessé et esté empeschez par aucun temps et les revenues de nostre demaine, si comme tout ce est notoire. Et lui non content de ce, mais à entencion de destruire totalement noz nepveux devantditz, et aussi nostre trèscher et trèsamé oncle le duc de Berry, et plusieurs autres de nostre sang et lignage, afin que le gouvernement de nostre royaume demourast audit de Bourgongne seul et pour le tout, nous fist mectre en armes et nostre trèscher et amé premier filz le duc d'Acquitaine, à tout très grant puissance de gens d'armes et de traict, en contraignant à là venir plusieurs de nostre sang, barons et chevaliers et autres, soubz couleur qu'il disoit la guerre estre nostre, dont il n'étoit riens, comme dit est. Et nous mena hors de Paris pour aler envayr, combattre et assembler contre noz oncles et nepveux et autres, comme se ilz eussent esté tous jours noz ennemis et adversaires, jà soit ce qu'ilz eussent tous jours esté noz bons, vrais et loyaulx amis, parents et subgetz et obéissans. Et de fait nous fist mectre le siege devant la ville de Bourges où estoit nostre devant dit oncle, et là nous fist tenir par l'espace de cinq sepmaines et plus, à nostre grand desplaisir, nous et aussi nostre filz en grant péril et danger de nostre personne, tant pour les chaleurs qui couroient, comme pour les instances qui survindrent en nostre exercite et autrement, en moult de manières, et tant, qu'il convint que dudit lieu nous retournissions en nostre ville d'Aucerre. Ouquel lieu pareillement nous feismes venir et assembler nozdiz oncle, filz et nepveux, et plusieurs de nostre sang et lignage, et là par la grace et aide de Dieu, et du commandement et ordonnance de nous et de nostredit premier filz, furent fais certains accords, traictiez et appaisemens entre nosdiz oncles, filz, nepveux et cousins, et ceulx qui lors estoient aliez d'une part, et ledit de Bourgongne d'autre part et ceulx de son aliance. Lesquelz traictiez et accords fais, les deux parties jurèrent et promirent solennellement tenir, garder et entretenir sans enfraindre. Mais ce non obstant, assez tost après ce que nous feusmes revenus en nostre cité de Paris, le dit de Bourgongne en venant contre sondit serement et sa promesse, pour vouloir briser et adnichiler ladicte paix par lui faicte et par nous jurée, comme dit est, fist faire et ordonner certaines lectres parlans en nostre nom, lesquelles furent appliquées à édict, par lesquelles il nous faisoit rappeller et mectre à néant grant partie de ce qui par nous et nostredit filz avoit esté promis et octroyé, en faisant le contraire de ladicte paix, c'estassavoir la restitucion des terres et héritages, bénéfices et offices de ceulx qui avoient tenu la partie de nostre oncle, de nostre filz, et nepveux devantdiz et autres de nostre sang et lignage, de leurs aliez et de ceulx de leur costé. Et qui plus est, a fait tenir de fait par long espace de temps, contre nostre plaisir et voulenté et contre noz délibéracions et lectres sur ce faictes, et contre son serement, les chasteaulx de Coucy et de Pierrefons appartenans à nostredit nepveu d'Orléans, et plusieurs autres chasteaulx, maisons, terres et héritages appartenans à autres qui avoient tenu leur party, sans ce que pour lectres quelzconques par nous octroiées ne pour vérificacion sur ce faicte par nostre cour de Parlement ne autrement, nostredit nepveu d'Orléans et plusieurs autres de ses bienvueillans ne purent avoir restitucion et délivrance de leursdiz chasteaulx, terres, maisons et biens dessusdiz, en opprimant et efforçant justice ès choses dessusdictes et en plusieurs autres, et mesmement celle de nostre souveraine court de Parlement, qu'à peine estoit-il homme qui osast dire quelque chose contre les voulentez et entreprinses dudit duc de Bourgongne et de ses complices. Et oultre, pour tousjours détenir le gouvernement de nous, lequel il avoit emprins, et celluy de nostre très-chère et trèsamée compaigne la Royne et de nostredit premier filz, et aussi de tout le fait de nostre royaume, et pour nous tenir en subjection, ledit de Bourgongne fist eslever et mectre sus en nostredicte ville de Paris gens populaires de meschant et bas estat, lesquelz sur la confidence, puissance et auctorité de lui et par son enhort, entreprindrent de gouverner les personnes de nostredicte compaigne et premier filz, et tous les fais de nostre royaume. Lesquelz souventesfoiz sont venus ès consaulx de nous et de nostre court de Parlement moult impétueusement et violentement, en portant à noz bons conseillers et officiers grants menaces, tellement que justice n'y avoit point de lieu, et qu'il convenoit que tout ce qu'ilz entreprenoient feust fait et passé comment qu'il feust. Et en persévérant en leurs maulx et en leurs dampnables entreprinses, vérité est que le vendredi xxvııı° jour du moys d'avril derrenier passé, pour ce que ledit de Bourgongne, lesdictes gens de bas estat et ses complices et aliez, sentirent et apperçeurent que plusieurs de nostre sang et lignage et autres, tant de nos officiers, de nostredicte compaigne et de nostredit filz, comme de l'Université et bons bourgois et marchans de ladicte ville de Paris, estoient mal contens du gouvernement et de l'auctorité que ledit duc de Bourgongne et ses complices avoient entreprins, doubtans qu'ilz ne les voulsissent expulser dudit gouvernement et puis après punir et corriger de leurs maulx, firent faire une grant assemblée de gens dont la plus grant partie ne savoient pour quoy ne à quelle cause ilz les faisoient assembler. Et de fait, sans auctorité de justice, viendrent en armes par manière de bataille, à estandart desploié, devant l'ostel de nostredit filz, ouquel, contre son gré et voulenté et à son grant desplaisir, ils prindrent de fait nostre trèscher et très amé cousin le duc de Bar, et plusieurs autres des plus espéciaulx conseillers et serviteurs de nostredit fils, qui estoient escrips en ung roole lequel portoit le duc de Bourgongne en sa main, lequel les fist mener en son hostel d'Artois et puis après en diverses prisons. Et à ung autre jour assez tost après ensuivant, revindrent lesdiz gens de bas estat par l'ennort dudit duc de Bourgongne et par la manière dessusdicte, c'estassavoir à tout grant armée de gens et estandart déployé, en nostre hostel de Saint-Pol, ouquel, par force et violence [contre nostre gré et volenté]¹ et aussi de nostredicte compaigne et premier filz, ils prindrent de fait nostre trèscher et amé frère, Loys duc en Bavière, et certains autres officiers de nostre premier filz, et aussi certaines dames et damoiselles estans en la compaignie et service de la Royne, lesquelles ilz prindrent en sa chambre, elle présente. Lesquelz tous ensemble ilz emmenèrent et menèrent en diverses prisons, èsquelles ilz les ont longuement tenus en très grant péril de leurs personnes. Et avecques ce, lesdictes gens de bas estat, par le consentement, port, faveur et entreprinse dudit duc de Bourgongne, firent plusieurs autres excès, crimes et délitz, si comme de nuit et de jour prendre sans auctorité de justice plusieurs officiers de nous et autres habitants de nostredicte ville de Paris, et eulx mis en prison, tanstost après plusieurs d'iceulx occirent et tuèrent et les autres gectèrent en la rivière et les noièrent, et les autres firent mectre en chartre et composer à grant sommer de deniers, sans ce que pour lesdiz excès on les osast reprendre ne corriger, et tout par le port et faveur dudit duc de Bourgongne, qui par ces moiens nous a tenus et nostre compaigne la Royne et aussi nostredit fils Loys, en grant servitute et danger, et en telle que nous n'avions franchise ne liberté de quelque chose faire à nostre plaisance. Mais nous avoit baillé et baille depuis lesdictes prinses, tous officiers et serviteurs à sa poste et mesmement de gens de petit estat, jusques à ce qu'il pleut à Nostre Seigneur, que par bon moien, provision et diligence de nostre très cher et bien amé cousin le roy de Cécile,

---

1. Addition du ms. *Suppl. fr.* 93.

de nostre fils et nepveu d'Orléans, et de nos trèschers et amés cousins le duc de Bourbon, le conte d'Alençon, le conte d'Eu et plusieurs autres de nostre sang et lignage, et de plusieurs prélas, barons, chevaliers et escuiers et plusieurs de nostre court de Parlement et plusieurs de nostre fille l'Université et bons bourgois et marchans de nostre ville de Paris, Nous, nostredicte compaigne et filz, feusmes remis en nostre franchise et liberté en tel estat que nous par raison devions estre, et que ladicte paix par nous faicte, audit lieu d'Aucerre confermée, est de nouvel jurée, tant par ledit de Bourgongne comme par autres de nostre sang et lignage. Jà soit ce que ledit de Bourgongne, devant la chevaulchée que nostredit nepveu et filz fist par le moien de la ville de Paris, le venredi IIII° jour du mois d'aoust derrenièrement passé, se feust efforcé de tout son povoir de rompre et empescher ladicte paix le venredi IIII° jour du mois d'aoust derrenièrement passé[1], en faisant publier et dire en plusieurs hostelz et en moult de places communes de nostredicte ville de Paris, que accorder et consentir à ladicte paix estoit toute destruccion des bonnes gens de nostredicte ville de Paris; qui estoit une très mauvaise, faulse et dampnable induction, comme il est assez notoire. Et depuis ladicte paix ainsi renouvelée et réformée comme dit est, ledit de Bourgongne aiant grant desplaisance d'icelle et de ce aussi que l'une des parties desdictes gens de bas estat troubleurs et violeurs de paix s'estoient absentez et

1. « Le premier jour d'aoust, qui fut un mardy, les articles de la paix furent leues devant le Roy, monseigneur de Guyenne, et plusieurs seigneurs présens. » (*Juv. des Ursins*, p. 259.)

rendus fugitifz de nostredicte ville de Paris, feignans qu'il s'en vouloit[1] aler en Bourgongne, jà soit ce qu'il n'y alast point mais s'en ala en Flandres et en ses pays ailleurs et en ses terres et seigneuries, où il recueilli et récepta lesditz criminelz et violeurs de paix et aussi faulx traistres homicides, lesquelz de son commandement et ordonnance occirent et tuèrent nostredit frère de bonne mémoire, comme dit est. Et jà soit ce que depuis le département dudit de Bourgongne nous eussions envoyé devers lui noz messagers solemnelz, par lesquelz entre les autres choses nous lui feismes requérir et commander de par nous, que lesdiz malfaicteurs, lesquelz il retenoit devers lui, desquelz les plusieurs ont esté convaincus de crime de lèze-majesté devers nous et pour ceste cause banny perpétuellement de nostre royaume, et les autres sont appelez au droit de nous, qu'il les nous voulsist envoyer pour faire justice selon leurs démérites, et aussi qu'il nous voulsist rendre ou faire rendre et restituer plusieurs de noz chasteaulx, lesquelz il détenoit et faisoit détenir pour lui et à son prouffit contre nostre gré et voulenté, c'estassavoir les chasteaulx de Crotoy, de Caen et Cherbourg[2], néantmoins de toutes ces choses a esté inobédient. Et qui pis est, soubz umbre d'aucunes faulses et décevables couleurs par lui exquises, fist le plus grant mandement qu'il peut de gens d'armes et de traict, tant de ses pays de Bourgongne, de Savoie, comme de Flandres, d'Artois et d'ailleurs, afin de venir et approucher vers nostre dicte ville de

1. Notre texte porte : Qu'ilz s'en vouloient. Ce qui n'a pas de sens. Cette faute ne se trouve pas dans le *Suppl. fr.* 93.
2. Ici le ms. *Suppl. fr.* 93 met à tort : Chinon.

Paris. Et pour avoir passage, port et faveur, escripvi et envoya lectres closes à plusieurs de nos bonnes villes, en requérant à elles confort, soubz couleur de ce qu'il disoit qu'il vouloir venir à Paris par le mandement de nostredit premier filz, pour nous mettre hors de servage et de prison, en quoy il disoit que nous estions détenus. Laquelle chose estoit une faulse et notoire mençonge. Car nous ne fumes onques en plus grande liberté et franchise que nous sommes ores à présent et que nous avons esté depuis son département de nous. Et ainsi[1] il n'est point vray que sur ce il ait eu mandement de nous, mais est vray que par noz lectres patentes, nous et nostredit filz lui avons mandé et défendu surtout quanqu'il se povoit meffaire envers nous, qu'il ne feust si osé de venir devers nous à tout compaignies ne assemblées de gens d'armes, dont il ne lui a chalu ne n'a tenu cure. Mais qui pis est, détint et détient ung des huissiers de notre dicte court de Parlement, lequel nous avions envoié devers lui garny de nos lectres patentes à lui faire les défenses, lesquelles il lui a faictes bien et solemnellement. Et en persévérant de mal en pis et continuant en son mauvais et dampnable propos, et en vilipendant et contemptant lesdiz mandemens et défenses de nous qui sommes son souverain seigneur, et en soy rendant rebelle et inobédient à nous, de fait icellui de Bourgongne se mist en chemin contre nosdiz mandemens et défenses, en approchant nostredicte ville de Paris à tout le plus grant effort et puissance de gens d'armes et de traict qu'il a peu procurer, par

---

1. Et aussi (*Suppl. fr.* 93).

manière de guerre et hostilité, en troublant et rompant de fait en tant qu'en lui est, ladicte paix tant solemnellement jurée comme dit est, en lui constituant et rendant ingrat et indigne des biens et graces par nous à lui faictes ou temps passé. Et tient et amaine en sa compaignie les faulx traistres, homicides, violeurs de paix, criminelz et convaincus de crime de lèze-majesté et bannis de nostre royaume, pour se esforcer de esmouvoir nostre peuple à faire grande sédicion en nostre bonne ville de Paris et ailleurs. Et de fait s'est bouté en nostre ville de Compiengne contre certaines noz lectres de défense par nous faicte aux habitants de ladicte ville qu'ilz ne le souffreissent point entrer à puissance ne à compaignie de gens d'armes, et desquelles lectres il estoit adverti et certifié, dont il n'a tenu compte. Mais qui pis est, icelle nostre ville a fait tenir et ocuper pour soy aider contre nos défenses. Et pareillement a fait prendre et ocuper nostre ville de Soissons par aucuns de ses gens, non obstant que les habitants de ladicte ville eussent de par nous lectres de défenses comme dit est, et dont les gens dudit duc de Bourgongne ont esté adcertenez et advertis. Et tellement s'est approuché ledit duc de Bourgongne, qu'il s'est bouté en nostre ville de Saint-Denis en France, et icelle détient et ocupe contre nostre gré, plaisir et voulenté, en faisant d'icelle bastille et frontière contre nostre ville de Paris. Et en démoustrant par effect sa mauvaise et dampnable voulenté, vint à tout sa puissance de gens d'armes par manière d'hostilité, à tout sadicte puissance, à estendart desploié, devant nostredicte ville de Paris, et là se tint en bataille ordonnée par longtemps, et envoya des coureurs jusques aux portes d'icelle ville, cuidant faire en icelle sédicion et esmouvoir le peuple, en cuidant en icelle entrer par force et violence contre nostre voulenté, en faisant fait d'ennemi et en commetant crime de lèze-majesté envers nous, dont plusieurs complaintes nous sont venues et viennent de jour en jour incessamment. Savoir faisons que nous, les choses dessusdictes considérées, et autres plusieurs à ce nous mouvans, et mesmes eu considéracion aux manières qu'il a tousjours tenues devers nous depuis la mort de nostredit frère jusques à présent, lequel en tous ses fais a tousjours procédé par voye de fait et par puissance et force d'armes, et qui par plusieurs foiz n'a point obéy à nous en pareil cas, c'estassavoir aux commandemens lesquelz lui ont esté fais de non venir devers nous en nostre ville de Paris à tout puissance d'armes, et ne voult oncques obéir à nous ne à noz commandements si non en ce qui lui a pleu, pour quoy il est et doit estre tenu pour ingrat et privé de tous les biens et graces que nous lui avons autre foiz faictes. Et eue sur ce très grande et meure délibéracion de conseil avec plusieurs de nostre sang et lignage et autres noz subgetz et preudommes tant de nostre grant conseil comme de la court de nostre Parlement et de nostre fille l'Université, des bons bourgois et marc ..ns de nostre bonne ville de Paris en très grand nombre, icellui de Bourgongne et tous autres qui contre nosdictes défenses et ordonnances se tendront avecques lui et qui lui donront conseil, confort et aide, après la présentacion de ces présentes, tenons et réputons, tendrons et réputerons pour rebelles et inobédiens à nous, pour violeurs et infracteurs de paix, et par conséquent pour ennemis et adversaires de tout le bien publique de ce royaume. Et pour ces causes avons ordonné et délibéré de mander et convoquer devers nous par forme de arrière-ban et autrement, le plus tost que faire se pourra, tous noz hommes et vassaulx tenans de nous en fiefs ou arrière-fiefs, et aussi des gens des bonnes villes de nostre royaume qui ont acoustumé d'estre en armes et suivre les guerres, pour nous servir, aider et conforter, et résister à la puissance et perverse voulenté et entreprinse du duc de Bourgongne et de ses complices, et pour les mectre et réduire en nostre subjection et obéissance comme ilz doivent estre, et pour les punir, corriger et chastier de leurs méfais et entreprinses, tellement que l'onneur nous en demeure. Si donnons en mandement que ces présentes à noz amez et féaulx conseillers gens tenans nostre Parlement, au prévost de Paris, au bailli d'Amiens et à tous noz autres justiciers et officiers et à leurs lieuxtenants, et à chascun d'eulx si comme à lui appartiendra, que ces présentes lectres publient ou facent publier en leurs sièges et auditoires et hors, en lieux publiques, par toutes villes et lieux à faire proclamacions acoustumées, afin que aucuns n'y puissent prétendre ignorance. En faisant commandement de par nous à tous noz subgetz et autres qui ont acoustumé de user d'armes, que incontinent et le plus tost que faire se pourra, viengnent devers nous à tout la plus grant puissance de gens d'armes qu'ilz pourront, faire[1] en

---

1. Le ms. *Suppl. fr.* 93 ajoute ici les mots : Pour nous servir.

ce que ès choses dessusdictes nous leur vouldrons commander sur tout quanque ilz se pourront meffaire envers nous, en les contraignant à ce par prinse et explectacion de leurs biens, par arrest et détencion de leurs personnes, se mestier est, tous ceulx qu'ilz trouveront estre négligens ou en défault de obéir à nos commandemens et ordonnances devant dictes. En tesmoing desquelles choses nous avons fait mectre à ces présentes nostre seel. Donné à Paris le x° jour du mois de février, l'an mil quatre cens et treize, et de notre règne le xxxiii°. Ainsi signé : par le Roy, à la relacion du grant conseil tenu par la Royne et monseigneur d'Acquitaine. »

Lequel mandement fut publié à Amiens et puis après ès prevostez et par tout le bailliage, par la commission dudit bailly.

CHAPITRE CXVII.

Comment les chaynes de Paris furent ostées. Et des mandemens royaulx qui de rechef furent publiez.

Item, après que le duc de Bourgongne se fut retrait de France en ses pays, comme dit est dessus, Tanegui du Chastel, chevalier, qui naguères avoit été fait prévost de Paris, avecques lui Remonnet de La Guerre, furent commis de par les ducs de Berry et d'Orléans à faire oster et destacher toutes les chaynes estant ès carrefours de la ville de Paris et les faire aporter en la bastille Saint-Anthoine et ou chastel du Louvre. Et aussi prindrent et ostèrent toutes les armeures des bourgois et manans, et les firent porter ès forteresses dessusdictes, chevauchans parmy Paris en armes, tous les jours, à grant compaignie. Et avoient charioz et charrètes qui menoient lesdictes chaynes et armures ès lieux dessusdiz. Et n'y avoit pour ce temps si hardi bourgois qui osast porter baston défensable. Et avecques ce lesdictes gens d'armes faisoient le guet de nuit et de jour aux portes et aux murs aux despens desdiz bourgois et manans, et ne se fioit on de riens en eulx. Pourquoy lesdiz bourgois furent moult troublez et ennuyeux ou cuer, quant ilz virent qu'on tenoit telles manières contre eulx. Et y en avoit plusieurs qui moult se repentoient de ce qu'ilz s'estoient mis en la subjeccion des adversaires du duc de Bourgongne, mais semblant n'en osoient faire[1].

[1]. Voici le récit des mêmes faits tiré de la chronique manuscrite que nous avons déjà plusieurs fois citée : « Après le retour du duc de Bourgoingne du voiage de Saint-Denis, Taneghy du Chastel, chevalier et prévost de Paris, et Remonnet de La Guerre furent commis de par les ducqs de Berry et d'Orléans, à faire hoster et destacquier toutes les cainnes des rues et quarefours de Paris, et de les faire mener en la Bastille St. Anthonne et au chastel du Louvre, et de faire prendre et oster toutes les armeures des bourgois et manans de Paris, et de faire porter esdictes forteresches icelles armures. Et ainsi le firent. Et chevaulçoient parmy Paris en armes tous les jours à grant compaignie, et avoient cars et carectes qui menoient lesdictes caines et armeures ès lieux dessusdiz. Et firent tant que il n'y avoit nul bourgois ne manant qui osast porter quelque baston ne armeure, fors ung petit coutel à taillier son pain. Et ne furent creus à garder porte ne tour de ladicte ville par nuit ne par jour, mais on les faisoit garder par les gens d'armes de la garnison de ladicte ville de Paris, aux despens desdiz bourgois et manans. » (Bibl. imp., *Cord.* 16, fol. 348.) Comme on le voit, les deux récits sont tellement semblables, qu'il faut que l'un ait été pris sur l'autre. Nous penchons à croire que c'est Monstrelet qui est ici l'emprunteur. Il est bon de remarquer que cette chronique manuscrite s'arrête à l'an 1431, et que l'écriture est certainement de ce temps-là.

A l'encontre duquel duc furent de rechef envoyez par tout le royaume divers mandemens, contenant en substance comment le duc de Bourgongne avoit esté devant Paris comme vous avez oy dessus, et comment par ses lectres et autrement il vouloit décevoir et séduire le peuple, en faisant afficher ses lectres aux portaulx des églises de ladicte ville et ailleurs, et en plusieurs autres manières; et aussi comment il donnoit à entendre que les ducs de Berry et d'Orléans le tenoient en servage[1] et son filz le duc d'Acquitaine, laquelle chose le Roy dénie en ses lectres entièrement; disant oultre qu'ilz ne furent onques en plus grant franchise qu'ilz estoient pour lors, depuis la mort du duc d'Orléans son frère. Et puis mectoit oultre comment le duc de Bourgongne voulut entrer en la ville de Paris pour prendre et usurper le régime de lui, du duc d'Acquitaine et de tout le royaume; en disant que depuis l'omicide du duc d'Orléans son frère, ledit duc et les siens ont reçeu plus de soixante cens mille frans. Pour lesquelles choses et autres plus à plain déclairées en autres lectres de ce faictes, le Roy déclaire icellui duc estre rebelle, inobédient, briseur et violeur de paix, et ennemi de lui et de tout son royaume, et a entencion de toute sa puissance obvier et résister audit duc, et lui et tous les siens adhérens aidant et confortans, mectre en telle subjeccion et obédience que par raison doivent estre mis subjectz inobédiens à leur souverain seigneur[2].

1. Le Roi.
2. Voy. aux additions.

Item, depuis fut renvoyé ung autre mandement presque semblable au dessusdit, en mandant destroitement que nul, de quelque estat qu'il soit, ne voise servir ledit duc de Bourgongne, et que tous ceulx qui y sont alez, tantost et sans délay retournent en leurs maisons, sur peine de confiscacion de corps et de biens. Lesquelles lectres et mandemens furent publiées à Amiens, du bailly et par le prévost d'icelle ville [1].

En après furent envoiées lectres patentes de par le Roy aux nobles d'Artois, et d'autre part au bailliage d'Amiens et de Tournay et aussi en Vermandois, qui paravant estoient alez devers le duc de Bourgongne devant Paris, et en expédicion l'avoient acompaigné. Et à autres qui n'avoient point esté avecques, furent envoiées lectres seellées du petit rond seel. Les premières défendoient de par le Roy sur les peines dessusdictes, que doresenavant les dessusdiz nobles ne se tenissent ne accompagnassent avec ledit duc de Bourgongne, et que à lui ne aux siens ne promeissent, ne donnassent conseil ne aide, mais se préparassent en armes et chevaulx pour servir le Roy contre ledit de Bourgongne et contre ses aidans. Les secondes lectres faisoient mencion que les dessusdiz nobles se préparassent en armes et en chevaulx, à la plus grant puissance qu'ilz pourroient, et que tost venissent à Paris audit Roy, ou en quelque lieu qu'il seroit, et par l'aide d'iceulx, de tout en tout, avoit entencion de impugner et humilier ledit duc de Bourgongne, ses favorables et compaignons. Et en après, les deux

---

[1]. Voy. aux additions.

manières de lectres dessusdictes furent envoiées à Amiens par le chancelier et furent baillées au bailly d'Amiens, et ledit bailly les envoya, selon ce qu'on lui mandoit, aux gardes des prévostez et bailliages, afin que une chascune garde desdictes prévostez et bailliages les baillast à ceulx qui demouroient en leurs prévostez et bailliages, et que lesdictes gardes receussent lectres s'ilz povoient et que icelles envoiassent à Paris, et aussi que iceulx escripvissent comment ilz les avoient baillées. Et s'ilz ne povoient avoir lectres de réception, que aussi les rescripvissent à Paris, afin qu'ou sceut que icelles lectres feussent receues par ceulx à qui le Roy les envoioit, et qu'ilz ne peussent ignorer qu'ilz ne les eussent receues.

Item, en ce temps l'évesque de Paris[1], à la requeste de l'Université, envoya le duc de Bourgongne pour sçavoir s'il vouloit advouer maistre Jehan Petit des articles que autrefoiz avoit proposez à sa requeste contre le duc d'Orléans défunct. Lequel de Bourgongne respondi aux messages que ledit maistre Jehan ne vouloit porter ne advouer, si non en son bon droit. Après laquelle response iceulx retournez à Paris devers ledit évesque et l'inquisiteur de la foy, fut ordonné que les articles dessusdiz seroient condempnez à estre ars publiquement, présent le clergié et tous autres qui veoir le vouldroient, et ainsi fut fait. Et adonc fut renommé que on yroit quérir les os dudit maistre Jehan Petit, qui estoit trespassé et enterré en la ville de Hesdin. Mais en fin riens n'en fut fait. Et

---

1. C'était Gérard de Montaigu, frère du grand-maître.

vouloit on iceulx ardoir en la ville de Paris, ou lieu où lesdiz articles avoient esté ars.

CHAPITRE CXVIII.

Comment le duc de Bourgogne eut grand parlement avec les nobles de ses païs, à Arras, qui lui promeirent de le servir contre ses adversaires [1].

Item, le duc de Bourgongne qui chascun jour avoit nouvelles comment le Roy et le duc d'Acquitaine estoient chascun jour tournez contre lui par le moien de ceulx qui pour lors gouvernoient, fist assembler en la ville d'Arras tous les nobles hommes d'Artois et de Picardie. Ouquel lieu, quant il y fut venu, en la présence d'iceulx, premièrement s'excusa de ce qu'il avoit tant tardé à venir, et leur dist qu'il estoit alé à Paris au mandement du duc d'Acquitaine. Et de rechef fist là lire les lectres escriptes de la main dudit duc : dist oultre qu'il avoit laissié ses gens ès villes de Compiengne et Soissons, à la requeste d'iceulx et pour le bien du Roy, par lesquelles villes il sçavoit véritablement que le Roy, par l'induccion de ses adversaires, faisoit grant assemblée de gens d'armes pour icelles reconquerre. Pour quoy il requéroit aux nobles dessusdiz, que sur ce lui voulsissent donner conseil et aide. A quoy par iceulx lui fut respondu, que voulentiers le serviroient à l'encontre de tous ses adversaires, réservé le Roy et ses enfans. Et ainsi lui promirent, excepté le seigneur de Ronq, qui dist qu'il le serviroit contre le Roy et tous autres.

[1]. L'intitulé de ce chapitre est pris sur l'édit. de 1572.

Et adonc régnoit par toutes les parties du royaume de France et en divers pays, une maladie qui se tenoit en la teste. De laquelle moururent plusieurs personnes, tant vielz que jeunes. Et nommoit-on ladicte maladie, la coqueluche.

CHAPITRE CXIX.

Comment le grant conseil du Roy fut assemblé, présent la Royne et le duc d'Acquitaine, où il fut conclud de faire guerre au duc de Bourgongne.

Item, le second jour du mois de mars de cest an, furent assemblez en l'ostel de Saint-Pol, en présence de la Royne et du duc d'Acquitaine, pour ce que le Roy estoit malade, plusieurs princes et prélas, avecques le conseil royal. Auxquelz par la bouche du chancelier de France fu remonstré, bien et au long, tout l'estat et gouvernement dudit duc de Bourgongne, et comment il s'estoit conduit rigoreusement devers le Roy et les seigneurs de son sang par plusieurs et diverses foiz, depuis la mort du duc Loys d'Orléans défunct, et mesmement comment derrenièrement, oultre les défenses du Roy et du duc d'Acquitaine, il estoit venu à puissance de gens d'armes et à estandart desploié devant la ville de Paris, en faisant plusieurs violences irréparables ou royaume. Et de fait avoit mis garnison de ses gens à Compiengne et à Soissons, lesquelz chascun jour faisoit guerre ouverte aux pays et aux subgetz du Roy, ainsi et par la manière que pourroient faire ses anciens ennemis d'Angleterre, en enfreignant du tout la paix derrenièrement faicte à Aucerre et depuis refaicte et reconfermée à Pontoise. Requérant oultre icellui chancelier à iceulx, bien instamment, que sur la foy, serement et loyaulté qu'ilz avoient au Roy, ilz voulsissent déclairer présentement ce que le Roy et le duc d'Acquitaine avoient à faire sur ceste matière contre le duc de Bourgongne. Lesquelz princes, c'estassavoir le roy de Cécile, les ducs de Berry, d'Orléans, de Bourbon et de Bar, les contes d'Alençon, de Vertus, de Richemont, d'Eu, de Dampmartin, d'Armaighac, de Vendosme, d'Aumarle et de Touraine, le seigneur de Labreth connestable de France, l'arcevesque de Sens et plusieurs autres prélaz, avec grant nombre de notables barons, chevaliers et escuiers du grant conseil Royal, après ce qu'ilz eurent bien au long et en grande délibéracion débatu ladicte matière, finablement conclurent et firent response par la bouche dudit arcevesque, en disant que licitement et de raison le Roy povoit et devoit faire guerre audit duc de Bourgongne, actendu comme dit est les manières qu'il avoit tousjours tenues et encore tenoit à l'encontre de lui. Et alors fu conclud que le Roy en sa personne se mectroit sus avec sa puissance totale, pour aler à l'encontre dudit duc, pour icellui du tout subjuguer et mectre, lui et tous ses pays, en obéissance. Et mesmement la Royne, le duc d'Acquitaine son filz, tous les princes là estans, et ceulx qui estoient oudit conseil, promirent et jurèrent solemnellement par la foy et serement de leur corps, que jamais n'entendroient à quelque ambaxade, lectres ou autres choses qui peussent venir de par icellui duc, jusques à ce que, lui et tous les siens, seroient destruiz, ou du moins humiliez et remis en l'obéissance du Roy et de son conseil.

Après lequel conseil fixé furent clercs mis en œuvre, et lectres escriptes et en divers lieux envoiées ou royaume de France. Et tant que pour ceste foiz fist plus grant mandement qu'il n'avoit fait durant son règne. Et pour tant, en assez brief terme, tant par les princes dessusdiz, comme par le mandement du Roy, s'assemblèrent très grande multitude de gens de guerre entour la ville de Paris et ès marches de l'Isle de France. Si furent envoiez aucuns capitaines avec grant nombre de gens de guerre devant la ville de Compiengne où estoient les gens dudit duc de Bourgongne, comme dit est ailleurs, c'estassavoir messire Charles d'Albreth, connestable de France, messire Hector, bastard de Bourbon, Remonnet de La Guerre, le seigneur de Gaucourt et plusieurs autres. Et au mectre le siège y eurent de grandes et dures escarmouches contre ceulx de la ville, qui très souvent de jour et de nuit yssoient contre ceulx de dehors aux pleins champs, et leur firent de première venue plusieurs dommages. Néantmoins ilz estoient très souvent par lesdiz asségeans reboutez assez rudement en ladicte ville. En laquelle estoient principaulx capitaines de par le duc de Bourgongne, comme dit est ailleurs, messire Mauroy, messire Hue de Launoy, le seigneur de Saint-Liger et son fils Hector, Philippe et le Bon de Saveuses, frères, le seigneur de Sores, chevalier, et Louvelet de Lolinhen, et plusieurs autres notables hommes, roides et experts en armes, lesquelz très diligemment se mirent à résister contre leurs adversaires. Et afin qu'ilz ne se peussent loger à leur aise ardirent et démolirent les faulxbourgs et à l'environ d'icelle ville plusieurs notables édifices, tant maisons comme églises. Toutesfoiz tantost après ce, les François asségans firent faire deux ponts par dessus la rivière d'Aise[1] pour passer plus à leur aise et pour secourir l'un l'autre, se besoing en estoit. Et commencèrent à asseoir les gros engins du Roy pour gecter contre les portes et murailles de ladicte ville en plusieurs lieux; qui moult la traveillèrent.

En oultre, le mercredi de la semaine peneuse, III° jour d'avril, le Roy yssi hors de la ville de Paris, à grant triumphe et notable estat, et s'en ala en la ville de Senlis pour là actendre ses gens. Ouquel lieu il solemniza la feste de la Résurection Nostre Seigneur Jhésus Christ.

En laquelle armée on fist porter aux personnes du Roy et du duc d'Acquitaine la bende et enseigne du conte d'Armignac, en délaissant sa noble et gentille enseigne que lui et ses prédécesseurs roys de France avoient toujours porté en armes, c'estassavoir la droite croix blanche. Dont moult de notables barons, chevaliers et autres, anciens et loyaulx serviteurs d'icellui Roy et aussi dudit duc d'Aquitaine, furent assez malcontens, disant que pas n'appartenoit à la très excellente majesté royale de porter l'enseigne de si povre seigneur comme estoit le conte d'Armignac, veu encores que c'estoit en son royaume et pour sa querelle, et encores, que icelle bende dont on faisoit à présent si grant feste et joye, avoit esté baillée ou

1. L'Oise.

temps passé aux prédécesseurs d'icellui conte, à la porter à tousjours lui et ses hoirs, pour la condamnation d'un pape, en signe d'amende, pour ung forfait que les devantdiz d'Armaignac avoient fait et commis contre l'église, au temps dessusdit.

FIN DU DEUXIÈME VOLUME.

TABLE.

CHAPITRE LI.

1409. — Comment le conte de Nevers se maria à la damoiselle de Coucy. Et de la guerre Amé de Viry.................. Pages 1

CHAPITRE LII.

Comment deux champs de bataille furent promeuz à faire à Paris en la présence du Roy. De l'arcevesque de Reims qui fut occis. Et du concile de Pise.. 4

CHAPITRE LIII.

Comment les ambaxadeurs de l'Université de Paris envoièrent leurs lectres à leurs seigneurs et maistres, de ce qui avoit esté fait ou dessusdit concile de Pise touchant l'union de l'Église.... 22

Comment les deux contendans à la papalité furent condempnez par le saint concile de Pise...................................... 25

Comment union fut mise en saincte Église par le saint concile de Pise où fut esleu un seul pape nommé Alixandre............. 27

CHAPITRE LIV.

Comment l'évesque de Paris trespassa. — Des mariages, du duc de Brabant à la nièpce du roy de Bohesme, de l'ainsné filz Montagu à la fille du seigneur d'Albret, et du roy de Chipre à Charlotte, fille du duc de Bourbon................... 31

CHAPITRE LV.

Comment l'accord fu fait entre le duc Guillaume, conte de Haynnau, et le duc de Brabant. Et du duc de Brabant, et de la vielle contesse de Penthièvre. Et la mort de la duchesse d'Orléans.... 35

CHAPITRE LVI.

Comment messire Bouciquault, mareschal de France et gouverneur de la cité de Gennes, fut débouté de ladicte ville par les citoiens d'icelle, tandis qu'il estoit alé au mandement du duc de Milan.. Pages 37

CHAPITRE LVII.

Comment les seigneurs du sang royal vouldrent réformer ceulx qui avoient gouverné les finances du Roy. Et de la mort de Montagu, grant-maistre d'ostel................................. 41

CHAPITRE LVIII.

Comment Loys, duc en Bavière, espousa la fille du roy de Navarre. Et des seigneurs qui s'assemblèrent à Paris en grant multitude par le mandement du Roy. Et comment la Royne rendit au Roy le duc d'Acquitaine, leur filz....................... 51

CHAPITRE LIX.

Comment le roy Charles de France tint estat royal, devant lequel furent proposées plusieurs choses touchans le fait, le régime et réformacion de son royaume. — Et autres matières............ 54

CHAPITRE LX.

Comment grande discension s'esmut entre le roy de Poulaine d'une part, et le grant maistre de Pruce et ses frères, d'autre......... 61

CHAPITRE LXI.

1410. — Comment le duc de Berry retourna à Paris du commandement du Roy. Du mariage du filz du roy Loys de Cécile. Et de l'assemblée qui se fist à Meun le Chastel.................. 63

CHAPITRE LXII.

Comment le roy Loys de Cécile s'en ala à Prouvence et à Boulongne Grasse contre le roy Lanselot. Item, la mort du pape Alixandre, et l'élection du pape Jehan, XXIIIe de ce nom..... 66

CHAPITRE LXIII.

Comment le grant maistre de Pruce ala à grande compaignie et puissance de chrestiens, ou royaume de Lituaire, pour le destruire et dépopuler.................... Pages 75

CHAPITRE LXIV.

Comment le duc de Berry s'en ala en son pays, et depuis à Angers, où il se alia avecques le duc d'Orléans et autres princes de son sang.................... 77

CHAPITRE LXV.

Comment le duc de Bourbon mourut. Et d. mandement du Roy. Et des lectres que envoya le duc d'Orléans à ses aliez, aux bonnes villes de France.................... 80

CHAPITRE LXVI.

Comment la paix fut faicte entre les princes et seigneurs de France et du sang royal, laquelle paix on nomma La paix de Vicestre; qui fut la seconde.................... 97

CHAPITRE LXVII.

Comment une congrégacion fut faicte et assemblée par l'Université de Paris à cause des requestes et demandes faictes par les légats du pape pour aucuns dixiesmes qu'il demandoit.................... 103

CHAPITRE LXVIII.

Comment le seigneur de Crouy fut prins de ceulx tenans le parti d'Orléans en alant en ambaxade devers le duc de Berry de par le duc de Bourgongne.................... 109

CHAPITRE LXIX.

1411. — Comment le duc d'Orléans envoia ses ambaxadeurs devers le Roy et lui escripvi ses lectres, lesquelles grandement chargoient le duc de Bourgongne et ceulx de sa partie.................... 115

TABLE.

CHAPITRE LXX.

Comment le duc de Bar trespassa. Et de l'ambaxade que le Roy envoya devers le duc de Bourgongne................... Pages 122

CHAPITRE LXXI.

Comment le duc d'Orléans et ses frères envoièrent lectres au Roy contraires au duc de Bourgongne.......................... 124

CHAPITRE LXXII.

Comment le duc d'Orléans et ses frères envoièrent leurs lectres de défiance au duc Jehan de Bourgongne pour la première foiz, et la teneur d'icelles................................... 152

CHAPITRE LXXIII.

Comment le duc Jehan de Bourgongne rescripvy aux enfans d'Orléans sur les défiances qu'ilz lui avoient envoiées............. 153

CHAPITRE LXXIV.

Comment le duc de Bourgongne se prépara pour soy défendre contre le duc d'Orléans et ses frères, et des lectres qu'il envoia au duc de Bourbon pour avoir son aide.................... 155

CHAPITRE LXXV.

Comment le duc de Bourgongne escripvi et envoia ses lectres au bailli d'Amiens et à ceulx de la loy de ladicte ville, et la teneur d'icelles.. 159

CHAPITRE LXXVI.

Comment les Parisiens se mirent en armes contre ceulx de la partie d'Orléans, et comment la guerre se commença à esmouvoir en plusieurs parties du royaume de France.................... 162

CHAPITRE LXXVII.

Comment messire Clugnet de Brabant cuida prendre la ville de Rethel, et depuis courut ès pays du duc de Bourgongne. Et de plusieurs autres grandes tribulacions...................... 166

TABLE.

CHAPITRE LXXVIII.

Comment le duc Jehan de Bourgongne fist grant assemblée de gens d'armes et ala asséger la ville de Hem en Vermendois. Pages 171

CHAPITRE LXXIX.

Comment le duc Jehan de Bourgongne rassembla gens d'armes pour aler à Paris. Et des besongnes qui advinrent en ce temps... 188

CHAPITRE LXXX.

Comment le duc de Bourgongne ala à puissance de Pontoise à Paris. Et de l'estat et gouvernement du duc d'Orléans......... 198

CHAPITRE LXXXI.

Comment le duc de Bourgongne conquist la ville de Saint-Cloud sur les Orléanois qui la gardoient, et comment le duc d'Orléans et tous les siens, qui se tenoient à Saint-Denis et ailleurs à l'environ, s'en retournèrent en leur pays; et autres matières servans. 203

CHAPITRE LXXXII.

Comment le conte Waleran de Saint-Pol fut de par le Roy envoyé en la conté de Valois et à Coussi; lequel conte mist plusieurs villes et fortresses en l'obéissance du Roy................... 212

CHAPITRE LXXXIII.

Comment la ville de Moyniers et autres seigneuries furent mises en la main du Roy par ses capitaines et officiers............. 217

CHAPITRE LXXXIV.

Comment les ducs d'Acquitaine et de Bourgongne conquirent Estampes et Dourdan. Et la mort messire Mansart du Bois et autres prisonniers....................................... 222

CHAPITRE LXXXV.

Comment plusieurs capitaines furent envoiez de par le Roy sur les frontières en divers pays contre les Orléanois. Et d'une grosse escarmouche qui fut devant Villefranche ou pays de Bourbonnois. Et de la destrousse du conte de La Marche; et autres matières..... 225

CHAPITRE LXXXVI.

Comment le duc Jehan de Bourgongne envoia ses ambaxadeurs en Angleterre. Item, de la délivrance des enfans du seigneur de Crouy et des enfans de la duchesse de Bourbon. Et du conte Waleran de Saint-Pol; et autres matières.............. Pages 232

CHAPITRE LXXXVII.

1412. — Comment les ducs de Berry et d'Orléans et autres grans seigneurs de leur aliance envoièrent leurs ambaxadeurs devers le Roy Henry d'Angleterre, et ce que depuis leur advint.......... 236

CHAPITRE LXXXVIII.

Comment Loys duc en Baviere, frère de la Royne de France, fu débouté de la ville de Paris, et depuis ses gens destroussez du cardinal de Cambray. Et la défense du roy d'Angleterre.......... 244

CHAPITRE LXXXIX.

Comment le roy Loys de Cécile se parti de Paris. Du siège de Danfront et de la bataille de S. Remi-ou-Plain. Et du siège de Belhame, et autres besongnes et incidens...................... 248

CHAPITRE XC.

Comment le Roy de France, à grant puissance, se parti de Paris pour aler à Bourges. Et des lettres du roy Henry d'Angleterre, et autres matières.. 258

CHAPITRE XCI.

Comment la ville de Vrevins fut prinse des Orléanois, lesquelz peu de temps après s'en partirent et l'abandonnèrent.............. 262

CHAPITRE XCII.

Comment le roy de France oy certaines nouvelles que ses adversaires estoient aliez avecques le roy d'Angleterre. Et comment le connestable fut envoié contre eulx ou pays de Boulenois..... 266

CHAPITRE XCIII.

Comment le Roy mist siège devant Fontenay, et tost après à Bourges en Berry. Et des besongnes qui advinrent en cellui temps...... 269

CHAPITRE XCIV.

Comment le roy Charles de France se desloga et ala à l'autre costé de la ville de Bourges à tout sa puissance, où se firent les traictiez d'entre les deux parties.. Pages 280

CHAPITRE XCV.

Comment les seigneurs de la cité de Bourges alèrent devers le Roy et le duc d'Acquitaine, et fut alors la paix faicte et accordée entre les seigneurs... 287

CHAPITRE XCVI.

S'ensuit le mandement de la paix que le Roy envoia à ses officiers pour la publier par tout son royaume et en prendre copie. — Et autres matières qui advinrent en ce temps................. 296

CHAPITRE XCVII.

Comment la guerre s'esmut en Boulenois. Du retour du Roy dedens Paris. Et comment le duc d'Orléans contenta les Anglois; et autres matières servans...................................... 302

CHAPITRE XCVIII.

Comment le duc de Berry fut fort oppressé de maladie en son hostel à Paris; et autres besongnes de ce temps................ 305

CHAPITRE XCIX.

Comment le Roy fist grande assemblée en la ville de Paris en entancion de réformer ses officiers. Et autres besongnes......... 307

CHAPITRE C.

Comment le duc d'Acquitaine se courrouça à son chancelier, et des envies qui s'esmurent entre les princes et seigneurs; et aucunes autres besongnes.. 334

CHAPITRE CI.

Comment Henry de Lancastre, roy d'Angleterre, trespassa en cest an, et de l'aliance d'entre lui et les princes de France.......... 337

CHAPITRE CII.

1413. — Comment les officiers du Roy estoient en grant doubte. La prinse de messire Pierre des Essars. Du duc de Bar, et de plusieurs autres besongnes.................................... Pages 343

CHAPITRE CIII.

Comment lesdiz Parisiens en la présence du duc d'Acquitaine firent proposer plusieurs choses. Et autres cruaultez faictes par eulx.. 350

CHAPITRE CIV.

Comment le conte de Vertus se parti de Paris et plusieurs autres nobles. Et aussi d'aucunes constitucions et mandemens faiz à la requeste des Parisiens... 361

CHAPITRE CV.

Comment le roy Lancelot entra à puissance en la cité de Romme. — La mort de sire Jaques de La Rivière, et la déposicion d'un chevalier; avec plusieurs autres besongnes...................... 369

CHAPITRE CVI.

Comment de rechef fu la paix traictée entre les seigneurs du sang royal en la ville de Pontoise.. 376

CHAPITRE CVII.

Comment le duc d'Acquitaine fist délivrer les prisonniers. Du département du duc de Bourgongne, et de la venue de plusieurs princes dedens Paris, et ce qu'ilz firent depuis................ 398

CHAPITRE CVIII.

Comment le duc de Bretaigne vint à Paris. Et du conseil que le duc de Bourgongne tint en la ville de Lisle. Du fait du conte Waleran de Saint-Pol. Et d'autres diverses besongnes qui lors advindrent.. 403

CHAPITRE CIX.

Comment le duc de Bourgongne feist plusieurs assemblées et tint plusieurs consaulx pour avoir advis sur ses affaires doubtant que ses adversaires ne retournassent le Roy contre lui, si comme ilz firent depuis...Pages 406

CHAPITRE CX.

Comment Loys, duc en Bavière, se maria. De ceulx qui furent bannis. Du discord des ducs d'Orléans et de Bretaigne. Et d'autres matières suivans.. 407

CHAPITRE CXI.

Comment le duc d'Orléans recouvra les chastcaulx de Coucy et de Pierrefons. Et d'un mandement que le Roy envoia au duc de Bourgongne... 411

CHAPITRE CXII.

Comment le roy Loys de Cécile renvoya la fille du duc de Bourgongne. Et la matière sur laquelle s'assembla l'Université de Paris... 414

CHAPITRE CXIII.

Comment l'évesque de Paris et l'inquisiteur de la foy baillèrent à aucuns maistres en théologie aucunes cédules sur la matière dessusdicte, et la copie d'icelles... 416

CHAPITRE CXIV.

Comment le duc Jehan de Bourgongne tint un grant conseil en la ville d'Amiens. Et la prinse de messire Jehan de Croy et d'autres chevaliers et escuiers Et plusieurs autres grans besongnes...... 419

CHAPITRE CXV.

Comment le duc Jehan de Bourgongne ala a puissance devers Paris et se loga à Saint-Denis. Et plusieurs choses qui s'en ensuivent.. 428

CHAPITRE CXVI.

Comment après que le duc Jehan de Bourgongne fut retourné de France et revenu en son pays, le Roy fist grans mandemens en tout son royaume pour aler contre luy...................... 441

CHAPITRE CXVII.

Comment les chaynes de Paris furent ostées. Et des mandemens royaulx qui de rechef furent publiez.................. Pages 457

CHAPITRE CXVIII.

Comment le duc de Bourgongne eut grand parlement avec les nobles de ses païs, à Arras, qui lui promeirent de le servir contre ses adversaires... 462

CHAPITRE CXIX.

Comment le grant conseil du Roy fut assemblé, présent la Royne et le duc d'Acquitaine, où il fut conclud de faire guerre au duc de Bourgongne... 463

FIN DE LA TABLE.

TYPOGRAPHIE DE CH. LAHURE ET Cie
Imprimeurs du Sénat et de la Cour de Cassation
rue de Vaugirard, 9

www.ingramcontent.com/pod-product-compliance
Lightning Source LLC
Chambersburg PA
CBHW071619230426
43669CB00012B/1992